创新资本驱动论

邱爽 著

中国商业出版社

图书在版编目(CIP)数据

创新资本驱动论/邱爽著. ——北京：中国商业出版社，2020.12
ISBN 978-7-5208-1544-4

Ⅰ.①创… Ⅱ.①邱… Ⅲ.①技术革新-研究-中国 Ⅳ.①F124.3

中国版本图书馆 CIP 数据核字(2020)第 259513 号

责任编辑：李 飞　蔡 凯

中国商业出版社出版发行
010-63180647　www.c-cbook.com
(100053　北京广安门内报国寺 1 号)
新华书店经销
北京京丰印刷厂印刷

＊

787 毫米×1092 毫米　16 开　19 印张　340 千字
2020 年 12 月第 1 版　2020 年 12 月第 1 次印刷
定价:58.00 元

＊　＊　＊

(如有印装质量问题可更换)

创新梦·中国梦

刻不容缓、持续不断地增强创新能力是中国实现现代化、实现中华民族伟大复兴的关键。

创新更是未来强劲的呼唤:创新是发展的必由之路,创新是我们别无选择的选择。自主创新是未来占领竞争制高点、掌握发展主动权、集聚资金、人才、技术等优质资源的不二神器和坚实利器。

创新,是中国共产党人的初心。从新中国第一届领导人开始,对科学技术创新强国的孜孜追求就从未停止。历任党和国家领导人对此都提出了殷切的期望和铿锵有力的方向引领。伟人们的论述,既体现了伟人们的宏韬大略、深谋远虑,更昭示着他们对祖国、对人民、对民族命运强烈的忧患意识和期盼国家强盛、人民幸福的拳拳之心。

进入21世纪,党的十六届五中全会明确作出"深入实施科教兴国战略和人才强国战略,把增强自主创新能力作为科学技术发展的战略基点和调整产业结构、转变增长方式的中心环节"的论断。

党的十七大报告明确要求要把提高自主创新能力、建设创新型国家当作我国国家发展的核心战略。这是对新时期中国经济社会发展方向性的指引。

党的十八大报告进一步提出了要实施创新驱动的发展战略。[1]

党的十九大报告更是强有力地提出:创新是发展的第一驱动力。[2]

在实施步骤和建设方略上,2016年5月,中共中央、国务院已经作好了谋划部署。首先,预计到2020年,随着小康社会的全面建成,中国进入到创新型国家行列;其次,再过10年,预计到2030年,在建成经济强国和实现共同富裕之际,中国跻身创新型国家前列;最后,再过20年,预计到2050年,在圆梦"中国梦"的伟大目标时,中国成为世界科技创新强国,同时也为"中国梦"的梦想成真提供强大的科技支撑。

蓝图已经绘就,时代催人奋进。从来没有哪个时代,象今天这样高度重视创新的力量!习近平总书记高度重视创新和自主创新,自十八大召开以来,总书记在公开场合提到"创新"的次数不下千次,足见其对创新的重视程度!百年中国梦,其硬核就是科技强国梦,科技富国梦,中国梦实质上就是创新梦。让我们一起努力奋斗,争取早日实现中国的创新梦,实现中国梦!

---

[1] 参见党的十八大报告:《坚定不移沿着中国特色社会主义道路前进为全面建成小康社会而奋斗》
[2] 参见党的十九大报告—习近平:《决胜全面建成小康社会夺取新时代中国特色社会主义伟大胜利》。

目 录

第1章 绪 论 (1)
1.1 研究背景、意义及目标 (1)
1.1.1 研究背景 (1)
1.1.2 研究意义 (2)
1.1.3 研究目标 (3)
1.2 相关研究梳理 (3)
1.2.1 人力资本与创新 (3)
1.2.2 知识资本与创新 (5)
1.2.3 文化资本与创新 (7)
1.2.4 社会资本与创新 (10)
1.3 研究路线、研究内容及研究方法 (12)
1.3.1 研究路线 (12)
1.3.2 研究内容 (13)
1.3.3 研究方法 (14)
1.4 研究的创新点、不足与难点 (15)
1.4.1 本研究的创新点 (15)
1.4.2 不足之处 (16)
1.4.3 研究难点 (16)
本章小结 (16)

第2章 从创新到自主创新 (17)
2.1 创新理论的脉络 (17)
2.1.1 创新理论的产生及发展 (17)
2.1.2 创新的内涵及特征 (22)
2.1.3 创新的效应分析 (25)
2.2 自主创新理论概述 (27)
2.2.1 自主创新的提出 (27)
2.2.2 自主创新的内涵及特征 (28)
2.2.3 自主创新的影响因素分析 (31)
2.3 自主创新是我国持续稳定发展的核心战略 (35)
2.3.1 自主创新能力是国家竞争力的核心 (35)
2.3.2 自主创新是经济持续增长和发展的源泉 (38)
2.3.3 自主创新是国家经济安全的保障 (42)

| 本章小结 | (44) |

第3章 自主创新的多维资本驱动理论模型 (45)
3.1 创新系统、要素及结构 (45)
   3.1.1 创新系统及其形式(类型) (45)
   3.1.2 创新系统的要素 (50)
   3.1.3 创新系统的运行结构 (54)
3.2 创新动因、发展过程及实现模式 (56)
   3.2.1 创新驱动因素(动力与阻力) (56)
   3.2.2 创新发展过程 (59)
   3.2.3 创新的实现模式 (61)
3.3 创新评价、创新环境与创新生态 (66)
   3.3.1 创新评价 (66)
   3.3.2 创新环境 (70)
   3.3.3 创新生态 (72)
3.4 自主创新的四维资本驱动理论模型 (77)
   3.4.1 自主创新的四维资本驱动构成要素 (77)
   3.4.2 自主创新的四维资本驱动理论模型构建 (80)
本章小结 (82)

第4章 人力资本：自主创新的主导者 (83)
4.1 人力资本理论概述 (83)
   4.1.1 人力资本基本理论 (83)
   4.1.2 人力资本的价值 (88)
   4.1.3 人力资本的功能 (90)
4.2 人力资本对自主创新的主体作用 (92)
   4.2.1 人力资本是自主创新的主体及源泉 (92)
   4.2.2 人力资本是技术扩散和应用的首要条件 (93)
   4.2.3 人力资本对创新能力的影响 (96)
4.3 人力资本主体作用实证分析 (99)
   4.3.1 模型构建和相关性检测 (99)
   4.3.2 模型检验 (102)
   4.3.3 结论及启示 (105)
4.4 经验检验：人力资本与创新发展 (105)
   4.4.1 人力资本与国家兴衰 (105)
   4.4.2 硅谷的人才资源格局 (108)
   4.4.3 华为公司人力资本管理的"知本主义" (110)
本章小结 (112)

第5章 知识资本:自主创新的核动力 (113)

5.1 知识资本相关理论分析 (113)
5.1.1 知识资本的内涵及特征 (113)
5.1.2 知识资本的构成 (117)
5.1.3 知识资本的功能 (118)

5.2 知识资本驱动创新的核心作用 (120)
5.2.1 知识资本:价值形成和增值的新基石 (121)
5.2.2 知识资本:创新活动必需的母细胞 (122)
5.2.3 知识资本:企业核心竞争力的本源 (123)

5.3 知识资本核心作用的实证分析 (125)
5.3.1 知识资本与创新发展指标选取 (126)
5.3.2 数据来源及研究方法 (126)
5.3.3 知识资本与创新发展实证结果分析 (127)

5.4 经验检验:知识资本与创新发展 (131)
5.4.1 知识创新:科技革命的引擎 (131)
5.4.2 知识资本:中关村成功的坚实基础 (132)
5.4.3 华为公司的知识财富 (133)

本章小结 (136)

第6章 文化资本:自主创新的引领者 (137)

6.1 文化资本概述 (137)
6.1.1 文化的含义及特征 (138)
6.1.2 文化资本的内涵 (142)
6.1.3 文化资本的功能 (145)

6.2 文化资本对自主创新的引领作用 (147)
6.2.1 创新文化是科技创新的精神土壤 (148)
6.2.2 企业文化引领新产品、新技术和新业态的开发 (150)
6.2.3 创新文化是创新资源的整合器 (151)
6.2.4 创新能力是创新文化和创新精神的有效集合 (153)

6.3 文化资本引领创新的实证分析 (154)
6.3.1 指标选取 (154)
6.3.2 数据来源及研究方法 (155)
6.3.3 文化资本与创新发展水平评价结果 (155)
6.3.4 文化资本发展与创新发展综合得分空间特征分析 (157)

6.4 经验检验:文化资本与创新发展 (158)
6.4.1 创新明星——深圳的创新文化 (158)
6.4.2 硅谷的创新文化基因 (160)
6.4.3 海尔集团的核心价值观 (162)

本章小结 (165)

第7章 社会资本：自主创新的助力者 (166)

7.1 社会资本相关理论分析 (166)
7.1.1 社会资本释义 (166)
7.1.2 社会资本的维度与测量 (170)
7.1.3 社会资本的功能 (172)

7.2 创新型社会资本对自主创新的助力作用 (173)
7.2.1 整合创新资源，提升创新绩效 (173)
7.2.2 降低交易成本，提高创新效率 (175)
7.2.3 共享创新收益，激发创新活力 (178)
7.2.4 规范创新行为，形成创新秩序 (179)

7.3 社会资本助力作用的实证分析 (180)
7.3.1 社会资本发展和创新指标体系的构建 (181)
7.3.2 数据来源及研究方法 (181)
7.3.3 社会资本与创新发展水平评价结果 (182)
7.3.4 社会资本发展与创新发展综合得分空间特征分析 (184)

7.4 经验检验：社会资本与创新发展 (185)
7.4.1 日本的技术创新网络 (185)
7.4.2 深圳的创新生态链 (188)
7.4.3 硅谷的创新生态圈 (189)

本章小结 (192)

第8章 创新四维驱动资本之间的互动机制 (193)

8.1 互动机制一：共生与交融 (194)
8.1.1 人力资本是知识资本的创造者和承载者 (194)
8.1.2 人力资本是文化资本、社会资本的创造者和实践者 (195)
8.1.3 知识资本、文化资本和社会资本存在着诸多交集 (196)

8.2 互动机制二：互补与共赢 (198)
8.2.1 人力资本促进各类资本体系的构建 (198)
8.2.2 知识资本是人力资本形成和积累的基础 (199)
8.2.3 文化资本、社会资本是促进人力资本形成的必要条件 (200)
8.2.4 文化资本与社会资本交互作用 (201)

8.3 互动机制三：协同与整合 (205)
8.3.1 人力资本引领文化资本、社会资本的"扬弃" (205)
8.3.2 文化资本、社会资本引发人力资本的聚集与分化 (206)
8.3.3 科技进步促进了社会资本和文化资本的重塑 (207)

8.4 互动机制四：转化与提升 (209)
8.4.1 人力资本与知识资本之间的转化与提升 (209)
8.4.2 文化资本、社会资本与知识资本之间的相互转化与提升 (210)
8.4.3 人力资本与社会资本、文化资本相互转化与提升 (212)

本章小结 ……………………………………………………………………………(214)

第9章　我国自主创新的成就与不足 ……………………………………………(215)
9.1　我国自主创新取得的伟大成就 ……………………………………………(215)
　　9.1.1　整体科技创新能力显著增强 …………………………………………(215)
　　9.1.2　创新资源投入持续增加 ………………………………………………(218)
　　9.1.3　知识创造能力显著提升 ………………………………………………(221)
　　9.1.4　企业创新能力稳定发展 ………………………………………………(223)
　　9.1.5　创新制度体系不断完善 ………………………………………………(225)
9.2　我国自主创新存在的不足 …………………………………………………(225)
　　9.2.1　自主创新能力不足，核心技术受制于人 ……………………………(225)
　　9.2.2　创新投入仍然不足，结构尚不合理 …………………………………(228)
　　9.2.3　引进技术消化再创新能力薄弱 ………………………………………(232)
　　9.2.4　创新绩效有待进一步提高 ……………………………………………(233)
　　9.2.5　尚未形成以企业为主体产学研相结合的技术创新体系 ……………(235)
　　本章小结 ……………………………………………………………………………(236)

第10章　我国自主创新多维资本驱动要素缺失及优化策略 …………………(238)
10.1　人力资本要素缺失及优化 …………………………………………………(238)
　　10.1.1　人力资本要素缺失分析 ……………………………………………(238)
　　10.1.2　人力资本的积累与提升 ……………………………………………(245)
10.2　知识资本要素缺失及优化 …………………………………………………(251)
　　10.2.1　我国知识资本要素缺失分析 ………………………………………(251)
　　10.2.2　知识资本的积累与提升 ……………………………………………(259)
10.3　文化资本要素缺失及优化 …………………………………………………(264)
　　10.3.1　文化资本要素缺失分析 ……………………………………………(264)
　　10.3.2　文化资本的积累与提升 ……………………………………………(268)
10.4　社会资本要素缺失及优化 …………………………………………………(270)
　　10.4.1　社会资本要素缺失分析 ……………………………………………(270)
　　10.4.2　社会资本的积累与提升 ……………………………………………(274)
　　本章小结 ……………………………………………………………………………(278)

结论与展望 …………………………………………………………………………(279)
一、研究结论 ………………………………………………………………………(279)
　　（一）基本观点 ……………………………………………………………………(279)
　　（二）主要结论 ……………………………………………………………………(279)
二、研究展望 ………………………………………………………………………(280)

参考文献 ……………………………………………………………………（281）
　著作类 ………………………………………………………………（281）
　论文类 ………………………………………………………………（284）
　英文文献 ……………………………………………………………（291）

后　记 ………………………………………………………………………（295）

第1章 绪 论

1.1 研究背景、意义及目标

1.1.1 研究背景

从来没有哪个时代,创新变得如此重要而迫切。当今世界,人类社会正在经历着一场全球性的科技革命。企业的竞争、经济的发展、综合国力的较量日益集中地体现在科技实力竞争上。能否抓住新科技革命的机遇,提高国家的科技实力和经济实力,对各国来说都十分重要。为了占据世界科技领域的制高点,几乎所有世界发达国家都把推进科技创新作为其共同的战略选择,纷纷把科技创新上升为国家战略,争相提出自己的政策保障措施。美国政府发表了《为了国家利益》的科学报告,提出美国的国家战略目标就是要保持美国在科学知识最前沿的领先地位;英国政府在其《竞争力白皮书》中把创新作为一国经济的基石,明确提出确保要以创新为核心,以科学为基础;日本政府也紧随其后制定了新的国家战略,提出要以科技创新立国和知识产权立国……不一而足。

发展的经验教训告诉我们,任何科技创新必须以我为主,一味靠引进技术是行不通的。"市场换技术"战略尽管使我们从国外获得了一些技术,但这些技术大多都是低端落后甚至是早已被淘汰的技术。那些关系国民经济命脉和国家安全的核心技术、关键技术是买不来的!"市场换技术"战略不能成为我国发展战略的全部甚至重点。一个国家要想在激烈的国际竞争中抢占先机、赢得主动,只有依靠自身强大的自主创新能力才可能实现。

对此,我们党早已作好了谋划部署。党的十六届五中全会强调要提高我国自主创新能力和创新水平。在国家"十一五"规划中明确指出:我国调整产业结构、转变增长方式的中心环节就是增强自主创新能力。① 党的十七大报告提出:"我国的自主创新能力进一步提升,实现小康社会必须重视科技发展对经济增长的推动作用,加快进入创新型国家的步伐,提高我国综合国力和核心战略的关键点在于提高自主创新力并建设创新型国家,这也是促进我国国民经济又快又好发展的首要方法。"

---

① 参见《中共中央关于制定国民经济和社会发展第十一个五年规划的建议》,http://news.cyol.com/content/2017-10/28/content_16630787.htm.

党的十八大报告中明确提出：自主创新必须是由中国特色的创新之路，把创新的资源高效配置及综合集成，凝聚全社会的力量和智慧推动创新发展。党的十八届五中全会提出了五大发展理念，其中创新发展为五大发展之首，强调了我国发展的第一驱动力是创新。

党的十九大特别强调创新的第一驱动力作用，进一步明确了创新在我国经济社会发展中的引领地位。十九大报告标志着创新驱动成为一项基本国策，将在新时期国家发展中发挥日益显著的战略支撑作用。①

进入经济新常态阶段后，党和国家针对创新驱动发展战略的实施做出了一系列重大决策部署。强调要大力推动自主创新，社会可持续发展和自主创新紧密相连。当前，提高自主创新能力以将我国建设成为自主创新国家为我国迫在眉睫的奋斗目标。如何增强科技力和国家竞争力，将我国建设为创新型国家，已成为我国未来蓬勃发展路途中的重大课题。

应该看到，近年来，我国自主创新取得了伟大的成就。随着创新驱动持续深入，催生了一个又一个重大成果诞生，我国的某些先进技术已经站上了世界一流，科技贡献率大幅提高。但是，同时也应该看到，我国自主创新能力还不强，自主创新水平还不高，创新氛围还不浓，与发达国家相比还有较大差距，甚至在某些方面还未达到世界平均水平。

创新是发展的驱动力，但创新也需要驱动。一个完善的、强劲的创新驱动体系十分重要。由于影响创新的因素很多，物质的、非物质的，经济的、政治的、社会的……因此，创新驱动体系博大而复杂。作为创新重要推动力的资本体系无疑是其重要的组成部分。资本体系包括物质资本和非物质资本，人力资本、知识资本、文化资本和社会资本作为非物质资本的主要构成部分，与创新活动具有天然的内在联系，是促进创新的不可或缺的资本要素。其所体现出来的推动力量，是物质资本所无法比拟的。

探索人力资本、知识资本、文化资本和社会资本促进创新的作用和内在规律，弥补现行四维资本体系存在的缺失，积累和优化四维资本，推动创新发展，实现创新目标，已是当务之急。

创新发展战略规划已经制定，实施的步骤已经明晰。时不我待，我们唯一能做的就是为创新发展添砖加瓦，奉献自己的智慧和力量。

1.1.2 研究意义

提高自主创新能力，建设创新型国家，是我国国家发展战略的核心，也是提高我国综合国力的关键。

自主创新问题与人力资本、知识资本、文化资本和社会资本等多维度资本紧密关联；人力资本是创新活动的主体，其载体的积极性直接影响创新活动的进行和效果。知识资本是用于创造财富的知识元素——知识、技术、知识产权甚至经验等，既是前人创新的成果，又是进一步创新的基础和要素。文化资本以财富的具体形式所表现出来的文化价值的积累，是创新的灵魂和动力，它能构思创新思想，指引创新行为、鼓励人们的创新意志以及划分创新思想应用的理论基础。社会资本无论是结构型社会资本还是认知型社会资本，都对创新主体及其创新行为发挥着不可忽视的作用。而更为重要的是，这些不同类型的资本形式在作用于自主创新活动过程中，其相互作用的机制究竟是怎样的？对此的揭示无疑具有重要的理论价值和实

---

① http://news.cyol.com/content/2017-10/28/content_16630787.htm.

践意义。

本课题的理论意义在于，在深入分析不同类型资本形式在创新中的作用机制的基础之上，进一步探索和揭示各类资本在促进创新中的互动机制，由此建构创新的多维资本驱动理论体系，以弥补现有研究的不足，使中国特色的自主创新之路获得系统的理论支撑。

本课题的实践意义在于，实现自主创新的多维资本驱动理论体系的研究成果如能够得到实际应用，对于我国自主创新体系的构建和完善将产生积极意义。通过在这一理论成果指导下的有关制度与政策的制定，充分发挥人力资本、知识资本、文化资本以及社会资本等多维度资本的驱动合力，有助于我国创新型国家战略的实施和尽早实现。

1.1.3 研究目标

本文的研究目标是研究创新的非物质资本驱动体系，分析人力资本、知识资本、文化资本和社会资本在创新活动中的促进作用及互动机制；并结合我国自主创新发展的实际，探求创新不足背后的非物质资本驱动缺失因素；寻找积累和优化四维资本体系的方法和路径，以提升核心竞争力，促进实现企业和国家自主创新的战略目标，最终建成创新型国家。

具体来说，研究目标如下。

(1) 构建一个四位一体的创新多维资本驱动理论模型，把人力资本、知识资本、文化资本和社会资本纳入创新的资本驱动体系。

(2) 通过理论和实证分析，揭示四维资本在创新驱动体系中的作用。四维资本中，起主导作用的是人力资本，起核心作用的是知识资本，起引领作用的是文化资本，起保障助力作用的是社会资本。这四个资本要素是促进创新发展的重要驱动力。

(3) 通过比较分析我国自主创新的现状与世界创新发展水平，找出我国自主创新与世界水平尤其是与发达国家存在的差距和不足。

(4) 揭示自主创新不足背后的四维资本缺失原因，并有针对性地提出积累和优化路径措施。

(5) 通过研究进一步揭示非物质资本在创新发展中的重要意义，以期决策者更加重视四维资本要素的建设，在社会上、组织中形成良好的创新发展氛围。

1.2 相关研究梳理

自熊彼特提出创新理论以来，创新问题一直是国际上热门的研究领域。国外最早关于创新的研究是内生经济增长理论。Arrow(1962)分析了新古典经济增长理论的不足点，最早将技术进步作为内在因素纳入经济增长模型进行分析。他将技术进步的作用内生化在"干中学"模型中，将其视为经济系统的内生变量。此后，相关研究大大增加。1994年，Grossman等人在长期增长中加入创新变量，创立了一个基于创新内生化的长期经济增长的创新模型。20世纪90年代中期以来，国内学者对自主创新的研究持续增加，尤其是2006年以来，产生了大量的相关文献，至今方兴未艾。在此，本文主要围绕四维资本与创新的关系进行梳理。

1.2.1 人力资本与创新

随着新经济增长理论的发展，国内外学者普遍认同人力资本是科技创新和经济发展的重要促进因素，从多角度论证了人力资本发展有助于提升创新水平。

1.2.1.1 宏观、中观层面

国外学者 Benhabib and Spiegell 提出了人力资本对创新机制的作用体现在以下几方面：一是一个国家自主创新的效率高低直接取决于其拥有的人力资本数量；二是人力资本劳动者的学习、吸收外来产品技术的速度受到人力资本自身素质，如技术水准和学习能力的限制。但也有学者提出了在不同的国家人力资本对科技创新的影响也不一样。Bin Xu(2000)在比较不同国家的人力资本对科技创新能力的影响力之后得出，在发展中国家，受到人力资本数量与质量的限制，很难将科技创新与生产力结合，因此经济发展速度相对缓慢，尽管与发达国家相比，该发展速度已经非常快。

国内学者赖明勇等(2005)根据分析模型表明了人力资本要素能对一个地区的技术吸收和经济增长速度起推动作用。杨俊等(2007)从人力资本积累角度，运用门槛模型分析方法分析了我国现阶段经济增长中技术进步的路径。研究证明，人力资本要素通过两方面刺激我国经济增长：一方面，通过学习国外的先进的技术和管理方法可以推动经济的发展；另一方面，通过不断的学习新知识和新技能可以为企业带来工作效率提升的效果。梁超(2013)总结了自2000年以来我国近十年的数据，运用实证研究分析了中国的人力资本与产业创新之间的联系。实证结果为稳健，且通过实证结果证明，人力资本发展水平的高低影响我国各行各业的技术创新活动。各个行业的技术创新水平与人力资源的吸收能力呈正相关关系。并且此结论同样适用于高、低端技术制造业和劳动密集型行业。王艳涛(2019)的实证研究表明，人力资本对技术创新的进步有着重要影响，作用大小与地区的经济发展、创新模式等都息息相关。我国的东、中部地区技术创新的主要力量从整体上看还是依赖高级人力资本，而在西部地区推动技术创新既要依靠高级人力资本也要依靠中级人力资本，但中级人力资本在西部地区的作用更显著。张治栋、吴迪(2019)的研究结果表明，人力资本结构高级化有利于提升长江经济带产业创新效率，并且受经济发展阶段及产业类型不同而表现出异质性。

1.2.1.2 微观层面

微观层面，主要围绕企业创新绩效进行研究，企业层面的研究内容相对较多。

在定性研究方面，Schultz(1960)主要从人的素质、经济学角度、获取能力途径及实践价值3个层次去定义企业人力资本的概念。Sollow、Rome 和 Lucas 也对经济增长模型中人力资本发挥的内生作用作出解释。区域集中性经济增长研究者赫希曼（Hirschman）、缪尔达尔（Myrdal）和弗里德曼（Milton Friedman）以及产业集群研究者 Bellandi(意大利)认为，区域集中和产业集群对企业的发展有三点益处：第一，能够储备和积累企业人力资本存量；第二，能促进企业高层次人员之间的交流学习；第三，有利于知识创新和知识外溢，促进知识的扩散。Cohen 和 Levinthal(1990)指出，提升技术创新能力可通过加强人力资本的投资与培育来实现。Youndtetal(1996)指出，员工知识、专业技能和工作专注度是提高企业创新能力的重要因素。Lichtenber GFR(2001)提出，人力资本对跨国公司的技术创新能力起着直接和间接影响，直接影响跨国公司的自主研发技术，间接影响跨国公司技术的"吸收学习能力"。Guthrie(2001)的研究认为，企业人力资本与企业创新绩效紧密相连，只有靠创新的意见与改进流程解决客户的难题才能提高企业创新绩效。Hurwitz(2002)认为，人力资本的质量越高，那么企业的利润就越多，员工技能水平也越高，丰富的管理经验使新产品开发的成功率也就

越高。

国内学者对从力资本与创新也做了较多研究。王冰、孙菊(1999)指出，企业人力资本是知识的承载者，企业的技术人才拥有丰富的知识量并具有对知识再创造的能力，这会使企业在人力资源竞争中占据优势。宋良荣、徐福缘(2001)指出，知识创新的承载者是企业知识联合体，企业人力资源的数量与质量决定了知识创新和知识再创造的效率。田晋(2003)认为，企业中人力资本个体在掌握一定存量的知识后，能够快速吸收新知识，并对旧知识进行融合，提高知识的创新水平。王孝斌(2005)认为，企业人力资本是企业技术创新发展的核心要素，企业家和核心技术人员在技术创新中起主导作用。核心技术人员不仅是技术创新的源泉和载体，对于企业高新技术创新核心技术人员还担任主要职责，他们的积极性和职位的有效配置是推动技术创新的重要力量。钱学亚(2005)则从企业独有的内部人力资本、高层管理人员的能力两方面入手，研究发现高层人员的能力是增强企业竞争力和推动企业技术创新绩效的主要动力。陈劲和张震宇(2008)倡导开放式创新模式，在此模式下无论是企业内部工作人员还是外部利益者甚至与企业无关的人员都能够积极加入企业的创新活动。邹艳和张雪花(2009)的研究得出，技术创新要想取得优异的成绩，企业决策者要重视本企业人力资源的发展，鼓励企业员工不断学习，充实自己，吸收学习国内外先进技术，突破自身现有知识流。惠宁(2010)认为，集中企业的人力资本可以加快知识溢出和传播的速度，降低知识的获取成本，推动企业进行知识创新。

在定量研究方面，一些学者直接或间接地证明了人力资源的构成要素对企业的技术创新有推动作用。Lutz Schenider(2010)以企业员工为主，从他们受教育的水平、工作经验和专业领域的熟练度对人力资本的质量进行研究分析，结论表明高质量的人力资本给企业带来的创新绩效可以超过平均水平。王金营(2000)研究企业人力资本在企业技术创新和扩散中的作用时，用到"技术势"和"技术势差"两个概念，指出企业人力资源的竞争决定了高新技术型企业的竞争。企业的人力资本保值方式通过教育培训等途径实现，若一个企业在人力资本的投资不足，那么企业知识创新就会受到一定阻碍。

杨勇、达庆利(2007)利用实证分析证明企业在人力资源中的投资变动情况与企业的动态创新能力成正比。郭吉涛和章仁俊等(2012)则选取31家企业，大多集中在山东、江苏两地，一共176份抽样调查报告，在结构方程模型下，探讨验证企业技术创新、人力资本组织激励、知识创新三者之间的关系。邓学芬和黄功勋在同一年运用我国60多家上市的高新技术企业资料，基于多元线性回归模型，逐步回归、回归系数的比较及独立样本T检验方法，表明上市高新技术企业的人力资本与企业绩效成正比关系。吴淑娥(2013)将人力资本类型分成创新型人力资本与效率型人力资本两类，分析结果表明企业的创新型人力资本与创新绩效显著正相关。

1.2.2 知识资本与创新

知识资本作为知识经济时代企业市场竞争不可缺失的因素。企业要想在市场占据优势必须要不断创新。目前学术界的热点话题也离不开对知识资本与创新绩效关系的探究。

1.2.2.1 知识资本与创新绩效

资源观认为整合资源之后其竞争优势是无法比拟的，对竞争对手来说，这种竞争优势可以促进知识资本要素在互相借鉴优势的同时更有效地提高企业的创新绩效。Bassi 和 Van、

Guthrie、Hurwitz 以及 Hill 和 Jones、Edvisson 和 Malone 等学者从三个维度(人力资本、组织资本以及社会资本)研究了知识资本和企业创新绩效之间的联系;与此同时,Subramaniam 和 Youndt、Hsu 和 Fang 等学者在一系列实证研究后,证明了知识资本与企业的创新绩效呈现同向正比关系。Hsu 和 Fang 指出在当今知识经济时代的背景下,企业可以通过整合管理知识资本来提高企业的创新绩效。

 Grant(1996)认为,知识的积累是企业不断发展的源泉和动力,也是企业营运成功的必要基础。创新思维与知识积累量呈正比关系,所谓创新思维,就是知识要素的重新组合。经合组织(OECD)指出知识资本作为企业创新能力的载体,是发达国家的跨国公司运营成功的关键因素。在全球市场中跨国公司以技术的创新能力和知识的不断升级在全球价值链中独具一格。March(1991)认为企业内部员工之间互相传播学习知识是企业创新活动的实现途径。不同知识的交流交换使企业更能与市场最新动态相结合,进而研发市场所需产品,提高其创新绩效,并对此进行了实证检验。

 我国学者刘宁通过问卷调查对知识资本的多元性做出解释,认为多元性知识整合能够促进企业创新绩效。刘海运(2016)在研究后认为知识资本与企业突破性创新能力紧密相关。两者互相影响,具有多层次的复杂结构;李玲娟、张晓东等对科技型的中小企业知识资本进行研究,知识资本是企业创新思想的源泉。企业在知识资本的基础上要注重自身产品的研发。企业应形成以知识资本为主导力量,去引领企业创新增量的管理模式。

1.2.2.2 知识积累与创新关系

知识积累与创新关系的观点不尽一致,包括正面和反面两种观点。一些学者认为创新源于知识的积累,没有知识的不断积累,就没有创新思维的产生。

 Badawy(2003)研究认为,随着市场产品的丰富化,企业很难独自完成创新,因此联合分工合作成为当今创新的新模式,企业与企业,高校及研发机构共同合作创新,在合作模式中,企业合作创新绩效的高低决定企业知识吸收的能力。Cohen 等认为吸收知识能力是由知识的逐渐积累而提高的,对于一些知识积累丰厚的企业,其对知识的吸收能力和创新能力也就越强。我国学者徐彪等(2011)研究发现技术知识积累与企业新产品的创新效率和市场绩效成正比。顾客知识对新产品的市场绩效影响显著,对创新效率影响不明显;但竞争对手的知识与顾客知识相反,它能提高新产品的创新效率,而对新产品的市场绩效的影响较小。

 另外一些学者持有不同的观点。刘邦成指出企业拥有较多的知识积累但未对知识进行深挖,这会使顾客知识对创新有反向作用,竞争对手知识对创新的作用表现不明显。大多数学者认为知识的宽度与深度对企业创新绩效的影响都呈非线性关系,只有把握合适的尺度才能促进企业创新绩效的发展,过分深远或广阔的知识反而会抑制创新绩效的发展。部分学者认为知识宽度与创新绩效都呈 U 形关系,但是知识深度与创新绩效则呈倒 U 形关系(支持此观点的学者还有汤超颖、郭国庆、Nesta、Bao 等)。

 在积累方式上,鉴于内部知识创造对创新的影响已经形成一定的共识,下面主要从外部知识获取展开综述。大多数学者立足三个视角,从外部知识源、外部知识搜索战略和外部知识获取能力来分析企业外部知识的获取积累对创新造成的积极影响。刘岩等(2012)也基本持相同观点。

 学者 Spender(1996)研究发明,企业外部系统是企业获取技术创新所需知识的主要来源,而不是企业内部。吴航等人研究发现,外部知识的搜索和创新绩效之间主要靠搜索强度来正向调节。刘文波等人认为母公司是子公司知识获取的主要来源，子公司再根据自身公司的特征积累本公司知识并向母公司反映，这是母公司获取知识的来源之一。金昕等学者对知识源的宽度、广度、平衡三个层次分别对探索式创新造成的影响做出分析。邹爱其等人建立数轴模型，横轴为知识搜寻行为的深度和广度，纵轴为竞争者、合作者、产业外这三个知识类型。并为此分析得出搜索企业专业知识的 6 种策略。实验结果表明无论是竞争者的广度搜索还是深度搜索都对创新发展有一定的正向促进作用。杨皎平等学者认为企业集群内知识和企业创新的关系曲线呈倒 U 形。Sui—Hua Yu(2013)认为外部网络承载知识的多样性，它决定企业外部知识的获取途径。多种多样的外部网络知识和公司创新绩效的关系曲线大致也呈倒 U 形。

1.2.3 文化资本与创新

1.2.3.1 宏观层面

美国著名学者波特曾经说过，最难替代和模仿的、因此能成为一个国家和企业最持久、最核心的竞争优势就是文化的优势。但宏观层面的研究更多地体现在中国学者对自主创新的制度设计研究中。如王滨(2007)论述了创新需要文化环境支撑。指出文化是创新的重要环境因素和外在力量。创新文化是创新的"助推器"，对于建设良好的创新环境，营造浓厚的创新氛围，激励和培育创新思维、造就创新人才、做出创新成果和实现可持续创新，具有积极的促进作用。并提出了创新文化的构建路径。韩迎春等(2008)研究了自主创新活动与人文环境氛围的关系，认为两者关系密切。人际关系中的关怀、理解、沟通、博爱和谐，正是自主创新崇尚的人文精神；热爱科学、政治宽松、政策支持、互利互惠的思想观念正是自主创新追求的人文环境氛围。李湛、吴寿仁(2008)也提出要强调创新环境的建设，大力弘扬实事求是、拼搏奉献、团结协作的创新精神。

涂成林(2010)认为，创新文化就是一种激励和保障创新主体奋发创新的文化模式和文化环境的总称。它能够激发人们的创新意识和创新热情，增强创新动力，为创新者提供广阔的创新空间。要在整个社会形成尊重知识、尊重人才、鼓励创新、容忍失败的氛围，为创新活动提供宽松的环境。廖少纲(2011)认为，社会文化环境极大地影响着自主创新系统的发展方向进程和结果等。社会文化背景是社会制度创立发展的基本立足点也对自主创新系统的社会价值规范体系产生重大影响。只有在适合于科技创新开展的社会文化环境中，科技创新才能够顺利进行并实现预期目标。崇尚创新的社会文化环境是自主创新的基础、源泉和强大的动力。

1.2.3.2 微观层面

文化与创新关系的研究更多地体现在微观层面。在企业中，企业文化是众多影响企业创新因素中影响力最深远的因素。

企业文化与创新之间的重要关系得到实证研究的证实。1982 年，美国学者艾兰·肯尼迪和特雷斯·迪尔共同出版了《公司文化》(*Corporate Culture*)一书，是较早进入中国的关于企业文化的国外著作。由此开启了中国学者和企业界人士对企业文化的关注。他们认为，Corporate Culture(公司文化)是一种人们约定俗成的非正式的行为规范，但却能被全体员工共同遵守。同年，美国著名管理专家托马斯·彼得斯与小罗伯特·沃特曼访问了美国历史悠久且最优秀的 62 家公司，出版了《寻求优势——美国最成功公司的经验》一书。书中探讨了这 62 家公司成功的原因。他们认为，这些超群出众的企业"有一套独特的文化品质，是这种品质使它们脱颖而出，鹤立鸡群"。

1984年，斯坦福大学的博弈论研究大师克雷普斯(David Kreps)从博弈论的角度研究企业文化，认为企业文化有利于博弈双方对对方形成信任和对未来形成稳定的预期。由此，把企业文化和经济问题联系了起来："企业文化……赋予了企业组织结构的一致性，按照原则行事，培养了企业科层下级组织对问题发生的事前意识。"美国学者杰伊·巴尼(1986)认为优秀的企业文化可以成为持续竞争优势源泉，包括价值性、独特性和不可模仿性三个必备条件。

20世纪90年代以来，企业文化的重要性日益得到普遍认可。这一时期涌现了较多企业文化理论的代表性人物及著作。克雷普斯(David Kreps)在1990年的《企业文化和经济学理论》一书中把企业文化应用于经济学解说之中。1990年，本杰明·斯耐得提出了多个因素相互影响的理论模型(社会文化、组织文化、员工的工作态度、工作行为组织氛围、组织管理过程、组织效益)。1992年，哈佛大学詹姆斯·赫斯克特和约翰·科特两位教授把公司文化分为强力型、策略合理型和灵活适应型三种类型，并深入研究不同文化类型对公司长期经营业绩的影响。研究结果表明，在长期中，企业文化对经营业绩有着非常重大的影响。

1997年，美国战略管理学家戴维·贝赞可认为以下三方面体现了公司文化的价值性：一是降低了企业信息处理和决策制定等方面的成本；二是弥补了正式制度的不足，降低了公司对个人的监督成本；三是促进了合作，减少讨价还价的成本，有利于促进协作。同年，Charlcs O,Reilly提出：营造良好的企业文化氛围，利用管理哲学原理，能够促进创新技术的发展，使企业发展能够紧跟市场步伐，根据实际社会情况做出改革策略。1999年，艾兰·肯尼迪与特雷斯·迪尔继续联合出版了《新企业文化》。他们在《新企业文化》中提出，稳定的企业文化实质上是一种平衡因素，它是企业决策者在调节企业竞争力和满足员工需求的重要因素，并力求寻找到维持这种平衡的途径。Goffrey C. Nicholson(1999)在对3M公司进行研究中得出，企业只有在良好的组织氛围里，才能最大限度地激发企业的创新力和发挥企业蓬勃的生命力。

21世纪以来，文化研究仍然很热。Heldon A.Buckle(2001)指出，企业文化是一个企业持续创新的源泉动力，企业员工和企业文化积极更新发展，企业便会在激烈的市场竞争中开辟自己的天地。企业的创新氛围对企业的创新能力发展是十分重要的。Carmeli A(2005)指出，对企业创新最具影响力的因素是企业文化。Daniel Jimenez(2007)研究了西班牙公司，在研究中发现西班牙企业中的人力资源和知识储备管理与技术创新的发展是正相关的。Vecchi和Brennan(2009)采用不同国家中不同种类的制造企业的数据为实验对象，验证了企业文化中具有冒险精神的企业更具有创新绩效。Don E.Kash(2010)在对六个国家的创新产品进行比较后发现，不同国家拥有不同的历史文化，这导致了不同国家的社会价值观有所差异。Naciba Haned(2014)通过研究认为，企业产品的工艺生产、服务创新离不开企业的组织创新能力的提高，企业的组织创新能力对企业的技术创新能力也有正向作用。同年，Kalanit、Efrat从多维度研究了创新文化对国家的积极作用。Youngmin Lee、Miha kerlavaj、Ji Hoon-Song等则阐述了企业文化在韩国企业中的影响。但也有学者认为企业文化和创新绩效之间的关系具有不确定性，具有积极和消极两方面的作用。

与国外企业文化研究的迅猛发展相比，中国的企业文化研究起步较晚，但研究也非常活跃，涌现了一大批有价值的成果，在理论和实践上都具有重要意义。笔者检索中国知网发现，截止到2019年5月3日，仅企业文化、企业文化建设、文化理念的论文就达30350篇。盛亚(1995)选用了三个国家(美国、日本、中国)作为研究对象,认为之所以会形成不同的企业文化,是因为不同国家的文化底蕴不同,企业技术创新能力也是随着不同的企业文化而存在变数。黄顺基(1995)认为,企业文化与技术创新是相互依存的,它们之间存在双向的引导和促进关系。张钢、陈劲等(1997)认为,导致我国企业的创新动力不足的原因是企业文化与创新之间存在某些不一致性。在《现代企业技术创新》一书中,孙一民(1998)提出,是否拥有创新文化是企业技术创新能力的提升和技术创新价值取向的决定因素。

刘明宇(2001)认为,中国企业虽然引进吸收了国外的先进技术,但仍然只停留于学习表面,没有真正吸收消化以生产自己的创新产品。其原因在于我国企业不重视企业创新文化的发展。赵志芳(2002)通过分析指出,我国企业发展应坚持以创新为主路,积极吸纳创新型技术人才,良好的企业文化能培养员工的创新思维,使企业员工发散思维并积极为企业的发展贡献力量。企业创新文化不仅能激励员工积极创造还能使企业对市场迅速变化的危机做出规避措施。李垣等(2005)认为,创新文化的实质就是激励人们最大限度去进行创新,并要求将其运用到企业技术创新中,以鼓励员工积极进行技术创新。

王玉、文丰(2006)认为,创新型文化的标志之一就是企业员工喜欢追求挑战性的工作,挑战性的任务安排能促进企业的人力资本优势转化为技术创新优势。创新文化正成为推动技术创新和科技进步的内在力量。周梦玲(2009)分析了企业核心价值观对技术创新的影响,认为能够保证企业具有持久竞争力的真正内在动力是企业的核心价值观。陈斌(2010)研究指出,企业文化能将创新作用于企业生产经营的各个方面与企业文化的性质不可分。企业文化具有主动适应性和竞争性、责任性,这也是最先激励企业创新动机的三个动机。蒋忠东(2012)认为,企业文化建设的机制包括协调机制、保障机制和激励机制三大机制,只有协调建设好企业文化这三大机制,才能使企业文化推动动态技术创新的持续发展,促进企业发展自主创新。董晴(2017)调查分析了我国民营汽车企业,得出企业文化的提升会带动企业技术创新能力的提高的结论。企业文化的各个层面都会影响到企业的技术创新能力。王靖阁(2018)以S公司为例,通过引入员工忠诚度来研究公司文化,发现企业文化影响员工忠诚度,从而对企业绩效产生着重要影响。顾美玲(2018)从组织环境和内在的组织观念角度研究了IT业务与企业创新文化相互融合过程中的作用。刘鑫(2019)认为,企业文化作为企业员工所普遍认同和自觉遵守的价值观、经营观念和行为规范的总和,是企业在长期经营管理过程中形成的一种文化氛围;对企业起着规范、导向和推动的巨大作用,同时也是团结员工,增强企业凝聚力,促进企业发展的精神动力。刘萍(2019)认为创新文化是企业长久发展的一个关键因素,直接影响着企业和组织拥有的核心竞争力。

综上所述,以上对企业文化的研究内容、术语使用、研究方法都大相径庭,但其最终却得出了高度一致的结论,都认为:在企业中,对员工态度、经营绩效和企业长远发展来说,企业文化都产生着非常巨大的影响。而且市场竞争越激烈,文化的作用越显著。正如企业家小沃森(Tom Watson)——美国IBM公司的前总裁所说:"企业的基本经验思想、企业精神和企业目标从相关经营业绩上来看,会比企业的技术资源、发明结构及企业随机决策等更重要。企业的基本经验思想、企业精神和企业目标都是来自企业员工对企业的基本价值观念的忠诚度并将这些观念贯彻到实际经营中的可信程度。"[1]

---

[1] 转引自:约翰·科特,詹姆斯·赫斯克特.企业文化与经营业绩[M].曾中、李晓涛,译.北京:华夏出版社,1997:22.

1.2.4 社会资本与创新

1.2.4.1 直接研究社会资本要素对技术创新绩效的影响

Hippel(1998)认为,良好的关系资本是技术创新的源泉。Biemans(1992),Gemunden(1992),Hakansson(1995)通过大量理论和实证分析得出结论,与顾客建立良好的合作基础对企业的创新能力与企业运营的成功有重大影响。比如,顾客对企业产品创意的满意程度直接影响该产品生产效率及市场效应。Kotabe和swan(1995)指出,联盟能促进产品开发取得更好的产出。Schulz(2001)指出共同价值观和信息都属于关系网络中的要素,它们不仅能减少网络成员之间的冲突,还能增加网络成员之间的相互协作,最终提高企业技术创新绩效。

Volberda,Henk W(1996)认为,技术创新往往是具有高风险的,但在技术合作与联盟下可以降低风险并提高技术创新的速度。良好的关系资本可以降低技术创新的风险。企业技术联盟使企业技术产品和企业市场空间都得到新发展,而且增强了企业应对市场环境变化的适应性和创造性。Tsai和Ghoshal(1998)通过实证分析得出结论,企业的社会资本有助于企业获取技术信息和市场信息,从而缩短企业产品创新的周期,提高创新的效率。

Greve和Salaff(2001)在实证分析的基础上提出,企业社会资本对于提高企业技术创新的效率,以及企业的社会资本创造新思想和整合现有知识方面起着重要的作用。Hill和Jones(2001)认为元素和资源是良好的关系资本为技术创新所提供的,它表明经常为企业带来重要资源的是企业利益相关者。Hsu和Fang(2009)甚至认为,知识资本对新产品开发绩效影响中最重要的角色是关系资本,其次是资本结构,最后是人力资本。公司与高等学校之间的良好互动可以提高企业在新产品开发过程中的创意搜索的效率。

AnaPérezLuno等(2011)认为,低社会资本环境下的企业知识创新会随着知识的隐性程度降低而降低,而知识隐性在高社会资本环境下对企业的知识创新产生积极正向影响,随着知识的隐性程度提高而提高。AnaPérezLuno及其同事的方法和结论为下一项研究提供了新的理论视角。

国内陈进等(2001)研究了技术合作理论,"动态网络"理论以及企业与供应商、用户、大学、政府和企业技术创新之间的关系。他们认为,企业的横向社会资本会随着企业技术创新的效率提高而提高,两者成正比关系。企业的技术创新效率会随着供应链中的社会资本越大而变得更高;技术创新实力和业绩会随着企业外部实体的社会资本越高而变得更强。

张方华(2003)关注技术创新与社会资本的关系。他将技术创新视为生产函数发生了变化,把社会资本的作用内生化,并通过物质资本、人力资本、智力资本和金融资本来改变社会资本。张芳华和林仁芳(2004)的实证结果表明,社会资本通过影响信息收集,知识获取和资本获取来影响技术创新绩效等。王霄等(2005)使用结构方程模型(SEM)来证实社会意识(如信任和合作)对技术网络和人力资本产生重大影响,社交网络对技术网络和技术创新产生重大影响。

彭新民(2009)、任胜刚和吴娟(2011)研究了商业关系网络对企业技术创新的影响。研究发现,网络中的社会资本嵌入可以提高企业的创新绩效。窦红兵等(2011)认为社会资本对创新绩效有积极影响。Jiang Tianying等(2013),谢雪梅等(2013),范伟等(2014)研究了基本网络和企业网络特性和功能对创新绩效的影响。

以上学者讨论了社会资本对于创新所起到的一些积极作用,但也并不是所有学者都认为企业社会资本对技术创新效果是有积极影响的。Cannella 和 Mc Fadyen 通过实验得出结论，倒 U 形是指企业社会资本对企业技术创新绩效的影响方式。相比对于联系数量多少而言，企业内部关系的联系强度对技术创新绩效的边际影响效果更加明显。

1.2.4.2 间接研究社会资本要素对技术创新绩效的影响

间接研究表现在研究企业社会资本单个要素与创新绩效关系时，加入知识共享、知识整合、知识吸收等中间变量。

Homans(1958)在经济学和心理学的基础上，提出社会交换理论，认为交换行为是社会中的一切人类行为。知识共享作为一种社会交换行为，有利于知识总量增加，进而有利于创新行为的产生。Maskell P(2001)认为集群可以加强企业成员的知识创新，跨组织的知识更有利企业吸收不同的外来差异化知识以促进企业资源的更新。Barki H(2005)认为企业内部的知识整合效应可以有效协调各部门组织的协调与沟通。Dahlin K.B(2005)指出，新的创新模式的形成，需要整合多种渠道来源的知识，而知识的整合需要借助共同的语言和文化习惯。

Tsai(2006)研究了网络关系、结构因素与知识吸收能力之间的关系。发现企业网络密度影响着企业的知识吸收能力和创新绩效，企业社会资本中的结构嵌入、关系嵌入等维度与知识吸收能力中的知识获取、转移、补充及应用等维度具有正相关的匹配关系。企业网络密度越密，知识吸收能力越强，创新绩效越高。Schilling M. A(2007)从关系维度的研究表明，在多个组织之间彼此信任的关系下，会增加双方知识的交流分享，使社会凝聚力增强。Phelps(2012)、郑健壮(2016)分析了原因，认为其原因是企业间信任与社会认同的增强，会使企业之间分享知识的动机更明显。Hu(2014)研究证实，知识共享的发展可以促进员工创新，在社会资本和企业团队创新中知识共享连接有共同理想的集群行动者，在网络连接中共同集体学习，有利于加强关系中网络成员之间的互动，有助于成员间的知识共享。

国内韦影(2006)从信任度视角来研究企业社会资本。通过研究发现，企业通过各种网络联系积累的内外部的信任度有助于加强关系网络中的知识共享，高信任度会在某种程度上对企业的技术创新绩效产生有益的影响，反之亦然。谢洪明、王成、罗惠玲(2007)研究发现吸收能力在企业外部研发与创新之间的中介作用。杜建华等(2009)通过调研，分析了 270 家孵化器企业的社会资本与创新绩效。李贞、杨洪涛(2012)认为，通过知识整合使原始知识资源能发挥更大价值，进而使企业的创新绩效得以提高。谢洪明、张霞蓉、程聪等(2012)研究得出，所有主体在集群中的联系有强弱之分，集群中普遍存在弱联系状态因减少了冗余、烦琐的网点联系，有利于过滤掉无用和过时的信息，获得更新、更有效的信息与知识。

潘宏亮、余光胜(2013)指出，知识共享尤其是隐性知识的共享必须借助社会资本，网络关系的频繁互动有利于双方近距离地观察、学习和模仿，促进了知识主体双方之间知识的交流、沟通与互动，进而实现隐性知识转移与共享。李辉(2014)指出，社会资本中的信任、规范、网络互动能促进组织间的学习和合作，从而促进企业获得知识积累。不仅如此，与外部实体组织的联系与网络中的互动关系能够有效地降低交易成本和道德风险，促进技术进步，缩短新产品的开发周期。韩莹、陈国宏(2016)认为，多网络能使集群内企业的学习交流更加便利，加快企业之间的知识整合吸收。杨德祥(2017)把创新动机作为调节变量、信任与知识共享作为中介变量，构建了一个社会资本影响员工创新行为的理论模型，并利用该模型分析了社会资本影响员工创新行为的作用机制。

1.2.4.3 研究社会资本维度与技术创新绩效的关系

Nahapiet 和 Ghoshal(1998)提出社会资本三维度理论,认为社会资本可分为结构维、关系维和认知维三个维度,并且用社会关系紧密程度来表示结构维,相互信任程度来表示关系维,共同愿景来表示认知维。在此基础上研究发现,结构维和关系维能够促进公司内部各部门或个人之间的信息流通,直接或间接地影响公司内外部的资源交换,使企业更容易获取市场的前端信息,而认知维反映了员工的共同愿景,有助于形成凝聚力。因此,三维度资本的各界影响着企业的产品和技术创新。Mcfadyen(2004)通过实证分析,检验了社会资本中的结构维和关系维与创新的关系,结果表明个人社会关系的数量与社会关系的强度与组织知识创新之间呈现倒 U 形关系。InkpenAC(2005)认为,不同的社会资本维度会影响产业集群中企业的知识共享行为。就结构维度而言,集群网络中结构资本是积累知识资本的基础。在关系结构中,知识分享和共享效果受到结构洞和位置中心的影响。结构洞越少越能提高集群企业间的连通性,实现知识共享和积累;相对于外围企业来说,距离网络中心位置越近的企业往往具有更高的知识获取优势,知识资本实力相对更雄厚。这也正是龙头企业更容易获得优质的知识和信息资源的原因。

韦影(2007)借鉴 Nahapiet 和 Ghoshal 的三维度划分方法,通过实证研究得出信任和认知是技术创新绩效的重要影响因素。侍文庚、蒋天颖认为,共同愿景和共同的语言是企业知识整合能力的直接影响因素。王婢(2013)把企业社会资本分为技术社会资本、市场社会资本、政府社会资本和金融社会资本四个维度,并全面研究了各维度资本与创新绩效的关系。张键国(2014)分别分析了企业纵向关系资本和横向关系资本对技术创新绩效的影响。结果表明,企业的纵向关系资本对技术创新绩效影响显著;但是企业的横向关系资本对技术创新绩效的影响不显著。朱建民、王红燕(2017)研究了横向、纵向和斜向三维方向的社会资本与技术创新绩效的关系。研究发现,在横向和纵向上,社会资本与企业技术创新绩效呈同方向关系,而在斜向上,社会资本对技术创新绩效关系表现为 U 形曲线。

已有研究从不同角度表明了社会资本对技术创新有重要影响,为后续研究奠定了坚实的基础。

1.3 研究路线、研究内容及研究方法

1.3.1 研究路线

1.3.1.1 研究思路

创新的实现是一个复杂的系统工程,创新的驱动因素是一个复杂的体系。本研究主要从理论经济学的学科视角,运用多学科分析方法,结合中国特色自主创新发展道路的理论视角来探讨创新驱动的资本因素及其作用机制。

本文遵循"总—分—总"的系统思维模式展开研究。首先,从创新与资本驱动的关系入手,揭示四维资本是自主创新重要的驱动因素,跟物质资本一样,也是创新发展必须依托的资本要素。其次,进入论述的中心,构建一个统领全文的实现自主创新的多维资本驱动理论模型,揭示四维资本在创新驱动中的作用。其中,创新活动的主体和源泉是人力资本,创新

活动的基础和核心是知识资本,创新活动的灵魂和支撑是文化资本,创新活动的助力和保障是社会资本。再次,深入分析每一种资本的创新驱动作用机制,并以相应的案例加以支撑。接下来再将四种资本要素结合起来,深入分析相互之间的互动机制。在此基础上,分析论述我国自主创新的现状,揭示成绩与不足,同时分析四维资本的缺失,以此揭示其中的因果关系。最后,根据问题导向,针对四维资本要素缺失的现状,提出资本积累与优化的路径,力求通过四维资本体系的完善促进我国创新的发展。

1.3.1.2 技术路线

创新驱动体系,包含的内容十分广泛。因此,在总体把握创新激励因素基础上,重点对驱动创新的非物质资本,即人力资本、知识资本、文化资本及社会资本进行研究。技术路线如图1—1所示:

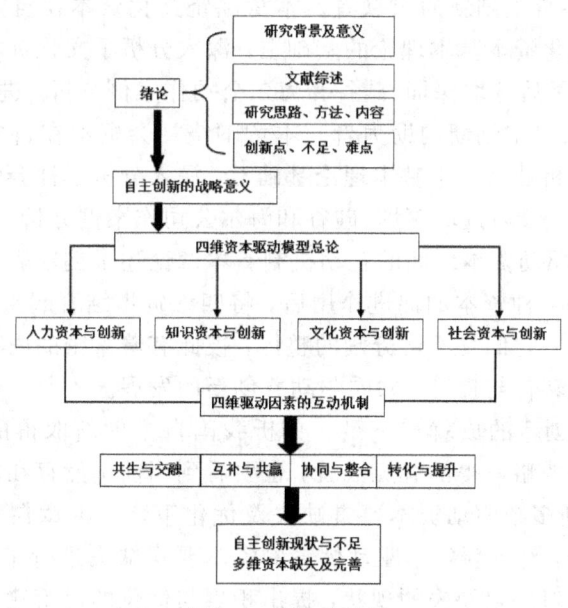

图1—1 技术路线

1.3.2 研究内容

本文主要围绕自主创新的资本驱动因素展开研究,一共分为11个部分,各章的主要研究内容如下:

第1章,绪论。本章介绍选题背景、研究意义、创新之处、存在的不足及写作难点等论文的基本内容。本章是整个研究的基础,也是全文得以成立的基石。

第2章,从创新到自主创新。自主创新是我国经济持续稳定发展的重大战略。本章论述了自主创新对中国经济持续稳定发展的战略意义。自主创新是党的十六大以来提出的发展战略,也是我国经济可持续发展的必由之路。党的十七大、十八大、十九大精神都在持续推进自主创新战略的实施,并在新的历史时期赋予了新的使命。本章的主要内容包括:自主创新能力是国家竞争力的核心;自主创新是经济持续增长和发展的源泉;自主创新是国家经济安全的保障。自主创新的重大战略意义,是整个研究的缘起。

第3章,实现自主创新的多维资本驱动理论分析模型。本章构建了一个促进自主创新的四维度资本驱动理论分析框架。创新活动的开展需要多种因素驱动,因为创新活动有其自身特有的发展规律。本章深入论述了创新理论基本问题、国内外的创新评价以及创新环境与创新生态等内容,并在此基础上,构建了实现自主创新的多维资本驱动理论模型,并对该理论模型的内容进行详细阐述,本章是全文的中心。

第4章,人力资本:自主创新的主导者。本章围绕人力资本在自主创新的主导地位和主体作用进行论述。在分析人力资本基本理论的基础上,深入分析了人力资本对自主创新的主体作用,并进行实证分析。最后选取硅谷、华为公司作案例分析,进行经验检验。

第5章,知识资本:自主创新的核动力。本章围绕知识资本在自主创新的核心地位和作用进行论述。在分析知识资本基本理论的基础上,深入分析了知识资本对自主创新的核心作用,并进行实证分析。最后选取中关村、华为公司作案例分析,进行经验检验。

第6章,文化资本:自主创新的引领者。本章围绕文化资本在自主创新的引领地位和作用进行论述。在分析文化资本基本理论的基础上,深入分析了文化资本对自主创新的引领作用,并进行实证分析。最后选取深圳、硅谷和海尔公司作案例分析,进行经验检验。

第7章,社会资本:自主创新的助力者。本章围绕社会资本在自主创新的保障地位和助力作用进行论述。在分析社会资本基本理论基础上,深入分析了社会资本对自主创新的助力作用,并进行实证分析。最后选取深圳、硅谷和海尔公司作案例分析,进行经验检验。

第8章,四维创新驱动资本之间的互动机制。本章论述了创新驱动四维资本之间的互动机制。在分别论述了每一种资本的促进作用后,将四维资本结合起来,以系统的视角探究其互动的作用机制及原理。它们是不可分割的整体,彼此有着紧密的内在联系:共生与交融、互助与促进、协同与整合、转化与提升,共同驱动着创新的发展。

第9章,我国自主创新的成就与不足。分析我国自主创新取得的伟大成就和存在的不足。既要看到自主创新战略取得的辉煌成就,也要看到当前仍然存在的不足与差距。

第10章,自主创新多维驱动资本要素缺失及优化策略。本章在前面的理论分析和现状与不足分析的基础之上,对创新资本驱动体系的资本要素缺失进行了分析,以寻求创新不足的深层次原因。最后针对要素缺失的现状,提出积累与优化的对策建议。

最后是结论与展望。总结对全文的观点、结论并对未来研究进行展望。

1.3.3 研究方法

本研究是跨学科的综合研究,融合了经济学、管理学、社会学、心理学、伦理学、生态学等多学科知识,综合运用了多种研究方法进行分析。

1.3.3.1 文献研究法

研究涉及的文献量非常大,包括自主创新、四维资本、企业家精神、企业文化等方面,数量大,涉及面广。研究中,梳理了有关的文献脉络,借鉴现有研究成果,对自主创新的资本驱动因素进行全面深入的梳理;梳理和归纳了自主创新资本驱动因素的影响后果的实证研究,设计变量指标,实证分析了自主创新资本驱动因素的影响效应;梳理了自主创新的实现路径与机制,并提出相关对策建议。

1.3.3.2 规范研究与实证研究相结合

规范研究重点在对研究对象进行主观价值判断,实证研究重点在对研究对象进行客观描述。本研究一方面借鉴国内外最新的有关技术创新与人力资本、知识资本、文化资本及社会资本等理论的前沿成果，结合我国自主创新战略实施的实际情况构建理论分析框架，提出理论假设；另一方面深入创新城市、创新企业进行实地调研，通过大量数据研究，对相关理论和假设进行实证检验。

1.3.3.3 定性分析和定量分析结合

本研究一方面对自主创新尤其是技术创新的发展规律、人力资本、知识资本、文化资本及社会资本与技术创新的关系等问题进行定性分析；另一方面通过利用统计数据进行定量研究。

1.3.3.4 理论与实际相结合

本研究在对自主创新、四维驱动资本、四维资本驱动创新发展的作用机制、四维驱动资本互动机制进行深入的理论分析的基础上，紧密结合我国自主创新实际，全面分析我国自主创新发展的现状、四维资本的现状，揭示不足与缺失，并有针对性地提出相应的对策建议。

此外，根据研究内容的需要，研究还采用了很多具体的研究方法，如比较研究方法、制度分析方法、产权分析方法、交易成本分析方法、博弈分析方法、经验分析方法、案例分析方法，等等。

1.4 研究的创新点、不足与难点

1.4.1 本研究的创新点

第一，构建了一个四位一体的实现自主创新的多维资本驱动的理论分析框架，进一步深入推进自主创新研究。

当前研究创新驱动要素的多是单一、孤立、离散的研究，建设一个四维协同的创新资本驱动体系研究尚属空白。本研究以多维资本在自主创新中的作用机制和相互作用机制为分析重心，构建一个促进自主创新的多维资本驱动理论模型，无论是研究视角还是研究内容都是对现有自主创新相关研究的进一步深化和创新。

第二，实现了人力资本、知识资本、文化资本和社会资本与创新问题的系统对接，弥补了现有非物质资本研究分离、含混、零散的不足，拓展了非物质资本的研究视角。

现有文献对人力资本、知识资本、文化资本和社会资本的研究多是相互分离或含混交织，与创新问题的连接也是零散的，尚未形成创新问题与多维资本要素的系统理论。本研究试图通过深入分析人力资本、知识资本、文化资本和社会资本在自主创新中的作用机制，将以前分析中的离散有机结合，以前的混沌交织清晰分离，实现多维度资本与创新问题的系统对接。

第三，挖掘了四维资本彼此之间的互动关系内涵，深刻剖析了四维资本的互动作用机制，为四维资本驱动模型提供了深层次的内在逻辑支撑。

在创新驱动体系中，人力资本、知识资本、文化资本和社会资本虽然各司其职，作用各有侧重，但彼此紧密相关，你中有我，我中有你，无法将任何一个要素分割开来。本文深刻剖析了四维资本之间的互动关系及互动机制，挖掘出彼此之间紧密的内在联系：共生与交融、互助与促进、协同与整合、转化与提升，这在现有的文献中尚属空白。

第四，以多维资本驱动理论视角审视中国实际，提出促进我国自主创新体系完善的制度与政策思路。

运用系统分析多维资本与自主创新关系及作用机制的理论研究成果，综合考察中国的创新环境和现状，揭示存在问题的原因并提出治理思路。通过充分发挥人力资本、知识资本、文化资本以及社会资本等多维度资本的合力驱动，促进我国创新型国家战略的实施和实现。

1.4.2 不足之处

创新驱动系统是一个博大而复杂的系统。尽管非物质资本只是其中的一个部分，但内容仍然丰富，涉及面广，其内在机制非常繁杂而不确定。尤其是其无形性、依附性、自贬性等特征的存在，对其量化非常困难，其运行的内在规律也难以把握。加之笔者才疏学浅，能力有限，使得研究还存在很多不足。主要有：

(1)四维资本量化困难，实证数据样本不够大，指标不够全面，数据不够翔实；
(2)对社会资本、文化资本的负面影响未纳入研究；
(3)微观调查数据支持较弱；
(4)未能建立包含四维资本在内的实证模型。

1.4.3 研究难点

主要难点有：
(1)数据获取较为困难。文中主要采用公开的统计数据，有些内部保密性数据难以获取。
(2)四维资本在外延上界定较为困难。由于四维资本的人身依附性、网络嵌入性、非物质性等特征，导致彼此你中有我，我中有你，外延界定困难。
(3)研究层次定位较为困难。自主创新是国家战略，但创新活动涉及微观、中观、宏观各个层次，因此分析中难以绝对区分。

本章小结

从来没有哪个时代，创新变得如此重要而迫切。当今世界，人类社会正在经历着一场全球性的科技革命。企业的竞争、经济的发展、综合国力的较量日益集中地体现在科技实力竞争上。探索人力资本、知识资本、文化资本和社会资本促进创新的作用和内在规律，弥补现行四维资本体系存在的缺失，积累和优化四维资本，推动创新发展，实现创新目标，已是当务之急。本章主要介绍了论文必备的基本公共要素、创新之处、存在的不足及写作难点。本章是整个研究的基础，也是全文得以成立的基石。

第2章 从创新到自主创新

美国福特公司前总裁亨利·福特曾经说过:"不创新,就灭亡。"创新是一个企业、一个组织乃至一个国家在激烈市场竞争中求得生存和发展的必然选择,是企业发展、国家兴旺的基本驱动力。在新时期,面对新形势和新环境,创新显得尤为重要。创新的本质是自主创新,只有掌握了创新主动权和自主知识产权的创新才是真正的创新。

2.1 创新理论的脉络

2.1.1 创新理论的产生及发展

2.1.1.1 创新理论的产生

"创新"是一个非常古老的词汇。早在15世纪,人们就开始使用"创新"这个术语。在西方,"创新"(innovation)一词来自拉丁语中的innovate,意思是制造出新的东西或更新、改变现有状态。1797年,美国总统华盛顿告诫美国人民要时刻保持创新思维与精神。在我国古代,记载"礼仪是创"[①]之说,颜师古注为"创,始造之也"等记载。

"创新"表层上有发现、发明和革新三个含义。发现主要是指探索自然本身已存在,但还未被人类所知的事物规律、法则或结构和功能。发明是指对新事物的创新,根据基本原理是事物的发展规律,创造出新的产口或技术工艺。革新是指思想层面的创新,提出与前人不同的新观念、新思想,或是创立前所未有的经济体质及制度等。

1912年,哈佛大学教授、美籍奥地利经济学家约瑟夫·熊彼特在《经济发展理论》一书中第一次较完整地阐述了"创新",创新理论由此产生。他指出:"创新是生产要素和生产条件的新组合,所谓创新,就是新技术和新发明,对生产要素进行整合产生的一种新的供应函数。"标志着经济学意义上的创新理论正式诞生。1928年,在《资本主义的非稳定性》一文中,熊彼特指出创新是一个过程的理论。他认为创新是一种生产函数的新组合或发生转移的过程,这种组合或转移的目的在于未来获取高额的超额利润。1939年,熊彼特在《商业周刊》中全面地阐述了创新的概念和理论。

---

① 参见《汉语·叙传下》。

熊彼特创新理论的主要观点如下。①

(1)引进一种新的产品。新产品是指产品具有新的特征或消费者不熟悉的新的企业产品或产品的新功能，可称其为产品创新。

(2)采用一种新的生产方法。一种制造部门未经检验的并未建立在科学基础上的新方法，也可指企业在处理新产品时运用的一种新的商业方式。

(3)开辟一个新的市场。即市场创新，是指开辟企业或国家从未进入的全新市场。

(4)获得一种新的供给来源。也就是无论这种资源之前是否存在，是在于企业是否将其作为新的产品原材料的供应来源。

(5)建立一种新的组织形式。可称其为组织创新或制度创新。指建立一种新的垄断地位或革除原有的垄断地位，从而形成新的组织形式。

上述五种创新全面概述了存在于企业生产经营过程中的新组合、新行为。

可见，在熊彼特的理论中，创新是对生产要素的新组合，是企业家的职责。熊彼特认为，创新带动了经济增长，并由此较好地解释了资本主义经济出现"经济长周期"的内在机制。②熊彼特首先将经济每个周期划分为繁荣、衰退、萧条、复苏四个阶段。繁荣和复苏表现为对资本需求增加，增长速度加快，投资与资本增加，产业扩大，就业增多；衰退和萧条表现为大规模失业、产业萧条、市场疲软。然后他提出，经济发展的长波周期是由于创新引起的。当一项创新出现后，必将引起社会上的模仿，引发企业竞争，企业竞争掀起创新浪潮，经济便走向高涨；但是当较多企业模仿后，利润被平均化，经济发展变得缓慢，新的创新才能推动经济的持续向前发展。

熊彼特创新理论将技术与经济联系起来共同探讨经济发展中创新的重要作用。是企业家重组生产要素获得潜在利润从而推动经济发展的理论，具有开创性，为后续研究奠定了基础。

此后，关于创新的概念不断增多。纳尔逊和温特把创新定义为"现在的决策规则的变化"。③ 彼得·德鲁克指出"创新行为就是创新者赋予资源能够创造财富的新能力"。④

国内有学者从意识、心理取向、把握机会的灵敏性以及环境的适应能力几个方面来定义创新。认为创新者有推陈出新的意识，勇于探索的取向、高度机灵和超强的环境适应能力。⑤这些概念都从不同角度、在不同程度上反映了创新的本质特点。

2.1.1.2 创新理论的发展

第二次世界大战后，美国的曼斯菲尔德、卡曼、施瓦茨、戴维、列文等沿着熊彼特的创新思想开展了进一步的研究，并形成新的创新理论。1950年熊彼特教授去世，此后有关创新理论的发展出现分化，日益从中分离出技术创新理论和制度创新理论两个研究方向，并逐渐形成了技术创新学派和制度创新学派或新制度学派两个不同的研究学派。

---

① [美]熊彼特.经济发展理论[M].何畏，等译.北京：商务印书馆，1990：73.
② 1926年，俄国经济学家康德拉季耶夫发现，资本主义国家的经济发展具有明显的周期波动现象，于是提出"经济长周期"(长波)概念。
③ [荷]范.杜因.经济长波与创新[M].上海：上海译文出版社，1993：104.
④ [美]彼得·德鲁克.创新与企业家精神[M].北京：企业管理出版社，1989：30.
⑤ 中央教育科学研究所.创新教育.[M].北京：教育科学出版社，1999：177.

(1)技术创新理论

技术创新的概念由伊诺思在1962年发表的《石油加工业中的发明与创新》一文中首次阐述。他是从技术发明的角度进行的定义。而林恩,从另一个角度即创新的时序过程对创新进行了定义。此后,还有很多技术经济学家和研究机构从不同角度对技术创新概念进行了定义。如美国国家科学基金会、美国国会图书馆、经济合作与发展组织(OECD)等,其核心的观点都是强调新产品、新工艺的产生及其带来的经济价值。

我国学者傅家骥从企业的角度对技术创新进行了定义:"企业家通过技术创新寻找市场的潜在盈利机会,企业家重新组织生产要素,建立更高更强且低费用的生产经营系统。进而提升生产力,开拓新市场,完成新产品新工艺的开发。它是一系列活动综合作用的过程,包括科技、组织、商业和金融等。"[1]

20世纪70年代,有关技术创新的探究在不断深入并逐渐形成系统理论中,提高了企业经营与政府管理效率。以门施、曼斯菲尔德、卡曼、施瓦茨和列文等为代表的新熊彼特学派,传承了熊彼特创新理论的传统观点,强调在经济发展中技术进步和创新的核心作用,但他们更侧重研究企业的组织行为、市场结构等因素对技术创新的影响。在有关技术创新推动经济增长和经济周期波动方面,门茨进一步运用统计资料证实了熊彼特的理论,并作了进一步的发展。门茨理论能较好地解释技术创新周期性阵发的原因。他认为经济危机是技术创新的主要动力,危机迫使企业寻求技术创新,当技术创新大批量出现时就会产生经济发展浪潮。

英国经济学家弗里曼(1974,1982)的《工业创新经济学》建立了第一个系统的创新经济学理论体系。他指出:"所谓技术创新,就是首次将新产品、新方法、新服务和新系统进行商业性转化。"[2]在弗里曼那里,经济增长的主要动力来源于技术创新。同时,弗里曼特别强调科技政策对技术创新的促进作用,并为政府设计了三套刺激技术创新、扩大劳工就业的科学技术政策。

斯通曼(P.Stoneman,1976,1983)的《技术扩散与计算机革命》和《技术变迁的经济分析》分析了技术创新扩散的路径依赖。认为同一国家、同一地区和同一产业中的不同企业对新技术的采用速度有快有慢,同一创新成果在不同国家的扩散有快有慢,在同一国家的不同地区也有快有慢。[3] 曼斯菲尔德(E.Mansfield,1971,1988)在《技术变迁经济学》中提出了技术模仿创新理论。[4] 20世纪70年代,M.卡曼(Kelmien,Morton)和N.施瓦茨(Schwartz,Nancy)等从垄断和竞争出发,阐述了市场结构与技术创新之间的联系,他认为创新活动的开展最有利的市场结构是垄断竞争市场。他们认为,决定技术创新的因素有三个:竞争程度、垄断强度和企业规模。竞争越激烈,竞争程度越高,更能激发企业的创新动力;垄断的力量会影响创新的持久性,垄断强度越强,创新成果越不易被模仿、被替代。同时,企业规模越大,创新带来的市场潜力越大,创新的动因就越强。

美国经济学家格里列希斯(1971)提出了"S形增长曲线"的技术扩散理论。所谓"S形增长曲线",是指技术扩散时被模仿速度的运动轨迹。格里列希斯认为,在新技术或新产品推

---

[1] 傅家骥.技术创新学[M].北京:清华大学出版社,1998:13.
[2] 张正华,雷晓凌编著.创新思维、方法和管理[M].北京:冶金工业出版社,2013(2):21.
[3] 张正华,雷晓凌编著.创新思维、方法和管理[M].北京:冶金工业出版社,2013(2):21.
[4] 张正华,雷晓凌编著.创新思维、方法和管理[M].北京:冶金工业出版社,2013(2):21.

广过程中,一般会呈现出"S形技术推广曲线"的规律性特征。① P·戴维(1971)在适度规模基础上提出了企业"起始规模点"的理论。戴维认为,采用新技术的企业必须达到一定的规模。适度规模可以为企业带来规模经济效应,如果规模太小,则新产品的单位成本会提高,从而竞争力下降,盈利减少甚至亏损。

(2)制度创新理论

以 L·戴维斯和 D·诺斯等为代表的制度经济学派,把熊彼特的"技术创新"与制度学派的"制度"结合起来,由此创立新制度经济学。新制度经济学借助新古典经济学的均衡分析方法,利用制度分析范式对技术创新的外部环境进行了分析。新制度经济学认为,制度是技术创新的内生变量,制度创新对技术创新起着决定性的作用。代表人物诺斯在《1790—1860年美国经济增长》(1961)及其后面的一系列著作②中,深入分析了经济发展中的制度安排和制度创新,构建了一个完整的制度创新理论框架。

D.C.North 认为,所谓制度创新就是制度的均衡状态与失衡状态之间交替变化的一个漫长的动态过程。制度创新的全过程可分为五个阶段:形成"第一行动集团"→"第一行动集团"提出制度创新方案→"第一行动集团"对提出的各种创新方案进行比较和选择→形成"第二行动集团"→"第一行动集团"和"第二行动集团"共同合作促使制度变革与创新的实现。

D.C.North 认为,促成制度更新的主要因素有:(1)规模经济性。市场规模扩大,可以降低企业产品的单位成本,从而获得更多的利润。(2)技术经济性。随着世界工业化和城市化的发展,在城市人口日益增加及企业规模不断扩大的背景下,企业制度创新是促使企业获得经济利益的必要手段。(3)预期收益刚性。社会集团力量为了自身收益而对未来可持续发展采取的预防性措施,可减少企业在经营管理中的支出并获得更多利润。

(3)技术创新与制度创新的协同演化

按照协同的理论,创新系统内部的技术创新与制度创新子系统相互作用,自行演化,或者协同演化,最后形成单独的技术创新或单独的制度创新或两者共同为序参量,主导创新发展。

20世纪70年代中期,人们开始以演进的视角来考察创新活动,对创新的研究更加关注创新过程的动态化、集成化和综合化。美国经济学家弗农·拉坦(V.W.Latan)(1982)在 North 和舒尔茨等人的理论基础上,提出了诱致性制度变迁的创新理论模型(1982)——"诱导的技术与制度发展模型"。他认为,制度发展与技术变迁和新知识的产生是相互作用的,制度的发展会导致技术变迁,技术变迁又会促使制度发展③。在此前提条件下,拉坦在一个相互作用的框架中整合技术创新和制度创新,并应用研究技术变迁的方法来考察制度变迁。

新制度经济学认为,制度创新对技术进步的作用至关重要。任何一项技术进步的背后都有着制度的支持,技术进步的作用源自于制度的贡献。一个富有激励的、科学的制度设计将鼓励人们积极发明创造,新技术、新产品的出现可以创造巨大的生产力。由此,制度创新推动了国民经济的增长。反之,制度的缺陷也会限制、阻碍技术进步。新制度经济学派关于制度功能、制度创新的研究成果和分析范式,成为分析创新与经济发展关系极其重要的学术工

---

① 张正华,雷晓凌编著,创新思维、方法和管理[M].北京:冶金工业出版社,2013(2):23.
② 包括《制度变迁与美国经济增长》(1971)、《西方世界的兴起》(1973)、《制度、制度变迁与经济绩效》(1990)等著作。
③ 拉坦.诱致性制度变迁理论[M].上海:上海三联书店,1991:123-125.

具,在经济学领域产生了广泛而深远的影响。

美国经济学家纳尔逊与温特的演进模型将技术变迁理解为一个有机的经济系统,用"惯例"代替生产函数和行为模型。相比新古典经济学,这是更贴近生活的创新方法。[①] Witt(1994)认为,新偏好的形成、技术和制度的创新以及新资源的创造就是"新奇的创生"。以加拿大学者Feeny为代表的一批学者认为,要建立包含企业环境要素在内的体系才能深入理解技术创新的概念。

事实上,如果将创新看作一个系统,技术创新和制度创新就是一个不可分割的有机整体,两者相互联系、相互制约、相互促进。制度创新为技术创新提供了制度基础,为技术创新提供了前提条件,并保障了技术创新所获得的直接收益,形成了激励机制。技术创新为制度创新提供了物质技术条件,形成了相应的技术能力保障机制。

在一定情况下技术创新能够引发制度创新,甚至可以降低某些制度创新的成本。两者唯有整合在一起,才形成推动经济增长的力量:在给定的制度条件下,技术创新是经济增长和社会发展的源泉;在没有出现大的技术创新之前,制度创新是关键。制度创新的绩效最终转化为技术创新的成果,直接推动经济增长和发展。近现代世界经济增长史展示了技术创新与制度变迁的双向互动及对世界经济发展的推动作用。

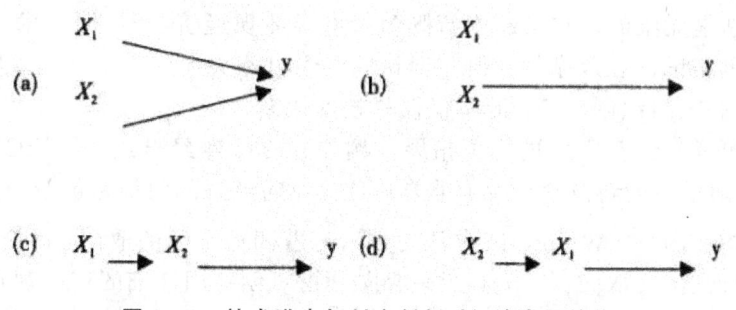

图 2—1　技术进步与制度创新对经济发展的作用

图 2—1 中,x_1、x_2、y 分别表示技术进步、制度创新和经济发展。图(a)、(b)、(c)、(d)分别描绘了技术进步和制度创新作用于经济发展的四种不同的方式。图(a)表示技术进步和制度创新各自互不联系,独立地作用于经济发展。图(b)表示技术进步和制度创新相互融合后再作用于经济发展。图(c)表示的是技术进步通过先作用于制度创新,再作用于经济发展。图(d)则刚好相反,表示制度创新以技术创新为中间变量,间接作用于经济发展。图(b)、(c)、(d)是三种最常见的方式。

20世纪80年代中期起,研究向综合化方向发展,其中创新系统理论是最具代表性的标志性理论。它将创新活动的动态性与复杂性融合创新系统,阐述了创新系统理论。该理论注重从"微观基础"——企业的角度解释复杂系统的行为,并在"微观基础"上认为技术与制度是相互依存的,创新系统的关键三要素分别是知识、学习和能力。

至此之后,创新问题的研究视野逐渐从原来的单个企业内部的方向走向了企业与外部环境的联系与互动方向。这也就逐渐导致了"网络范式"的出现。阿歇姆(AsheimT,1998)对线性范式与网络范式各自的特征进行了详细地对比与分析。自20世纪90年代中期以来,经济全球化的浪潮不断席卷全球,同时可持续发展也在逐渐兴起,并且得到大力的实施。在此影

---

① R·纳尔逊,G·温特.经济变迁的演化理论[M].北京:商务印书馆,1997:276—289.

响下,一些新的技术创新发展观以及理论也就诞生了,例如技术创新生态化理论、技术创新社会网络理论以及博弈理论等。新的技术创新发展观、理论的诞生为"新经济"发展中的以知识经济为核心的技术创新实践提供了相应的理论基础,使未来技术创新理论研究与发展呈现出生态化、社会资本化和博弈化的发展趋势。

2.1.2 创新的内涵及特征

2.1.2.1 创新内涵的界定

综合前人的定义和观点,我们从狭义和广义两个角度来定义创新。

狭义上,创新主要是围绕技术创新,从企业或产业的角度进行的定义,总的来说是一个经济概念。就是指企业通过对科学技术发现、发明和创造的实际应用,成功地把创新的产品与服务推向市场,从而产生经济效益的过程或活动。

可见,将技术和经济结合起来,是对创新进行狭义理解的立足点。这种理解具有两个相互关联的明显特征:一是将科学研究、技术发明与创新严格区分开来,认为创新就是遵循知识生产与应用的线性模式,即从研究开始,经过实验发展和生产,最终达到市场销售;二是将企业看作是实现创新的唯一场所,将创新的视域仅仅局限于微观层面,认为创新就是企业创新。但实际上创新是无限的。狭义的创新概念尚不能体现经济与科学、技术、政治、文化等因素之间交互作用网络的内在复杂性,因此创新的概念自然会向广义延伸。事实上,熊彼特的创新也涉及管理创新、组织创新等,而不仅仅是技术创新。

后面的研究更是对创新概念进行了拓展。例如,1992年经合组织(OECD)发布《技术创新统计手册》,明确指出创新概念涉及面非常广泛,任何经济部门都是创新产生的源头,甚至包括政府服务机构在内。[1] Wolfe(1994)认为创新有着四种不同的取向,即产品取向、过程取向、产品及过程取向、多元取向。首先,产品取向是指对创新用详细的产品观点来阐述;其次,过程取向从研究创新的过程来对创新加以界定;再次,产品及过程取向则是前两者的结合;最后,多元取向是用技术的创新和管理的创新来对创新进行界定。

国内以成思危的观点(2007)较有代表性,他认为,创新就是引进新事物而造成有益的变化。创新具体包括技术上的创新、管理上的创新以及制度的创新三种类型。所谓技术创新又可以被细分为跟随创新、集成创新、自主创新三类。管理创新则是将新的事物带入企业的管理中,为企业创造有利的变化。而制度创新则是重在在企业内部建立良好的激励机制。近年来,随着研究不断发展,创新概念一直在拓展中,由原来的研究领域扩宽到技术、制度、组织创新等多个领域,已经逐渐形成了一个更为全面综合的概念体系。[2]

相对狭义创新概念而言,广义上的创新泛指一切具有新颖性、独创性、价值性成果的活动,它具有以下一些共性的内容:第一,创新是一种经济活动;第二,创新是一个系统工程;第三,创新是一个网络结构组成的系统。总之,广义创新就是包含有技术创新、制度创新、知识创新、管理创新、市场创新等多种形式的创新活动。

本论文中的创新范畴主要是指技术创新、管理创新、知识创新,但也不局限于此。

---

[1] 经济合作与发展组织.技术创新统计手册[M].国统国家统计局译,北京:中国统计出版社,1992:26-28.
[2] 成思危.创新三诀[J].中国改革,2007(2):104.

2.1.2.2 创新的基本特征

(1)否定与超越

新颖是创新最重要的评价标准,由此决定创新必备的否定性与超越性。否定思维,就是一种求异的思维。这是创新的本质特征。创新的否定性主要表现在两个方面:一方面是否定反映过去或现存思维,从而产生一种新观念、新思想;另一方面是否定现存事物,即产生一种新事物、新工具。从逻辑关系上看,创新在否定了传统观念和旧事物的同时,也就肯定了自身的价值,肯定了新生事物。

创新在否定陈旧观念和落后事物的同时,也具有明显的超越性。超越性是创新最突出的特征。这种超越主要表现为对现实的超越,包括对时间、空间和客观事物的超越。比如,利用思维的超越力量,人类设计出千千万万种自然界原本不存在的东西,如马车、汽车、火车、轮船、航空母舰、人造卫星、计算机与互联网……甚至颠覆式地改变了整个世界……这种超越提高了效率,节约了时间,拓展了空间,改变了既定的方向,可以预见未来。

(2)风险与收益

创新具有大量的不确定性,由此决定了创新的高风险性。创新程度越高,不确定性就越大,风险就越大。

创新活动面向的未知领域,涉及许多因素和环节,而这些因素和环节纷繁复杂且变化无穷。创新成功与否,存在很大的不确定性。事实上,自主研究开发的成功率也是相当低。在美国,只有5%的基础研究获得成功,50%的应用研究成果在技术方面获得成功,30%的技术成果在商业方面获得成功,然而最终能使企业获利的只有12%的研究成果。[①] 美国尚且如此,可见自主研发的成功率确实是相当低。

从技术创新来看,面临的不确定性有三种类型:市场不确定性、技术不确定性和战略不确定性。市场的不确定性主要源于很难把握市场需求,更不容易把市场需求引入到创新过程。技术的不确定性指设计、制造出的产品或工艺可能满足不了市场需求和设计目标,技术语言可能不能准确表达市场需求特征。战略的不确定性是指一种技术创新的出现会给现有投资和技术带来的不确定性,主要是针对重大技术创新和重大投资项目而言。战略不确定性是对企业创新的巨大考验。

创新活动需要大量的投入,也给创新者带来了风险。创新活动包括多个环节的创新阶段,其中有研发阶段、试验阶段、制造阶段、经营管理阶段以及市场营销阶段,甚至售后服务阶段。投入内容包括广泛,数额不菲,包括研发投入、试验投入、购买生产设备、培训技术工人、建立营销网络、提供售后服务等。投入是需要回报的,但未来的回报又往往因为受到诸多不确定因素的影响而成为未知数,不确定性因素包括技术本身、市场、经济、社会、政治等,甚至还包括各种意外和不可抗力。

创新活动面对大量的竞争对手,也给创新者带来了风险。由于信息不完全、不对称,尽管创新者清楚自己创新的方向和内容,但却难以把握同类创新发展的动态,也不一定清楚其他哪些个人或企业正在从事哪些创新活动。因此,就有可能出现这样的后果:花费巨资搞出的进行的创新或成果,并不一定是真正的创新,或许只是步他人的后尘。这不仅失去了抢占

---

① 庄卫民,龚仰军主编.产业技术创新[M].上海:东方出版中心,2005:194.

市场先机的可能,甚至花费巨资进行的创新还可能最终被证明是毫无价值的。

以技术创新为例,创新的风险主要表现为:政治风险(政局、法律、政策、宏观调控);社会风险(地域文化、宗教、心理);市场风险(需求变化、模仿、相关产品、营销方式);技术风险(不成熟、竞争能力、制造能力、技术效果);管理决策风险(配套的人、财、物等资源及使用)。

但值得说明的是,高风险总是伴随高收益,创新活动也是如此。正因为创新活动的高风险,因此往往可能为创新者带来丰厚的高收益。对企业而言,一旦成功,可赚取的利润将相当可观。目前,风险投资公司正在兴起,向创新者提供风险贷款,以资助创新,就是看中了创新活动的高回报率。许多企业投巨资进行各种创新,高额收益是最重要的刺激因素。微软、苹果、华为、小米等公司就是通过创新来获取高额收益并使自己迅速壮大的成功的例子。

(3)个体与团队

创新实践既具有个体性,也具有团队性。诚然,创新具有个体性。现实生活中,创新的火花往往产生于一个独立的个体,有不少新奇的发明都来自单个创新者。一个伟大的发明家和创新天才具有我们不可想象的创新才能。但是,总体来说,创新活动是多人共同努力的结果,需要企业家、科技人员、生产、资金、设备、市场等方面的协作与综合管理,是集体的投入与产出活动。企业家的冒险精神、组织管理能力,科技工作者的理论知识和应用技术,管理工作者、生产工作者和执行者工作的共同协作和积极配合……都是创新活动达到预期目标必不可少的要素。因此,创新既属于个体,也属于团队。技术创新需要多个部门团队的积极配合,企业内部如研究部门、生产部门、销售部门的配合。同时,也依赖外部环境参与要素如经济、政治、产业的创新技术水平的密切配合。

一个工业实验室,需要有包括科学家、管理者、助理等在内的一大批团队成员共同努力,精诚合作。被誉为"世界上最优秀的发明工厂"的"贝尔实验室",取得了4万多项发明。贝尔实验室在全球各地有2.7万名雇员,其中,有4 000多名博士,14名美国国家科学院院士,29名美国国家工程院院士。[1]

(4)单次与连续

创新是单次与连续的结合。创新可以是一次性的,但是,从本质上来说,任何创新都是前人成果的延伸,是人才、技术、创新成果和创新文化继承及一脉相传的结果。而每一次重大的革新,都会产生巨大的裂变和扩张效应,从而产生一系列的创新活动和创新成果。每一项重大的技术革新都会引起一系列超技术边界本身的创新活动,引发创新群体的连锁效应,从而导致新产业的成长和老产业的再生或衰亡。因此,创新是单次和连续的结合。事实上,一次性创新往往是偶然,而创新的持续性才是必然。

可以说,世界上所有的创新成果都是创新连续性、系列性和扩张性的体现。以贝尔实验室为例,1937年发明电磁式数字计算机,1947年发明晶体管,1958年发明激光器,1962年发明世界第一颗主动式通信卫星及传输接收设备,1974年发明光纤制造技术,1980年发明光交换装置;以及以后的蜂窝式无线通信技术、UNIX操作系统、C++语言等发明,无一不是在前人成果基础上的连续演进和更新。[2]

---

[1] 王滨编著.技术发明——现代烽火台:通讯技术发明[M].济南:山东科学技术出版社,2001(5):35.
[2] 王滨著.自主创新纵横谈[M].上海:上海科学普及出版社,2007:74.

2.1.3 创新的效应分析

2.1.3.1 扩散效应

创新的扩散效应源自创新的裂变属性。类似于核分裂，质量较大的原子核可以分裂成两个或多个质量较小的原子，由此产生巨大的能量。在裂变过程中，无数的小原子会与裂变时产生的中子相遇、相撞，从而形成链式反应。

以企业为例。企业创新的扩散是一个复杂的过程，可以分为部门内部扩散和部门之间的扩散。部门内部扩散形成同一产业部门内创新的"迭加"效应；部门之间的扩散引发不同产业部门间创新的"联动"效应。"迭加"效应和"联动"效应合称为"溢出效应"。历史上，蒸汽机的诞生和电力的使用引发了各种类型的"迭加"效应和"联动"效应，"溢出效应"之强大超出人们的想象。当今时代，超大规模集成电路、高性能电脑以及互联网、移动通信工具等被广泛地应用于社会经济的各个部门，催生出各种新产品、新工具、新业态，"溢出效应"非常明显。

从扩散路径来看，创新扩散大致可分为线形扩散途径和网状扩散途径两种。
线形扩散表示为：A—B—C—D—……网状扩散见图2-2：

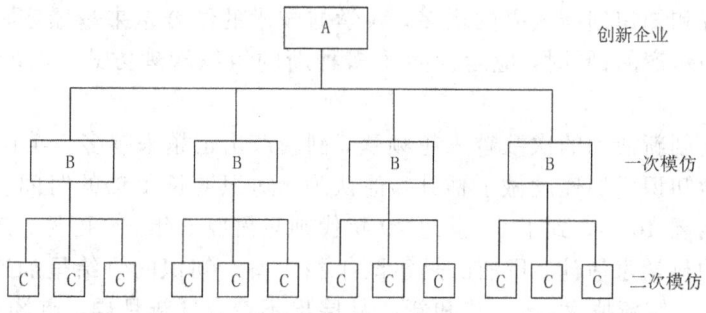

图2-2　网状扩散

创新的扩散是一个动态过程，表现在以下几个方面：(1)主体换位。即创新企业和模仿者的地位不是固定不变的，两者可能出现换位。创新行为在扩散链条的每一环上都有可能发生，模仿者可能成为创新者，创新者也可能成为模仿者。(2)扩散时滞。创新的扩散会因各种各样的阻碍而放慢速度，前一项创新尚未波及最后一个模仿企业时，继起的创新波动已进入扩散的链条，因此，同一扩散通道上可能有多个创新波峰存在。(3)"回波"转换。即模仿与被模仿，学习与被学习的转换。

2.1.3.2 群聚效应(in group of swarm)

经济学上的集聚效应，即劳动和资本等生产要素的集中，会产生向心力，带来更多资源、产生更高效益，在创新上也有体现。创新集聚效应，集聚要素、形成氛围，就会使成果源源不断地涌现，实现创新发展。在创新群聚效应作用下，各行业大面积发生"产业突变"，并且"突变"结果迅速扩散，产生一种强大的"创新场"。这也体现了科技创新的"场效应"：所有要素高度浓缩到一定空间。比如世界创新高地——硅谷，有上万家电子工业公司，它们生产出来的半导体、集成电路和电子计算机占全球的1/3和1/6。仅2014年就吸引了超过240亿美元的风险投资，全球前20个估值超过100亿美元的创业公司有八成位于硅谷。[①]

---

① http://www.360doc.com/content/18/0305/10/22953_734395416.shtml。

熊彼特已充分注意到了创新的群聚效应现象。他提到，在时间和空间上，创新的分布都是不均匀的。从时间角度看，创新时高时低，时断时续，"这些变化则不是连续不断地出现的"，有时密集，有时稀疏；从空间角度上看，则表现为在不同的经济部门中、不同地理空间、不同企业中创新发生的频率有所不同，甚至差异很大。一般而言，创新产生的"高发地带"往往是某些新兴部门及相关产业①。特别是基础创新出现突破，往往成为众多厂商效仿的对象，引发创新群聚效应，带来一系列的创新活动和创新成果。

"企业创新群聚是当一些新鲜事物的出现，在其经历曲折过程被社会接受之后，就不用在相同的方向上做重复同样的事情，再次去接触新鲜事物就会比第一次更为容易，从而首次成功就会产生所谓的蜂聚的现象。"②

此外，重大的科学发现和技术发明对于基础创新的有力推进，扩张的市场需求通过产业链拉动前向或后向产业的创新，创新的气氛和思路将扩散到不相关产业中去。在基础创新之上的各种各样改进型创新的出现，因资源约束或市场约束而导致的新兴产业部门的迅速拓展等诸多因素，都能诱发企业群聚性创新行为发生。

2.1.3.3 增速效应

随着科学发现和知识创新成果的增多，科学与技术的结合越来越紧密，科研成果催生了一系列的新技术和新产品；同时，应运而生了多种新的组织管理方式，新的市场需求被不断地发现。

这一切使企业创新活动的次数越来越频繁，创新产出也越来越多。英国科学家詹姆士·马丁曾对人类科学知识增加速度做了估计，他认为，知识增长1倍的时间在19世纪需要50年，20世纪中叶需要10年，到了20世纪70年代则只需要5年。③ 可见，知识创新的速度提高非常之快。有的科学家估计，目前已是每两年翻1番。知识的供给呈加速度增长，供给曲线的弹性越来越大，使新技术、新工艺和新产品层出不穷，日新月异，市场也更加变幻莫测、组织管理模式也更加多元。与此相适应，新的企业组织形式、管理方式也日益多样化，技术创新的加速性尤为明显。

2.1.3.4 更新效应

率先的创新总会给创新企业带来广阔的市场空间和丰厚的超额利润，这也是吸引企业不断寻求创新的内在动因。但是，世界上没有可以一劳永逸、高枕无忧的创新。由于潜在竞争者和产品替代品的存在、消费者偏好和市场环境的动态变化，以及客观上创新存在一定的生命周期，都使得任何一种新的创新难以永恒化。

新技术的领先发展会给企业带来超额的经营利润和前沿的市场地位。这也是吸引企业不断寻求创新的内在动因。但是，世界上没有可以一劳永逸、高枕无忧的创新。由于潜在竞争者和产品替代品的存在、消费者偏好和市场环境的动态变化，以及任何创新都具有特定的生命期限，不可能存在永远的新产品和新技术。

创新企业不可能永远"稳坐钓鱼台""高枕无忧"。这迫使企业创新必须不断地更新，不断地推陈出新，不断地提升创新水平。可见，企业创新行为是没有边界的。对此，我们称为"创

---

① [美]熊彼特.经济发展理论[M].何畏,等译.北京:商务印书馆,1990:69.
② [美]熊彼特.经济发展理论[M].何畏,等译.北京:商务印书馆,1990:294.
③ 许青萍,吴世文主编.现代企业管理概论[M].昆明:云南大学出版社,2002:205.

新的更新效应"或者"更换效应"。

2.1.3.5 蜂鸟效应

我们知道,混沌理论中有个赫赫有名的"蝴蝶效应":一只南美洲亚马孙河流域的蝴蝶轻轻扇一下翅膀,会使得远在美国的得克萨斯引发一场龙卷风。它描述了自然界中一种奇特的现象:由于事物都不是孤立存在的,经过一连串的因果链条,看似毫无关联的事物就能为彼此带来巨大的影响。①

其实,在人类的创新活动中,也存在一种类似"蝴蝶效应"的现象。当人类需要解决某个具体问题的时候,就会出现新的发明创造,而新发明一旦传播开来,它们最终就会引发其他领域极难预料的变革,其影响范围之广甚至超出了我们的合理想象。这种由创新活动带来意外效果的现象被科学家称为"蜂鸟效应"。蜂鸟是世界上最小的鸟,"蜂鸟效应"意思是一个小小的进步将可能引发巨大的变化。比如,印刷术的发明引起生物学、天文学等其他学科的巨大变革,从而推动人类文明的巨大发展。

2.2 自主创新理论概述

就创新和自主创新的关系而言,两者并无本质区别。创新是发展的动力,之所以提出并强调自主创新不外乎是为了强调提升核心竞争力,强调创新的自主性和主动性,是我国特殊国情下的应然举措。自主是创新的应有之义,创新也是自主创新的必然要求。

2.2.1 自主创新的提出

党中央提出在"创新"的基础上冠以"自主"这个最关键的要素,强调自主创新。重在自主是因为我国的历史背景和当代国情决定的。

近代以前,中国是世界首屈一指的强国。但随着近代以来自身的落后以及西方的强大,中华民族受尽凌辱。但是先辈们对现代化充满着神往,对科技进步孜孜追求。从"洋务运动"提出师夷长技以制夷、自强、求富的口号,欲借科技与实业富国强兵的未果尝试,到"五四运动"时提出"赛先生"的启蒙呐喊,科技进步对工业化乃至整个现代化的意义和作用,越来越被国人所认识。

改革开放以来,我国的经济增长速度迅速,在世界经济中一枝独秀。经济总量一路高歌猛进,已经跃居到世界的前列,成为当今世界的第二大经济体。当前,我国已经成为世界制造大国,已经有172类产品的产量跃居世界第一位。高新技术产业中的电子信息产品的产量也成为世界第二位。但我国经济这种增长并不是靠我国的技术创新,所依赖的仍是国外资金和技术产品,我国在生产电子信息产品中,贡献的仅是廉价劳动力和廉价土地资源。这不仅消耗了我国的大量资源,对生态环境也造成了严重的影响。目前我国经济发展仍面临许多挑战,例如持续增长的外贸与国际上日益凸显的贸易摩擦。我国企业相比发达国家国际竞争力低,这既影响我国的产业技术和军事科技,还对我国的国家安全和经济安全形成挑战和威胁。以市场换技术战略已经不可持续。

---

① http://op.inews.qq.com/m/20180411A06IJS00?refer=100000355&chl_code=cckepu&h=0.

当今世界各国之间的国家经济实力竞争形势严峻，人们也意识到国家与国家间经济实力的竞争其实是国家综合国力的竞争。而国家的综合实力强弱的关键又在于国家科学技术实力的强弱。同时，科学技术的发展又离不开科学技术应用的推广。所以，要想成为经济实力强国就要从根本上提升国家的自主创新能力和加快技术进步的速度。

党的十六届五中全会指出，自主创新能力是整合我国企业产业结构和促进经济增长的动力因素，必须始终坚持发展自主创新力。2006年全国科技大会就是以自主创新作为大会主题的，指出我国在建设创新型国家的过程中，要把自主创新能力看作发展科学技术和现代建设的必要因素和战略基点。中国走的是具有国家特色的社会主义道路，那么自主创新也要符合我国国情，将自主创新贯彻到社会建设的方方面面，走一条中国特色的自主创新道路。①

党的十七大提出，我国发展战略的核心就是大力提高自主创新能力并建设创新型国家，以增强我国综合国力。这是对新时期中国经济社会发展方向性的指引。

党的十八大进一步提出要坚持走具有中国特色的自主创新道路，实施创新驱动建设创新型国家，这是迈向科技强国的必由之路②。

党的十九大"创新是引领发展的第一动力，是建设现代化经济体系的战略支撑"的论断更是促进了我国建设创新型国家的步伐。习近平总书记说过，面对如此激烈的竞争，我们必须要自主创新，必须要积极采取有效的措施，必须要在重点科技领域大胆探索，我们已没有更多选择③。

2.2.2 自主创新的内涵及特征

2.2.2.1 自主创新的内涵

在2006年召开的全国科技大会上，胡锦涛同志在其讲话中首次从国家战略层面对自主创新作了阐述："主要宗旨是取得自主的知识产权，对核心技术要由自己掌握，实行自我发展，对资源进行整合创新的活动，以提高我国的自主创新能力的科技战略方针。"④

学者们也对自主创新进行了多维度、多方面的界定，各有长短，这里不再赘述。目前，对自主创新的含义达成的基本共识是：拥有自主知识产权，拥有独特的核心技术以及在此基础上实现新产品的价值。

可见，从本质上看，自主创新就是要摆脱依赖、摆脱引用和购买。特别是创新所需要的核心技术，必须依靠自身力量、通过内部的独立研发和技术突破而获得，而不能依赖对外部技术的引进和模仿来获得。自主创新就是要牢牢把握创新核心环节的主动权，掌握核心技术的所有权。自主创新的成果，一般由新的科学发现或对新技术产品等拥有的自主知识产权组成。

2.2.2.2 自主创新的基本特征

(1)自主性

自主性是自主创新的前提。受制于他人的创新活动并不是真正意义上的创新，自主创新

---

① http://theory.people.com.cn/GB/49169/49171/4012810.html.
② http://news.sina.com.cn/c/nd/2016-02-28/doc-ifxpvysv4980301.shtml.
③ 2013年3月4日，习近平总书记在参加全国政协十二届一次会议科协、科技界委员联组讨论时的讲话。
④ 钱俊生.自主创新与建设创新型国家学习读本[M].北京：中共党史出版社，2006：13.

一定要取得自主权。虽然自主创新在研究、开发过程中并不排斥与他人合作或借鉴他人的科技成果，但自主是前提。从创新思想产生，到研究和开发，特别是关键性核心技术必须依靠自身力量通过独立的研究开发活动而实现。不管是区域还是企业，作为现实创新的主体，就应在创新投入、技术选择、创新活动、创新收入分配等方面具有自主权。这种自主权主要体现在：

一是主动性。指通过创新主体为获取创新成果产权和创新收益，主动地、自觉地开展创新活动。这种主动性贯穿自主创新的全过程。二是主导性。表现在创新者对创新成果权益的拥有、分配和处置上具有控制权。这种控制权源自拥有自主知识产权。自主创新最核心的特性是对创新成果拥有自主知识产权。中文电子出版系统、"神舟"大飞机、"蛟龙号探测器"等发明都是我国自主创新的成功案例。三是内生性。自主创新的内生性，是指创新主体依靠自身力量配置创新资源或开展创新活动，在创新过程中由自己的力量指挥资源分配，获得创新产出。四是可控性。即创新主体对创新要素、创新资源、创新进程的可控。

总之，自主创新的关键在于要自主地掌握核心技术和知识产权。当今世界市场竞争异常激烈，要想在国际竞争中占有一席之地，我们必须取得竞争优势，发展建设成为创新型国家。我们必须注重科技核心技术与知识产权的进步，不能长期依赖国外引进，受制于人。只有把握主动权，才能有利于我国的可持续发展。

(2) 新颖性

自主创新的进行要必备两个条件：第一，要必备自主权；第二，在拥有创新权利后要积极进行创新活动。创新不仅仅要体现最新的创新成果，更重要的是如何将创新成果商业运用。所以创新的目的一定要鼓励引导企业开展创新活动。

自主创新的目标是技术具有领先性。新技术成果是具有独占性的，依靠性是保证独占性的前提条件。自主创新的领先性不仅要在技术上领先于同行业，在整个市场上也要达到领先水平。自主创新的企业一般在技术和市场上都是先锋的代表。技术上领先表现在：产品性能上，要求制造技术更先进、功能更强大的产品；在生产过程中要注意对环境的保护，节约能源资源；在产品质量上，要根据市场的需求对产品结构、材质、工艺等方面都有实质性的改进。产品具有良好的市场前景。市场领先表现在市场开发和占有上，要求创新企业能深度调研市场，了解市场需求，构建营销网络，率先开发市场，把技术开发成果尽快商品化、市场化，并不断地引领市场成长，适应消费者偏好，保持较高的市场占有率。自主创新的优势正是由技术与市场两个方面的领先性奠定的，因此，自主创新企业必须将技术与市场的领先性作为其努力追求的目标。

(3) 协同性

创新是开放的、协作互动的，由此决定了创新具有协同性。由于知识具有依存性、传承性和扩散性，任何人都是站在巨人的肩上看世界，因此，创新活动不可避免地具有开放性、联合性、协作性和整合互动性，而不是封闭的、孤立的、静态的行为。创新离不开知识和创新资源的支持，对知识成果、知识交流及创新资源的依赖，在自主创新过程中表现得尤为突出。在研究、开发、设计、生产制造、销售等自主创新的每一环节，知识和创新资源的交流共享都必不可少。但现实中，知识和创新资源的占有，对一个创新主体来说，往往是不完全、不完整的，因此，创新活动的开展，需要多方联合、协作、协同进行。

在"协同"中，蕴含着各环节创新行为主体间的竞争性互补关系，同时各主体都在不断地

创新资本驱动论

自主寻求1+1>2的集成效应,而这种效应是在最佳匹配要素的优化组合中产生的。为了达到科技成果和技术资源的分享与共享、充分利用资源的目的,就要改变现有的封闭的、单一的传统创新模式,来实现人才、资本、信息、技术等创新要素的充分流动与高效整合。实现科技成果和技术资源的分享与共享,减少资源的封锁、闲置和浪费。

从目标来看,协同创新就是要推动产生一批世界领先水平的原创性成果,突破一批关键核心技术,实现重点领域的跨越发展,创造更具有合作性、更开明的创新文化。

开放是协同创新的前提。从某种意义上说,创新是一个知识流动与传承的过程,也是创新资源优化配置的结果。创新的关键就在于通过大量的学习和交流,实现知识的交融,从而产生新的物质财富或精神财富。

协同创新以双方的合作为基础。协同是在合作基础上进行的,表现在科研机构与应用企业之间交换创新资源的互动过程。一般而言,科研机构主要从事新技术的上游研发活动,提供人力资本、技术信息和情报以及科研仪器等资源;应用企业则提供新技术的中下游开发活动,提供资金、中试条件等资源,并进行大规模生产和市场开发活动。

在开放、合作的基础上,协同创新具有整合与互动两个维度。从整合维度来看,不仅要实现知识和资源的整合,而且要进行行动和绩效的整合;从互动维度来看,各个创新主体要有系统观、整体观、配合观,在知识分享、资源配置、行动同步以及提高系统的匹配度等各方面协同一致,而不是各自为政,自行其事。Thomas Fischer 和 Veronica Serrano(2007)[①]的研究表明,整合与互动是协同创新的达成路径。

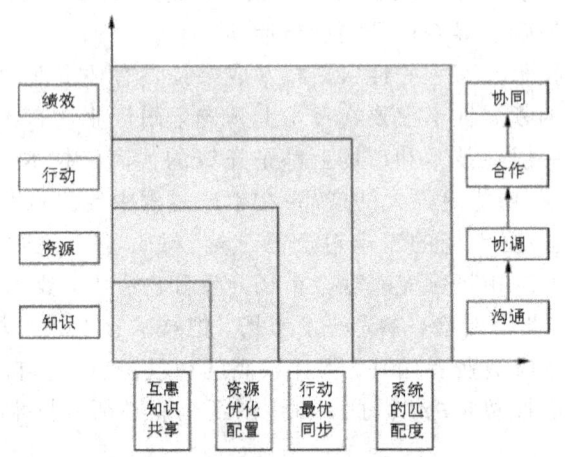

图2-3 协同创新的整合与互动[②]

从图2-3中我们不难看出,整个协同创新的过程正是一个沟通—协调—合作—协同的螺旋式上升的运动过程。

当前,协同创新已是当今世界科技创新活动的新趋势,成为整合创新资源、提高创新效率的有效途径。通过知识创造主体和技术创新主体间的深度合作和资源整合,实现深层次的科技力量整合、创新资源共享、创新人才集聚和1+1+1>3的非线性产出效用。美国硅谷的

---

① 陈劲,阳银娟.协同创新的理论基础与内涵[J].科学学研究,2012,30(2):161-164.
② 陈劲,阳银娟.协同创新的理论基础与内涵[J].科学学研究,2012,30(2):161-164.

兴起就是最好的例子。硅谷之所以成长为世界创新高地，正是得益于这种合同协同的创新模式。利用协同创新模式，将成长于硅谷附近的大学、科研机构、相关管理部门、公司以及其他中介机构整合，形成高效的合作创新生态系统。[①]

（4）高营利性

前已述及，创新的高风险决定了创新成功的高收益。从创新成果的收益上看，自主创新往往可以获得比其他跟进者更大的利润。以专利为例，自主创新者拥有了某项技术的专利后，在专利保护期内，它可以独家享有这个技术，通过新产品的出售获取高额利润。同时，可以以某种对自己最有利的条件把这种技术专利的使用权进行转让，或者采取独占许可证、排他许可证、普通许可证等多种方式进行转让，从中获取高额利润。当年，美国兰斯伯格公司，他们在专利被批准后，许多客户前来商谈购买专利许可证。截止到1974年，兰斯伯格公司收取了100万美元的专利技术使用许可费，并成为美国1974—1976年获利最多的公司之一。

在高技术领域，这种特征就更加明显。高技术是知识密集、技术密集的技术，主要依赖人的智力，软资源占更大优势。高技术产品或产业的投入产出比，比传统产业明显要高。由于高技术大大增加了产品功能，提高了劳动生产率、资源利用率及工作效率，因此，高技术自主创新成果会由于产品的附加值增大而获得高额利润。一些高技术领域的利润率比传统产业高30%—50%。有人统计，微软公司的投资回报率为44.5%，1986—1996年，英特尔公司的投资回报率为43.8%。[②]

许多高技术企业正是凭借这种超额利润从小到大，增长速度极快。比如微软公司，1980年年销售收入不到100万美元，1981年开发出DOS操作系统后，靠卖专利许可费就净挣了20亿美元。1985年其销售收入为1.4亿美元，1990年的销售收入就达到10亿美元，1993年则又上升到38亿美元。1998年，它的股票市值已经是2 700亿美元了。康柏公司1982年卖出第一台电脑，1983年上市，1年后销售收入为1.1亿美元，6年后销售收入达3亿美元。戴尔公司1984年以3万美元开始创业，10年后销售收入已是3亿美元，如今已是一个年销售额320亿美元、拥有3万多名员工的大公司了。位于我国深圳的中兴通讯公司拥有多项交换机技术知识产权，其发展速度也是惊人的。1993年销售收入只有1亿元，1996年达6亿元，1997年达13.5亿元，1998年达40亿元，1999年为52亿元，2005年的销售收入更是猛增到了450亿元。[③]

2.2.3 自主创新的影响因素分析

以企业技术创新为例，其影响因素可以归纳为四个方面：技术体制、市场环境特征、企业特征和区域创新系统。

2.2.3.1 技术体制

技术体制的概念最早由Winter和Nelson在1982年提出。通过模型实践证明，技术环境对技术创新模式有重大影响，技术环境由技术机会和知识产权保护程度来表示。

---

① 陈劲.协同创新[M].杭州：浙江大学出版社，2012：11—13.
② 王滨.自主创新纵横谈[M].上海：上海科学普及出版社，2007：74.
③ 王滨.自主创新纵横谈[M].上海：上海科学普及出版社，2007：74.

后续的研究者进一步发展了这一概念。把技术体制因素具体化为四个子因素:技术机会、对创新的保护、技术的累积性和知识基础的性质。认为这些子因素是影响市场结构和技术创新的主要因素。

技术体制的概念提供了对企业所处技术环境的描述,它可以对比分析不同行业在技术创新水平和组织创新模式上的差异点,并对其差异点做出解释分析。

(1)技术机会对企业自主创新的影响

所谓技术机会,是指在某个行业平均的创新难易程度,衡量的标准主要是创新时间和所付出成本的多少。一般来说,行业技术领域自身的特性决定了技术机会的大小,也就是创新的难易程度。技术机会取决于它们存在的时间长短和与基础科学的接近程度,取决于它们过去道路的路径。经验研究发现,技术机会的存在会刺激企业从事自主创新活动。大多数研究指出,企业的自主创新努力与其面对的技术机会的水平正相关。即是说,在企业付出的努力程度相同的情况下,谁拥有的技术机会越多,那么取得创新成果的成功率便越高;企业从事自主研发的动力就越大。

(2)创新保护对企业自主创新的影响

所谓创新保护,就是在《知识产权法》及相关法律法规及道德规范保护下,对创新者的创新成果的使用权利和义务边界进行划分,其目的是保护创新者的创新知识产权,通过法律法规的手段对创新成果和创新者进行保护,以免其创新成果被侵权抄袭。

一般而言,知识产权保护的增强会刺激研发投入,导致专利申请上升。鼓励自主创新活动也是严格执行专利保护的主要出发点。有研究证明,如果缺少国家知识专利产权的保护,英国企业将减少36%的研发方面的费用支出。① 但是,知识产权保护对创新的影响并非简单的线性关系,知识产权的保护强度会影响到企业对自主创新或模仿创新的选择。大多数的经验研究都指出,在知识产权保护强度较低时,研发成果容易向外扩散。虽然这种知识溢出效应有可能促进行业的技术进步进而提高社会效益,但也有可能降低个人研发投资的积极性及企业自主创新的动力。过强的知识产权保护又可能导致知识溢出效应失效,知识利用成本过高,导致创新不足,也可能因为给予创新者过度保护会抑制企业创新积极性。

但无论如何,实行知识产权保护都是必要的。通过法律保护创新者的技术免受模仿,或者提高模仿的预期成本,有利于降低模仿动力,从而增加创新者的收益,以此达到鼓励创新的目的。事实已经证明,在低廉的模仿成本下,创新的积极性将受到抑制;随着国家对知识产权保护的加强,产权者垄断地位的增强,企业自主创新的积极性也得以提高。韩国正是将专利战略作为重要国策,通过加强知识产权的保护力度,才增强了企业的创新积极性,从而使韩国的自主创新能力有了显著提高。

(3)技术的累积性对企业自主创新的影响

现有知识是技术累积性的基础。技术的累积性反映了今天的知识构成明天知识进步起点的特性。累积性创造了企业的技术优势,并因此产生了市场优势。

过去积累的经验和知识决定了企业吸收知识和进一步开发新产品、新工艺或新服务的能力。技术创新表现出的累积性越明显,先行企业的技术创新能力就越强,自主创新的成功率就越高。同时,由技术积累导致的创新,其对过去技术基础所产生的路径依赖会使竞争对手

---

① 宋耘,曾进泽.企业自主创新的影响因素及演化路径研究[M].广州:中山大学出版社,2010:55—56.

的模仿难度加大。Breschi 等(2000)认为,技术的高累积性意味着先行企业可以不断借助已有的技术能力,持续增加技术创新活动,它们对创新知识和能力的不断积累事实上构成了新的进入者和模仿者进入的门槛。基于技术优势转变为市场优势的考虑,企业的自主创新动力会因此上升。

2.2.3.2 市场环境特征对企业自主创新的影响

(1)市场竞争程度对企业自主创新的影响

Blundell(1995)和 Nickell(1996)的研究发现,自主创新与竞争之间存在正相关关系。由于存在市场竞争的"选择效应",市场竞争程度的上升将刺激自主创新,促使企业通过创新获取竞争优势,回避与实力相当的竞争对手之间的激烈竞争,从而获得自主创新的附加利润。同时,更强的市场竞争将导致技术扩散加快,因此企业会担心如果不加大自主创新力度的话,那么将在竞争中处一个较为不利的位置。

(2)市场环境的可预期性对企业自主创新的影响

环境本身是由不同类型和层面构成的一个复杂系统。环境的可预期性表示事件按预期发生并可事先洞悉其模式的程度。环境的可预期性取决于环境的不确定性程度,不确定性越大,可预期程度越低。Dess 和 Beard(1984)认为,环境的不确定性即"未来竞争环境的状况不能被预期和精确预期的程度",Hull(2003)认为,市场环境的不确定性就是"未来竞争环境的状况不能被预期和精确预测的程度",或者"企业是否知道未来市场的需求"。

从风险的角度来看,企业愿意承担的风险是一定的。当由于环境可预测性较强而使企业感到环境风险较小时,企业会愿意承担较大的技术创新风险,因此,更倾向于选择自主创新模式;而当企业因环境可预期性较弱而感到环境风险很大时,就会采取相对保守的行为,选择风险较小的模仿创新模式。

(3)创新资源流动性对企业自主创新的影响

创新资源流动性指在同一个产业内创新资源在企业间流动的容易程度。当企业之间的创新资源传递不太困难并且专利保护的执行相守困难时,创新资源的流动性就高。创新资源流动性实际上反映了信息和知识在企业间转移的容易程度。资源流动性高时,在不同组织间进行信息交流的成本相对较低,资源共享容易,模仿创新的成本较低。Hull(2003)指出,当创新资源流动性较高时,竞争性企业间的技术水平将非常接近,因为企业很容易吸收到需要的技术知识,因此在行业中的不同企业间将表现出较高的技术均等性。

在创新资源流动性较高的情况下,企业的自主创新将很难获得预期回报。由于企业不存在技术上的明显领先优势、无法构筑阻止模仿的壁垒,竞争对手将更容易利用自身技术对企业的技术创新成果进行复制。

2.2.3.3 企业特征对企业自主创新的影响

(1)组织结构与创新

创新行为与组织结构特征有关。组织结构主要是指企业在机械或是柔性维度上的安排。柔性是指企业能有效适应外部环境变化的能力。从管理能力与组织控制平衡的角度来看,柔性是管理控制力和组织控制力相互影响的结果。He 和 Wong(2004)指出,自主创新离不开创新者的探索式学习。探索式学习是一种主动的探究式学习,不是利用式的学习。探索式学习需要依托一种柔性的组织结构、宽松的管控体系和鼓励探索的文化氛围。柔性组织结构相对于刚性组织而言，强调开放式的交流与沟通，注重在开放式沟通中实现信息共享和情感交流。对于探究新知识、新技术的创新者来说，一个有利于促进快速学习和适应新形势的柔性组织结构至关重要。

同时，柔性组织具有较高市场导向性，对市场需求的变化非常敏感，有利于创新者灵活应变市场竞争环境；此外，柔性组织具有能够快速吸纳新知识、新信息的特征，有利于企业以市场需求为导向，开发出满足市场需要的新产品。

因此，组织结构的柔性化程度与企业自主创新程度呈正相关。

(2) 企业规模对企业自主创新的影响

企业规模与创新活动关系密切。总的来看，在企业规模对率先创新具有积极的影响。一是因为大企业拥有的创新资源更为雄厚，比中小企业具备更强的抗风险能力，因此有更强的创新意愿和创新能力；二是大企业的规模经济效应有利于其从研发、制造和营销中获利。

(3) 高层管理人员的风险偏好对企业自主创新的影响

在现有的研究中，高层管理人员的风险偏好被定义为企业的高层管理团队在多大程度上偏好高风险、高回报项目并采取大胆、进取的战略行动。

中国企业家调查系统的测评显示，企业经营者的风险偏好程度在项目投资过程中表现如下：对经营者风险偏好持"稳健型"的占42.3%；加上"比较保守"和"过度保守"，该比例则达到53.9%；而敢于承担"过度风险"和"超常风险"的只有10.6%。[①]

(4) 创新声誉对企业自主创新的影响

企业声誉由企业过去的行动累积而来。管理学家普遍认为，企业在供应商和顾客中享有的有利或强大的声誉是持续竞争优势的来源。创新是企业生存和发展的生命线，开拓进取、勇于创新的社会声誉对企业至关重要。

一般情况下，企业会珍视自己的创新声誉，把创新声誉视为竞争力的一部分，这将成为企业自主创新的驱动力；丧失这一声誉资本的预期将成为阻止企业进行侵权模仿的强大动力。

2.2.3.4 区域创新系统对企业自主创新的影响

(1) 政府政策对企业自主创新的影响

大多数研究者都认为技术创新具有一定的公共产品的特性，在市场经济条件下可能存在知识和技术生产投入不足的现象，因此，政府应当在技术创新中扮演积极角色。市场机制有利于激励企业进行自主创新，但市场作用的有限性也要求政府在企业创新中发挥积极的调配作用。韩国的技术政策就极大地促进了韩国的新产品技术，促进计划和国家创新系统，是该国技术能力快速提高的关键。

(2) 企业与其他创新源之间的关系对企业自主创新的影响

很多研究者都发现，企业获得和搜索外部技术信息的能力与率先创新的水平正相关。他们通常提到两类与率先创新相关的沟通变量。一是与顾客和供应商获取的信息沟通，二是从其他渠道如公共机构和其他企业收集获取技术信息。

区域创新系统内的其他创新主体不但可以为企业提供技术信息，而且企业通过与其建立更为密切的合作关系，还能弥补自身技术能力的不足，提高自主创新的水平。近年来，产业

[①] 中国企业家调查系统：企业创新：现状、问题及对策——中国企业经营者成长与发展专题调查报告[J].管理世界，2001(4)：71-80.

联盟方式的区域技术扩散活动日趋活跃。在产业联盟中，技术并非单向转移，而是双向或多向转移。通过双向或多向的技术扩散，联盟各方在技术知识方面实现资源共享，获得先进的知识、技术，已成为区域进行自主创新进程中的重要选择。

大学或研究机构与企业间的合作研发重要性在不断上升。在这种合作关系中，参与者把不同的能力和组织背景带入其中。在竞争激烈和技术变化迅速的世界中，企业从学术机构寻求外部技术资源，作为对昂贵的研发努力的补充或替代。调查表明，由于需求的快速变化，行业研究面临着缩短新发明推向市场的时间这一压力，因此在企业的实验室进行的以创造新的科学知识为目的的基础研究的数量在下降，应用研究上升。因此，与大学和研究机构的建立合伙关系对企业来说是一种补偿。

以上分析了影响自主创新的主要因素，其基本框架如图2—4所示。

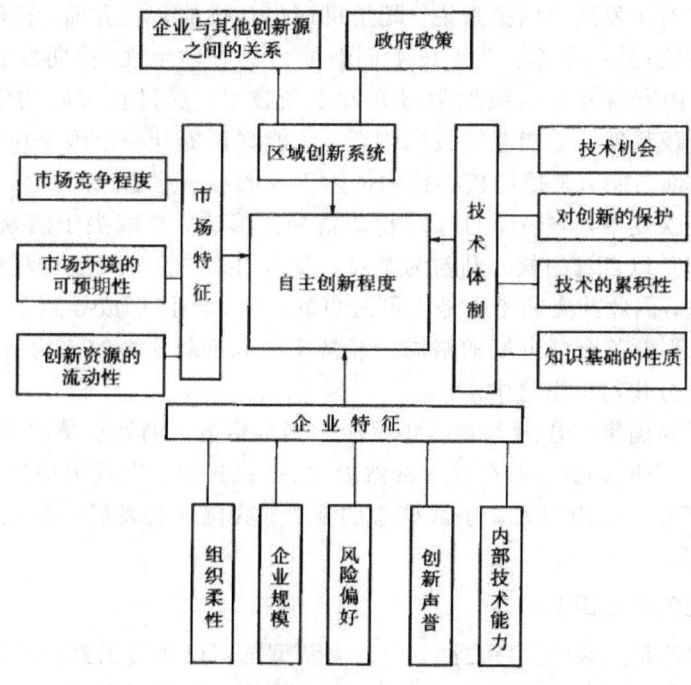

图2—4　自主创新影响因素分析框架

2.3　自主创新是我国持续稳定发展的核心战略

创新，是一个民族发展的不竭动力，是支撑国家崛起的筋骨。改革开放以来，科学、技术和创新在我国国家经济发展中的地位越来越高。从"科学技术是第一生产力""科教兴国""创新是一个民族的灵魂"到如今的自主创新战略、创新驱动发展战略，都足以说明科学技术和创新在我们国家竞争力中起着核心的作用，反映出我们党要用创新来塑造国家新形象的决心。

2.3.1　自主创新能力是国家竞争力的核心

2.3.1.1　自主创新是强国之道

历史昭告现实。一部世界近代发展史，就是一部科技强则国家强的发展史。18世纪后半叶，英国发明了蒸汽机，拉开第一次产业革命大幕，英国因此成为世界强国；19世纪美国科学家发现了电力，掀起第二次科技革命；20世纪又开发了原子能和电子计算机，引发第三次科技革命。美国作为第二次、第三次科技革命发源地，成就了美国取代英国成为世界头号强国。时至今日，美国仍是世界第一科技强国和经济强国。历史经验证明，自主创新是强国之道。国家竞争力的核心是科技竞争力，而提升自主创新能力是增强科技竞争力的根本途径。

当前，我国还是一个发展中国家，要建设经济强国，建设创新型国家，要实现国家现代化、实现中华民族的伟大复兴，关键就是刻不容缓地、持续不断地增强我们自己的创新能力。唯有自主创新，别无他路可寻。

目前，在世界经济一体化、国际化发展和生产要素全球性配置的背景下，科学技术也在世界范围流动。这对于发展中国家来说，既是机遇也是挑战。一方面，这给了我们全球性的资源利用空间和可能；另一方面，基于技术创新能力具有内生性、长期性和实践性等内在特征。因此，发展中国家需要有组织地学习开发创新技术，通过长时间的学习、消化、研发积淀，在大量创新实践基础上才能获得技术创新，才能真正提升一个国家在世界的竞争力。由此可见，提升自主创新能力是摆脱核心技术依附于人的唯一途径。

世界格局的历次变革，旧格局的打破和新格局的形成，都取决于国家实力强弱的对比。任何国家的发展都是以自身的核心利益为基点，发达国家在世界发展历程中更不会主动维护发展中国家的利益，因此冲突和矛盾是不可避免的，全球经济形成导致了不同国家之间的利益冲突，世界资源不断整合与分配的格局。经济实力和创新实力的不均衡，导致世界格局处在利益割据的不断分化与重组之中。

自主创新是提高国家综合国力的必要手段。当今世界，仍处于情况纷繁复杂、竞争加剧的冲突、矛盾期，一个国家要能够在其中泰然处之、平稳过渡，实现强势挺立，自主创新是必由之路。自主创新能力作为国家竞争最核心的要素，我国作为发展中的大国，提高自主创新能力显得尤为迫切。

2.3.1.2 自主创新是固国之本

当今时代，创新是国家的生存之路，建设创新型国家已成为国家发展的必然趋势。

创新型国家是指将科技创新作为基本战略，国家具有强大的科技创新能力且靠技术创新推动国家社会发展的国家。主要表现在：整个社会充满创新活力；创新投入高，产出绩效大；技术竞争力强，科学技术的经济贡献率高；科技进步和技术创新对产业发展和经济增长作用大。

当今美国、日本、韩国等20多个国家是世界公认的创新型国家。创新型国家的特征普遍是：科技发明多靠本国自给自足，对外技术依存度低，大约在30%以下。创新综合指数高，排名世界前列；科技进步贡献率高，达到70%以上；研发经费投入强度高，一般在4%以上或更高。除此之外，这些创新型国家所获得美国、欧洲、日本等发达国家的PCT专利数量占世界专利总数量的较大比重。

当前，我国还在创新型国家行列之外。2016年全球创新指数报告显示，中国首次跻身世界最具创新力的经济体前25强，较2015年上升4位。相对于世界创新型国家，我国的科技现有水平还落后于这些国家，主要体现在五大层面。第一，我国的关键技术大多还是依赖国外引进，自给率低，占有40%的固定资产投资设备中，有接近60%的设备依赖国外引进，这严重制约了我国的经济发展。第二，我国发明专利申请数量较少，仅占世界专利总数量的1.8％，这与我国的经济总量在世界占比有较大差距。第三，科研质量较低，我国的科学论文平均引用次数只有2.78次，而美国已高达12.2次。第四，技术尖子匮乏。在万名劳动者中，研发人员的数量日本有132人，法国有124人，韩国有74人，而我国的万名劳动者研发人员仅有14人。第五，我国对科研经费的投入不足，仅为美国科研投入的6％，日本的13％，而且据调查，在我国28万家大中型企业中，没有自己研发机构的达75％。[1]

习近平总书记在十九大报告中强调要加快建设创新型国家。告诫我们必须要瞄准世界科技的最前沿，加强基础性研究，在面向未来的基础研究方面和原创方面取得突破，取得初步成效。争取在2020年使我国步入全面小康时代，到2035年实现社会主义现代化的基本目标。成为创新型国家的先行者，大幅提升中国的经济和科技实力，建设创新型国家是在全面分析国家和国际发展形势的基础上实施的主要战略，也是促进中国经济发展和社会进步的正确选择。[2]

2.3.1.3 自主创新是制胜之基

当今时代，是竞争的时代。经济竞争相当程度上是技术的竞争。世界经济格局的形成与演变，其背后的支撑和推动力量却是技术。经济强国一般都是技术强国。第二次世界大战后，美、日、欧经济体占据了世界经济的大半壁江山，并持续多年。

第二次世界大战后初期至20世纪60年代末，美国一直是世界经济霸主，直到70年代后，世界经济格局向多极化方向发展，并最终形成美、日、欧三足鼎立的局面。美国、日本等发达国家的发展战略核心就是科技创新的发展，这也是其国家发展的战略基础，由于这些国家重视创新科技，使它们在世界市场有占有一席之地，其产品也有强劲的竞争优势。

20世纪80年代以来，随着中国的改革开放，市场经济的发展，中国经济快速增强，成为世界第二大经济体。虽然当前我国是世界经济大国，但大而不强，远非经济强国。当今我国很多产业在核心技术上还依赖国外引进，自主创新能力差，这使我们在全球化的发展中很难把握战略主动权。

自主创新是产业高质量发展和达到一定境界的标志，也是制衡国外技术封锁，获得尖端技术进步的先决条件。只有通过自主创新，才能对国际市场中技术的走向发挥导向作用，才能在国际竞争中拥有主动权。

自主创新有利于创新主体掌握和控制核心技术，掌控行业未来的发展方向，从而使国家和企业占据制胜制高点。我国产业内部对自主创新技术进行不断改进突破，这是产业技术持续努力开发和积累的结果，并形成了较高的产业技术壁垒优势。对国外引进者而言，引进的新技术需要一定时间解密、破解、模仿。所以产业技术壁垒会保护企业的自主创新技术使企业形成市场竞争优势。

自主创新有利于取得经济发展的主动权，掌握自身的命运。在世界市场上，发展中国家不仅难以引入有关国家安全的关键技术，而且也很难引入对于主导型产业和制造装备业、元器件制造相关的先进技术。

但是总体而言，由于体制等方面的原因，我国创新能力、创新成果及其转化都比较薄弱，

---

[1] 王湘东.自主创新是提升核心竞争力的源泉[J].上海经济研究，2007(12)：50—55.
[2] 习近平强调：贯彻新发展理念，建设现代化经济体系.新华网(引用日期2017-10-18).

新技术未能在市场上得到充分利用,与发达国家相比还有较大差距。正如世界知识产权组织还指出,发达国家和发展中国家之间仍存在着"创新鸿沟"。我国是一个拥有14亿人口的社会主义大国,建立自主的技术创新研发体系,促进产业技术的快速发展以及增强国际竞争力必须要依靠我们自己的努力。

2.3.2 自主创新是经济持续增长和发展的源泉

技术创新专家认为,技术创新具有四重独特的效应,具体为:一是原始创新的能动效应;二是模仿创新的扩张效应;三是后续创新的持续效应;四是结构优化的集成效应。这四重效应的综合使得生产领域产出新的成果,转化为新的生产力,同时由于科学技术的不断进步导致四重效应不断叠加为创新产出提供源动力,并被大量引致到下一轮的生产中。在这不断重复的循环过程中,只有实现了技术创新,才能长效推动经济的发展。

2.3.2.1 技术创新是经济增长的源动力

(1)创新是经济增长的动力和源泉

实践证明,一个国家或地区,创新越活跃,经济增长就越强劲;反之,创新不足则经济增长乏力。由于创新改变了生产要素的有机组合,相对降低了劳动、土地、资本等要素在产出中的权重,因此在既定产出水平下会大幅降低劳动、土地、资本等要素的投入量,提高投入—产出水平。技术创新可以直接促进我国经济的增长,具体归纳为两方面则是产品数量的增长和产品质量的提高。产品数量的增加是促进经济增长的直接动力,产品质量的提高不仅是优质、低耗、低价等方面,还使质量较高的生产资料得以再生产。这不仅提升了我国的生产水平和工业技术质量,在人力资源管理决策上也提高了劳动者的素质水平。

当创新活动日益频繁,创新产出不断增加,创新达到一定的规模时,那么经济增长的主要驱动力将由传统的投资驱动转向创新驱动。这就是技术创新促进经济增长的一般过程。

大量研究表明,研发活动的私人收益率高于30%。资料显示,依靠技术创新、知识创新,91.5%的企业提高了产品质量,93.2%的企业增加了产品品种,96.0%的企业扩大了市场份额,资本增值效益得到改进的企业则高达96.7%。①

程工(1999)对技术创新与经济增长作了实证分析,结果表明,技术创新对于一个国家的经济增长起着至关重要的作用。法、德、日、英、美国五个发达国家在1950—1987年:①1950—1973年的高增长率,是由于技术快速进步所引起的,而不是高资本积累的结果;②1973年后的低增长起因于技术进步的放慢,而不是由于资本积累降低;③国家之间经济增长率的不同,是因为技术进步速度不同,而不是因为资本积累的快慢。同时,对于一个地区的经济发展,技术创新也有同样的功效。②

国内学者的实证研究也证明了以专利代表的创新活动对经济增长显著的推动作用。其中刘华(2002)的研究不仅验证了创新与中国经济增长的关系,而且首次分别讨论了不同类型的创新活动对经济增长的贡献,具有启发意义。徐竹青(2004)研究了部分国家以及我国部分地

---

① Edwin Mansfield, John Rapoport, Anthony RomeoSocial and Private Rates of Return from Industrial Innovations [J]. The Quarterly Journal of Economics, 1977, 91(2): 221−240. F.M.Scherer. Inter−industry Technology Flows anProductivity Growth[J]. The Review of Economicand Statistics, 1982, 64(4): 627−634.

② 程工.技术创新:上海经济增长的不竭动力[J].上海企业,1999(8):39.

区经济增长与研发支出和专利授权的相关关系，结果表明，创新水平与经济发展关系密切，经济增长中专利产出的贡献十分显著。朱勇、张宗益(2005)利用研发经费(研发)、万人中科技活动人员、人员、专利申请受理量和发明专利申请授权量五项指标表示技术创新能力，采用面板数据分析方法研究技术创新与表示地区经济发展水平的地区GDP、地区人均GDP和工业增加值的关系。高雯雯等(2006)利用我国1985—2002年的专利产出与经济增长指标变量，运用时间序列动态均衡分析法，对两者的关系进行协整分析与成果检验，同样发现我国专利产出与经济增长之间存在着较强的正相关关系，特别是在长期中，两者之间的均衡关系非常稳定。

历史统计数据可以清晰地看出，在企业创新活跃、技术进步兴盛的国家，其经济增长和实力也颇为强劲，创新的经济增长效应非常明显。如表2-1所示。

表2-1 企业创新的增长效应

国别＼项目	劳动增长对经济增长的贡献(%)	资金增长对经济增长的贡献(%)	技术创新对经济增长的贡献(%)
美国(1646—1956)	17	12	71
日本(1956—1960)	15	20	65
苏联(1965—1975)	24	13	63
中国(1952—1982)	30	51	19

(2) 创新是经济增长的巨大引擎

一种新技术、新产品、新原料的出现，会对社会经济产生巨大的"引擎"作用，引发其他部门形成产业联动效应，由此生产出一大批新技术、新产品、新原料、新业态，形成技术创新的集群现象。从而不断地解决生产过程中出现的阶段性"瓶颈"问题，推动科学研究，导致新的技术创新，出现经济"起飞"，实现新的产业革命。

"引擎"作用的力度取决于四种因素：一是以研发的成果为基础的或由研发的新进展所支持的创新所占的比例；二是创新质量的高低；三是创新个案产生的直接增长效应；四是个案创新诱导和强制创新集群生成的能力。

回顾人类历史发展中，三次工业革命充分地体现了这一点。18世纪第一次工业革命开始的标志是蒸汽机的发明和改良使用。第一次工业革命为工厂手工业转向机器大工业提供了充足动力。在19世纪，以西欧和北美为主的资本主义国家都逐渐建立起了近代工业系统。工业结构占整个社会的生产总结构的比例上升，此时，由农业社会向工业社会推进，拉开了人类经济历史上工业化社会的全面进程。

19世纪70年代，第二次工业革命开始的标志是以电磁原理为基础的电力技术的应用。第二次工业革命使人类工业社会从蒸汽时代转化为电气时代，这促使了西方资本主义经济发展并开始形成世界经济体系。

第三次技术革命开始的标志是原子能的利用、电子计算机的诞生及空间技术的发展。第三次技术革命使人类工业进程由机械化转变为自动化。资本主义国家经济在第三次技术革命的背景下也得到了前所未有的繁荣发展。

技术创新之所以成为经济长期增长的引擎，是因为技术创新既创造了供给，又创造了需求。引擎作用形成的起点,通常是率先创新使新的科技成果首次转化为现实的生产力。新的科技成果只有在某一科技成果投入到新的产品革新中并创造出新的利益价值和商业利润时,第一生产力才能从潜在变为现实。率先创新行为的产生本质上源于经济中的诱导性激励和强制性激励,率先创新行为的流量大小由诱导性激励和强制性激励这两种激励类型的强度决定。其中,诱导性激励来源于新的盈利机会,强制性激励则是一种技术组织或制度对技术创新的要求,这种创新要求既可来源于创新主体内部也可来源于其外部。

相反地,创新不力则会阻碍产业发展和经济增长。一个典型的案例是在20世纪70年代中后期,美国化学工业因在化学领域的知识创新停滞不前,导致美国化学工业的发展前景受到了阻碍。

表2-2 美国化学工业创新发展 (单位:%)

创新种类	1967—1973年	1974—1979年
实质性产品创新	0.8	0.4
实质性工艺创新	8.1	0.8
实质性设备创新	6.0	0.6
实质性工艺仪器创新	14.5	10.1

在化学工业创新出现下滑的期间,美国化学工业的综合要素生产率(TFP)由1967—1973年的年均31%下降到1974—1979年的年均1.91%。相应地,化学工业的增长也徘徊不前。可见,技术创新与产业发展和经济增长紧密相关,创新不足则经济难以实现增长。

在计划经济时期,我国的产品种类样式十分单一,几乎没有企业进行自主技术创新,这使我国国民生活发展所依赖的轻工业产品长期供给不足,在种类和数量上都非常短缺。步入改革开放时期后,我国大力发展轻工业的技术创新改革,仅仅十几年,我国轻工业的增长速度大幅度超越了我国整个国民经济的增长速度。商店商品琳琅满目,物质产品极大地丰富,与计划经济时代不可同日而语。在20世纪90年代中期,我国轻工业占我国工业产值总量的1/3;轻工业产品中出口创汇占全国比例的1/3;我国在轻工业实现利税,也占了全国工业实现利税总量的1/3。1998年,我国开始进入买方市场,结束物资短缺时代。由此看来,正是改革开放带来了生产力的巨大解放,正是活跃的创新带动了经济总量的增大和增长速度的加快。

2.3.2.2 自主创新是应对经济新常态的根本路径

当前我国经济正在进入新常态,经济增长速度趋缓,处于结构调整、提质增效、换挡升级的关键时期。党中央指出,在今后一个长时期的发展中,我国要将认识、适应和引领经济新常态作为我国经济发展的基本逻辑框架。

从动力层面看,新常态下,中国经济要从要素驱动、投资驱动转向创新驱动。如今,要素驱动、投资驱动两个阶段都已经过去,靠低廉的生产要素价格驱动中国这一"世界工厂"快速运转已经缺乏持久的后劲,必须转到创新驱动上。我国制造业处于发展的瓶颈期,为了促使中国制造业的顺利发展,必须将原本低廉的生产要素转化为科技技术创新,当前劳动力和土地等成本持续上涨,使以往靠低廉生产要素价格驱动的发展模式已失去动力。所以只有创新驱动,才能在不增加要素投入、不实施大规模投资情况下,提高单位要素生产率,从而提高产出，保持经济中高速增长。

党的十九大提出创新是第一驱动力。创新驱动必然要求我们提升自主创新能力，改变经济增长方式，缓解经济增长与资源约束及环境的矛盾；进一步加大研究开发投入，努力掌握拥有自主知识产权的核心技术和关键技术，推动经济增长由资源驱动、资本驱动向创新驱动的战略性转变。

2.3.2.3 自主创新是实现经济可持续发展的根本保证

可持续发展是人类发展的永恒主题。所谓可持续发展，就是在满足当代人需求的同时又不能对后人的需求造成危害。可持续发展的目的是促进当代经济发展，保护人类生存所需的自然资源和环境，并使人类的子孙后代都能幸福、美满地生产生活，实现永续发展。

绿色、低碳和循环经济是可持续发展的基本要求，科学技术是实现可持续发展的重要保证。

从绿色发展来看，科技创新为绿色发展的产业化提供技术支撑。绿色是环保的代名词，绿色发展是实现工业化与现代化的生态保障，是可持续发展的先决条件。绿色发展必须以技术创新为前提，需要进行绿色技术创新，采用无害化生产的新技术、新工艺，实现低投入、低消耗、低污染、高产出；需要通过技术变革，降低单位成本，提高经济竞争力。

从低碳发展来看，科学技术是发展低碳经济的关键选择。IPCC在《第三次评估报告》中强调指出，对于如何解决未来温室气体减排和气候变化的问题，最重要的决定因素就是技术的进步。[①] 由于我国能源利用率技术现处于低水平的状态，加之生产技术方面的落后、不发达的生产工艺导综合加快了碳排放量增长。所以，加快科技的创新，有利于提升我国能源利用率和低碳技术水平，因此，科技创新是减少碳排量促进经济低碳发展的必由之路。我国要想降低二氧化碳、二氧化硫的排放量，只有大力发展科技创新。同时，我们还要加强改造传统重工业如钢铁、水泥等行业，更新低碳生产技术。有效运用创新的科学技术，升级更新传统工业的机器设备和夯实每一个生产工艺流程，减轻对能源资源的消费比，从而进一步提升工业行业的资源利用水平，二氧化碳、二氧化硫排放量不断减少。总的来说，如何促进我国低碳经济的稳定与高速发展，加大科学技术的自主创新能力尤为关键，需要稳步改造、更新各个行业中的科学技术设备，不断地提升我国的科学技术水平。除此之外，我国还应该借鉴吸收国外的先进低碳技术，灵活地应用于国内的低碳技术发展。

从循环发展来看，技术创新是循环经济发展的基础。

20世纪60年代，循环经济（Recycling Economy）的概念由鲍尔丁提出。他是美国著名的经济学家。发展循环经济的目标是提高资源利用效率和加强环境保护，使用的手段是节约资源和循环利用物质资源。循环经济是一种以最少的环境污染排放获得最高的资源利用率的经济发展模式。[②]

循环经济要求"物质循环使用、能量梯级利用、环境污染减少"的核心原则，即减量化、再循环和再利用。所谓循环经济，是一种将科技创新和技术进步作为发展基础，并将循环发展贯穿整个社会发展过程的高层次的、高端化的经济发展模式。一是循环经济的运行和实现，需要清洁生产技术、污染治理技术、能源综合利用技术……一系列技术支持。二是循环经济需要

---

① 高大伟.中国科技创新与低碳经济的协调发展研究[J].技术经济与管理研究,2015(7):34.
② 黄文青.金融支持、科技创新与循环经济发展的理论与实证研究[J].科技管理研究,2010(11):29.

重复利用资源,变"废"为宝,实现产业升级,这必然需要技术甚至是高精技术的支撑。此外,循环经济注重将现有的资源多深度重复利用,并积极寻找可替代的资源(新能源、新原材料等)。这无疑需要依赖于科技创新和技术进步。

2.3.3 自主创新是国家经济安全的保障

一个国家最大的尊严是主权独立,其核心是政治独立。而政治独立的前提是经济独立,经济独立的前提是技术独立。可见,在政治和经济上真正独立的,必然是在技术上独立的。如果技术上依然依附于人,就难以摆脱受制于人的局面,政治和经济不能完全独立。自主创新是使国家实现科学技术独立自主,摆脱受制于人的必由之路。

2.3.3.1 自主创新是国家经济安全的生命线

国家经济安全是国家安全的重要组成部分,维护国家安全必须重视维护国家的经济安全。维护国家的经济安全,离不开具有自主知识产权的知名品牌的开发。

拥有行业标志性品牌,是企业的核心竞争力在市场竞争中占据绝对优势的标志,也是具有维护国家经济安全的强大实力的标志。我国虽然市场大,但名牌少,核心知识产权少。当前,经济全球化进一步加深,国际竞争加剧,核心技术受制于人、自主创新能力弱已成为我国产业竞争力最大的障碍,严重威胁着我国的经济安全。

自主创新能力的加强是决定国家经济安全的根本因素。为保障国家经济安全,我国必须走创新型国家发展道路,不断增强核心技术领域的自主创新能力。以光电领域为例,我国经济安全威胁重重。一度80%以上的DVD影碟机产自中国,然而由于没有掌握核心技术,我国每生产一台DVD影碟机就要向外国公司缴纳13.1美元的专利费,总共每年需要向国外缴纳高达30亿美元的DVD影碟机专利费,这是我国国内生产DVD影碟机企业获利的4—5倍。眼下正处于中美贸易战的关键期,美国对我国征收的高额关税,尤其是对华为等高技术企业无端的制裁,就是卡住了我国"中国芯"的痛处。实例表明,在涉及国家经济安全的关键领域,缺乏核心技术和强大的自主创新能力,就不能在全球竞争中占据优势地位,甚至可能丧失维护国家经济安全的战略主动权。

众所周知,中国是世界光盘的生产大国和消费大国。我国光电市场主要有蓝光BD、(CBHD中国蓝光)和NVD三种产品。蓝光产品主要由索尼、松下、先锋等企业提供,这些国际垄断企业掌握了蓝光产品的绝对专利权。虽然中国在CBHD上拥有部分专利权,但是由于它的物理格式是建立在HD-DVD的基础之上的,物理格式的专利大概占整个专利数量的70%,而拥有物理格式专利的东芝并不是中国企业。[①] 因此,不管是蓝光BD还是CBHD都只是外国企业借机掌握中国光电市场的工具。中国光电类消费品市场若被蓝光BD或CBHD所占领,将直接危及到国家在这一领域的经济安全。一位西方学者曾提到:"一个国家必须紧握自身的国际市场,占领国际市场所得到的益处比占领领土要更多,而失去市场比失去领土后果更为严重。"[②]

"市场换技术"的战略曾一度是我国重要的对外开放战略,具有时代性、阶段性特征,也对我国经济发展起过非常重要的作用。但是当今时代"市场换技术"战略已不可持续。一方

---

① http://www.pjtime.com/2009/1/48789116.shtml.
② http://www.pjtime.com/2009/1/48789116.shtml.

面,技术引进成本日益高涨,加剧了技术引进负担;另一方面,也是更加严重的,发达国家出于战略考虑对转让技术越来越谨慎甚至封锁技术,加大了引进的难度。先进的核心技术和关键技术是花钱买不到的。习近平总书记说过,"过去你弱的时候谁都想卖技术给你,今天你发展了,谁都不愿卖技术给你,因为怕你做大做强"[①]。

因此,自主创新是国家经济安全的生命线。我国也具备了加快形成自主创新能力的基础条件,无论是工业化发展进程,还是业已形成的经济基础和科技基础,我国都到了提升自主创新能力的关键期。

2.3.3.2 自主创新决定着国际竞争中的主动权

掌握国际竞争中的主动权,是国家经济安全的重要内容。主动权的基础就是自主创新能力。一个国家的经济实力和能力主要取决于该国的自主创新能力。只有拥有自主创新能力,才能在经济发展与经济结构调整升级中占据主导地位,拥有主动权。只有坚持自主创新,才能持久地跟上世界经济发展、技术进步的潮流,在世界经济发展中才能有自身的立足之地。

核心技术[②]如果受制于人,我们就没有安全性和主动权可言。习近平总书记强调指出:"在核心技术上,如果依赖国外引进,对自己的安全性会造成影响,这就好比在别人家的墙基上建房,即使房子砌得再漂亮,也经不起风雨的冲击。"所以核心技术一定要自己掌控,在世界经济发展中才能获得主动权,国家的经济安全、国防安全以及其他安全才能够得到保障。[③]

事实证明,核心技术不能仅仅依靠发达国家的引进,一个国家只有加强自主创新,拥有大量自主知识产权和大批专有技术,才能在全球经济格局中和国际产业分工中占据战略制高点;在当今世界科技竞争中保持优势;世界科技资源才能被充分利用,才能使本国的核心技术达到世界领先水平,从而提高本国经济的发展速度和发展质量。

目前,尽管我国的工业发展总量和规模有长足的进步,但仍有许多弱点不可忽视。我国工业技术自主开发能力低,关键技术、核心技术缺乏、关键零部件主要依靠进口。我国自主生产的大多产品在国际产业链中处于中端或末端,国内主要的生产还是来源于国外公司的零部件和技术供给;主要销售渠道也来源于国际销售链。而正是因为我国缺乏自主创新能力,使得我国许多产业和产品,竞争的主要方式只能靠打惨烈的价格战;自主创新能力的缺失,使我国产业的发展重复建设,并处于中低水平,这使原本稀缺的资源、能源被大量耗费,使用效率十分低下。因此,只有提高我国的自主创新能力,我国经济才能持续保持中高速增长,才能顺利地推进产业结构的调整、升级,真正提高本国企业的国际竞争力。否则,更无法在国际竞争中占据主动权。

2.3.3.3 自主创新是有效维护国家安全的技术支撑

国家安全是一项系统工程,包括国防安全、经济安全、金融安全、信息安全、能源安全、生态安全、公共安全等。

维护国家安全一定要重视科技实力的发展。在国防安全方面,只有提高国防高科技能力并在此基础上推动军事变革才能良好维护国防安全;在经济安全方面,只有提高我国产品自

---

① http://news.sina.com.cn/c/nd/2016-02-28/doc-ifxpvysv4980301.shtml。
② 什么是核心技术?习近平总书记给出了完整的定义,他指出:"一是基础技术、通用技术。二是非对称技术、'杀手锏'技术。三是前沿技术、颠覆性技术。"
③ http://news.21cn.com/domestic/yaowen/a/2016/0428/17/30976153.shtml。

主研发能力和对重大成套装备与战略物资的供给能力,才能良好维护经济安全;在信息安全方面,只有占领信息科学和信息技术的制高点才能有效维护国家信息安全。

其他安全也都需要科技的支撑。国家的自主创新能力与国家安全、国家的命脉、国家抗风险能力息息相关。只有提高在核心技术与关键技术上的自主创新能力,坚定不移地走中国特色社会主义道路,我国才能保障发展安全,开拓更加广阔的发展前景,把发展命运牢牢地掌控在自己手中。

本章小结

本章论述了我国从创新走向自主创新的重大战略意义。自主创新是党的十六大以来提出的发展战略,也是我国经济可持续发展的必由之路。是党的十七大、十八大、十九大精神都在持续推进自主创新战略的实施,并在新的历史时期赋予了新的使命。本章主要内容包括:创新理论发展脉络;自主创新理论概述;自主创新是我国经济社会持续稳进发展的核心战略。自主创新的重大战略意义,是整个研究的缘起。

第3章 自主创新的多维资本驱动理论模型

3.1 创新系统、要素及结构

自20世纪80年代后期以来,利用系统理论研究创新的新思想已经出现,创新已演变为"系统范式"。无论是从国家创新还是区域创新,或是从产业创新来看,创新都是一个相互联系的系统。[①]

创新系统是许多创新元素相互联系和作用所形成的复杂系统。与任何其他系统一样,创新系统不仅有其特有的结构和功能,而且处于不断地演化之中。基于系统论思想,从系统结构、功能、环境和演化等基本方面对创新进行研究,有助于揭示创新活动的内在规律,深化对创新的理解。

3.1.1 创新系统及其形式(类型)

3.1.1.1 创新在本质上是一个系统

系统理论的创始人 Beta Langfei 认为,系统是一个具有特定功能的有机整体,由许多相互关联的互动元素组成。[②] 对创新来说,创新系统可以理解为由不同创新主体、其他参与者和外部环境组成的有机整体,其中心是特定的创新目标。事实上,任何一项创新实践或创新活动的圆满完成,都不可能是个体单独作用的结果,而是创新系统各要素整体发挥作用的结果。知识创新、技术创新和国家创新三大创新系统,都具有特定结构和功能。其构成要素不断地与外部环境进行着物质、能量和信息交流,在这个过程中实现其功能。

创新行为是一个系统行为。要想达到最优的创新效果,必须充分发挥各要素在创新系统中的作用,让各要素协调一致,形成最大的创新合力。单一要素或局部要素的创新行为离不开整体,尤其在复杂的创新系统中,只有各部分按整体的目标发挥各自的创新能动性,才能最终达到系统整体的创新目的。

因此,无论是宏观国家层面上的创新,还是中观产业层面上的创新,或是在微观企业方面的创新,都可视为一个整体。

[①] 刘立.创新系统研究述评[J].中国科技论坛,2001(5):12.
[②] 贝塔朗菲.一般系统论秋同,袁嘉新,译.[M].北京:社会科学文献出版社,1987:15.

3.1.1.2 创新系统的主要类型

(1)国家创新系统

国家创新系统就是国家创新网络,该网络中各部门和机构之间相互作用、相互影响,形成具有有利于创新活动的特定的结构和资源。

始于20世纪80年代末90年代初创新理论的"系统研究范式"研究,首先是在国家层面上展开的。Freeman,Lundwell,Nelson,Edquis,Battelle和Barwitt,Freeman等代表人物,从国家层面,认为其是一种国家行为。1987年,他出版了《技术政策与经济业绩:来自日本的经验》一书,1988年,在《日本:一个新的国家创新系统》中明确界定了国家创新系统的含义:国家部门和私营部门的活动以及相互作用,对新技术的启动、进口、改进和传播中的各种制度形成的网络起着决定作用。他以国家创新系统的思想来分析国家经济发展的兴衰,比如工业革命期间英国的兴与衰,德国的崛起,以及"第二次世界大战"后日本和新兴工业国家的崛起。其大致框架如图3-1所示。

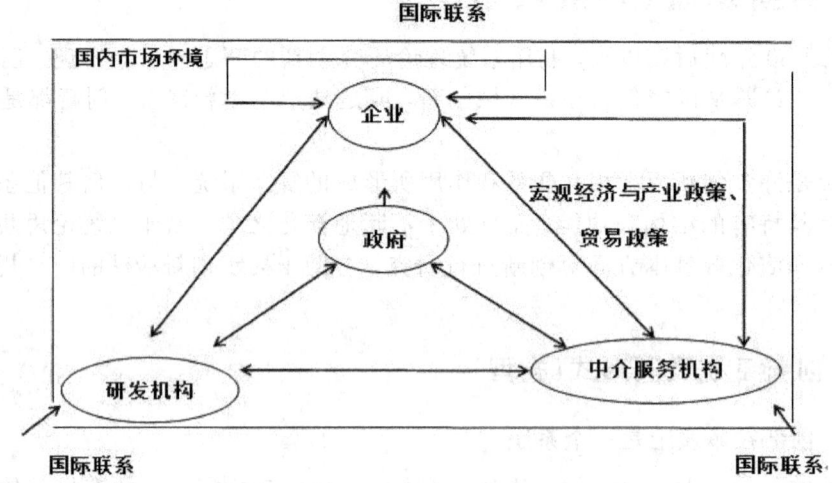

图3-1 国家创新系统的基本框架

(2)区域创新系统

区域创新系统是某个特定区域的创新系统,即从区域性与全球性关系角度去把握创新系统的区域性特征。

随着创新体系研究范式的不断扩大,特别是全球经济一体化的发展,国际边界趋于弱化,区域经济共同体应运而生,顺势出现。"国民经济"逐渐成为"区域经济",而研究热点就由国家创新系统逐渐转向了区域创新系统①。库克等从集群经济、共同治理、制度学习、近似资本和互动性创新等方面对欧洲区域创新系统进行了研究,其结论是,经济全球化和外国资本控制虽然快速但不发达,公司的重要业务联系仍然在地理区域内集中。②

区域创新系统根据创新系统的要素和功能可分为:制度创新系统、政策创新系统、组织创新系统、过程创新系统以及基础条件创新系统。每一个子系统又包含许多构成要素,具有特

---

① Ohmae K.The Rise of the Region State[J].Foreign Affairs,1993(72):78—87.
② 魏江.产业集群:创新系统与技术学习[M].北京:科学出版社,2003:58—59.

定的功能。库克·逊斯托克认为,地理概念的区域创新系统中的主体包括公司、大学、科研机构、商会或协会、技术中介服务机构、银行、投资者、政府部门和其他机构。

弗里曼指出,区域创新系统制度化的主要目的是在加剧国际竞争和快速变化的技术的背景下为创新活动提供明确的支持,因此,机构与企业之间存在着密切的关系。豪威尔将国家创新系统要素分析方法应用到区域层面上,提出区域创新系统具有自己独特的内在逻辑。[①] Latosevik 从决定因素、组织者和联盟三个方面分析了中欧和东欧的区域创新系统,并提出了区域创新系统的四因素框架模型。如图 3—2 所示。[②]

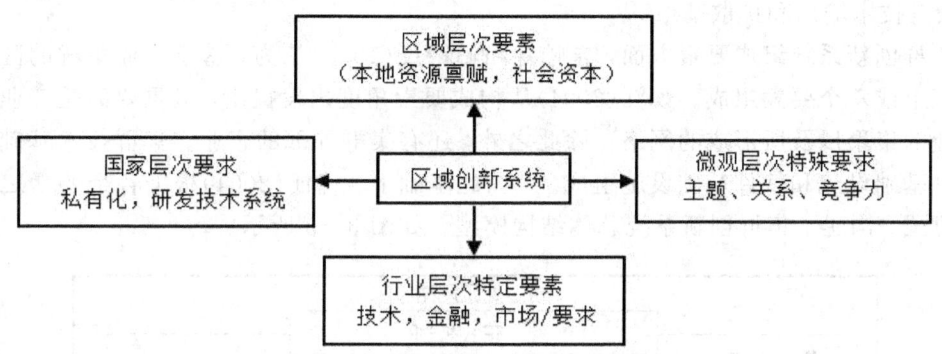

图 3—2 区域创新系统四要素框架模型

从结构和功能层面上看,区域创新系统应包括创新主体、创新资源和生产要素三个维度。其中,创新主体指的是区域中从事创新活动的大学、科研机构、企业、政府和中介机构等;创新资源指的是用于创新过程中的各种资源等;生产要素指的是投入生产过程中资金、劳动力、知识、技术、信息等经济资源。

值得重视的是,当创新系统的区域范围扩展到国家与国家之间的层次时,就成为国际创新系统。但由于国家与国家之间、国家与地区之间的主权不同,利益不同,因此,国际创新系统效率通常不是很高,而且不太稳定,一旦遇到战争或国际冲突等重大事件,国际创新系统就很容易随之瓦解。

(3)产业(集群)创新系统

创新理论的发展分为微观技术创新系统、宏观国家创新系统、中观产业创新系统三个阶段。其中,产业创新系统在创新系统中属于二级结构,占据着重要地位,起着重要的作用。

产业创新系统指的是政府,企业等产业创新主体充分利用社会资源和能力,通过包含技术创新等在内的一系列创新,使得原有产业在原有基础之上有了突破性的进展,从而实现质的飞跃的一种创新实践活动。[③]

随着产业向集群发展迈进,产业创新系统也转向集群创新系统。集群创新系统以产业集群为基础力量,近似产业的相关企业在特定地域内集聚而形成的产业或行业群体所共同构成的具有创新功能的系统,且该系统具有特定的要素与结构,有其特殊的创新规律。如美国硅

---

① Howells J.The location and organization of research and development:new horizons[J].Research Policy .Volume 19,Issue 2,April1990,P:133—146.

② Radosevic,Regional innovation System in Central and Eastern Europe:DeterminantsOrganizers and Alignments[J].Journal of Technology Transfer,2002(27):87—96.

③ 李春艳.产业创新系统生成机制研究[M].长春:东北师范大学出版社,2010:8.

谷、台湾新竹、浙江等地区的产业集群。

产业集群可以分为三类。一是传统产业型。主要是以技术含量低，发展缓慢，技术创新能力低的传统制造业企业集群为依托的行业，如纺织、制鞋、家具、金属行业。二是一般产业型。主要是针对自主核心技术匮乏，以靠技术引进和技术模仿为主的制造业企业，如电子设备、汽车组装、计算机组装等行业。在其系统内，企业技术创新发展水平和能力都属于一般水平。三是高新技术型。主要指拥有自己核心技术的高新技术制造业集群系统，如生物技术、新材料、光电子、软件业和其他行业。在其系统内，技术创新发展水平和能力都属于较高水平，一般是技术输出和扩散基地。①

在集群创新系统组成要素方面，吉帕森和帕特茂（1998）认为，基于产业集群的区域创新系统由三个或六个要素组成。魏江（2004）从构成要素角度出发提出，最重要的是产业集群中相关企业的集聚以及所形成的网络。除此之外，还有集群外部的企业。集群技术基础设施主要由硬件基础设施和软件基础设施组成。② 在此基础上，魏江（2004）根据各个要素之间的内在关联方式，构建了集群创新系统总体结构模型。如图3-3所示。

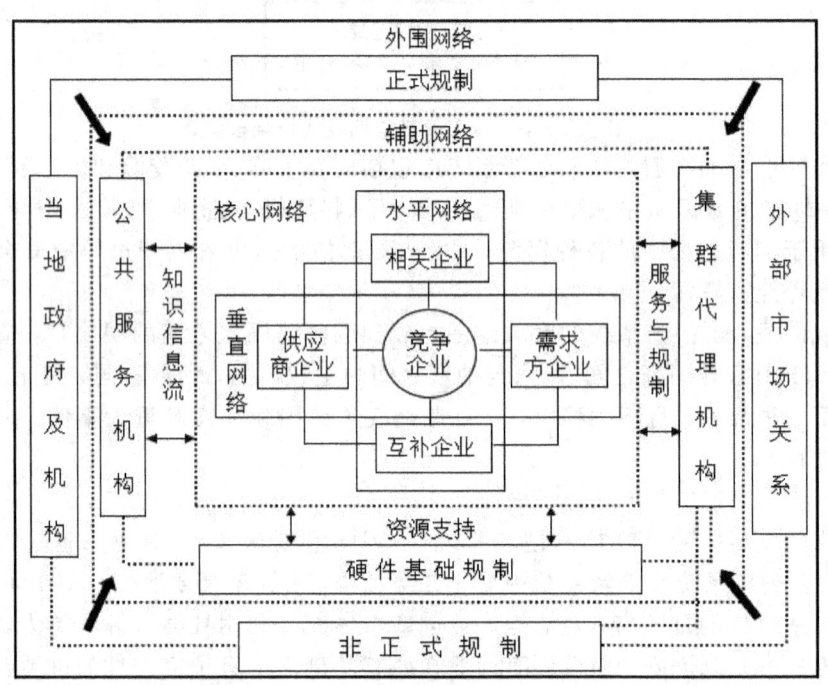

图3-3 集群创新系统总体结构模型

值得注意的是，上述创新各个系统并不是按照同一标准划分的类型，也不是在结构层次上由高到低依次降低的关系，更不是独立的创新系统，只是人们目前探讨创新系统的几种主要类型。

技术创新的出现促进了产业（集群）创新系统的生成，但由于技术创新具有生命周期，因此，产业创新系统会随着技术生命周期的变化而变化。经历生成、裂变、再生成、终止，然后

---

① 孙艳晖，陆剑宝.创新系统的类型及其特征分析[J].科技创业月刊，2006(12):33-34.
② 魏江.创新系统演进和集群创新系统构建[J].自然辩证法通讯，2004(1):48-54.

又会出现新的产业创新系统。这种基于产业生命周期代际连续接替的有序组合形成了产业集群创新系统在历史变迁中的发展路径。

(4)企业创新系统

企业创新系统是把企业作为一个创新活动的整体，并从系统的观点来考察企业内部创新系统的要素构成、结构特征与创新功能。尽管熊彼特理论并没有用企业创新系统这个概念，但由于尤其"强调企业家精神"，并且从前述创新的五个内涵来看，他的创新理论的隐含前提其实是从微观系统的角度揭示企业的创新行为，是一种典型的微观系统视角。所以，我们把这阶段定为企业创新系统阶段"[①]。因此，熊彼特的创新理论偏重于企业创新。

在国内方面，学者许庆瑞(2000)认为在企业创新系统中的主要组成要素有研发体系、市场营销系统、企业家精神、资金供应等。其结构如图3-4所示。[②]

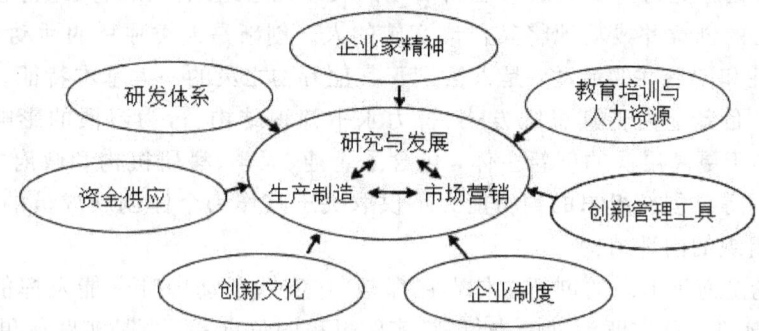

图3-4 企业创新系统要素与结构

以上分析了主要的几种创新系统，这些创新系统在空间层次上呈现的结构分布如图3-5所示。

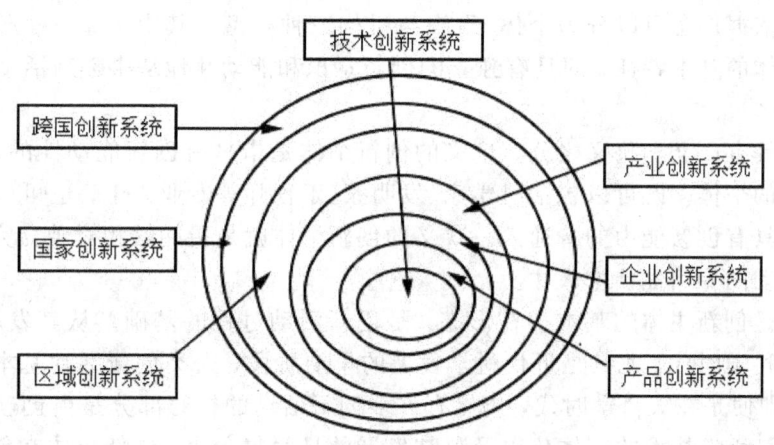

图3-5 创新系统的空间结构分布[③]

---

① 魏江.产业集群：创新系统与技术学习[M].北京：科学出版社，2003：53-54.
② 许庆瑞.研究、发展与技术创新管理[M].北京：高等教育出版社，2000.
③ 李保红.ICT创新经济学[M].北京：北京邮电大学出版社，2010：214.

3.1.2 创新系统的要素

所谓系统，是指由各要素相互作用、彼此制约并在一定情况下形成的紧密相连、不可分割的整体；系统主要依赖各要素而得以形成，却又高于各要素；系统的功能远远超过各要素功能的简单相加，各要素在创新过程中通过整合机制和非线性机制的作用，使其功能得到大大提升。其基本要素又包含了创新主体、创新对象和创新中介等。

3.1.2.1 创新主体

（1）概念及特征

创新系统的主体是指系统中能发挥主观能动作用的要素。创新主体是创新实践活动的负责者，包括具有创新能力并实际从事创新活动的人或社会组织。创新人才是参与管理创新全过程中，有自己的创意并成功地将其付诸实施的人。创新是人类独特的活动，是人类开展的一项充满挑战性和创造性的活动，是人区别于其他万物之灵的一大基本特征。[①]

创新人才的创新能力受其思维方式、智力水平知识结构、行为习惯的影响。在创新系统中，创新组织属于更高层次的创新主体，包含了企业、大学、科研机构和政府机构，以及一些潜在的创新组织等。创新组织的创新能力不仅取决于其作为个体创新成员的创新发展水平，还取决于创新组织的内部结构。

但是，无论是何种形态的创新主体，它都是"在实践活动中唯一能发挥能动作用的实践者，支配、控制实践，是实践活动的先行者、实践过程的负责者，也是实践成果的享用者"。[②]

创新主体一般具备以下特征：一是对创新活动拥有独立的决策权；二是具有实践创新活动所需达到的能力水平；三是能够承担创新活动的责任与风险；四是能够获取创新活动的回报。

（2）创新主体的形态

创新主体依据形态可以分为个体、组织与机构三种类型。其中，每一种形态的创新主体都具有作为主体的基本特征，即具有独立的创新意识和能动性地从事创新活动。

1）创新个体

创新个体具有广义和狭义之分。广义的创新个体是指具有创新能动性的、能够相对独立完成创新活动的个体。既可以包括科学家、发明家、工程师等专业人士，也可以包括那些在日常生产实践中具有创新能力的普通人。狭义的创新个体就是指能够相对独立完成并专门从事与创新相关活动的专门性技术人才。

创新个体是创新主体的基本存在形态，是创新活动过程的基础。从其发展的历史来看，创新个体在小科学时代，尤其是近代科学发展的早期阶段，人类创新活动基本上是由创新个体实现的[③]。即便是在大科学时代，仍然有许多创新活动的核心部分是由创新个体独立完成的。当然，随着科学技术的一体化以及科技发展的日益复杂化，创新个体在创新行为中作用的局限性日益凸显出来，创新组织进而成为大科学时代高度复杂的创新活动中占据主导地位的创新主体。

---

① 阮青.哲学视野中的创新理念[N].学习时报，2006.1.16.
② 王展飞.马克思主义哲学原理[M].昆明：云南教育出版社，2003：50.
③ 小科学概念和下文中所提到的大科学概念，是普赖斯在《小科学、大科学》中所使用的基本概念，是对科学发展不同阶段基本特征的概念化。

2)创新组织

随着科学技术的发展以及创新活动的日趋复杂而且越来越明显,以至于创新个体无力独自从事创新活动时,创新要素就会组织起来,形成包括不同创新个体在内的创新组织,"是一个由多个创新个体组成的、具有不同层次和不同劳动分工的、共同致力于取得共同目标的稳定的系统"。①

创新组织是当前及未来科技创新领域创新主体的基本形式。创新组织由创新个体组成,但是又不是简单的创新个体行为的线性叠加。一方面,创新个体的组织方式和相互作用方式使得创新组织内部成为包括各种信息反馈在内的非线性组织形式;另一方面,随着创新活动的社会化程度越来越高以及知识在创新活动中地位的日益凸显,创新组织已经成为包括奖励系统、组织结构等在内的"以特殊技术和知识为基础的相对持久的、关系复杂的……相互作用的系统。组织也是一种重复发生模式化的、高度秩序化的以及惯例化的相互作用的社会形式"。②

3)创新机构

创新机构是另一种形式的创新主体,是创新个体的存在形式。创新个体是构成创新组织的基本单位,创新个体的基本属性决定着创新组织的结构与属性。完全孤立的创新主体是不存在的。创新活动,尤其复杂的创新活动总是由多个创新个体共同协作完成的,这些创新个体要么存在于同一创新组织内部的不同功能单元之中,如调研团队、研发团队、课题组、项目组等③;要么存在于不同的创新组织之中,如大学、企业、研究所、政府等④。

(3)不同形态创新主体之间的相互关系

创新个体是创新主体的基本单元;创新组织是由特定组织,组织规范和创新行为组成的有机组织;创新个体和创新组织以创新组织为载体并总是依附于特定的创新机构。创新个体和创新组织主要负责创新业务活动,创新机构则执行特定的管理和服务职能。其个体之间、个体与组织之间的互动关系如图3-6所示。

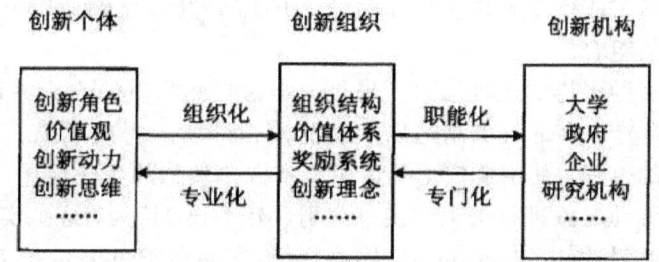

图3-6 创新主体、创新组织与创新机构之间的关系

各个创新个体是在追求相同的创新目标以及共同的资源共享平台而自发地组织起来,或者被组织起来的,形成具有特定结构与功能的创新组织。创新组织进而被制度化为稳定的创

---

① Everett M, Rogers, Rekha Agarwala-Rogers.Communication in organizations[M].NewYork:The Free Press.1976:6.

② Peter K Manning.Organizational communicationF[M].New York:Aldine De Gnlrter,1992:11.

③ Manuel E S, Eppinger S D, Rowles C M.The misalignment of product architecture andorganizational structure in complex product development[J].Management Science,2004,50(12):1674-1689.

④ Rycroft R W, Kash D E Self-organizing innovation networks:implications for globalizationV[J].Technovation,2004(24):187-197.

新主体。创新组织的制度化是指新的规范、价值和结构被纳入到已经存在的规范、价值和结构模式体系中的过程①。创新组织进一步职能化形成职能相对稳定的创新机构，创新机构，属于高级的创新主体，也是目前创新活动中的主要创新主体类型。但从另一个角度来看，创新机构也可能包含许多不同的创新组织，而每个创新机构又因创新活动的种类不同，因而，每个创新机构都有自己的创新职能；与此类似，创新组织对于创新个体具有很强的规范和选择作用，主要体现在对创新个体方向的选择和专业化的引导与塑造上。

在具体表现形态上，企业是最主要的创新主体。其中中小企业又是创新活动中最主要、最基本的力量。中小企业是创新体系中最能动、最活跃和最具效率的部分，也是技术创新的源头和技术成果转化的直接载体。

3.1.2.2 创新客体

(1) 概念及特征

创新系统的客体要素指在创新过程中处于被创新主体改造地位的被支配的要素。即客体是创新主体活动产生的对象化成果。从空间角度来看，创新对象是在执行创新活动时被活动目标锁定的对象；从时间角度来看，它涵盖了锁定对象在时间方面的整个变化和发展过程②。

创新有着多种客体形式，这里主要研究物化创新、关系创新、方法创新、行为创新几种形式。

(2) 创新客体的形态

根据不同的标准，或者从不同的视角，可以把创新的客体划分为不同的形态。从创新客体的存在形式是否为自然物质实体来看，创新客体可以分为物质形态和非物质形态；从创新客体在创新系统演化过程中的存在状态来看，创新客体可以分为过程形态和产品形态。③

以上形态可以具体化为以下客体：

第一，物化创新。

物化包括劳动的过程状态与结果状态相结合的结果。在此状态中，"过程消失在产品中。它的产品是使用价值，是经过形式变化而适合人的需要的自然物质"。④ 创新物化是人的资源与物的资源的新的组合。

物化创新具有多种多样的表现形式。先是人类对自然物质的改造关系形式，其过程先是人对自然物的手工生产，再是人工制造以及功能模拟的所取得的成果。改造自然物的过程，是一种物化自然物的过程，其主要依据是运用和掌握自然物的生长规律。自然物的加工制造是人把自然物作为劳动对象进行加工改造。海姆(M.Helm)认为，虚拟实在的特征是：①人工实在；②交互性；③沉浸性(immersion)；④网络环境；⑤遥在(Telepresence)。⑤

第二，关系创新。

关系创新表现在许多方面。首先，关系形成了一种结构，这种结构又对关系的功能进行了约束。马克思就把人与人之间的关系作为社会关系历史进步的依据，其主要由统治到从属

---

① Khnherly John R, Robert H Miles, et al..The organizational lide cycle:Issues in the creation, transformation, and decline of organizationsE[M].San Francisco:Jossey—Bass,1980:31.
② 马中民.社会创新四元要素系统功能和作用初探[J].黄河科技大学学报,2008(1):67—68.
③ Rogers Everett M Diffusion of innovations[M].4thed.New York:The Free Press, 1995:161.
④ 马克思,恩格斯.《马克思恩格斯全集》第23卷[M].北京:人民出版社,1972:205.
⑤ 迈克尔·海姆.从界面到网络空间——虚拟实在的形而上学[M].上海:上海科技教育出版社,2000:176.

型到自主再到平等型发展。"不容置疑的是，与那种单个人之间的没有联系相比较，又或是与以亲属关系和统治从属关系为基础的地方性联系相比较，这种物的联系更具有利用价值。"① 其次，形成新的信息传播方式。关系的运转与维持，需要通过信息的沟通、传递、反馈来保证。最后，关系本身日益丰富与全面。通过关系创新，社会上形成各种各样的复杂而多元的关系形态，如法律关系、家族关系、同事关系、朋友关系、合作关系、交易关系、买卖关系等。

许多关系都是以制度的形式存在的，因此，关系创新最为典型的表现是制度创新。制度是组成关系集合的一个元素（柯武刚、史漫飞，2000）。"制度是人类相互交往的规则"。② 但是，制度不能覆盖所有关系。制度是具有普遍性、约束力的关系。

第三，方法创新。

方法创新是以方法为对象的创新，是创新发展水平的一个重要尺度。主要包括以下几种：一是方法发明。就是发明一种前所未有的方法，包括技术发明、社会发明。如会计记账的方法、货币作为交换媒介等。方法发明是方法创新的基本途径，具有根本创新的意义。二是方法移植。方法移植一般产生于特定的领域，是方法运用在不同领域的转移。必须因地制宜，不能照搬照套，要进行"本土化"改造。三是方法借鉴。即是方法在不同领域的转移不能实现的情况下，将其他领域有用的那部分方法加以借鉴、引进到另外的领域。四是方法组合。就是通过组合、交叉、融合现有各种方法来得到新的方法。可见，方法创新是以方法为对象的创新，是创新发展水平的一个重要尺度。

第四，行为创新。

行为创新是创新的主体形式。行为，按照皮亚杰（Jean Piaget）的定义，"是指有机体为了对外部世界的条件进行一定的改变，或是对他们自己与外部环境有关的境况进行改变，而面向外部世界所进行的一切实践活动"。③ 行为创新主要表现为：一是获得行为新的动力。就是创新主体进行新的目标定向，转入为新的目标追求，开拓新的活动领域，进入新的活动层次。二是树立行为新的规范。规范在一定的条件形成的行为导向，如社会的舆论、习俗、律令等，对人的行为进行约束，形成制度的力量。它明确地说明了"应该对某种行动方向遵循，同时反对另外行动方向；某种行动方向和另外行动方向有着正确与错误之分，前者正确，后者错误"。④ 新的行为规范就是要构建新的制度规范或者将制度规范转化为社会心理，内化为个体内在的价值观。使符号的评价机制转化为人的行为评价机制，使符号评价标准成为人的行为的评价标准。三是创造行为新的方式。这种新的行为方式顺应时代发展的要求，将更加符合理性与人性，具有更高效率和效益。比如准时、守时成为重要的行为准则。四是形成行为新的能力。指创新主体经过教育和训练，掌握了更多更新的工具、技能，行为能力得到进一步的丰富与提高。五是开拓行为新的空间。指创新主体通过改变原有的活动半径、活动定势、活动广度和深度，进一步开阔新的行为空间，提高创造新事物的能力，不断拓展现存的活动空间范围。

---

① 马克思,恩格斯.《马克思恩格斯全集》第30卷[M].北京:人民出版社,1995:111.
② 柯武刚,史漫飞.制度经济学——社会秩序与公共政策[M].北京:商务印书馆,2000:35.
③ 皮亚杰.行为,进化的原动力[M].北京:商务印书馆,1992:3.
④ 达尔文.人类的由来及性选择[M].北京:科学出版社,1982:121.

现实中，创新客体形态并不一定是完全孤立存在的。某些创新客体既可以作为单独形态的创新客体存在，也可以作为几种形态的创新容体的复合形态而存在。复合形态的创新客体的创新空间同时受到不同层面的、不向性质的客观规律的制约，因而导致了创新有着一定的局限性与艰难性。

以上分析的是创新的主体和客体要素，两者是相互作用、相互制约的对立统一关系。

一般说来，创新主体要素决定着创新系统的创新水平，但是创新客体的性质与结构影响着创新实践活动的进行，所以，客体要素反作用于创新主体，对创新主体有一定的作用。在创新过程中，创新主体与创新客体必须同时因对方而发生变化，使两者协调同步发展，才能达到一定的创新目的。创新行为作为一个系统行为。要想达到最有效的创新效果，必须充分利用各要素，发挥其最大作用，让各要素协调一致，形成最大的创新合力。

3.1.2.3 创新中介

创新中介是在创新活动中把创新主体和创新客体连接起来的部分，指那些创新主体借以实现创新行为的要素，包括物质中介、非物质（精神）中介及其他中介。创新中介是创新系统中重要的构成性要素，与创新主体和客体处于同等重要的位置。创新中介既是创新体系的基础设施，也是我们实现目标的手段。

创新系统的中介要素具体包括管理、制度、体制、文化、组织、思想观念以及各种创新资源配置（设备、仪器、资金、人才、技术、信息）等。

如图 3—7 所示，主体要素、客体要素及中介要素有机联系在一起，共同组成一个完整的创新系统。创新系统就是这三大要素相互作用、相互影响而形成的一个有机整体。

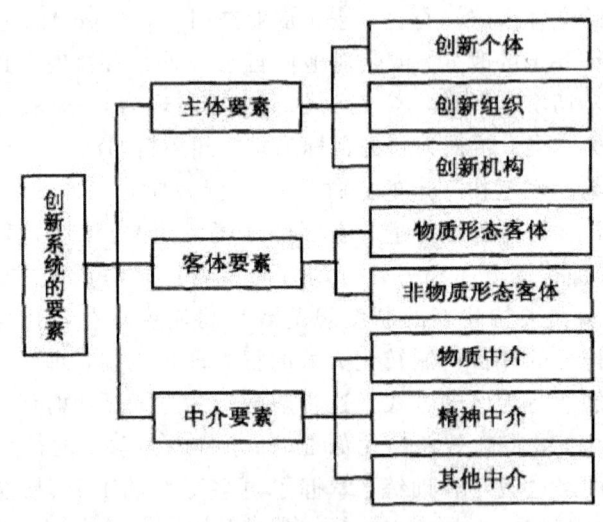

图 3—7　创新系统基本要素构成

3.1.3　创新系统的运行结构

创新系统的结构是指主体要素、客体要素及中介要素通过一定的关联方式，整合为有机统一整体的模式的总和。创新系统的结构分为层状结构、星型结构与网状结构三种类型。

3.1.3.1　层级型创新系统

当创新系统内部单元的功能处于一种在逻辑上和时间上的创新过程序列上时，创新系统要素之间的关联方式上表现为一种层级结构。

如图3—8所示，层级结构的要素是按从低到高的层级进行联结和组合的，整个结构呈"金字塔"形状，具有明显的层次性。处于最高层级的要素子系统对整个创新系统处于集中控制和支配的地位；对中间层级和最低层级的要素子系统具有概念设计、理论建构、行动方向等各方面的协调统摄作用。层级结构中，从信息流动方式和决策方式来看，一般是自上而下的，上一层级向下一层级下达指令，下级对上级负责，这使得层级结构创新系统往往缺乏灵活性。

图3—8 创新系统的层级结构

3.1.3.2 星形结构

当创新系统内部单元的功能从逻辑上来看，是相对独立的个体，但在时间上并列同步时，创新系统要素之间的关联方式上就表现为一种星形结构。

如图3—9所示，以系统核心为导向、单元功能分散是星形创新系统的主要特征。其信息传递与交换主要发生在各个功能单元与创新核心系统之间，核心系统居于中心，各功能单元之间则相对独立。这种结构规避了层次结构的僵化层次，赋予各功能单元更大的自主性，但由于各个功能单元都要与核心系统进行信息传递与交换，增加了核心系统的压力；而同时由于各个功能单元之间呈星型分布，地位相对独立甚至孤立，使得星形创新结构的纳错能力不强。

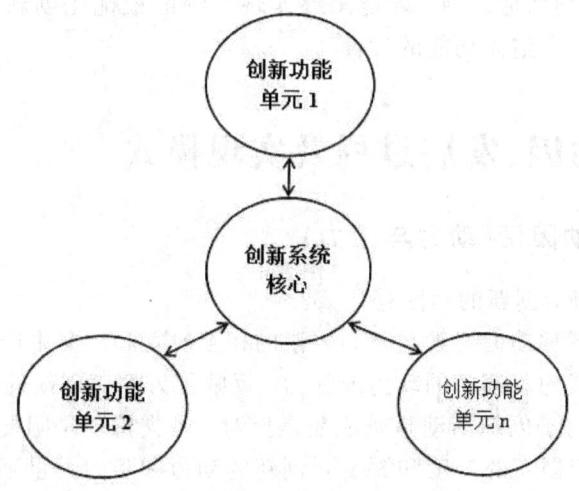

图3—9 创新系统的星形结构

3.1.3.3 网状结构

当创新系统既没有层次序列，也没有核心系统存在，各创新子系统关系并列且具有各自组织特征时，创新系统就表现为一种网状结构。在网状结构中，信息沟通、交换和处理由各个平行的创新功能单元自行决定和组织,而不是由处于支配地位的创新层级或创新系统核心事先进行预设和规定的。

如图3-10所示,创新系统的网状结构具有无中心性、对环境的高度适应性和创新的灵活性的特征,每个创新子系统(创新功能单元)地位是平等而独立的,都具有自我学习、自我适应和自我调节的特征。网状结构克服了层次结构的僵化性和星型结构子系统之间的独立性,然而,网络创新系统往往表现出结构性限制,例如创新能力的分散,创新效率的降低以及增加创新协同效应的难度。

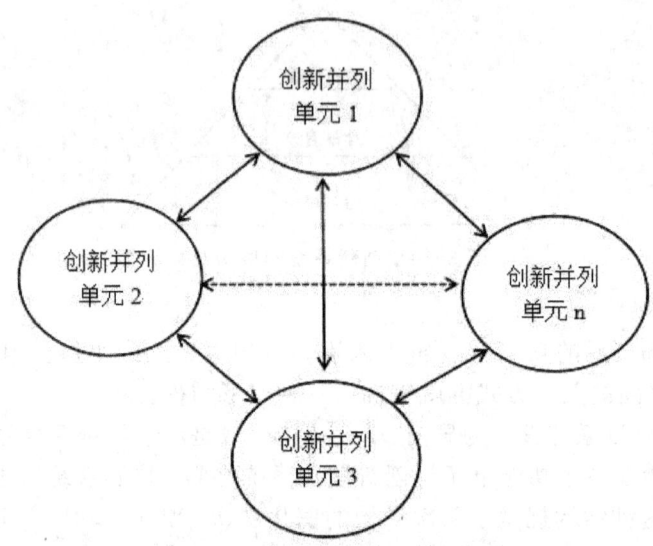

图3-10 创新系统的网状结构

总而言之,从系统科学的角度来看,创新系统是一个复杂的大系统,各个创新子系必须实现整体协调、动态均衡地发展,才能最终实现系统的最优化创新行为,而任何子系统发展上的欠缺都将影响系统整体功能的发挥。

3.2 创新动因、发展过程及实现模式

3.2.1 创新驱动因素(动力与阻力)

是什么引发了创新,创新的动因是什么?

任何创新都是在各种动力要素与阻力要素的相互对立和冲突中产生,并且在这两种力量的对比中不断向前发展的。创新的动力或阻力,反映了人们对创新的两种不同的态度及其方向相反的作用力量。对于创新活动是赞成还是反对,是支持还是阻挠,这不仅与创新的方向和内容有关,也取决于创新的广度和深度。创新的动力和阻力力量强弱对比,是衡量创新条件具备程度的主要标志,从根本上决定着创新的进程、代价及结果。

3.2.1.1 创新的动力

创新的动力就是创新主体发动、实施、支持创新的驱动力。创新动力的产生,除了来自创新主体的心理需求这个原发性因素之外,比如成就感、实现自我价值等,主要是来自创新主

体对创新的必要程度和创新收益的刺激。

(1) 基础性动力要素

基础性动力要素是指在现实世界中实际存在着的劳动工具、资料及创新个体等。基础性动力要素激发创新主体最初的创新灵感，为创新主体进行创新构想提供了物质基础。在进行创新实践活动过程中，创新工具和劳动资料是进行创新实践活动的硬件基础设施，起着不可缺少的作用。马克思认为："劳动资料是人们通过其活动和劳动对象在劳动过程中使用的事物或事物的组合。"①

创新对象即创新活动的开展所依托的现实客体，也是进行创新实践活动所取得的成果，是汇聚了各种各样创新要素的有形成果，也是通过举行创新活动所要实现的最终目标。创新对象主要分为两类：一是自然对象，即人与自然界发生关系时的自然物；二是社会对象，即人在社会活动中创造的社会性产品，如社会制度、社会关系、行为规范等。

创新工具和劳动资料作为创新过程中的物质中介，对创新主体与其对象起着沟通与连接的作用，是创新活动得以完成的必不可少的因素。创新主体和创新对象之间通过中介作用，相互贯通、相互过渡、相互转化，使创新过程实现和完成。

(2) 能动性动力要素

人是创新过程中最为核心和关键的能动性要素，包括创新个体或创新个体的组合，即创新群体或创新国家。个人是创新主体最基本的单元，是创新主体的细胞，是一切创新活动的最终承担者。创新个人具有自身的特有属性。首先，创新过程中的个人具备自然性质。人都是自然界中有生命的自然体，有感觉感官、思维感官、神经系统等，也有体力、智力……这些属于人的生物属性，也是创新主体在进行创新实践活动过程不可缺少的条件。其次，人的另一种属性是社会属性。人是由一切社会关系所组成，没有处于社会这个大环境就不能谈及创新；此外，人还具有实践性。创新活动是一个实践过程，创新活动的实践过程都是在创新主体（即人）的实践活动中进行的。创新过程不同于重复性实践或简单劳动，具有复杂性和不确定性，它需要在其创新过程中充分调动和激励主体的各种创新本质力量，如创新实践者的创造能力、知识面、学习能力等。创新活动是创新个体充分参与的最富探索性和最具开创性的活动，创新主体必须全身心地、忘我地投入。因此，在创新过程中，最能表现人的真正本质和发挥人的能动性，也最能把主体的各种能力以及潜在能力得到充分发挥。创新活动的成果表现出了人的各种本质力量，是其所凝结的创新劳动果实。因此，"工业的发展历史与存在的工业已经产生了的事物，可以说是谱写了一本与人的本质力量相关的书籍"。②

(3) 合力性动力要素

在创新过程中，基础性动力要素与能动性动力要素会产生一种全力效应，并在合力效应要素的作用下，推动整个创新过程实现。也就是说，创新主体与创新对象、创新工具和劳动资料在创新环境中互相联系，互相影响。

创新环境是"由特定的区域内的主要参与者在相互协同和集体学习过程中，所建立的非正式和复杂的社会关系。创新环境有助于提高区域的创新能力"。③ 具体来讲，创新环境从

---

① 马克思,恩格斯.《马克思恩格斯全集》第23卷[M].北京:人民出版社,1972:203.
② 马克思,恩格斯.《马克思恩格斯全集》第42卷[M].北京:人民出版社,1979:127.
③ 李正风,曾国屏.走向跨国创新系统[M].济南:山东教育出版社,2001:97.

内容上可以分成硬环境和软环境两部分；硬环境是应用于创新及其相关活动的科研设施、创新基地、人才储备、信息网络和数据库等；软环境分包括法律法规、政府激励政策、管理体制、市场与服务等创新实践过程中不可或缺的环境。

创新活动是一个及其复杂多样的实践过程。创新行为的产生，是由内、外部动力或激励共同作用的结果。外部动力的作用为创新提供适宜的环境；而内部由于激励的存在，促使创新过程中各要素主动积累自身创新能力，从而产生创新行为，创新过程就是在这两者合力作用下共同完成的。

下面以技术创新为例：

如图3-11所示，技术创新的驱动因素包括四个内部驱动因素和四个外部驱动因素。其中，内部驱动因素构成企业技术创新的内源动力，主要包括创新者的主观价值判断要素、利益导向要素、企业内部环境要素及研发能力要素；外部驱动因素是企业创新活动产生的外驱动力，主要包括市场需求要素、资源约束要素、科学技术推动要素及政府影响要素。企业技术创新就是在内外部动力形成的合力效应推动产生和发展的。

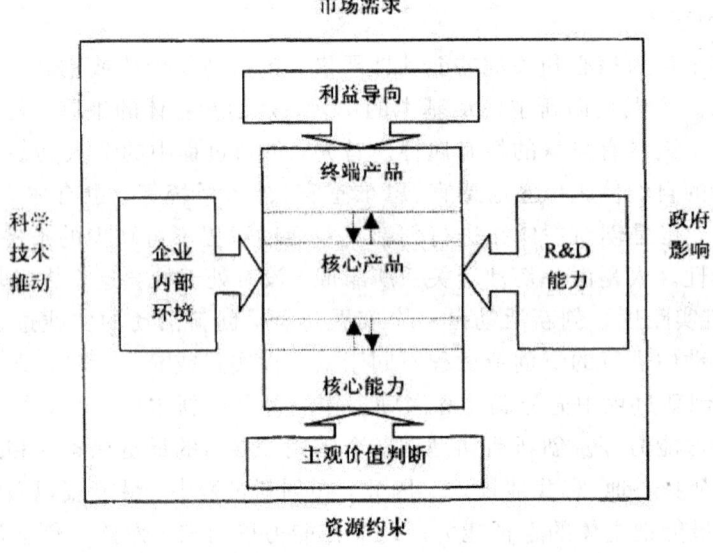

图3-11 技术创新动力机制模型

3.2.1.2 创新的阻力

把上述所列的创新动力因素剥离开来，现实世界中对创新活动进行约束、抵制的因素还有很多，这里说的是创新阻力因素。这种阻力或制约力可能来自下列因素：

（1）物质因素

企业创新的结果会带来既有权力、地位及利益格局的调整，由此可能会导致一部分人既得利益受损。这种利益损失既可能包括经济利益上的，也可能是个人声誉和事业前途上的。任何创新都有可能受到某些从其切身利益考虑的个人或团体的反对或阻挠。

（2）习惯因素

人们在生产和生活中总会养成很多习惯。俗话说，习惯成自然。习惯的力量有时非常大，它直接影响一个人的处事态度和行为方式。在创新活动和经营管理中也是如此。而创新活动要求打破陈旧规定，改变原有的理念、思维方式和方法，那么，必然会受到那些墨守成规的人们本能的抵制。习惯势力形成的阻力对创新活动的开展存在重要影响。

(3) 心理因素

情绪是影响人的行为的重要因素之一。在创新活动中，不良情绪也会有所影响。比如，创新活动对人们的能力、观念提出了新的要求，使人们不能迅速适应，引发人们对创新活动某些心理焦虑而阻挠创新。例如，依赖性和控制欲强的人都会不适应和反对分权的管理体制，前者不愿承担与权力对应的责任，而后者不愿放弃已有的权力。

(4) 认知因素

一般的人会在具有正确认知的前提下采取正确的行动。如果一些人对创新的必要性、目的、意义、内容和结果可能认识不足或认识有偏差，那么他就有可能对创新产生误解，持不支持、不赞成的态度，甚至阻挠抵制创新活动。

(5) 情感因素

人是情感动物，情感往往支配着人的行动。在创新活动中，情感因素也会成为某种阻力。比如，某些人可能与企业创新的发动者有过摩擦或矛盾，因此对其存在偏见，不信任对方，从而抵制由其发起和组织的创新活动。

创新的动力与阻力在创新过程中并不是各自分开的，而是相互影响、相互作用的，并在一定条件下相互转化。当动力大于阻力时，创新活动易于进行，反之，则难以进行。因此，在创新活动进行过程中，要系统地分析形成创新动力和阻力的各种因素，通过采取措施改变其中的力量对比和可控因素，为创新活动顺利而有效地进行创造条件。

3.2.2 创新发展过程

3.2.2.1 创新发展的四个阶段

创新活动是一个非常复杂的动态过程，同时也是创新系统的演化运动过程。它包括在时间或空间上各种创新组成要素及其各个创新子系统之间的相互作用，进而推动创新过程逐步向系统生成的方向前行。创新活动是探索未知的创造，不是简单的重复劳动，它没有固定的模式，没有既定不变的规则，也没有特定的公式，更没有设定不变的时间表。但是，创新过程的发展阶段还存在其自身的规律性。

一般来说，观察、思考、合作、实践四个不同的时期构成了人类创新活动的实践步骤。观察时期，是找到所要找的观察现象和发现现有问题的时期；思考时期，是针对所发现的问题，进行分析，并提出解决方法的时期；合作时期，是创新活动的修改和完善解决问题的方案；实践时期，是针对问题所提出的实施方案进行执行并检验，形成推广经验和使用创新成果时期。观察作为创新活动的第一步，是人类开始学习某种事物的起点，是取得第一手感性材料的奠基石，是一种可以用来了解创新信息、相关知识、实践经验、创新技术等的手段，是人类进行创新思维活动的基础以及灵感源泉；思考是创新活动的核心部分与精神支撑，作为一条主线贯穿创新活动中；合作在创新活动过程中是一种强大的助推力，为完善创新成果提供了重要的保障；实践作为结束阶段，是把创新成果进行检验和推广的时期，是把所取得的成果在社会上进行认可的根本保证。①

下面以技术创新为例进行分析。

3.2.2.2 技术创新的四个阶段

对技术创新而言，创新的实践过程先是从产生构思，到实施构思设计，再到创新成果的实现，最后是创新成果进入市场后的一系列活动及其逻辑关系。在此过程中，各个创新活动环节都有所涉及，其实质上是"技术、构思设计与顾客实际需求恰好达到一定的平衡点"。②创新类型不同，创新实现过程也就不同。"设计"在产品创新过程中具有核心作用，是企业竞争力的具体实现和直接体现。

(1)研究与开发阶段

把研究与开发阶段进行简单的划分，其可分为基础研究、技术开发阶段。一般而言，各科研部门负责基础研究，在原有技术、知识等基础之上取得新的成果，而盈利目的性不强。

应用研究则需要针对具体问题提出解决对策。技术开发是指企业在生产产品过程中把新思想、新构思融入其中，并形成新的产品模型的过程。具体层面上，它是企业为设计新产品，进而组织相关的技术性人才提出相关的新的想法，再进行新产品的研制，最后对产品的样品进行检验、评估及筛选等工作的总称。

而企业专注于利用现有基础将市场机遇与技术相结合来开展研究开发活动，开发其具有最大潜力的新技术，以实现经济实力和市场实际需求。而为了探索应用的可能性，最重要的是将技术的可能性变为产品的现实性。研究开发的基本内容是可供利用的新产品和新工艺的研制。

(2)设计与试验阶段

随着技术开发的完成，构思系统逐步形成，新的产品原型也随之产生，下一个阶段就是新产品的设计与试验阶段。在这一阶段中将解决有关产品的所有技术，为进一步大规模生产做准备。此阶段可分为设计与试验两个子阶段。

首先要完成详细的产品设计。设计阶段的基本任务是根据技术开发阶段提供的新产品原型进行工程开发和技术设计，其中工程开发更是对技术开发的进一步深化，在设计阶段占有十分重要的地位。工程开发是比技术开发更具体、更繁复的过程，需要进行大量的工程试验，要对各种技术参数进行研究，往往须耗费大量的财力、物力和人力。这个阶段所取得的技术成果是一个产品的技术核心机密，一旦泄露，就会对新产品的推广有着毁灭性的伤害。其次是进行试验。利用小规模的投入试验，对产品投入市场后的实际情况进行摸底，及时发现与产品相关的问题，根据市场需求，对产品相关方案进行调整，避免大量产品进入市场造成不可避免的损失。

(3)生产开发阶段

产品创新作为技术发明的首次商业化，必然离不开产品的批量生产，也就离不开生产开发。当设计与试验阶段完成后，产品就开始生产开发。生产开发阶段就是在对产品详细的设计完成，以及根据试验做好调整的产品功能后，再转化为实际的现实产品生产过程。在生产的过程中，要针对其生产组织管理问题提出解决方案，同时，根据所得的各种反馈结果，对

---

① http://www.doc88.com/p-299516242578.html.
② 刘忠,董海龙,田小飞.自主创新300问[M].北京:知识产权出版社,2006:3.

产品的工艺进行及时的改进，并对产品的技术工艺与功能进行改善，对组织结构进行相应的调整，有利于创新活动的开展。可见，创新是发明的第一次商业化，要实现产品创新必然离不开批量生产，也就离不开生产开发。

(4)价值实现与技术扩散阶段

所谓市场价值实现即通过把产品投入市场从而实现创新成果的应用，运用市场相关推广手段，对新产品、新工艺和新技术进行推广。

销售是市场实现的手段，其运作的好坏将直接对产品是否能在市场上站稳脚跟起着关键的作用。企业在调研探索市场的过程中，可以了解到消费者对新产品的喜爱程度，营销策略的合理应用，可以增加经济效益。在对产品销售过程中，将所得的客户信息进行反馈，并在相应的阶段进行改进，形成比较完善的新的生产体系。新产品在市场上的成功销售可以说是技术创新过程实现了又一次质的飞跃。

对于创新者来说，新技术新产品在市场销售的成功会使其获得高利润，赢得竞争优势。因此，为了追求利润，许多企业都会对创新技术加以模仿或学习。随着其规模不断扩大，技术创新的扩散范围不断拓广，此过程也是一个技术创新扩散的过程。这个时期属于技术创新的后续发展，通过扩散范围和强度的加大，其创新活动的影响范围也越来越广，引起产业结构、组织形式等发生改变，从而促进国民经济的发展。

以上是创新过程的基本发展阶段，但在创新的实际发展过程中，阶段的划分是相对的，并不能绝对地划分成几个固定的阶段。而且这几个阶段并不是严格按照其发展顺序依次进行的，有时发现问题，会结合反馈信息改善，甚至有时会多重循环，多种活动交叉进行、并列前进，甚至跨越性发展。在下一阶段中发现的问题，有可能会从上一阶段中寻找根源，来促进问题的圆满解决。

与此同时，这也有利于促进上一阶段的创新活动向更广、更深的方向发展。各发展阶段在技术创新形成过程中统一发展，相互联系、相互促进。以技术开发工作来说，其工作以构思为开端，等到产品在市场处于成熟期才可能是结束的时间，而在现有工艺水平和符合市场需求发展的条件下，创新产品技术上的改进也在不断地进行。新产品的开发是为满足消费者的需求而服务，在创新过程中，产品如何投入市场、占领市场等，是每时每刻都必须关注的问题。

3.2.3 创新的实现模式

3.2.3.1 线型创新模式——技术推动与需求引发创新

线型模式是一种简化的分析模式，是理解和研究创新过程最简单、最方便的工具。尽管真实复杂的创新过程是不能用这种简化模式所揭示的，但是作为科技管理来说，这种简化模式仍然可以作为研究或决策的基本出发点。

(1)科学驱动创新

常用的直线模式是从理论研发层面开始到产品生产与销售的直线型模式，即基础研究—应用研究—实验开发—工程制造—销售，体现了人们普遍认可的科学技术发展产生新原理与新概念，继而产生新产品与新工艺的思想。[①] 上述模式常常被称为科学驱动型(或技术推动型)。

---

① 汤世国.技术创新——经济活力之源[M].北京:科学技术文献出版社,1994:40.

创新资本驱动论

对于半导体、计算机、原子弹、激光等新技术革命的核心来说，一些关键的高科技创新，正是在这种模式下开发出来的。因此，该模型已被广泛接受，而技术管理和科技政策发展也以此为基础。然而，技术驱动模型过于简单和绝对地理解创新过程，并且受到了众多批评，需求引发模式和混合模式等就被提出来试图代替它。技术推动的创新过程模型如图3—12所示。

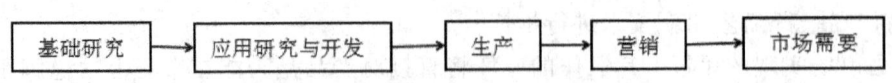

图3—12 科学驱动的创新过程模型

将科学驱动的创新模型应用至具体案例，生产高精技术产品并向市场推广。这种模式从技术创新开始，经历产品研发制造与市场推广，最终得到市场广泛认可的产品，在此过程中市场始终处于被动接受的位置。如电子计算机的产生及普及，就是科学驱动模型的具体应用。

但基于科学的创新模式更加极端，它过于简单和绝对化地理解创新过程，因此受到了很多批评。

(2)需求引发创新

从20世纪60年代开始，在对创新过程经验研究的基础上，一种以需求为首位的线型模式开始引起人们的注意。这种线型序列过程是：市场需求—应用研究与开发—工程制造—销售。这种模式常常被称为"需求引发型"。大多数中小型创新，特别是积累性创新，都是以这种模式发展的。厄特巴克于1974年作的一项研究更是认为，60%—80%的重要创新是需求引发的。①

在市场推动的模型中，产品创新以市场需求为主，科学技术为辅，最终得到的产品更容易被大众接受与认可。市场推动创新的过程模型如图3—13所示。

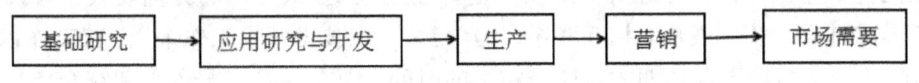

图3—13 需求拉动的创新过程模型

需求引发模式对改变人们的观念，促进研究开发工作与市场需求更好地结合起到了不可替代的作用。但是，在与技术推动模式对立中，需求拉动创新模式又往往把自己推到了另一个极端，他们把创新过程也看得简单化和绝对化了。

事实上，不论是科学驱动型还是市场推动型，都仅仅是技术创新过程的部分体现，过于看重市场需求，会阻碍部分技术创新的进一步发展，降低技术进步的速度。事实上，在多数实际创新过程中，创新的成功与否取决于科技水平与市场需求的平衡程度。如图3—14所示，创新活动是一个复杂的系统工程，任何单一的模式都不足以概括创新的产生和发展全过程。科技、技术、市场、政策、竞争等因素都是引发创新的原因。在创新发展过程中，有可能线型发展、也可能链式发展或者交互式发展或者一体化发展以及系统集成和网络式发展。创新引发的结果也是复杂多变的，对社会经济的影响极其深刻。

---

① 汤世国.技术创新——经济活力之源[M].北京：科学技术文献出版社，1994：41.

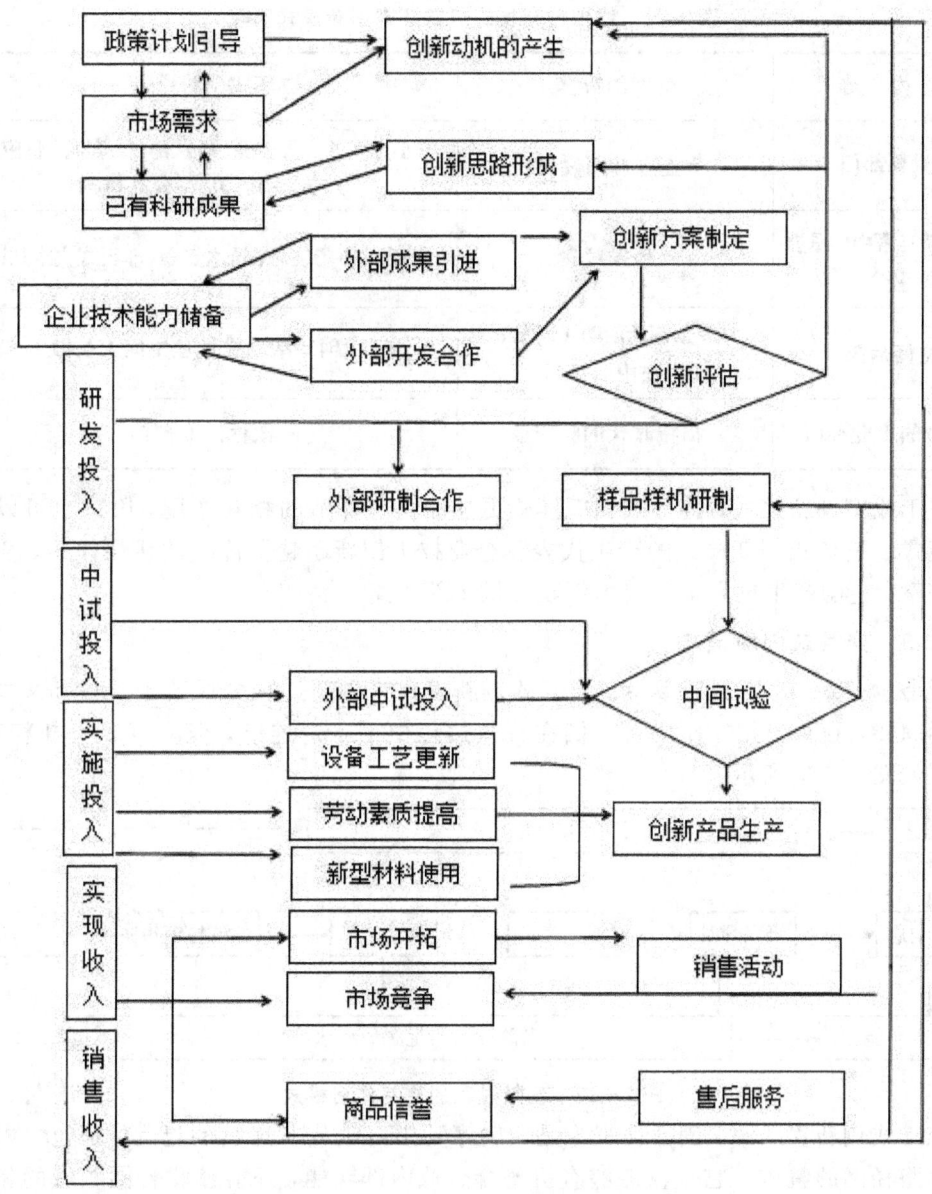

图 3－14 企业技术创新实现机制

3.2.3.2 链环式创新模式

在这一模型中,研究不再是创新的起始点,而是呈现创新活动点状发生、链环式发展的景象。随着经济发展的知识化、网络化,单个企业仅仅依靠自身的力量已不足以完成技术创新活动。创新活动普遍出现在科学技术研究、产品研发与生产、市场推广、工程应用以及它们之间的相互作用中,其动力主要来源于创新型机构,如创新型企业、研究所、大学等。见表 3－1。

表3—1 线型创新模式与链环式创新模式比较

内　容	线型创新模式	链环式创新模式
重要部门	大企业和研发部门	小中企业、大企业、研发部门、客商、供应商、大学、科研机构、公共机构
创新过程中的重要投入	研发经费	研发、市场信息、技术竞争、非正式实践知识
空间后果	大多数创新活动（研发）发生在中心区域	创新活动在地理空间上扩散
典型的工业部门	福特时代的制造业	柔性工业部门

相对于线型创新模式，链环式创新模式更加注重各环节的相互作用，因此也可以称为合成创新模式。链环式创新模式的产生代表着企业技术创新超越了传统的线性模式，变得更加科学与完整，它的产生也为企业技术创新提供了新思路。

3.2.3.3　交互式创新模式

罗斯韦尔(Roy Rothwell)认为，交互式创新模式将创新过程分成若干阶段，这些阶段拥有各自的职能，独立又相互作用。它们在具体过程中不一定连续，但在逻辑上却相互衔接，具体过程如图3—15所示。

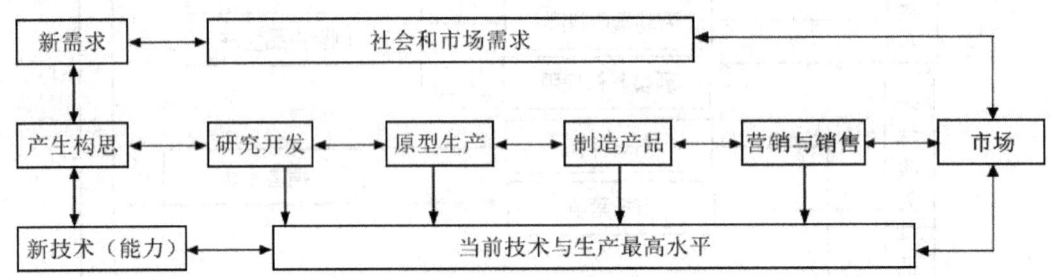

图3—15　创新过程的交互作用模式

在交互式创新模式中，创新被视为是逻辑序列中连续或非连续的过程，是包含内外部各部分交流路径网的整体。它不仅能够有机整合企业内部功能，还能够联合同领域的相似科技团体，将企业与市场挂钩。换言之，创新过程代表了在创新企业框架内技术能力和市场需求的合流。

创新的交互作用模式更加强调科学驱动与市场推动模式中市场推广与技术创新之间的相互作用，从实际出发匹配技术水平与市场需求。实践证明，从推动和拉动两方面优化驱动创新决策，其效果比从单方面优化更加理想，更能推动创新构思的产生。

3.2.3.4　一体化创新模式

20世纪80年代后期，出现了所谓一体化的创新模式。在过去，创新过程被视为从一个功能到另一个功能的顺序开发过程，而该模式将创新视为并行研发与开发原型、制造与营销以及其他元素共同组成的综合体。

一体化模式意味着公司的所有职能在创新过程中协同工作，一致行动，每个职能部门都参与创新的各个阶段。一体化模式强调研发、设计和生产部门,供应商以及用户之间的密切合作与沟通。与此同时,大规模急剧增加的横向合作(合资、战略联盟)也为创新活动增加了新内容。

与高度详细的线型创新流程和集成创新相比较,一体化创新的制造商不仅为产品开发后的商业生产做好准备,而且在产品开发的早期阶段积极提出并审核每个创新方案和步骤。通过流程的概念或计划,营销部门及时向新产品开发过程提供客户的要求,评论和其他相关信息,而无须等待整个产品设计的原型来完成与客户的沟通。所有功能的整合和创新的效果是加速下游业务和对创新的参与。

一体化创新的实现不仅需要适时联结各种职能部门,而且需要个人技术开发和高级管理层的支持,特别是在处理个人和团体关系以及建立各种功能活动的及时链接。

3.2.3.5 系统集成和网络模型(SIN)

20世纪80年代至90年代初,人们提出了更为复杂的技术创新模型——系统集成网络模型,见图3-16。该模型在创新过程中引入了电子信息技术,使用专家系统进行开发辅助,采用更好的技术方案,采用仿真模拟实验技术去代替实物原型。采用仿真模拟实验技术搭建研发用户与供应商的交流平台,优化产品设计与生产的各个环节。在系统集成和网络模型(SIN)中,创新是职能交叉的过程,贯穿有关产品的所有环节,也是多机构的网络化信息化的过程,即模型优化的过程。

一体化创新过程模式,全方位汇合了创新意识产生到实现的全过程,而系统集成和网络模型(SIN)则表示由概念生产导致创新实践结果的创新模式之未来发展趋势。网络模型是集成模型的进一步发展,体现了研发部门、生产部门、供应商和用户之间日益复杂的联系与合作关系,是高度综合集成的并行过程,具有典型的非线型特征。这种非线性的特征是由于20世纪80年代后期随着科学技术产业化发展所带来的生产自动化、设计电脑化和管理信息化的结果。整个创新过程犹如一张复杂的网络,将组织内部与组织外部联系起来,将企业各部门与市场联系起来,甚至将机构与机构联系起来。

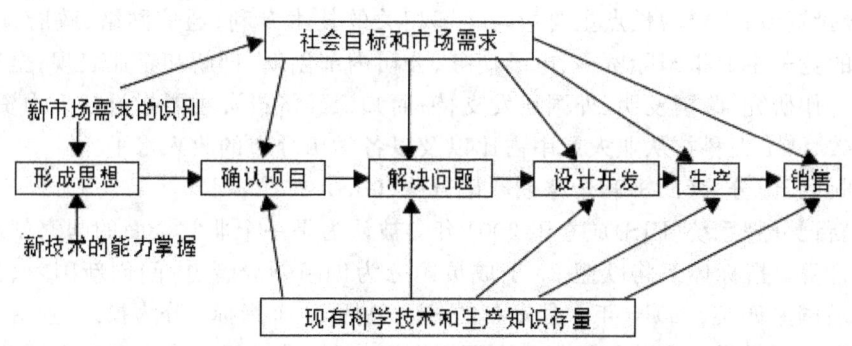

图3-16 创新过程的系统集成网络模型

从原始创新到集成创新,再到消化吸收再创新,这一过程是符合人类创新发展规律的。目前世界各国的创新活动都在经历以下变化:从关注原始发明到关注原始发明、集成创新和引进消化吸收再创新;从注重强调以投入为指标的线性创新模式到注重强调以产出为评价指标的动态创新模式;从建立在需求预测的基础上到感应需求,并对需求做出反应;从独立创新到团队创新;从单一学科创新到多学科交叉创新;从生产者导向到消费者导向;从强调地区性研发团队到强调全球化研发团队。见表3—2。

表3—2 创新本质的变化

过去	现在
发明	原始、集成、再创新
线型创新模式	动态创新模式
建立在需求预测的基础上	感应需求、并对需求做出反应
独立	团队
单一学科	多学科交叉
生产者导向	消费者导向
地区性研发团队	全球化研发团队

资料来源：美国竞争力委员会（Council on competiveness）；National Innouation Initiative。

3.3 创新评价、创新环境与创新生态

3.3.1 创新评价

3.3.1.1 国际上对国家创新能力的评价

（1）经合组织的科技统计与科技指标

自1963年以来，经合组织（OECD）出版了《弗拉斯卡蒂手册》，[1]认为创新是产品创新和流程创新等技术和组织创新和营销创新等非技术创新的集合。该手册对诸多领域的科学技术统计标准和规范发展做出了重要贡献，如测量研究与开发（研发）、科技活动产出、技术创新和专利统计等。之后该组织又相继出版了《科学技术指标》和《科学、技术与产业记分牌》等文献。其中《科学、技术与产业记分牌》为两年刊，主要发表有关全球经济特点、科技创新的相关内容。[2]

《科学、技术和工业记分牌》于2009年开始发布，主要探讨应对经济危机、锁定增长点、世界经济中的竞争、全球研发沟通和知识经济投资等内容。其中应对经济危机主要指专利和商标、外国直接投资流；锁定增长点主要指与环境相关的技术专利、通信网络、政府预算的研发；世界经济中的竞争主要指国际贸易、电子商务、公司内部创新、创新和企业表现；全球研发沟通主要指全球合作研究、跨国发明、外国研发支持；而知识经济投资主要指科技人力资源数量、大学以上学历数、博士在科技从业人员中占比以及以各学历分布的收入水平。[3]

（2）欧洲创新记分牌（EIS）和全球创新记分牌（GIS）

欧洲创新记分牌系统（EIS）成立于2001年，被认为是一个非常全面的国家创新能力评估系统。根据计算，指标体系将欧盟27个成员国分为创新领导者、中间创新国家、创新追赶国家和创新落后国家四类。2010年1月发布的EIS包括29个指标，分为投入、业务活动和产出三个主要类别。其中投入主要包括人力资源和财务支持；业务活动主要包括公司投资、企业间关联和创新成果；产出主要包括创新人才和经济效益。

---

[1] OECD自1963年以来相继出版了《弗拉斯卡蒂手册》（包括TBP手册、奥斯陆手册、专利手册和科技人力资源手册等，统称为"弗拉斯卡蒂系列手册"）。
[2] http://topics.gmw.cn/2017-05/19/content_24530339.htm.
[3] 陈蕾.中国区域自主创新能力评价及提升对策研究[M].北京：新华出版社，2016：130.

2006年欧洲联盟增加了一个欧洲创新记分牌，发布了全球创新记分牌（GIS），GIS将评价全球领先的研发支出国家，如中国、欧盟、美国和加拿大等研发主要支出国。2008年全球创新分数版包括企业创新活动和绩效、人力资本、基础设施和技术吸收创新能力三个关键方面。

2018年欧盟发布的《2018欧洲创新记分牌》（EIS）报告采用27项指标对欧盟28个成员国，即中国、美国、日本、韩国等国的创新绩效进行了比较打分，评价各国创新体系的优劣，促进各国创新发展。①

（3）全球竞争力报告（Global Competitiveness Report）

全球最负有盛名、最具权威性的国家经济竞争力评估报告是世界经济论坛公布的《全球竞争力报告》。其报告有139个经济体的最新相关数据、竞争力排名顺序及情况分析，为各国政府（或经济体）评价经济竞争力提供了有力的参考资料。每年指标会适时调整。该报告通过对创新能力、企业的研发经费投入、大学与企业之间的研发合作、科学研究机构的质量等对企业创新影响较大的重要指标进行赋权，再对各国的创新竞争力水平进行综合评价。赋予各个指标不同等级的权重。比如在创新能力方面，权重1表示完全依赖国外模式仿公司，权重7表示能够自主创新；在研发经费投入方面，权重1表示零投入，权重7表示投入量很大；在研发合作方面，权重1表示零合作，权重7表示合作广泛；在机构的质量方面，权重1表示质量很差，权重7表示水平领先水平；在政府采购方面，权重1表示无作用，权重7表示作用显著；在科技人才方面，权重1表示没有科学家和工程师，权重7表示总人数很多。② 2018年的《全球竞争力报告》采用"全球竞争指数4.0"有12大类别98项指标，主要包括机构、基础设施、技术准备、宏观经济背景、卫生、教育和技能、产品市场、劳动力市场、金融系统、市场规模、商业活力与创新。评估结果美国以85.6分的成绩摘得桂冠，中国以72.6分排名第28位。③

（4）全球创新指数（GII）

2007年，全球上规模最大、最有影响力的独立商学院之一的INSEAD于2007年第一次推出全球创新指数调查，以后每年出版一次。报告涉及对象广，对占全球GNP的96%和人口总数的91%的132个经济体进行研究，对于关于创新对竞争力和经济增长影响而言，此次评估是目前最完整的评估研究之一。

GII通过评估一国制度和政策、创新驱动、企业创新、知识创造、技术应用与知识产权等。再加上人力技能层面来综合考量一个经济体更宽泛意义上的经济方面的创新水平，在此基础之上可以评价各国的创新竞争力。其结果可以为政府和企业决策负责人提供各国创新竞争力所面临的优势及劣势等相关信息，为促进该国国家创新能力的提高，以及企业创新技术水平的提升指引方向。

如图3－17所示。全球创新指数首先有五个投入指标，分别是机构、人力资本、ICT基础设施、市场环境和商业环境；其次有两个产出指标，科学成果和创造性成果，投入与产出指标下也有细分的相关指标。在2010年，在原有指标基础之上，添加了新兴经济体有关方面的

---

① http://baijiahao.baidu.com/s?id=1604937751093526519&wfr=spider&for=pc.
② 陈蕾.中国区域自主创新能力评价及提升对策研究[M].北京：新华出版社，2016：130.
③ https://baijiahao.baidu.com/s?id=1614549093682234471&wfr=spider&for=pc.

指标。①

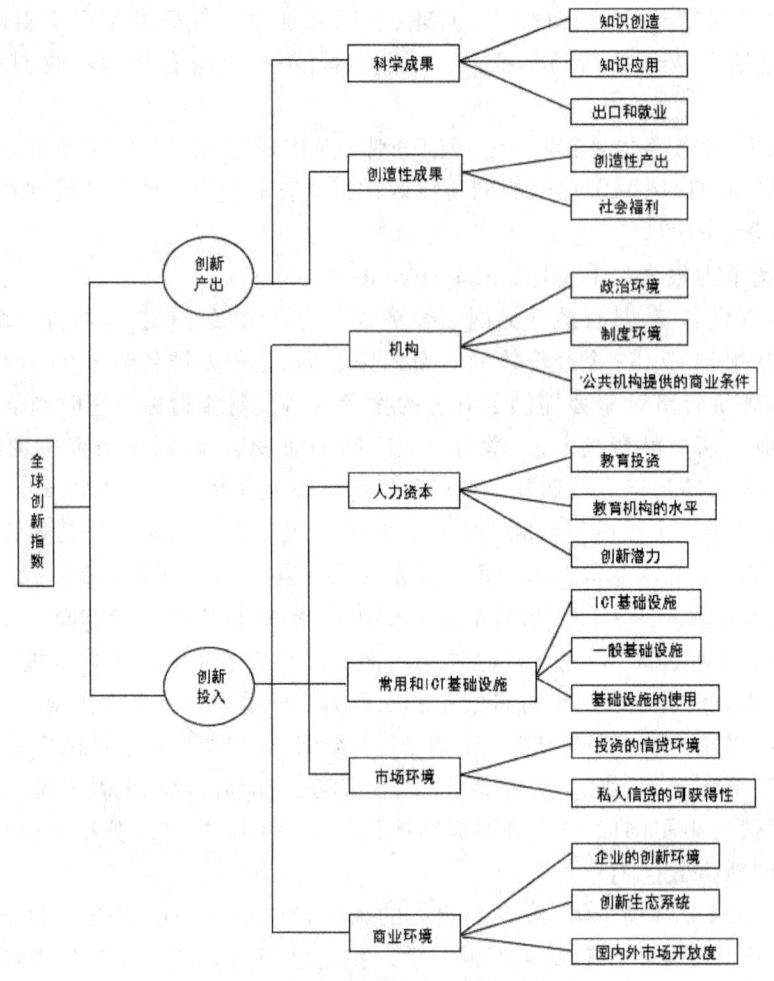

图 3-17 全球创新指数指标体系结构②

3.3.1.2 国内对创新能力的评价

在国内，对创新能力的相关研究比较完善、具有权威性且有较大影响力的报告有两份：一是《中国区域创新能力报告》，二是《中国企业自主创新能力分析报告》。

(1)中国区域创新能力报告

《中国区域创新能力报告》由中国科技发展战略研究小组设计，借鉴了瑞士洛桑国际管理开发学院发表的《国际竞争力报告》的相关内容，主要从知识的创造与流动能力、企业的技术创新能力、创新环境、创新的经济绩效等角度对我国31个省级区域的创新能力进行评价。③

中国科技发展战略研究小组将对"区域创新能力"的概念界定为，一个区域具有的能够将知识在一定条件下转化为创新技术及工艺成果的能力的总和。并从"知识创新"等五个方面进

---

① 陈蕾.中国区域自主创新能力评价及提升对策研究[M].北京：新华出版社,2016:142.
② 陈蕾.中国区域自主创新能力评价及提升对策研究[M].北京：新华出版社,2016:130.
③ https://baike.baidu.com/item/%E4%B8%AD%E5%9B%BD%E5%8C%BA%E5%9F%9F%E5%88%9B%E6%96%B0%E8%83%BD%E5%8A%9B%E6%8A%A5%E5%91%8A/9130404?fr=aladdin.

行综合评价。

该报告中评价区域创新发展水平的评价体系由五个一级指标和 21 个二级指标以及若干三级指标构成。利用加权综合评价法对创新发展水平进行综合评价,其主要步骤为:先对基础数据标准化处理,再请专家进行打分,用所得的打分进行赋权,依层次等级进行综合,最后计算出每个省市创新发展水平的综合数值。

该报告是利用定量分析法对我国 31 个省级区域的创新发展水平进行综合评价所得成果,建立了比较全面的综合评价指标体系,并得到了国内相关研究者与研究机构的认同。但是,该指标体系缺乏客观检验,由于进行综合评价时,没有对指标进行客观赋权,其主观性又对评价结果有一定程度的影响。①

(2)中国企业自主创新能力分析报告

2005 年由国家统计局中国国情研究会发布的《中国企业自主创新能力分析报告》是我国目前比较权威官方的测评体系。该报告基于技术创新对企业的自主创新能力提出了一个包括四个一级指标的评价体系,包括潜在技术创新资源指标;创新评价指标;创新产出指标;技术创新环境指标。该评价体系虽然内容涵盖全面,但是对自主创新能力的行为分析较机械、死板,缺乏细腻分析与测度。

(3)其他组织和专家学者的研究

国务院发展研究中心的中国企业评价协会针对我国企业自主创新能力,在 2009 年出版的《中国企业自主创新 Top 100 报告》进行了主题性研究。报告采用模糊综合评价方法,构建了包括研发能力、生产制造能力、价值实现能力和组织管理能力四个一级指标和若干个二级指标组成的评价指标体系,解决了企业自主创新能力评价指标体系中包含定性和定量的多指标、多属性以及一级评价指标存在模糊性和不确定性的综合评价问题。

2017 年,在国内,中国人民大学的《中国企业创新能力百千万排行榜(2017)》是规模最大、理念最具现代化的有关创新能力的排行榜。它首次对全国 80 000 多家高新技术企业的创新水平进行了总体覆盖、全方位的创新能力评价②。该排行榜是由中国人民大学"大宏观·创新课题组"耗时近两年打造而成的。

在指标设计上,《中国企业创新能力百千万排行榜(2017)》从创新前端要素投入、创新价值的扩散、创新成果形式的呈现、创新网络推广、创新市场收益五个方面,设计详细了指标体系对我国 80 000 多家高新技术企业的创新能力进行全面的评价。其中,创新的前端要素、创新成果显现方面重点是对技术创新的考察,创新价值的传播、创新网络宣传则注重于对企业非技术创新能力的考察。

需要说明的是,由于难以准确量化,本排行榜暂时未将企业组织、企业文化等纳入其评价指标体系。③

另外,在国内方面,一些相关领域的研究者,对区域自主创新能力从不同方面构建了评价指标体系。林迎星从创新成果的产出能力等四个方面选取了相关数据,构建了评价区域自主创新能力发展水平的指标体系。刘凤朝等(2005)从资源能力等五个方面的能力出发,结合

---

① 陈蕾.中国区域自主创新能力评价及提升对策研究[M].北京:新华出版社,2016:142.
② 这是目前国内理念最新、规模最大的企业创新能力排行榜。
③ http://topics.gmw.cn/2017-05/19/content_24530339.htm.

区域实际情况，建立了评价自主创新能力发展水平的指标体系。陈蕾(2016)根据不同创新主体设计了相应的创新能力，选取相关数据，建立了评价体系。其中企业自主创新能力下设创新投入、创新产出两个二级指标及8个三级指标；其中在科研机构和高校的自主创新能力下面设置了创新投入、创新产出和创新合作3个二级指标及8个三级指标；创新载体能力下设基础投入和产出能力两个二级指标及9个三级指标；创新支撑能力下设宏观经济环境、基础设施、对外开放程度、政策环境4个二级指标及11个三级指标。

3.3.2 创新环境

任何一个创新体系都是在一个特定的地理空间、政治经济环境、社会文化环境下生成的。

3.3.2.1 创新是在特定环境中的一种创造活动

创新环境是指有利于人们发扬创新精神，是助推创新活动取得顺利进展的各类原因和条件。从事创新活动的主体——人，首先是社会环境的产物。马克思指出，人们的历史是由自己创造的，但他们不是随意性地创造，创造条件存在随意性，人们也不能决定，而是在直接环境、历史存留环境的条件下创造。

创新活动具有双重属性。一方面，人们要不断取其精华，去其糟粕，带着理想信念向更高的目标发起冲击，不断否定，不断超越；另一方面，人们又务必根据现实环境，承受客观条件的限制。所以，创新活动的顺利开展，必须有创新的环境氛围，要求各方和谐协调。一般而言，糟糕的社会氛围会抑制、破坏高素质人才的成长，使他们创新力消失殆尽。充满活力、朝气、有良好的社会氛围，才能使高层次人才越来越多，才能使创新的源泉源远流长。

首先，创新主体的创新思维受到环境的影响和制约。创新思维品质和特性的形成、创新能力的培养，以及创新意识等都会受到家庭与学校教育方式、社会文化背景、传统观念等因素的影响。经验证明，不利的环境因素会对创新行为具有阻碍作用。例如，由于受传统文化的影响，我国古代对于解剖学的分析性研究就曾经历了一个曲折的过程。而有利的环境因素对于创新有促进作用。例如，"第二次世界大战"后的美国教育体制、良好的科研条件以及自由探索的文化氛围等环境都非常有利于创新活动，许多重大的科学与技术成就都是在样的环境中产生①。其次，创新成果的扩散需要特定的环境。创新成果产生之后，需要在创新组织、创新机构以及创新的其他领域中进行传播和扩散，通过创新成果的社会化而达到创新效果的最大化。好的创新环境有利于创新成果的传播，不好的环境会抑制或者阻碍创新成果的传播与扩散。

3.3.2.2 创新系统的环境

一般来说，"系统具有连续与外部进行物质、能量、信息交易的属性和作用，系统向外部开放是系统可以得到提高的基础，也是系统可以平稳存留的条件"。②

所有创新系统都在特定的环境中运行、延续、演化，不存在没有环境的创新系统。创新系统所赖以存在的环境包括内环境与外环境。内环境由系统内部中介要素构成，外环境指的是创新系统之外的一切与它相关联的事物的集合。

---

① 刘昌明,赵传栋.创新学教程[M].上海:复旦大学出版社,2007:25—27.
② 魏宏森,曾国屏.系统论:系统科学哲学[M].北京:清华大学出版社,1999:224.

创新系统的内部环境包含有连接创新系统构造的全部内部条件,由此决定了创新系统的存在与演化。它也从根本上决定着创新系统的基本特性,包括创新能力和创新绩效。

不同的创新系统其内环境是不同的,但一般来说,内环境可以包括两类:一是管理;二是系统中的制度、体制、文化、组织、思想观念以及各种创新资源(设备、仪器、资金、人才、技术、信息)配置等。

所谓创新系统的外环境,就是影响创新主体在创新过程中的外部条件。外环境是决定创新系统整体特性的重要外部因素,创新体系的构成、状况、性质、路径等都直接或间接与创新体系的外部氛围有关。外环境与创新系统之间的相互关系是系统的外部规定性,它决定着同样的创新系统要素在不同的外环境中要以不同的方式整合,形成不同的创新系统的结构,甚至创新系统的要素也随着外环境的变化而做相应的变化。

具体来说,创新系统的环境可以分为社会环境、文化环境、教育环境、政策环境以及体制环境等。创新人才的成长需要有利于创新型人才培养的环境。人的心理要获得正常发展,就必须接触社会,接受来自社会的各个层次、各个方面的影响,在实践中逐渐丰富、完善和发展。

3.3.2.3 创新的优良环境

创新的优良环境是相对于创新的恶劣环境而言的。它是指那种顺应、保护、支持和提携人们朝着自己的创新目标前进的社会环境。包括以下几种:

第一,社会安定和谐。在这种环境中,社会稳定、经济繁荣、政治开明,尊重知识和人才,鼓励创新发明,这些条件都会使创新活动获得动力和养料。在历史上,凡是政治上开明、经济上繁荣昌盛时,都会大量涌现创新人才。

第二,物质生活条件优渥。优渥的物质生活条件可以充分地满足人们的物质生存需要,并且为创新活动提供完备的物质手段,解除创新者的后顾之忧。当然,它同时也可能使人安于现状,不思进取。

第三,在竞争中的取胜。竞争的环境本来是充满着失败危险的,但竞争取得了胜利,这也可以说是进入了优良环境。对许多人来说,最初的胜利往往会进一步激发创新的勇气和信心,积小胜为大胜,最终实现创新事业。但要注意的是,对另外一些人来说,最初的胜利也可能成为骄傲自满的资本。这样,优良环境也就变成了扼杀创新成果的陷阱。一般说来,优良环境为创新活动提供了条件和成功的机会,但同时又应该看到:优良环境是创新成功的条件,但绝不是唯一的条件。一味地依赖优良环境只会磨灭自己的创新斗志,同样会使创新成为一句空话;优良环境本身也不是超人的东西所赐给人们的。优良环境必须靠创新者们去争取、去维持。

事物发展的辩证法告诉我们,环境的好与坏、优与劣是相对的。它们对创新活动所发生的作用并不是截然分开、泾渭分明的,而是可以互相转化的:恶劣环境会摧残人才,也可能激励创新者奋发进取;优良环境可以扶持人才,也可能使创新者沉迷其中,甚至堕落。总的来说,环境是客观因素,在进行创新实践活动时,人们对于环境的好坏无法逃避,但人们可以有意识地以科学的方式推动创新活动,促进社会环境的改善。

第四,社会风气宽松自由,鼓励创新和冒险。如果在一个社会中,创新者的社会地位最高,人人都对发明创新表示羡慕和敬意,这就是对民族创新力的最大激励。在这个社会中,如果人人善于推陈出新,勇于并乐于开拓冒险,创新人才就会大量涌现。反过来,如果在一个社会中，人人乐于安守现状，视勇于创新为异端，忌讳锋芒毕露，加倍打压勇于创新者，那么久而久之，大家都会盲目跟风从众，享平庸，独善其身，甘居中游，得过且过。整个民族的创新意识将渐渐消退。美洲古代印第安文明的杰出代表，曾经的玛雅文明，光辉灿烂，最后被西班牙殖民者摧毁，此后长期湮没在热带丛林中，从文明史上消失。这就是压抑自身创新力的结果。总之，不管哪一领域、哪一层次的社会环境，都会影响人们创新力的发挥。它或者激励创新力的生长和发展，或者压抑创新力的生长和发展，其作用是不可忽视的。良好的社会风气是发展的重要因素。

3.3.3 创新生态

有学者认为，生态学的规律及其基本原理可以用于一般生物学，也可以用于社会科学[①]。

3.3.3.1 从自然生态到创新生态

借鉴生态学，把"创新"视为一个生态系统，与自然生态系统极具相似之处。不同的是创新生态是人类自觉建设起来的一套体制机制。

事实上，创新生态已经成为当前创新活动开展的重要影响因素。生态系统一词是英国植物学家A.G.TanSley于1935年首先提出来的。他指出："生物与环境构成了自然界，地球表面各种大小和类别的基本单元都是由这个系统组成，称为生态系统。"[②]

经过多年的漫长发展，生态系统可以被定义为在特定时间和地点由有机体和生物组成的整个有机体。在这个有机体中，所有成员都具有统一的规模和结构，各成员在能量的相互流动、物质之间的循环过程和信息传递过程的相互作用下，形成具备组织和资源自动调节功能的复合体。

在生态系统中，如果能量的流动和物质的循环，可以在很长的时间内保持稳定和动态平衡，那么就实现了生态平衡。

所谓创新生态，就是将生态概念引入创新理论体系，把创新视为经济和社会不断相互作用的生态系统，是其创新群落与其所处的环境，以及群落内部系统形成相互作用、相互制约的有机整体。[③] 其内容比自然生态系统更为丰富、要素间联系更为紧密、内部结构更为复杂。

创新生态系统是一个网络系统。即在一定地域范围内，由大学、企业和研究所以及政府、服务中介组织等机构组成有机体，是一个与知识、技术和新产品的创造、存储和转移相互作用的网络系统。创新生态系统同自然生态系统相似，两者之间存在许多的共通性特征：系统的各个组成要素之间有着物质和能量的转换与流动，能量可以用来转化成材料，并具有物流和能量流的共存和竞争的双重效果。不同物种在同一个产业之中都有着不同的生态位置，进而在行业中形成一种食物链和食物网络。可以说，"产业系统就是一种特殊的生态系统"[④]。

通过自然生态系统的理论来研究创新生态系统，是因为两者之间具备非常多的相似之处。见表3—3。

[①] 张爱平,孔华威.创新生态让企业相互"吃"起来[M].上海：上海科学技术文献出版社,2010：41.
[②] 张爱平,孔华威.创新生态让企业相互"吃"起来[M].上海：上海科学技术文献出版社,2010：42.
[③] http://e.hznews.com/paper/hzrb/20160418/A2/1/.
[④] David Finegold Creating self—sustaning High—skill Ecosystems[J].Oxford Review of EconomicPolicy 1999.

表 3—3 自然生态系统与创新系统的对比

	自然生态	创新生态
物质	碳、氢、氧、氮	资金、知识、技术
物质循环	自然生态物质循环守恒	创新生态物质循环放大效应
能量	太阳能	人才
能量循环	自然生态能量循环衰减	创新生态能量循环放大效应
形成方式	自发形成:热带森林 人工形成:农田生态	自然形成:硅谷园区 人工形成:日本筑波与台湾新竹
生态环境	温度、土壤、光照、水分	创新文化、基础设施
系统稳定性	物种单一容易引发生态灾难	多种创新物种的聚集效率更高
生产者	绿色植物等光合作用	高校、科研机构及 SME、RD/group 的原始创新
消费者	初级消费者:植食动物 次级消费者:肉食动物	大企业
分解者	腐食动物、细菌等	猎头机构、产权交易中心等
食物链、食物网	自然食物链:草→兔子→狼	供应链、MA 链、创新网络、关系网络、知识网络
协同进化	狼与鹿之间的协同进化	创新物种间的共同抵御竞争环境、协同创新,物种内的优胜劣汰
生态位	物种之间的进化方向分离,避免过度竞争	创新实体的竞争定位及分工
微生态	袋鼠的育儿行为	孵化器
生态演变	保持稳定发展	产业结构持续更新

创新生态系统的实质就是相互联系的创新组织及其支持环境,通过一定的机制相互作用、彼此影响,完成能量的循环和知识、信息的流动,实现创新组织与其相关环境要素产生联系和资源交换,最终完成创新行为。可见,创新生态系统其内容比自然生态系统更为丰富、要素间联系更为紧密,内部结构更为复杂。

3.3.3.2 创新生态系统的构成

创新生态系统是一个由大量相互联系的、相互作用的、具有能动性的主体所构成的复杂系统。从技术创新来看,它包括两大群落和创新环境。

创新群落指系统中的创新个体及群体,包括创新直接主体、创新相关主体及中介服务机构。企业作为创新直接主体,是技术创新的主要承担者。在这些创新的主体中,大企业占据领导和核心地位,当然中小企业数量较多,在发挥创新活力和专业的优势方面,有着巨大的潜力和上升空间;服务机构如大学、研究机构、投资组织、行业组织等,他们是作为一个联系的纽带,作为创新资源的提供者和协调者。

创新的环境主要是由市场、政策、体制、文化等要素构成。在创新的大环境下服务机构能够提供更多且更优质的创新资源，为企业的核心竞争力提供动力。反过来，企业主体的创新水平的提高，能够更好地加强对创新资源的有效吸收和充分消化，进而促进创新环境的优化。

以高新技术园区的创新生态系统为例，如图3—18所示。

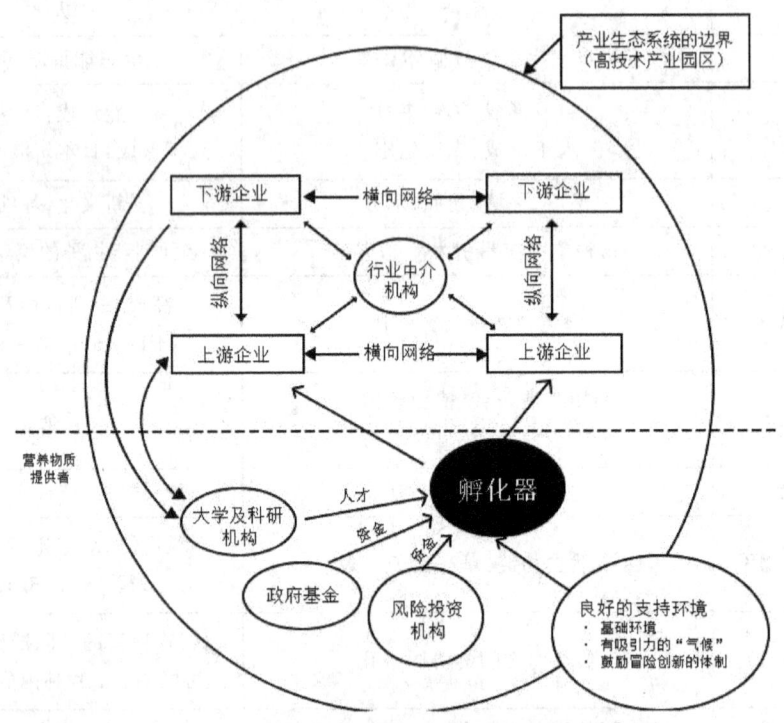

图3—18　高新技术园区创新生态系统结构①

图3—18中，创新企业是高新技术产业园创新的主体，包括上游企业和下游企业。上、下游企业之间，构成横向和纵向的网络，中介机构在中间起着重要的关联作用。而孵化园是创新企业诞生的摇篮，孵化园具有创新企业产生的孵化器功能。在良好的创新环境支持下，孵化园通过与大学、科研机构、政府、风险投资机构相互作用，培养出大量创新企业。

Judy Esterling(2009)发表了《弥合创新鸿沟：在全球经济中再点燃创造星火》一文，文中指出，所有的企业和组织的创新生态系统，是必须依靠背后的整个国家和创新世界的大环境的，在创新生态系统有着各种各样的栖息者，但主要群落可以划分为研究、开发与应用三大类。正是三者之间的健康平衡决定了国家创新生态系统的稳定可持续性发展。因此，她提出了一种创新的生态模型。如图3—19所示。

---

① 张爱平，孔华威.创新生态让企业相互"吃"起来[M].上海：上海科学技术文献出版社，2010：47.

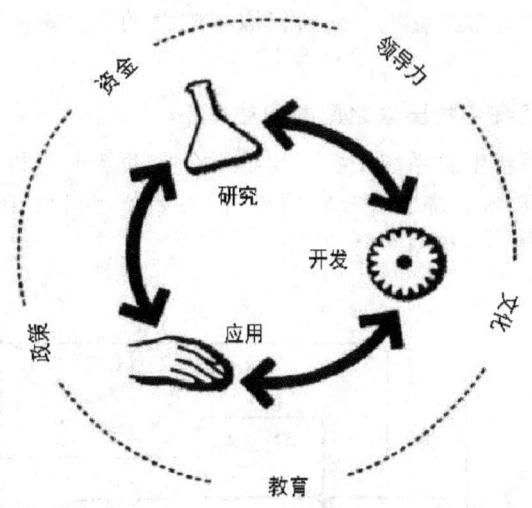

图 3—19 三大群落创新生态模型

从产业集群来看,产业集群是由整个供应链中的特定组织形成的有组织的系统,并非随机的。随着技术共享、市场份额、风险分担和利益相互关系在技术、市场、设计、信息和教育方面的实现,集群中各创新参与者之间的正式和非正式关系提高了集群创新效率。

产业集群生态系统的生物要素或创新主体主要构成者有政府、企业、大学、科研机构、金融机构和中介机构。其中,政府是制度创新主体,企业是技术创新主体,大学和科研机构是科学知识原始创新主体,中介机构是创新服务主体。[1] 如图 3—20 所示。

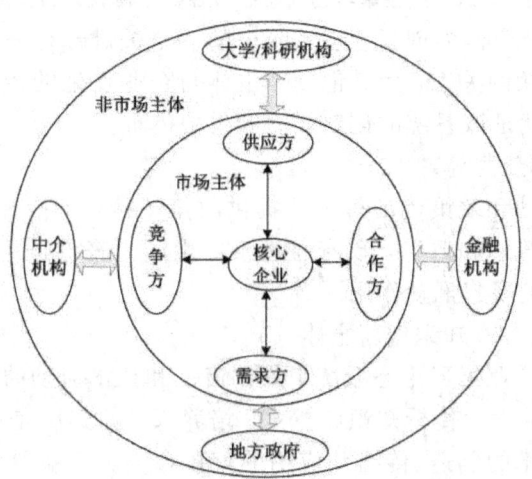

图 3—20 产业集群创新生态网络结构

可见,一个理想的创新生态结构,应该能通过建立良好的产业价值链的联系,来优化利用集群内的资金、人力和知识等创新资源,促进先进技术的开发和应用,实现生产、教育和研究的一体化。创新生态系统不仅有基于低成本的产业集群的上、下游企业,还在于内部要素、系统结构、系统功能等诸多方面。一个多种创新群落聚集,高度互动的创新生态,将是一个适合实现创新过程的稳固的生态系统。

---

[1] 宋耘,曾进泽.产业集群创新生态系统的构建及其治理研究[M].广州:中山大学出版社,2010:51.

简而言之,创新活动是多样化的,创新领域是广大的,创新主体是多元的,创新网络呈现生态系统的特征。

3.3.3.3 创新生态系统生物要素之间的利益关系

以产业集群为例,创新生态系统中各个生物成分借助产业集群这个载体,汇集和转化各种创新资源流,如政策流、资金流、物资流、信息流、人才流以及知识流,实现能量转换,共同促进集群创新能力的提升。如图3-21所示。

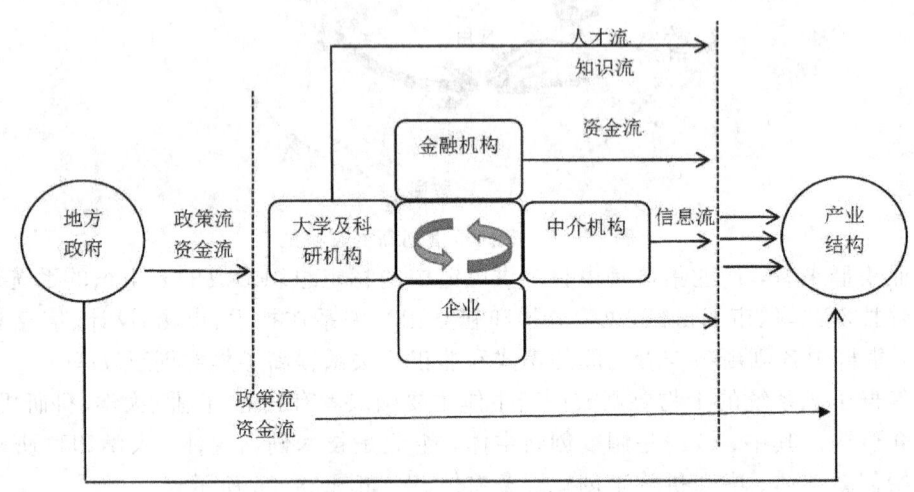

图3-21 产业集群创新生态系统各生物成分的作用①

如图3-21所示,企业作为创新生态系统中的一个关键部分——核心主体,与其他所有创新主体有直接或者间接的关系,而其他创新主体与企业发生的相互作用,以及作用过程产生的各种创新产品中,就是该系统的创新能力的集中体现。

(1)政府——制度创新主体

政府主要以资本流动和政策流动等形式提供政策支持,支持和鼓励创新者的创新活动。政府主要负责宏观经济管理和监管,政府通过领导生产力来促进中心、孵化中心等机构的发展,并通过它对企业的发展起推动作用。

(2)大学和科研机构——知识创新主体

大学和研究机构是产业集群生态系统中人才流动和技术流动的源泉。作为一个非营利主题,大学的第一职责是给学生传授知识和技术,培养人才,其次是进行科学研究。研究型大学可以是新知识和新技术的创造、传播和应用的直接参与方,并展示了跨产业集群创新系统发展的强大"溢出效应"。除了为人才市场提供人才外,大学还通过与技术中心的交流合作,为技术市场提供研究成果,并获取一定的利润回报。当然,大学也可能直接与公司联系,或者直接创办公司。

(3)中介机构——创新服务主体

中介机构是创新主体之间信息沟通、中介服务的主体。中介机构联系着技术供给方和应用方,可以为创新主体带来大众化、专业化、个性化的技术咨询服务。

---

① 薛捷,张振刚.科技园区的创新链、价值链及创新支持体系建设[J].科技进步与对策,2007,24(12):58-61.

(4)金融机构——创新资金投入主体

金融机构是产业集群技术创新资金的提供主体。为创新生态系统中各主体提供所必须的资金和金融服务是金融机构的最大优势。金融机构在创新生态系统中的作用具有特别重要的意义,一个创新生态圈,必然是一个创新金融中心,无论是风险投资,还是其他金融业务,都将非常发达。

值得强调的是,创新生态发力点是良好的孵化机制。创新生态系统的建立是一个缓慢的过程,一般情况下生态系统是自然形成的,很难直接建立一个"创新生态",而只能采取措施为它的形成创造条件,去加速它的形成。在这些措施中,最根本、最有效的方式便是建立新型的孵化机制,它是建立创新食物链的基础环节,是建立创新生态的着力点。

3.4 自主创新的四维资本驱动理论模型

3.4.1 自主创新的四维资本驱动构成要素

资本,可以分为物质资本和非物质资本。物质资本泛指创新所需要的一切物质财富,包括土地等自然资源,货币资本以及人类已经创造发明出来的各种物质文明的总和。不容置疑,物质资本在创新过程中具有不可替代的重要作用。而非物质资本则泛指一切非物质财富,包括人力资本、知识资本、社会资本和文化资本,它们对创新的作用同样重大而不可替代。本研究以非物质资本作为研究对象,由此构建一个创新的四维驱动体系。下文中所指的多维资本均指非物质资本。

3.4.1.1 人力资本:创新的主体和源泉

舒尔茨认为,人力资本是指凝聚在劳动者身上的知识、技能及其所表现出来的能力。保健、教育投资、技能培训、实际操作等方式是积累和提升人力资本、增加机构价值的主要途径。通过投资而具备知识与技能的人将获得工资等收益,因而就形成了特定的资本——人力资本。

人力资本是各种创新活动的主体和源泉。作为一种"活资本",人力资本是"有生命的资本"。人力资本具有创新性和创造性,并具备分配各种资料和制定发展途径与战略的能力。一切物质财富或非物质财富,都是由人类创造或开发所得,都是人力资本运用产出的成果。没有人,就不可能有创新活动和创新成果。人力资本由同质人力资本与异质人力资本共同组成。其中异质性资本各不相同,难以模仿和复制,无法产生竞争,具有一定的价值与稀缺性。异质性人力资本的这些特点,最终能够成为他们持久、稳定的竞争优势。可见,相对于物质资本,人力资本在创新实现中具有更大的增值空间,特别是在知识经济时期,人力资本有着更大的增值潜力。

创新活动是一种最富探索性、开拓性的活动。因此,在创新过程中,最能表现人的真正本质和发挥人的能动性,充分发挥主体的各种能力和各种潜能。

人力资本其载体的积极性直接影响创新活动的展开和绩效。人力资本只能依附于人而存在,人力资本的载体是自然人个体,这种由承载者个人占有的天然性决定了人力资本的使用受制于承载者个人。作为主动性资产,有效的激励机制,是劳动者增加劳动供给,提高劳动效率的重要保证。当激励缺失,则劳动供给减少,甚至产生负效率,因此,要挖掘使用者的主动性、积极性，保质保量的提高人力资本的使用效率时有必要构建一套有效的激励机制。巴泽尔研究分析发现，奴隶制度下，奴隶人力资本的运用也必须激励①。激励的内涵和意义，是向人力资本的主体传达人力资本挖掘使用的现在和未来市场价值讯息，促使所有者有比较充分完备的信息来源，做出适合自己本身并使用自身的知识和技能的决策。特别是对于异质的人力资本而言，由于社会竞争中异质的人力资本行为者的具有差异化的不可替代的核心竞争力，能形成强大而稳定的竞争优势。因此，它更需要激励。

3.4.1.2 知识资本：创新的基础和核心

随着科学技术的不断发展，当信息等知识要素成为能够使商品价值实现增值的手段时，知识和信息就被资本化了，就转化为一种资本，即知识资本。知识资本是以各种知识形态表现的资本，主要表现为创造产品和服务的过程中全部的知识、技术手段性的投入。知识资本是社会经济发展到一定阶段的产物，既是前人创新成果的载体，又是进一步创新的基础和要素。知识资本是拥有组织系统或由组织系统管理的知识资源，在知识转移中具有增值功能。

知识资本是技术创新的基石，是新技术、新发明的内在动力，是助推科技提升和经济发展的决定性力量。在知识资本的积累过程中，一方面，劳动者的生产技能、生产水平与个人文化素养均在一定程度上得到提升，同时生产资料特别是生产手段更加先进，更加现代。另一方面，生产中使用的资本物化的知识越多，工具、设备越先进，知识含量越高，即向产品传递的知识价值就越高。

知识资本以无形资产形态而存在，在产品生产过程中不断转移自身的价值，并带来价值增值。随着社会生产的进步，尤其是进入知识经济时代，产业不断向知识和智力密集型转变，知识资本是宝贵的价值来源，劳动者使用知识资本创造价值，使用仪器设备等转移价值。目前，知识资本正逐渐成为价值增值的决定性因素，如专利技术、专业知识、经验技能、产品设计、管理方法、规章制度等以无形资产形态存在的知识资本，在生产中的作用越来越明显。因此，知识资本是价值形成和价值增值的新基础。微软公司创立仅四年，其资产就达1 500亿美元，这正是原因之所在；美国经济20世纪末曾经长达十多年经济持续走高，原因也在于此。

知识经济时代，组织依托知识资本而生存和发展。相对传统的物质资本，知识资本是一种潜在的、无形的、动态的、能使价值增值的特殊价值形态，已经成为知识企业的核心资源和支撑。知识资本是公司的实际市价与其账面记录价值的差额，由物质资本与非物质资本的总和组成②。

在知识经济中，竞争的内容主要为技术资本和知识资本的竞争，企业或国家的竞争优势与规模结构取决于技术和知识的储存多少与利用程度。目前，知识正在成为决定知识资源所有权、分配、生产和使用的主要因素。以技术和信息为主导的行业，知识、智力、信息等无形资产的投入起着关键作用。

知识在最大限度上成为经济发展、民族进步、国家富强以及人类文化提升的决定性力量。后发国家只有不断积累创新型知识资本，才能实现赶超，进入创新型国家行列。未来竞争的主要内容是获取高质量的知识资源。正如美国未来学家托夫勒所指出的观点，谁拥有信息、

---

① 巴泽尔.产权的经济分析[M].上海：三联书店，1997：142.
② https://zhidao.baidu.com/question/755289426518349404.html.

知识，控制了网络，谁就拥有了整个世界。在知识经济时代，知识和信息将决定一个国家生存和发展。一个国家只有掌握了高质量的知识资源，才能拥有经济高速发展的主动权和增强国际竞争的优先权。

3.4.1.3 文化资本：创新的灵魂和支撑

文化资本指由单个个体或团体组织的价值观、理想信念、行为规范模式以及文化的物质载体所构成的资本。布尔迪厄指出，文化资本是"指一种标志行动者的社会身份的，被视为正统的文化趣味、消费方式、文化能力和教育资历等的价值形式"[①]。文化资本的主要范围属于知识和文化生产的相关领域，它以教育条件的形式标准化形成社会符号作为基本要求。根据布尔迪厄的观点，文化资本有三种存在状态：一是躯体化状态的文化资本。例如，对个人身体的概念和气质的长期依恋。以身体为中心的文化资本表达了个人价值观、梦想和精神特征，它可以增强个人改善。二是客观化状态的文化资本。即当文化资本转变成文化产品，例如，电影、图书、器械等。客观化文化资本是身体化文化资本的基础和源泉，是优良传统文化的沉淀和对现代文化是优势文化自然筛选的结果，是人们文化资源的重要来源。三是制度化的文化资本，换句话说就是物质文化资本被官方认可的标准形式。比如毕业证书。通过制度化的文化资本，个人文化资产可以得到社会支持，并有效地补贴社会结构网络。

文化资本是自主创新的灵魂。文化资本是原始创新的核心，不仅能够创造创新理念，激励创新，还能够引导创新行为，奠定应用基础。布尔迪厄指出，文化资本的主要功能是为个人提供最高价值，它可以为具有文化资本的个人带来物质得益和符号等象征性的好处。

在创新活动中，文化资本具有重要的促进作用。以企业家精神为例，企业家精神是企业精神的升华，是一种生产要素，在经济活动中有着重要的作用，直接影响企业的创新动机、创新实践、资源配置方式和市场竞争力。企业家精神具有丰富的内涵，包括创新精神、改革精神、风险精神、开拓精神、担当精神等。

3.4.1.4 社会资本：创新的助力和保障

马克思说，人是社会关系的总和。社会关系是人与人之间的联系，存在于人际关系的结构之中，由此形成的资本形态就是社会资本。

社会资本指社会主体（包括个人、群体、社会甚至国家）间关联密切的状态及其特点，是相对于物质资本和人力资本而言的。其表现形态为社会网络、规范、信任、权威、互惠互利、社会合作、行动的共识及社会道德等形式。

布尔迪厄认为，社会资本主要存在于人与人交往的关系结构中，是人际交往行为组成的集合，即个人资产为社会资本的组成部分，由社会结构要素组成。

存在于社会结构中的社会资本形态上是无形的，往往是针对某种组织而存在。社会资本通过组织成员的相互合作来增加组织乃至整个社会的效率和整合度。

结构型社会资本和认知型社会资本，都对创新主体发挥着不可忽视的作用，极大地影响着创新资源的组织与创造。人们通常将社会资本视为为大众服务的公共资源，特定社会组织中的所有成员均可使用这种资本。

与物质资本、人力资本一样，社会资本这种由单个个体（个人）或由多人组成的团体（组

---

① https://baike.baidu.com/item/%E6%96%87%E5%8C%96%E8%B5%84%E6%9C%AC/1465450.

织)之间的联系可以给个人和组织未来带来价值增值收益。从个人来看,个人在团体中有多少社会资本可以反映他与团体中他人的人际交往联系。在较长期间里,许多额外的利益是由好的人际社交联系所带来的,良好的人际交往关系可以由人缘、声誉、口碑等指标来代表。从区域发展来看,丰富的社会资本、良好的社会关系、深厚的信任度与融洽的合作氛围,可以改善人们的行为、降低交易成本、减少机会主义,增加人力资本和物质资本的投资利益、助推区域经济的发展。

社会资本有利于帮助行动者利用社会结构中的稀有资源。拥有这些社会稀有资源数量多寡和质量高低是由社会资本的大小决定的。义务、期望、互惠、信赖与合作机制能够加强社会结构中成员之间的信息交流与情感沟通,有效减少行动者与外界交往时的信息不对称,双方了解更充分;社会资本借助其构成要素中的正式制度和非正式制度,可以降低创新活动的交易成本。

因此,社会资本对个人、组织和区域所带来的额外收益,无疑能极好地推动和保障技术创新的发展。

3.4.2 自主创新的四维资本驱动理论模型构建

创新的资本驱动体系包括物质资本和非物质资本。其中物质资本包括土地、基础设施、机器、设备、厂房、建筑物、交通运输工具等,这些都是创新产生的必不可少的要素,但本文以物质资本以外的非物质资本作为研究对象。

3.4.2.1 模型简介

本文将以人力资本、知识产权、社会资本和文化资本为立足点,构建一个四维资本创新驱动理论模型,将影响创新的四维资本因素纳入其中,并提出相应的理论假说。

在影响创新的资本驱动模型中,笔者认为,人力资本、知识产权、社会资本和文化资本是最重要的支撑点,是促进自觉创新行为的必不可少的资本因素,它们共同构成了对创新主体和其他利益相关主体的激励和约束。根据其对创新主体的影响,模型认为人力资本是创新的主体和源泉,其载体的积极性直接影响创新活动的展开和绩效;知识资本是前人创新成果的载体,又是进一步创新的基础和要素;文化资本是自主创新的精神支撑,它能孕育创新思想、激励创新意志、引导创新行为、规定创新应用的基础,对创新具有重要的引领作用;社会资本包括大量的创新资源,尤其是其内含的社会制度和社会关系网络结构,直接影响创新生态环境的构建,对创新主体发挥着不可忽视的作用,极大地影响着创新资源的组织与创造。

人力资本、知识资本、文化资本和社会资本四位一体,共同构成促进我国自主创新的非物质资本驱动体系。如图3—22所示。

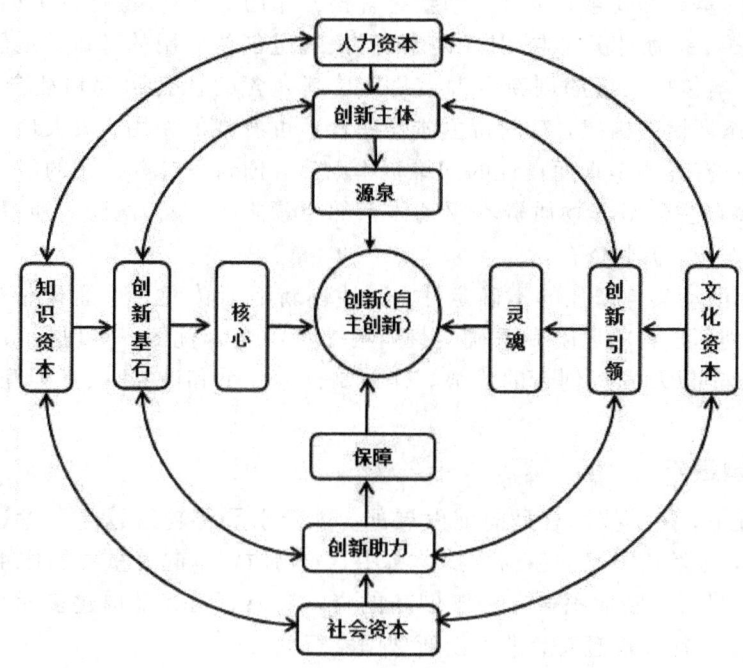

图 3—22 自主创新的四维资本驱动体系理论模型

3.4.2.2 基本假设

(1)创新的影响因素是可以分解的。忽略其他因素的影响,从资本角度而言,除了物质资本,主要是由人力资本、知识资本、文化资本和社会资本共同驱动的。

(2)创新水平的高低、创新产出的多少与四维资本因素的累积呈正相关。一般而言,四维资本因素的累积量越大,则该区域的创新水平越高,创新产出越多,创新效率越高。

(3)四维资本因素对创新的驱动作用不是平均用力的。在创新产出中,各种资本的作用贡献不是完全相同的,也难以分别给予量化分析。各种资本作用力的大小排序并不是影响创新产出效用的本质,关键在于它们共同以一定的组合形成合力来驱动创新产生,从而决定创新水平的高低。

(4)当前创新过程已由封闭转向自由开放,成为一个多方合作、共同推进的过程。在创新期间过程中,四维资本之间进行着实时的多边互动和相互作用。

这种作用不仅互不冲突(相互关系将在后文论述),恰恰相反,在一个良性的创新资本驱动模型中,各种资本的助力作用方向是一致的,相互之间是相辅相成、相互支撑的。而构建良性的多维创新资本驱动模型,正是本研究的目的。

3.4.2.3 理论假说

(1)增值性和运动性是资本的一般属性,对传统物质资本是如此,对非物质资本也是如此。在现代社会,人才、知识、文化和社会制度、网络结构同样具有资本的属性,演化成相应的资本载体。这些资本的积累,对创新起着非常重要的作用,从而对经济增长产生巨大的促进作用。

(2)根据四维资本各自对创新的影响和支撑作用,模型认为,人力资本是创新的主体和源泉,其载体的积极性直接影响创新活动的展开和绩效;知识资本是前人创新成果的载体,又是进一步创新的基础和要素,对自主创新起着核心作用;文化资本是自主创新的精神支撑,它能孕育创新思想、激励创新意志、引导创新行为、规定创新应用的基础,是创新具有重要的引领作用;社会资本包括大量的创新资源,尤其是其内含的社会制度和社会关系网络结构,直接影响创新生态环境的构建,对创新主体发挥着不可忽视的作用,极大地影响着创新资源的组织与创造。只有具备丰富而良性的四维资本财富,创新才具有持久的原动力。

(3)作为支撑自主创新非物质资本驱动体系的要素之一,人力资本、知识资本、文化资本和社会资本相互作用,彼此依存。

(4)由于创新活动具有极强的不确定性,线性创新渐渐转变为喷涌式非线性创新。为了有效应对存在于创新过程的风险和不确定性,集中资源组合优势,实现各系统的和谐共赢、均衡演进、创新稳定以及发挥创新的优势,有必要打造一个和谐共生、互利互惠、协同演进的创新生态系统。

3.4.2.4 模型推论

(1)正常情况下,科学技术总是向前发展的,创新水平将越来越高。发达国家从来没有放松创新的步伐,在发达国家的创新支撑体系中,非物质资本起着重要的作用。

(2)后发国家只有不断地积累有利于创新的资本财富,尤其是构建多元化的良性的非物质资本支撑体系,才能实现赶超,进入创新型国家行列。

(3)人力资本、知识资本、文化资本和社会资本之间存在相互作用的内在机制。构建良性的多维资本相互作用的内在机制,有利于构建和完善我国自主创新体系,促进我国创新战略的实施和创新型国家的实现,从而实现中华民族伟大复兴的中国梦!

本章小结

本章是全文的中心。构建了实现自主创新的多维资本驱动理论模型。创新活动的开展需要多种因素驱动,因为创新活动有其自身特有的发展规律。创新系统是由众多创新要素相互联系和作用所形成的复杂系统。与任何其他系统一样,创新系统不仅有其特有的结构和功能,而且处于不断地演化之中。以系统论为基本思想,对创新系统的结构、功能、环境以及演化等基本方面进行研究,有助于揭示创新活动的内在规律,深化对创新的理解。

因此,本章在深入论述创新系统、要素及结构、创新动因、发展过程及创新实现、创新评价、创新环境与创新生态的基础上,构建了实现自主创新的多维资本驱动理论模型,并对该理论模型的内容进行详细阐述。

第4章 人力资本：自主创新的主导者

人力资本是科技创新的主体及源泉，主导着整个创新过程，决定了自主创新的角度和高度。

劳动者作为生产力各要素中最活跃、最革命的因素，在其生产过程中所产生的价值与剩余价值来源于他们所付出的活劳动。人力资本以其依附的知识和技能，通过活劳动创造新价值。人力资本作为生产过程起主导作用的要素资本，对自主创新起到关键的推动作用，是决定创新成败的关键。在推动科学技术进步中人力资本占据了主导地位，如果人力资本严重缺失或者人力资本数量不足，科学技术的发明、改进、创造就会显得力不从心。人力资本在进行科研时所表现出的创新与研发能力对促进国家、区域或企业创新极其重要。只有拥有了一大批掌握高新技术并且有创造力的高水平的人力资本，才能具备较高的科技创新优势。

据2018年全国企业创新调查结果显示，在开展创新活动的29.8万余家企业中，有73.1%的受访企业家认为人才对于创新成功至关重要。[①]

4.1 人力资本理论概述

4.1.1 人力资本基本理论

4.1.1.1 人力资本的定义

人力资本理论的倡导者舒尔茨（T.W.Schultz,1960）指出，人力资本是指劳动者通过投资这种方式来提升其技能和技巧，使这些投资费用以其他方式凝结在劳动者身上，从而转化成人力资本的价值构成。

之所以称这种人力为资本，一方面，它在事实上属于人的一部分，天然属于人力所有者；另一方面，又因为它能够在未来给人们带来回报或者收益，满足人们未来的需要，所以又具有资本的属性。因此，将其称为人力资本。[②]

舒尔茨以不同的角度为出发点，对人力资本进行多种类型的划分界定。其要点大致可以归纳为四种类型：首先，人力资本是体现在人的自身方面，表现为人的知识构成、技能多样

---

① http://www.most.gov.cn/mostinfo/xinxifenlei/kjtjyfzbg/kjtjbg/kjtj2019/201904/t20190419_146149.htm.
② 西奥多，舒尔茨.论人力资本投资[M].北京：北京经济学院出版社,1990.

化、资历高低、经验多少和熟练程度等,总称为人的能力和素质。其次,在人的能力和素质定型后,人力资本就表现为从事某一类工作的总人数及其投入到劳动市场上的总工作时间。再次,劳动者能够通过大量的人力资本投资来提高自身的能力和素质,在进行人力资本投资过程中所产生的各项货币支出,便构成人力资本价值的计量方式。支出内容主要包括学校教育支出、在职培训支出、营养保健支出、劳动力迁移支出等。最后,人力作为一种最具潜力、能够造福未来的资本,无论是个人还是社会进行投资,都必然会带来诸多益处。

在此基础上,国外学者从不同的角度阐述了人力资本:

对人力资本的界定,认为人力资本指能给企业或国家带来价值的,成员所掌握的相关知识、工作技能以及能力、健康、承诺、观点等素质的总称。并且员工愿意将这些素质贡献给企业或国家以创造价值。[①] 英国经济学家 Blaug 则是在强调人力资本的价值形态,他认为人们现有技能中以前投资产生的现值就是人力资本。[②] Michael P.Todaro 更加关注人力资本与投资费用之间的相互关系,认为"人力资本包括技能、能力、观念、健康等,是体现在人身上的生产性投资,由此而导致发生在教育、在职训练计划、医疗保健方面的费用"。[③] 现代西方主流经济学也对人力资本进行了相关概念的界定,他们认为人力资本是以生产技能以及相关知识的存量的形式体现在劳动者身上的[④];是劳动者在教育或培训中沉淀和积累下来的有用的、有价值的技能知识。[⑤] 美国经济学 Stiglitz 认为人力资本是为了使工人生产能力得到提高,在后天通过教育训练上的投资,进行的技能培养和工作经验的积累,从而产生的一种资本。人力资本是人力资本投资在未来预期工资的贴现值[⑥]。

国内学者也对人力资本作了较多研究,比较经典的有以下几个方面:

李建民(1999)则是在人力资本的个体性与整体性分析基础上,对人力资本的定义进行了界定。从个体性方面来看,人力资本是"个体经过投资所形成的具有经济价值的知识、技术、能力和健康等质量因素之和";从整体性角度来看,人力资本是"一个国家或地区人口整体中所拥有的具有经济价值的知识、技术、能力及健康等质量因素之总和"。[⑦] 李忠民(1999)注重人力资本的价值形态与实物形态,强调人力资本是一种价值。从价值形态和实物形态两者区别的角度对人力资本做了界定,他认为人力资本不仅"能够蕴含在劳动者的物理存在载体中,而且可以通过劳动者的劳动将其价值物化在商品或服务中,从而使商品和服务增加额外的价值;并且由此可以给劳动者带来收益的价值"。[⑧] 冯子标(2000)主要从人力资本的外生性和内生性两个方面来研究人力资本,他认为人力资本主要由知识、技术和信息三个部分组成,它们可以与劳动力载体相分离,是独立的商品,是在市场交换中的高级劳动力。[⑨]

---

① Birasnav, M. and Rangnekar, S. and Dalpati, A., (2011), Transformational leadership and human capital benefits: the role of knowledge manage－ment, Leadership & Organization Development Journal Vol. 32 No. 2: 106－126.
② 邱渊.教育投资之人力资本说的简介与初评[J].黑龙江高教研究,1988(2).
③ [美]Michael P.Todaro.《第三世界的发展经济学》.转引自郭龙,付泳.人力资本理论问题研究[M].成都:电子科技大学出版社,2014:61.
④ 新帕尔格雷夫经济学大辞典[M].北京:经济科学出版社,1992:736.
⑤ 萨谬尔森,诺德豪斯.经济学[M].北京:华夏出版社,1999:189.
⑥ 斯蒂格里茨.经济学[M].北京:中国人民大学出版社,1997:243.
⑦ 李建民.人力资本通论[M].上海:上海三联书店,1999:42.
⑧ 李忠民.人力资本——一个理论框架及其对中国一些问题的解释.[M].北京:经济科学出版社,1999:30.
⑨ 冯子标.人力资本运营论[M].北京:经济科学出版社,2000:46.

本文结合研究目的,综合上述学者的观点,将人力资本的概念表述为人力资本是通过人力投资形成的、附着在劳动者身上具有经济价值的生产能力,包括劳动者的知识、技术、能力、体力(身体健康状况)等。从存在的对象大小来看,人力资本包括个体人力资本(个人所有)和群体人力资本(国家、区域或组织所有)。

4.1.1.2 人力资本的特征

(1)投资性

人力资本是投资的结果,而且往往是一种长期性投资。"十年树木,百年树人",投资期限相当长。从动态视角来看,与物质资本投资少则几年多则也不过十几年即可得到收益相比,人力资本投资的持续时间可能长达几十年,甚至伴随人的一生。由于投资期限长,使得人力资本的回报收益周期长、风险大,伴随着极大的不确定性。从投资时间的早晚来看,一般来说,投资越早投资距离收益回报的时间越长,甚至这种收益有时并不能回到投资人(比如家长)自身。从风险和不确定性角度看,甚至可能根本就无所回报。如当前对社会短缺人才、高技术人才进行的大量投资,但在未来这些人力资本可能会出现过剩的现象,最终导致实际收益大幅降低。因此,从投资与收益回报的匹配上来看,人力资本物质资本与收益之间的经济联系差异较大,人力资本与收益之间的经济联系更加多变和不稳定,后者更加直接和明显。但整体上来看,人力资本投资和其他资本一样,都是遵循投入产出规律的。

(2)依附性

人作为人力资本的载体,具有天然的个体占有属性。这来自人本身的不可分割性,即指无论人力资本的投资主体是谁,其知识、生产技术、经验以及各种精神力量等都只能依附于某个活生生的个人身上。它是个人在长期的学习、总结、实践过程中凝结而成的,与所有者不可分离。因此,人与资本的有机结合体决定了人力资本的所有权只能不可分割地由载体个人所有。从这个意义上看,它是一种天赋的私有财产,其他主体无法直接占有或支配。企业等任何其他主体不可能通过购买得到这种"私有财产"的所有权,只有通过招聘等方法,得到人力资本的使用权。

(3)能动性

人力资本的自主性是其能动性的基础。对人力资本价值的实现及效能发挥起决定性作用的因素是人力资本承载者的个人意志和行为。人力资本特殊的载体——人,天然具有自主性和能动性,具体表现为:一方面,只有通过人力资本的驾驭和操作才能实现物质资本、货币资本等非人力资本的价值的实现和创造;另一方面,人力资本能够带来远远大于自身价值存量的更大的经济效益。正是因为人力资本在经济活动中处于关键、主导地位,才使得技术创新与制度创新成为可能,让科技能够顺利转化为现实生产力。企业的人力资本状况在一定程度上决定了该企业的兴衰成败。国际商业机器公司创始人 Watson 曾经说过,厂房可以被烧掉,机器设备也可以被毁掉,但只要和我一起打拼的人还在,那么我的公司就会不惧一切,可以东山再起。可以说,一个国家的人力资本水平高低也决定着这个国家的富强程度,当今社会,发达国家和欠发达国家之间的根本差距就源自知识差距与人力资本差距。

(4)自贬性

自我贬值是人力资本区别于其他资本的独特属性。也就是说人力资本主体可以自行控制人力资本的使用和效用的发挥,可以通过自我贬值降低人力资本甚至关闭人力资本达到效用享有的均衡。

当某个劳动者认为使用的人力资本与自己的意志不符合或背道而驰时，他会选择用与物质资本的产权人或与不同于常用的方式来作回应。他随时都可以选择公开或隐蔽地"关闭"自己的一部分人力资本，尽管这部分被"关闭"的人力资本仍留在他体内，无法转移给其他人，但却无法利用他的价值。如周其仁所说的那样，一个人，哪怕是一个被当成"会说话的工具"的奴隶，即便是在奴隶主的管制下劳动，他也可能不听使唤、又懒又笨，甚至宁死不从。这一点是与人力资本与物质资本的特有区别。

换言之，拥有人力资本的个人享有实际意义上的对其所拥有的人力资本挖掘使用的终极控制权，决定着人力资本的利用效率。这是人力资本与物质资本最大的区别。因此，人力资本的激励机制尤为重要，换句话说，就是把对人力资本的人格的尊重、价值的认同、投资的回报等方面信息传递给人力资本产权所有者，对人力资本载体进行激励，再由人力资本所有者自己来决定在一何种范围以多大强度来增加其人力资本的投资以及提高人力资本的使用效率。为了使人力资本人尽其才，积极主动地奉献其人力资本，发挥更大的效用，需要通过建立一套有效的激励约束制度来实现。

(5) 专用性

人力资本专用性的特征体现在人力资本对组织机构和物质资本具有极强的依赖性。组织机构和物质资本是人力资本发挥作用的必要条件。在财富的创造过程中，人力资本和物质资本是相辅相成、不可分离的。缺失人力资本，物质资本就不能保值、增值和扩张；反之，人力资本离开了物质资本情况就会变得更加糟糕，人力资本则会丧失"用武之地"，甚至可能失去赖以生存的"饭碗"。由此可见，无论是物质资本还是人力资本只有两者合理地结合在一起，配合使用，才能"协同增值"，实现互惠双赢。这种两者相辅相成、不可分离的关系对专用性、异质性的人力资本来说更是如此。

专门的知识和技术是一种无形的财产，是劳动者经过长期的专门训练获得的。专用性人力资本需要劳动者个人投入时间和精力，在工作中学习提升技能，并在与同伴长期合作中形成了较为稳定的分工协作模式。因此，如果劳动者个人离开已成形的分工合作模式，那么他所掌握的这些知识和技能也会跟着失去存在的价值与意义。一个具有某种专用性人力资本的人一旦从企业离开，不仅会让企业遭受巨大损失，与此同时也会给自身带来某些损失，因为这种在企业内部形成的专有的异质型人力资本很难在该企业以外得到接纳和认可，更加难以进入市场进行交易。因此，人力资本的专用性、异质性特征是人力资本载体难以退出组织的客观因素。

(6) 变动性

科技和社会的不断发展与进步，使人力资本的数量、质量及其组成结构均处于不断的动态变动之中。从主观上来说，劳动者个人在学习和工作中一直有所发现和创新，其人力资本的存量和增量会逐渐增加变多，质量会提高，组成结构会更多元，价值量也会跟着不断增长；反之，人力资本的存量和增量就会不断减小、贬值。从客观角度来说，人力资本的构成要素价值的大小是根据其社会需求的强度大小决定并随之而发生变化。在生产力水平较低的社会时期，人力资本中占比较高的要素是体能要素，进入后工业社会时期会发现智能要素开始比体能要素占比高，而进入知识经济时代，体能要素比在后工业社会时期更进一步贬值，智能要素则发生了快速升值。美国一份预测显示，近30年来一般劳动者在企业员工中占比从

33%下降到了17%,到2020年将不到2%,到2025年将会全部失去地位。[①]

正是人力资本的变动性,也决定了人力资本投资收益具有不确定性和不可控性。不仅取决于投资主体的决策能力与外部环境因素,而且还受到人力资本承载者的意志与更多外部环境变量的影响,从而导致人力资本投资的收益率具有很大的不可控性和不确定性。

知识经济时代,知识信息日新月异,人力资本必须与时俱进,活到老,学到老。只有不断进行学习,更新知识体系,不断探索创新,才能完成知识再生和重构这一目标;只有摆脱时效性因素对人力资本产生的约束和限制,才能保证其持续的创新、创造能力。

4.1.1.3 人力资本的类型

学术界对于人力资本分类并没有统一的标准,学者们也从不同角度进行了研究。本文依据人的知识和能力的不同,一般将人力资本分为三个类型,即一般型、专用型和创新型。如图4—1所示。

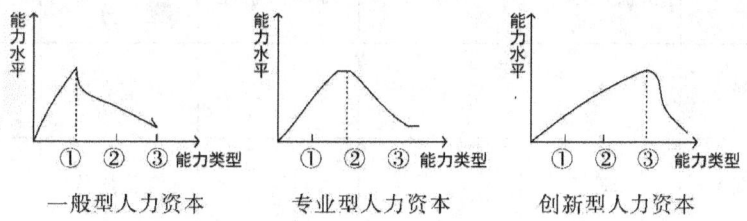

图4—1 人力资本的类型

注:①一般能力 ②专业能力 ③创新能力

(1)一般型人力资本

这种类型的人力资本是指承载者拥有普通的技能和平均的知识水平,包括分析、阅读、计算、理解、认知等能力都是一般水平。其战略价值相对有限,劳动力市场上供给量大,用人单位能够非常容易地在劳动力市场得到这类人力资本。这一类型对应着社会上最普通的劳动者。

(2)专用型人力资本

此种类型人力资本指拥有某些特殊的专业知识或专业能力的劳动者,它来源于承载者所接受的正规专业教育或职业技能培训。具体可以划分为技术型人力资本和管理型人力资本两种类型。在给定的技术条件下,技术型人力资本的承载者能够加工生产出特定的物品或完成特定工作,即专业技术人员。管理型人力资本就是管理专业人才,他们能够在给定制度条件下,对各种资源进行有效的协调、配置、组合。

(3)创新型人力资本

承载者拥有社会急需又极其稀缺的创新能力,是创新型人力资本的最大特征,也是他们区别于其他类型人力资本最大的优势。由此决定其在市场上的竞争实力。承载者善于发现市场非均衡,并有能力重新达到市场均衡条件,从而恢复市场的均衡。创新型人力资本具有三个重要特点:一是不可复制性,也就是说任何竞争对手都无法进行简单模仿和复制;二是素质更优秀,即承载者给企业创造的价值和所降低的成本比竞争对手更多,实现价值更大;三是不可替代或替代十分困难,即任何资源都难以替代。此类人力资本在不确定的环境中具有更

[①] 郭龙,付泳.人力资本理论问题研究[M].成都:电子科技大学出版社,2014:71.

强的创造创新、配置资源的能力,其创新活动往往能突破既定的制约条件,并能引起企业生产函数的向上移动或者生产可能性边界向外扩张(张华,2003)。

创新型人力资本还能够细分为战略创新型、制度创新型和技术创新型三种类型的人力资本。战略创新型人力资本通常是指企业家,这一类人力资本指承载者具有改变企业整体生产行为、运行方向或活动轨迹,从而构建新的产出更大的生产函数的创新能力;制度创新型人力资本为管理创新人员,他们能够变革企业的经营管理制度,从而使同样价值的生产要素组合产出更大,成本更低,效率更高,效益更好;技术创新型人力资本指的是技术创新人员,他们能够进行技术研发和改造,从而提高企业技术水平,优化生产函数,使技术生产可能性边界外移。不同类型人力资本绩效差异如表4-1所示。

表4-1 创新型人力资本及集成作为企业绩效差异根源的特性分析

类型特性	价值优越性	稀缺性	难以仿制性	企业所处竞争分析	企业绩效
一般型人力资本	否	否	否	竞争劣势	低于正常值
专业型人力资本	是	否	否	竞争均势	正常值
创新型人力资本	是	是	否	短期竞争优势	暂时高于正常值
创新型人力资本的集成	是	是	是	长期竞争优势	长期高于正常值

4.1.2 人力资本的价值

4.1.2.1 人力资本的价值构成

(1)人力资本的内生价值

内生价值来源于人力资本的内在因素的创造力。马克思劳动价值论认为,劳动力在劳动过程中所创造的新价值可能会大于其自身的价值,这也就是我们平时所说的劳动力价值增值的特征。这种价值增值特性,是人力资本区别于其他任何资本的独特优势,其源泉来自人这种特殊生物的天然属性。

因此,人力资本价值的自然根源在于劳动力,人区别于其他动物所具有的内生价值是形成人力资本价值的基本内容。人力资本内生价值在这里是说劳动者的思想、知识、认知、操作能力、创新能力等内在创造力,而不是指外在的体力等。

人力资本内生价值的来源主要有以下几个方面。

1)天然禀赋。不以任何意志为转移的是,人类赖以生存的物理和化学机能是人力资本最原始的存在,是上天的赐予,是先天的资源,是天赋的人能。

2)后天造化。在人类社会形成和发展的过程中,人类需要不断地与自然和对手进行抗争,从而逐渐地产生了经验和悟性,进而思想、认识、语言以及使用工具的能力都得以进步。

这种进步内嵌在人力资本身上,形成人力资本内生价值。

3)教化结果。人具有社会性,总是处于诸多的联系中,而不是孤立存在的,在各种人际交往、社会活动中,人们自然而然地相互影响、促进和教化,在潜移默化间完成内生价值生成。一般而言,内生价值作为人力资本的天然构成部分,具有可遇不可求的性质。

(2)人力资本的外生价值

外生价值的形成是通过有意识的、理性的、自觉的投资行为所引起的人力资本的价值生成。外生价值来源于人体之外,即人力资本投资。Schultz认为,人力资本投资的渠道包括医疗和保健、学校教育、在职人员训练、其他组织中组织的学习、个人和家庭开展的促进就业的活动等几种。一般来说,外生价值来源于后天的投资,主要价值构成是指经过后天投资而形成的外生价值。

可见,两种价值具有不同的形成机制、多元性的投资渠道、差异化的投资方式,但从相互关系来看,内生价值和外生价值是统一的,相辅相成、不可分离的。一方面,内生价值作为外生价值的基础和载体,没有内生价值,人力资本投资将失去意义;另一方面,外生价值是内生价值的表现形式,无论是天然禀赋还是后天的造化,内生人力资本价值都需要通过外生价值才能得以体现。比如,一个有唱歌天赋的人,其内生价值即歌唱才华也需要通过后天训练投资、市场运作这些外生价值等渠道得到体现。由这两个方面可知,人力资本的内生价值和外生价值是有机结合的,人力资本的价值收益是在这个结合过程中实现的。

但尽管如此,由于内生价值和外生价值结合于同一个体,因此人力资本价值的实现是二者综合作用的结果,缺一不可。

4.1.2.2 人力资本价值的实现

人力资本是国家、企业发展的战略资源,其价值应该得以实现。从实现路径来看,激励是最重要的方式,包括政治价值实现、经济价值实现以及社会价值的实现。政治上,作为人力资本组成部分的人才,应获得相应的政治待遇和职位晋升,因此干部选用上要体现人力资本的价值;在社会上,人力资本应得到应有的尊重,倡导和形成一种尊重知识、尊重人才的社会氛围,提升知识分子和技术人才的社会地位。

以下四个因素对人力资本价值的实现具有重要影响。

第一,产权价值。人力资本的产权特性来自人力资本所具有的潜在的经济价值和稀缺性,与人力资本的人身依附性(私人性)和市场交易性密切相关。

第二,创新价值。如前所述,创新型人力资本具有社会急需且稀少的创新能力,他们善于发现市场非均衡,并有能力使市场重新恢复均衡。具有不可仿制性、价值优越性及难以替代性等特征,因此,其价值应包含创新价值在内。

第三,投资风险。人力资本是投资的结果,人力资本投资具有投资大、周期长、面临外部环境不确定性因素等多方面,因此其价值实现应体现其是否具有投资价值和收益效果。

第四,效能发挥程度。人力资本的存量无论多大,如果效能未能有效发挥,人力资本价值就不存在。

因此,人力资本价值的实现需要一套科学有效的制度设计。

4.1.3 人力资本的功能

4.1.3.1 创新创造功能

创新型人力资本理应富有创新性和创造力。这种创造力包括是人力资本在新成果和新价值形成过程中，所运用的所有智力品质的总和。

作为人力资本重要内容的创新能力，指的是按照某种目的创造的具有价值且新颖的科技成果的智力品质。主要包括四种能力。

(1) 洞察能力。创新者拥有极其敏锐的洞察能力，能发现问题以及不足之处，能够发现创新的切入点。

(2) 学习能力。创新主体有着超强的学习能力和更新知识的能力，对信息有着极强的收集、分析、加工和利用的能力；能够把外界传输的信息转化为自己掌握的知识。

(3) 应变和组织管理的能力。组织和应变能力在创新能力的挖掘过程中最为关键和重要。应变能力是指面对环境和内外部分条件的变化，能够积极地适应和应对这种变化；组织管理能力是指管理者能够构建一个企业或组织，并维持它的高效运转。

(4) 思维能力。创新主体有强大的思维能力：一是敏锐的观察能力，包括创新的发展趋势，市场的变化动态；二是强大的逻辑思维能力和形象思维能力，能够擅长进行发散和收敛的思维、形象和抽象的思维。

除此之外，创新主体还需要良好的心理素质，他们能够正确地认识和对待自己，正确地看待现实，并持有远大的理想以及不断进取的精神；能承受各种挫折和失败，有很强的自我控制能力，有坚韧不拔的毅力。

4.1.3.2 生产要素功能

同物质资本一样，人力资本是各个生产过程中不可或缺的投入要素和先决条件。在生产过程中其他生产要素必须与人力资本相结合，共同完成生产过程。

生产要素在投入中往往具有一个突出的特点，就是生产要素并不能够单独发挥作用，需要相互配合相互依赖，才能发生作用。"所有被使用的投入品的数量共同地作用于产出物品的产量"[①]。

人力资本是重要的经济资源。在创新驱动、经济快速发展的今天，科技成了现代经济快速发展的"发动机"。人力资本显得更加重要，个体的知识结构、技能水平、工作经验、创新能力、学习能力等影响因素越来越重要，甚至成了企业和地区经济发展的决定性因素；并且，人力资本的要素功能随着经济增长方式由粗放型向集约型的转变，更趋显著、更加强化。

伴随着社会的进步，特别是随着知识经济形态逐渐显现，在生产的过程中物质资本的重要性逐渐被人力资本所替代，人力资本在生产中决定性因素作用逐步增强，资本以及其他任何要素的作用都取决于拥有人力资本水平的高低，这些充分证明了人力资本是具有生产要素这一功能的。

4.1.3.3 资源配置功能

资源配置能力是指配置和使用人力、资本等各种经济资源进行生产以求得最佳经济效益

---

① 保罗.A.萨谬尔森.经济学[M].北京：经济科学出版社,1992:961.

的能力。① 或者说是人们能够感知、正确把握和采取行动重新配置资源,应付非均衡状况的能力。一个人的资源配置能力可以包括开发新市场、新技术引进,甚至对上司的察言观色、投其所好等各个方面。资源配置能力越强,就越有可能实现低成本、高利润的目标,从而在竞争中立于不败之地。更重要的是,对人力资本来说,更强调那些针对具有不确定性或发生了动态变化的环境进行重新配置资源,以求得到更好的经济效益的能力,即复衡能力。

资源配置能力源自植根于人力资本身上的本质属性,但这种能力能在多大程度上发挥,取决于以下三个方面的因素:

第一,需要天生的人力资本存量和发展潜力,这是个人的天然禀赋之一。第二,取决于所处环境的激励作用大小。激励作用取决于人力资本管理的薪酬制度设计,以及人力资本所处环境的创新价值导向。第三,取决于个人资源配置能力的培养或提升。虽然资源配置的能力具有自然增强的增长倾向,但是周围经济环境的压抑也会使其出现增长停滞的状态,甚至全部"关闭"起来。

4.1.3.4 效率提升功能

效率功能是指通过增加对人力资本的投入,不仅可以使人力资本载体自身的生产效率得到提高,也能提高其他生产要素的生产效率。

效率提升这一功能是源自人力资本具有边际收益递增的特点。与物质资本不同,人力资本具有弱化甚至是消除要素边际收益递减状态的功能,打破传统经济增长的规律约束。不仅如此,人力资本自身还呈现出边际收益递增的趋势,极大地提高企业生产效率,推动国民经济的增长。社会的生产可能性边界将随着人力资本的存量的积累、水平的提高会以越来越快的速度向外扩张。

首先,人力资本提高有利于载体自身生产效率的提高。一方面,对同一生产来说,技术熟练程度高的高水平人力资本的劳动效率更高,因此,高水平人力资本报酬的增加可以提高人力资本自身的生产效率。相关实证研究也表明,具有较高人力资本水平的人才比普通劳动力具有更大的促进经济增长的作用。另一方面,增加投入也可以提高人力资本的生产效率。Lucas还从数学的角度出发证明了这一结论②。同时,随着人力资本投入的不断增加,物质资本的边际生产率的下降趋势将减缓。

其次,人力资本的提高有利于物质资本生产效率的提高。一方面,通过提高劳动者的工作技能等多种方式提高物质资本的使用效率,如提高工艺水平、增加经验等;另一方面,人力资本的发展能够直接推动物质资本的更新升级,提高使用效率。随着时代的不断推移,人们不断改进生产使用的工具,劳动对象的范围进一步扩大,原材料质量进一步提高,原来使用的旧资本设备逐渐被质量更好、效率更高的新资本设备所替换。

事实证明,社会的生产可能性边界将随着人力资本的存量的积累、水平的提高会以越来越快的速度向外扩张。

---

① 傅允生.资源配置能力与东部沿海地区经济增长[J].经济理论与经济管理,2007;8.
② Lucas,Robert E.Jr.[1988]"On The Mechanic of Economic Development."Journal of Monetary Economics 22(1988):4-42.

4.2 人力资本对自主创新的主体作用

所谓主体作用,是指人力资本作为自主创新的主体要素,在影响自主创新系统诸多要素中居于资本配置和利用的主导地位。

4.2.1 人力资本是自主创新的主体及源泉

4.2.1.1 人力资本是科技创新的承担者

人力资本作为科技创新活动的发起者和实施者,起着无可替代的主体作用,占有着绝对的支配地位,无可替代。在企业技术创新中,人力资本是企业技术创新活动的第一资本和关键因素。

人力资本可以通过积累经验、开发潜力、提升技能、更新知识等方式,使这种能动的智力型资本要素具有比普通劳动者更强的问题理解能力,分析能力以及问题解决能力。他们运用这种能力进行资源利用,形成新的技术创新成果,是技术创新的承担者和源泉。

人力资本主要通过知识吸收和应用形成创新能力,实现创新过程。如图4-2所示。

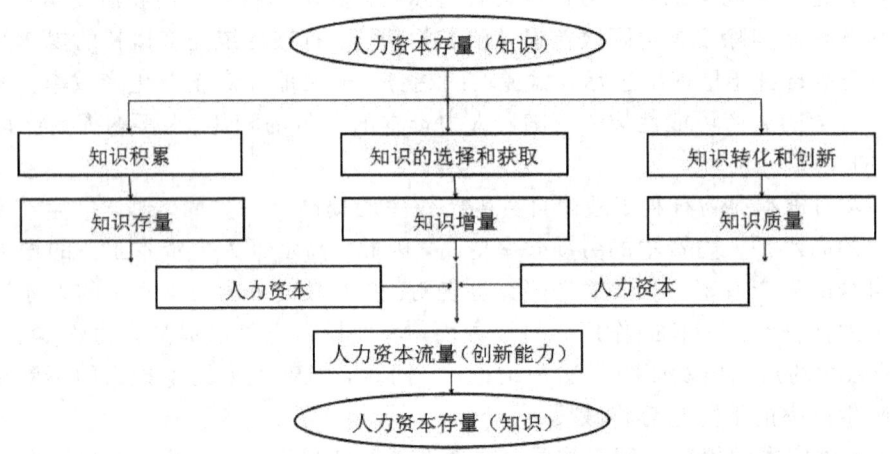

图4-2 人力资本创新能力形成过程

图4-2中,人力资本对知识吸收和应用的渠道主要有三种。第一是通过对现有知识的消化和吸收形成知识存量。这是建构人力资本创新能力的初始条件。第二是通过知识选择和获取产生知识的增量,知识增量是提升人力资本创新能力的成长条件。第三是通过知识改进和创造提高知识的质量,知识质量是进一步增强人力资本创新能力必备条件。

在企业中,企业整体的人力资本知识的存量、增量和质量三个要素决定了个体人力资本创新能力的强弱。通过三者有机结合,企业才形成了人力资本的技术创新能力。

因此,对人力资本来说,一方面,要通过不断地学习,从外部知识环境中吸收创新所需要的知识,以扩充有效的知识存量,改进自己的知识结构。另一方面,也要不断扩充自己的知识增量,更新知识存量,形成新的技术知识积累。同时,要特别强调的是,要保证人力资本知识的质量,淘汰冗余和不适宜的技术知识,升级换代需要的技术知识。

在这个转化过程中,人力资本所起的作用最为关键。创新就是在人力资本不断吸收新知识和知识应用的基础上,通过创新实现机制,将人力资本存量转化成为人力资本流量,更具创新能力,创造出新技术、新产品和新工艺。

4.2.1.2 人力资本与科技进步存在天然的联系

人力资本不仅具有生产要素的功能,同时还具有发明与创造的功能,是科技进步的重要源泉,其最重要的存在形式表现为载体的研究与开发能力,如美国每百万人口中就有2 000或3 000以上的人是科学家和工程师。

人力资本是技术累积最重要的载体。人类实践证明,人力资本与科技创新呈现正相关的关系。在人类社会发展过程中产生了大量人力资本创新发明的结晶,如化学元素周期表、蒸汽机和发电机的发明、计算机和互联网、核能发电、生产工具的革新、农业工业机器化、管理模式的多样化和进步、高新技术产业的产生与形成等无一不是一次又一次的创新壮举。

人力资本是促进科技蓬勃发展的主力军。伴随科技进步的同时,使科研队伍的发展壮大。第二次世界大战后,从事科学研究的人才队伍不断壮大,相关资料显示,在美国,科研人才队伍是每10年翻1番,西欧等发达国家的科技工作者队伍人数是每15年翻1番。全球科学研究人员,1895年只有5万人,而到20世纪80年代初已经超过300万人。现在,全世界的科技工作者的总人数已远远超过5 000万人,预计100年后,全世界科技工作者的人数约占世界总人口的1/5。20世纪初,全世界科学期刊只有1万种,而到20世纪80年代初达10万种,每年发表的论文达400万篇,其中较重要的约100万篇[①]。大量的科研工作,已从分散的个人或少数人的活动,转化为社会化的大规模的群体活动。

4.2.2 人力资本是技术扩散和应用的首要条件

人力资本不仅和技术扩散密切相关,也与技术应用息息相关。就人力资本和技术扩散之间的关系而言,两者呈现正向关系。也就是说,当人力资本的存量越大的时候,技术扩散的范围也就越大,速度也越快;当人力资本的存量越小的时候,技术扩散的范围也就越小,速度也越慢。另外,就人力资本与技术应用的关系而言,人力资本与技术应用是互补的关系。只有完全匹配的人力资本水平条件,所有技术才能得到最为有效的利用,技术应用也才会没有任何阻碍之力。1987年,A·巴特尔和F·里奇坦伯格两位学者对美国61个行业研究表明,往往那些操作先进机器设备的工作者的受教育程度也越高,同时,这样的现象在倾向技术发展的行业里表现得更加显著。

4.2.2.1 人力资本的存量及质量影响技术扩散和吸收

Nielsen和Phelps两位经济学家的研究表明,一个国家的人力资本存量与新技术扩散的范围和速度具有密切的同一方向变化关系。人力资本存量和质量与技术扩散的范围和速度同步增大和减少。贝克尔(1975)也指出,人力资本的投资增加就是技术人员的相对供给的增加,使工人能够在工作中学习新技术并提高生产效率,所以,在其他条件一定的基础上,人力资本存量越大,企业的知识水平和生产能力会越高,其创新能力越强。

王金营(2000)的"技术势差"理论揭示了在技术创新和技术扩散中人力资本的作用。他通过模型分析了人力资本在技术能量转换中的作用、人力资本在技术追赶型和技术仿效型两种

---

① 石婷婷.人力资本产权制度分析[M].北京:中国经济出版社,2005:58.

状态中的表现和影响,最终得出以下结论:技术势在从高向低的传播和扩散的进程中,会明显地提高其潜在使用者的原始技术积累水平,增加人力资本的存量,提高人力资本的素质,因此他们更容易学习、消化和吸收创新技术[①]。

用 $A(T)$ 表示企业的技术势,$A(T)^*$ 表示技术势增长量,$A(T)^*$ 的大小主要与投入的物质资本和货币资本以及投入的科技开发型人力资本有关。因此,根据柯布——道格拉斯($Cobb-Dauglas$)生产函数有

$$A(T)^* = \pi K_t^\alpha (S_t H_t L_t)^\beta \tag{1}$$

其中,α、β 为弹性系数,都大于 0,α、β、π、0 为效率参数。$\alpha + \beta = 1$,π 大于 0。

K_t——表示技术创新所投入的物质资本

K_t——表示企业技术创新物质投入资本

S_t——表示科技人员技术创新的时间

H_t——表示人力资本存量

L_t——是用于科技研究与开发的劳动力数量。

那么,通过技术创新 t 时刻的企业的技术势为基期已有技术势 $A(0)$ 与基期后的技术势增长之和。企业的技术势可以表示为

$$A(T) = A(0) + \pi \int_0^t K_t^\alpha (S_t H_t L_t)^\beta \mathrm{d}t \tag{2}$$

为了显示人力资本在技术创新中的作用,将模型(2)对 H 求导,得

$$\frac{\partial A(T)}{\partial H_t} = \pi \beta \int_0^t K_t^\alpha (S_t H_t L_t)^\beta H_t^{-1} \geqslant 0 \tag{3}$$

公式可以算出,$A(T)$ 是 H 的增函数,亦即人力资本在企业技术创新中的作用是积极的,企业的技术势随着人力资本投入的增加而增加;技术势是关于人力资本投入的增函数。企业投入人力资本越多,企业的技术势增长就越多。这些模型说明人力资本存量是影响技术势的重要因素。

众多实践证明,技术溢出主要通过人力资本这一方式向外域传输,同时人力资本也是技术吸收能力高低的关键因素。根据 OECD 对 69 个发展中国家的技术外溢效果的考察,其结果最终表明外商直接投资对某国经济增长的作用受该国人力资本临界值的影响,若接受外来投资的国家没有足够的人力资本存量时,该国家并不能有效吸纳外商直接投资的技术溢出[②]。2016 年,中关村总收入排名前五的产业领域为电子与信息、先进制造技术、新能源与高效节能技术、新材料与应用技术、生物工程,而这五大产业领域的从业人员占比同样排名前五,可见,从业人员分布与高新技术产业规模的需求保持一致。追赶效应理论(Benhabib and Spiehel,2002)指出,如果某一个地区或行业的人力资本能够充分吸收和利用先进技术,那么该地区或该行业的创新水平就会有所提高。这是技术扩散与人力资本之间交互效应的表现[③]。

因此,一个国家、一个地区加快技术扩散的速度,拓宽技术扩散的范围及广度的主要途径就是加大对人力资本的投入,增加人力资本的积累,提高人力资本存量和质量,优化人力

---

① 王金营.人力资本在技术创新、技术扩散中的作用研究[J].科技管理研究,2000(1):12—14.
② 邱蕊.企业人力资本对技术创新的作用[J].合作经济与科技,2017(2):94.
③ 纪雯雯.人力资本结构与创新[J].北京师范大学学报(社会科学版),2016(5):169.

资本结构，提高人力资本产出。

4.2.2.2 人力资本流动和技术扩散密切相关

(1) 人力资本流动过程就是技术扩散过程

先进的知识、技术、技能等诸多非实物形态存在的资产往往以人为载体而存在，那么这些蕴含科技知识人员的流动以及优化配置过程也就是另外一种技术扩散的过程。对高新技术企业来说，高新技术企业的研发人员，特别是核心的工程师，是企业长期进行研发资本投入的成果体现。当这些研发人员因为某些原因离开原来的企业时也带走了其拥有的人力资本和知识资本，这一人才的迁移就形成了不同层次的技术扩散和技术溢出。对跨国公司来说，人力资本投资必定会随着研发人员的跨国流动产生国家间的知识和技术溢出。因为跨国公司如果选择直接在投资地投资，那么就需要对企业人员进行相关的工作内容培训，等到培训结束，这些员工一旦被当地企业聘用或进行创业开设自己的公司，他们就会将跨国公司的工艺和管理等先进技术带给本土企业，这样跨国公司就发生了知识和技术溢出，从而使本土企业受益，促进本土企业的发展壮大。Almeida 和 Kogut 发现有超过 70% 的企业均是照搬或稍加修改先前企业的技术，这一研究证明核心科技人员的流动会导致核心技术的流动和扩散。由此可见，人力资本流动过程就是技术扩散过程。

(2) 人力资本流动为技术溢出提供了便利

一个形式是通过人力资本流动促进产业集群形成的途径来实现。人力资本流动和产业集群化发展是技术和知识不断外溢的典型形式。根据生产要素流动性的规律，人力资本在流动和再配置过程中容易使企业在地理区位上逐渐趋于集中，产生产业集聚的现象。这个过程同时也是一个技术和知识不断向外溢出的过程。通过人力资本流动、聚集，技术和知识不断向外溢出，人力资本水平会得到提升，产生更高级的劳动力市场，产业聚集内企业的生产函数比集群的企业生产函数效率更高，于是又引起人力资本继续流动、聚集，产业在竞争中进一步集中，如此形成良性循环。比如在美国硅谷，大量的工程师和技术员工频繁地变换工作，在不同企业之间流动，已经证实人力资本流动有助于发生技术外溢，提高企业生产创新绩效。在一定的地理距离内，技术溢出效应使得通过人力资本的流动可以实现技术的流动。

跨国直接投资是技术溢出的另一个重要渠道。跨国公司一般都非常重视员工的培训，在新思想、新理念、新技术、新知识方面更新升级速度比较快。因此，跨国公司的员工特别是核心技术人员，如果从投资国的企业向东道国的企业迁移流动，就有可能造成技术和知识外溢效应的发生。

王恬(2006)将人力资本流动与技术溢出两者相互结合，构建了一个理论模型，他选取 1998 年和 2000 年我国制造业企业相关数据进行实证分析了人力资本流动给内资企业生产率带来的影响。研究表明，当在外国企业工作的高技术人员到内资企业后，他所在的内资企业的生产率水平会得到大幅提升。这一结论证明人力资本流动成了技术溢出效应的重要渠道。

由此，要重视人力资本流动这一技术溢出的渠道，创造良好环境，采用有效的激励机制，广纳人才，积极引进企业所需人才。内资企业应该考虑大量引进具有外企工作经验的高技术人员在本企业内部就职，并建立完善相关激励机制，留下人才，促进生产率的提升，形成良好的企业内部循环发展。

4.2.3 人力资本对创新能力的影响

4.2.3.1 人力资本数量对创新能力的影响

一个国家科技创新能力的高低很大程度上取决于该国人力资本存量的大小以及人力资本结构的合理度。因此，科研人员的数量和质量指标是建立一个国家创新能力评价指标体系时最为重要的一个变量因子。从事科研的数量越多质量越高，其创新能力与竞争力也就越高，反之亦然。例如瑞士的桑洛管理学院在研究国际竞争力时，将人力资本指标放在了评价指标体系中首要的位置；同样地，欧洲工商管理学院在评价国家创新能力时，也将人力资本水平作为评价世界各国创新能力的重要因素。

同时，世界历史的发展进程中也体现了一样的结论，一个国家或地区的生产力水平决定于该国和该地区拥有的科技人才资源的规模和质量。工业革命最早能够发生在英国的很大原因，就是英国在早期就拥有了如牛顿等诸多伟大的科学家，当时，英国科学家的人数占世界各国科学家总数的36%，英国的科研成果是各国科研成果总和的40%。由此可见，美国拥有着全球质量最高、数量最多的科学家等高层次科研人员，促使美国成为世界第一强国。

人力资本存量是提升创新能力的基础。如图4-3所示。

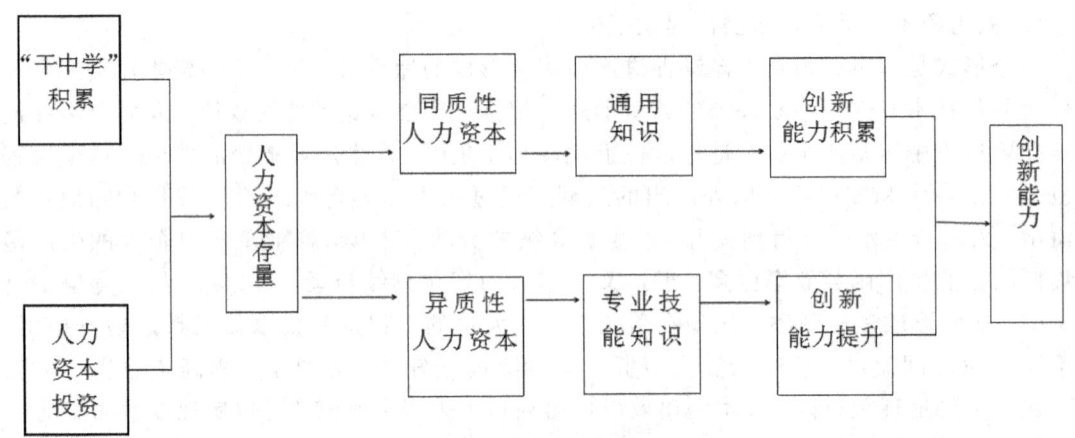

图4-3 人力资本存量是创新能力的基础

在创新活动中，人力资本存量既是创新活动的输入，又是创新活动的输出。因此，对于创新活动而言，人力资本具备一种储存价值。

人力资本所具备的"外部效应"和"溢出效应"两种效应，促使人力资本在与其他资本配合使用时，一方面自身会增值，另一方面会提高劳动的效率。在一个企业中，只要有较高质量的人力资本存量，这些高质量的人力资本就会对其他人产生有利的引导辐射作用，其他企业内的员工会主动向高素质的人力资本学习、模仿，这种人力资本积累过程是一种潜移默化、润物细无声的过程。人力资本的"溢出效应"同时还会产生一系列的连锁效用，如模仿效应、激励效应、竞争效应、带动效应等，有利于提升企业的整体创新能力。

人力资本存量是人力资本大量积累的结果。而人力资本积累的渠道主要包括两个方面：一是人力资本投资，二是"干中学"或看中学。人力资本作为创新活动信息的输入方和输出方，具有较强的"外溢效应"性质。在与其他资本协作生产时，这种"外部效应"和"溢出效应"不仅会使自身增值，更会提升其他要素的劳动产生率。

4.2.3.2 人力资本质量对创新的影响

如果将人力资本存量和人力资本质量及结构相比较,那么人力资本的质量和结构比人力资本存量对科技创新和竞争力更具影响力。

大量实证研究表明,人力资本的素质高低对创新能力有明显影响。以受教育程度为标准,高等教育人力资本和中等教育人力资本对创新能力通过5%的显著性检验,呈现正向的显著影响,义务教育积累的人力资本则对创新的影响不显著。研究表明,教育与人力资本增长之间存在一个数量规律,即接受过高等教育的人力资本比例每增长1%,创新能力将提高0.38%;接受过高中教育程度的人力资本比例每增长1%,创新能力将提高0.23%[①]。可见,上述研究显示了与Schultz和Welch的人力资本理论完全一致的结论。就是说,从受教育程度来看,受教育程度越高,与其匹配载体的创新能力将越高;高等教育的作用略为大于高中教育。

其实,这一现象并不难解释。从一方面来说,受教育水平越高的创新主体,掌握的知识技能越多、水平越高,其生产能力也就越强,他们更容易产生新观点和新产品,也更加容易和轻松地开发、模仿以及应用新技术。这也很好地解释了为什么各国政府都制定各种"人才引进"政策,尽最大努力去避免人才外流。从另一方面来说,受教育水平越高的创新主体,他们的配置能力也越强,也就是说创新主体更加清楚和明白怎样利用、配置其他生产要素,能够使生产要素的利用效率提高,不再受边际报酬递减规律的约束,也更有能力重新组合生产要素,建立效率更高的新的生产函数,扩大生产可能性边界。

截至目前,我国人才总体规模已达六千多万,但其中高层次稀缺人才仍是寥寥无几,能够站在全球前列、创造突出贡献的更是凤毛麟角。由此可见,我国想要大力提升科技竞争力,首先应当改善稀缺人才的成长环境,建立合理的激励机制,进一步提高人才的质量。

4.2.3.3 人力资本合理配置的影响

(1)人力资本同其他要素之间的配置比例影响技术创新能力

技术创新活动要得到正常的运行,需要大量要素的投入,例如资金、设备、人力资本等。当人力资本与其他所需投入要素比例达到最佳配合时,技术创新活动的成果就会得到最优。

经合组织在2002年11月公布的 *Main Science and Technology Indicators* 一文中,与所有公布的国家和地区相比而言,中国研发人力数量上占有相对优势,但人均研发经费仅占其所公布其他国家和地区平均水平的1/58,经费支持力度较低就是造成我国科技竞争力排名长期处于中下游水平的主要因素。

(2)不同产业中的人力资本的配置比例不同也会影响技术创新

由于从事不一样的行业,实施不同的技术创新活动,这些客观存在的差异均会使人力资本载体所创造的价值和作用也有所区别。

到目前为止,我国人力资本在产业结构中的配置比例与国民经济的产业结构分布之间仍然存在较大的差异。有关资料显示,我国2002年第一产业产值为15.3%,第二产业产值为50.4%,第三产业产值为34.3%。从就业人员构成上看,第一产业比例为50.0%,第二产业比例为21.0%,第三产业比例为29.0%。从从业人员学历层次上看,第一产业中,中职中专

---

① 纪雯雯.人力资本结构与创新[J].北京师范大学学报(社会科学版),2016(5):169.

专业技术人才所占比例为5.0%，大专及以上学历的人才比例为1.2%；第二产业中，中专技术人才的比例为18.0%，大专及以上学历的人才比例为15.2%；第三产业中，中专技术人才的占比为77.0%，大专及以上学历的人才占比为83.6%①。报告表明，我国第三产业聚集的高学历人才远超第一产业和第二产业的总和，但第三产业所集中的人才对我国经济的贡献率却是显著低于其他行业。

同时，作为我国经济支柱的第二产业的人力资本存量及结构和第一产业相比，虽然高于第一产业，但与第三产业相比较，明显偏低。这种局面致使我国制造业创新人才缺乏，自主创新能力薄弱，使得一些高技术含量和高附加值的工业制品我们不得不从国外进口，更为糟糕的是其中某些产品已经对进口形成了一种依赖性。

除此之外，我国学科设置和专业分布也不尽合理。理工科如工程技术类的专业技术人才仅占专业型技术人才总和的18%，文科类如教育、会计、经济、卫生等专业的人才却高达总人数的70%以上②。

尽管以上数据随着时间的推移在不断优化，特别是在当前我国人力资本的产业配置比例已有较大变化，但是，人力资本的就业结构和产业结构之间的比例仍然有待进一步优化。

(3)不同创新主体之间的人力资本配置影响着创新能力

作为技术创新的主体，企业具有特别的优势，是唯一能够将创新思想和产品研发、制造与销售有机结合的创新主体，因此，企业就成为影响国家或地区创新能力最关键的创新主体。发达国家的研发人员主要集中在企业，早在1995年的调查就证实了这一说法，企业研发人员占总研发人员的比重越高，该国创新能力就越强，如美国占比高达83.2%，德国位列第二(61.9%)，日本排名第三(61.1%)，而中国仅39.1%的研发人员在企业工作，其余科研人才都集中分布在科研所和大学里，这种科技人才分布严重影响了他们充分发挥自己的科研能力③。

技术的创新、进步和人力资本有着一种相互促进的关系。技术创新从灵感萌芽到付诸行动、再到走向市场，均是以人为载体而实现的。人类在进行着科技创新的同时，也享受和使用着科技成果，成为推动科技发展和进步的中坚力量。同时技术的进步和创新又会给人带来新的知识，促进人类知识库的更新。由此可见，要想提高我国技术创新能力，只有进一步加大人力资本投资、开发和利用，不断积累人力资本存量；同时，进一步优化人力资本配置结构，提升人力资本质量，才能更好地建立健全创新技术体系，实现创新型国家的建设。

综上所述，在技术创新活动中，人力资本作为最具有能动性的核心要素，其存量大小、质量高低、结构层次都会对技术创新的成果造成直接影响。一般情况下，人力资本存量积累越多，素质越高，结构比例越合理，人力资本水平就越高，那么，产出的技术创新成果也将会越多。而反过来，技术创新活动还可以进一步提升人力资本的水平。这是一个相辅相成、相互促进的过程。

---

① 中国人事科学研究院.2005中国人才报告：构建和谐社会历史进程中的人才开发黄皮书[M].北京：人民出版社,2005.
② 庞湛明,纪庆升.浅谈专业技术人才队伍建设[J].东方企业文化,2012(3)：98—99.
③ 黄学工.湖南省中小企业技术创新问题与对策分析[J].湖南有色金属,2005,21(1)：62—64.

4.3 人力资本主体作用实证分析

4.3.1 模型构建和相关性检测

4.3.1.1 构建模型

本文所用模型及各种检验方法主要借鉴东北师范大学佟锐硕士学位论文,在笔者原来基础上,本文主要选取我国2006—2015年进行了研究,也是在原基础上对人力资本对技术创新的作用变量进行数据更新。通过建立以下模型,对人力资本和创新关系进行实证分析。

$$ZL_{it} = \alpha_0 + \alpha_1 RD_{it} + \alpha_2 H_{it} + \mu_{it}$$

其中,ZL表示主体的创新能力,本文中以发明专利申请数来表示;RD表示研发经费投入,是模型中的被解释变量;H表示人力资本存量;下标$i(i=1,2,3,\cdots,31)$表示第i个地区;下标$t(t=2006,2007,\cdots,2015)$表示第$t$个年份;$\alpha_0$是常数项;$\alpha_1$表示研发经费投入对技术创新能力的影响程度;$\alpha_2$表示人力资本存量对技术创新能力的影响程度。

由于澳门、香港、台湾大部分数据不全,所以本文将其剔除,只是对国内31个省、直辖市、自治区进行了分析。数据来源于2006—2015年的《中国统计年鉴》、《中国科技统计年鉴》、《专利统计年报》和《全国科技经费投入统计公报》。

4.3.1.2 人力资本存量的计算方式

本文统一采用6岁及6岁以上人口的人均受教育年限替代人力资本存量,并将其分为小学、初中、高中、大专及以上4个级别。统计范围主要是普通教育和成人学历教育,不包括各种非学历培训。其中普通教育包括普通小学、初中、高中、职业初中、职业高中、中等专业学校、技工学校、大学专科、大学本科、硕士、博士。此外,将未上过学、不识字或识字很少的称为文盲、半文盲。根据前人研究惯例,将各教育水平的受教育年限分别设定为文盲、半文盲0年,小学6年,初中9年,高中12年,大专及以上16年。

人均受教育年限计算公式

$$H = \sum P_i E_i^P$$

其中,下标$i(i=1,2,3,4)$表示按教育划分的第i层次;H代表人均受教育年限,即人力资本存量;P_i代表第i层次6岁及6岁以上受教育人口数;E_i表示第i层次6岁及6岁以上受教育程度人口受教育年限数;P为6岁及6岁以上人口总数。

综上,利用相关数据和以上计算公式,可以计算出2006—2015年各年各地区人力资本存量,见表4—2。

表4—2 2006—2015年全国各省、直辖市、自治区的人力资本存量

	2006年	2007年	2008年	2009年	2010年	2011年	2012年	2013年	2014年	2015年
北京	10.95	11.09	10.97	11.17	11.01	11.56	11.84	12.03	11.86	12.15
天津	9.73	9.81	9.89	10.05	9.73	10.40	10.51	10.54	10.50	10.50
河北	8.13	8.17	8.36	8.43	8.17	8.67	8.71	8.90	8.87	8.99
山西	8.70	8.79	8.81	8.88	8.66	9.15	9.38	9.36	9.30	9.57

续表

	2006年	2007年	2008年	2009年	2010年	2011年	2012年	2013年	2014年	2015年
内蒙古	8.19	8.36	8.37	8.50	8.50	9.23	9.23	9.01	9.00	9.29
辽宁	8.92	8.99	9.08	9.24	9.05	9.47	9.90	10.11	9.09	9.78
吉林	8.66	8.78	8.89	8.90	8.84	9.10	9.26	9.40	9.37	9.34
黑龙江	8.53	8.70	8.70	8.75	8.75	9.11	9.21	9.48	9.35	9.32
上海	10.44	10.45	10.55	10.65	10.12	10.48	10.65	10.56	10.82	10.92
江苏	8.25	8.43	8.44	8.55	8.60	9.16	9.26	9.42	9.35	9.44
浙江	8.06	8.11	8.24	8.40	8.15	8.82	9.21	9.37	9.06	8.91
安徽	7.34	7.24	7.44	7.62	7.46	8.25	8.52	8.52	8.73	8.74
福建	7.73	7.75	7.80	8.35	8.20	8.83	8.56	8.65	8.79	8.82
江西	7.71	8.25	8.26	8.52	7.78	8.74	8.87	9.24	8.88	8.82
山东	8.09	8.23	8.28	8.31	8.17	8.67	8.78	8.92	8.98	8.98
河南	8.05	8.18	8.34	8.39	7.88	8.70	8.66	8.78	9.00	8.78
湖北	8.26	8.42	8.49	8.49	8.46	9.05	9.20	9.34	9.11	9.28
湖南	8.17	8.42	8.43	8.47	8.23	8.81	8.72	8.96	9.02	9.25
广东	8.44	8.68	8.77	8.87	8.60	9.33	9.35	9.23	9.28	9.44
广西	8.03	8.03	7.98	8.10	7.67	8.61	8.42	8.59	8.75	8.64
海南	8.17	8.32	8.35	8.44	8.12	8.88	9.15	9.19	9.10	9.14
重庆	7.57	7.72	7.79	7.93	7.96	8.78	8.64	8.68	8.96	8.88
四川	7.24	7.43	7.51	7.69	7.64	8.22	8.48	8.45	8.35	8.40
贵州	6.59	6.84	7.05	7.08	6.76	7.59	7.63	8.04	8.09	7.74
云南	6.66	6.79	6.90	6.91	7.00	7.69	7.50	7.84	7.79	8.01
西藏	4.16	4.62	4.71	4.55	4.76	5.51	5.07	4.37	4.22	5.30
陕西	8.30	8.40	8.51	8.58	8.6	8.95	9.14	9.28	9.14	9.51
甘肃	6.78	7.06	7.17	7.29	7.49	8.15	8.28	8.35	8.32	8.39
青海	6.99	7.18	7.26	7.45	7.03	7.78	7.61	7.96	8.04	7.47
宁夏	7.63	7.82	8.13	8.22	7.78	8.39	8.37	8.71	8.55	8.82
新疆	8.30	8.51	8.56	8.66	8.15	9.18	9.05	8.99	9.18	9.03

从表中可见,我国人力资本存量地区分布呈现经济发达地区高于欠发达地区,东部地区高于中西部地区的态势。如北京、天津、上海超过10,贵州、青海低于8,西藏仅为5.3。

4.3.1.3 相关性分析

本文主要根据白仲林的方法,从地区截面和时间截面,对所选用面板数据进行了简单的相关性分析,将31个省份和10年中的各变量以散点图的形式更直观地展现在读者眼前,以此判断技术创新能力与其他变量之间的关系。图4-4是主要省区截面的人力资本存量与发明专利申请数的面板数据,图4-5是10年间人力资本存量与发明专利申请数,图4-6是主要省区研发经费投入与发明专利申请数,图4-7是10年间研发经费投入与发明专利申请数。总体上呈线性相关,图4-5和图4-6趋向于原点聚集,从时间变化来看,线性相关性逐渐减弱,各省的差异逐渐变大。

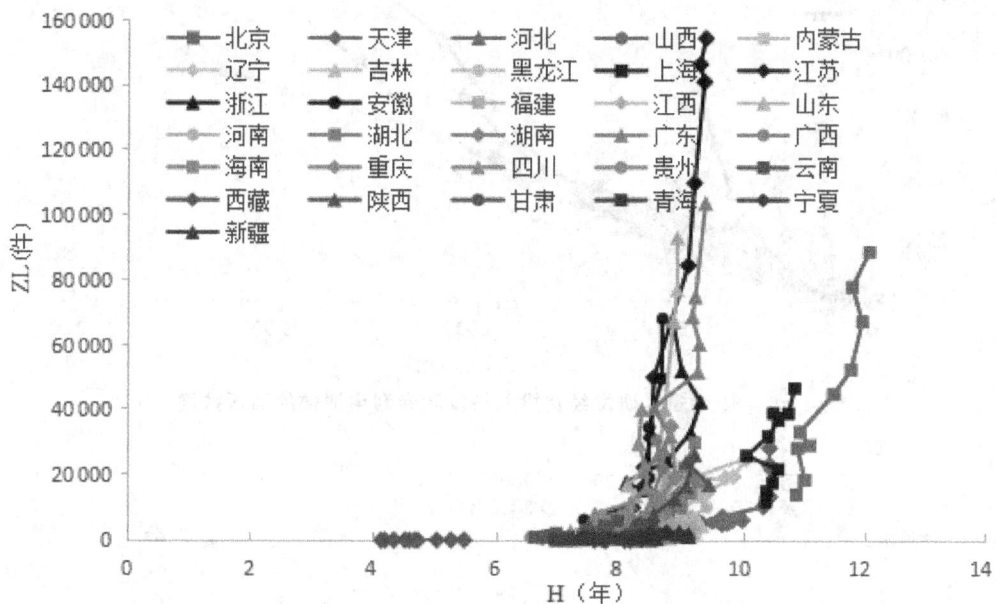

图4-4　31个省区人力资本存量与发明专利申请数的面板数据

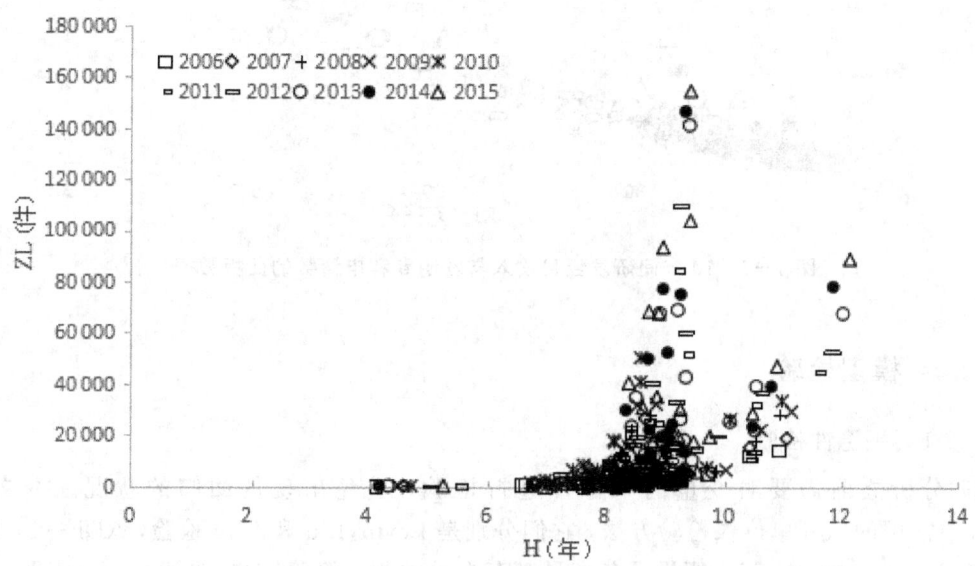

图4-5　10年时间人力资本存量与发明专利申请数的面板数据

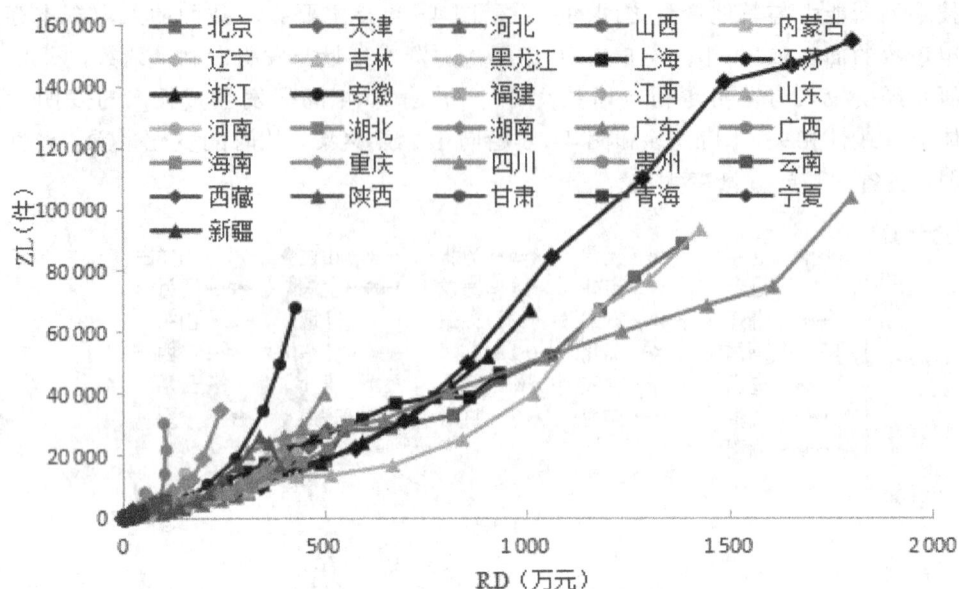

图 4—6　31个省区研发经费投入与发明专利申请数的面板数据

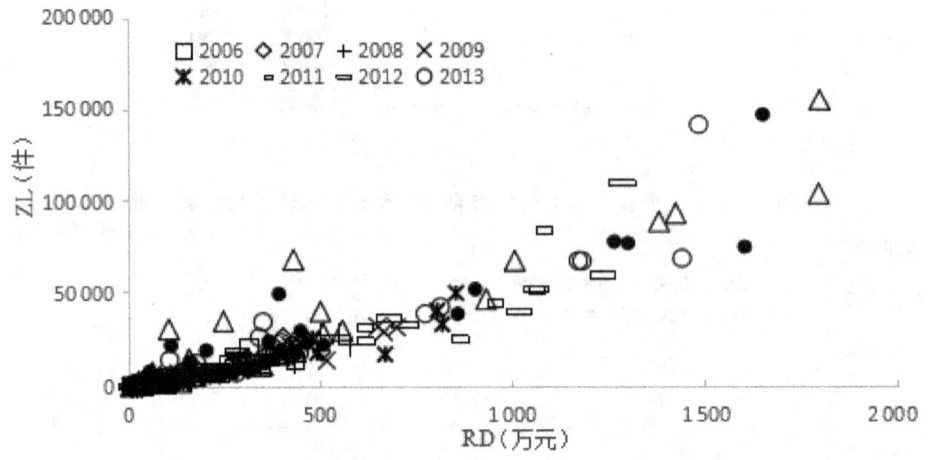

图 4—7　10年间研发经费投入与发明专利申请数的面板数据

4.3.2　模型检验

4.3.2.1　平稳性检验

回归分析之前需要对变量的平稳性进行检验，避免出现伪回归的状况。本文使用 Eviews 中常用的三种单位根检验方法，它们分别是 Levin,Liu 和 Chu 检验,ADF—Fisher 检验和 PP—Fisher 检验。其原假设是各变量都存在单位根,检验结果(见表 4—3)表明不存在单位根,因为所有变量都拒绝了原假设,即表明各变量是平稳序列,满足面板协整的前提,能够建立 Panel Data 的回归模型。

表 4-3 各变量面板数据的单位根检验

变量	检验方式	LLC	ADF-Fisher	PP-Fisher
RD	一阶	-23.629 6	408.617	473.956
	无截距无趋势	(0.000 0)	(0.000 0)	(0.000 0)
H	一阶	-24.079 9	414.871	469.872
	无截距无趋势	(0.000 0)	(0.000 0)	(0.000 0)
ZL	一阶	-23.454 8	392.346	482.795
	无截距无趋势	(0.000 0)	(0.000 0)	(0.000 0)

注：括号中的数值为相伴概率值。

4.3.2.2 协整关系检验

为了建立有效的 Panel Data 模型，需要使用 Hausman 检验判断随即效应模型还是固定效应模型更合适，由检验可知，Prob 数值小于 10%，因此本文建立固定效应模型更为合适。检验结果见表 4-4。

表 4-4 Hausman 检验结果

Test Summary	Chi-Sq.Statistic	Prob.
Cross-section random	4.890 995	0.086 7

本文采用 E—G 两步法检验变量间的协整关系，选用 ADF—Fisher 和 PP—Fisher 两种方法进行检验。由检验结果可知，模型中的人力资本存量、研发经费投入以及技术创新能力之间存在协整关系。协整检验结果见表 4-5。

表 4-5 协整检验结果

	Statistic	Prob.	WeightedStatistic	Prob.
Panel PP-Statistic	-10.385 01	(0.000 0)	-8.822 277	(0.000 0)
PanelADF-Statistic	-8.565 541	(0.000 0)	-7.285 302	(0.000 0)

从模型的回归分析结果发现，所有的解释变量都通过了 1% 显著水平的检验，方程的拟合程度较好。研发经费投入的系数与人力资本存量的系数相差较小，说明两者对技术创新能力的作用同等重要。模型结果见表 4-6。

表 4-6 回归结果

变量	系数	t 检测值	概率 P
截距(C)	2.484 586	5.307 521	(—)
研发经费投入($RD?$)	0.968 808	40.478 02	(—)
人力资本存量($H?$)	0.653 634	2.610 072	0.009 50
R^2	0.947 413		
Adjusted R^2	0.941 339		
F-statistic	155.953 40		
Prob(F-statistic)	(0.000 0)		

续表

变量	系数	t检测值	概率P
D—W 值	1.796 871		
Fix Effects(Cross)			
BEIJING—C	−0.307 306		
TIANJIN—C	−0.193 713		
HEBEI—C	−0.065 857		
SHANXI—C	0.273 713		
NEIMENGGU—C	−0.214 564		
LIAONING—C	−0.105 356		
JILIN—C	−0.336 387		
HEILONGJIANG—C	−0.217 123		
SHANGHAI—C	−0.012 321		
JIANGSU—C	−0.460 274		
ZHEJIANG—C	−0.252 746		
ANHUI—C	0.041 365		
FUJIAN—C	−0.481 761		
JIANGXI—C	−0.141 318		
SHANDONG—C	0.082 744		
HENAN—C	−0.383 795		
HUBEI—C	−0.023 841		
HUNAN—C	0.094 254		
GUANGDONG—C	−0.126 113		
GUANGXI—C	−0.032 384		
HAINAN—C	0.176 390		
CHONGQING—C	0.022 750		
SICHUAN—C	0.109 388		
GUIZHOU—C	0.231 094		
YUNNAN—C	0.292 745		
XIZANG—C	0.122 101		
SHANXI—C	0.273 713		
GANSU—C	0.436 982		
QINGHAI—C	0.112 938		
NINGXIA—C	0.488 689		
XINJIANG—C	0.595 998		

4.3.3 结论及启示

通过上述实证分析，大致可以得出以下结论，并从中得到启示。

第一，通过对人力资本与技术创新的关系检验，我们可以知道两者呈现正相关的关系。并且可以看出，研发经费投入和人力资本存量同等重要，都对技术创新能力有着重要作用。因此，只有加大对研发的投入，提高我国人力资本存量才能真正提升我国的创新能力。

第二，由表4—2可以计算出我国2006—2015年各地区的人均受教育年限，其结果可以明显看出，我国东部地区人均受教育年限最高，其次是中部，西部最低，表明我国人力资本存量布局严重不平衡，大量集中在东部地区。结果如表4—7所示。

表4—7 6岁及6岁以上人口2006—2015年各地区人均受教育年限   单位：年

北京	11.00	黑龙江	8.73	山东	8.23	重庆	7.92
天津	9.80	上海	10.24	河南	8.24	四川	7.63
河北	8.34	江苏	8.46	湖北	8.40	贵州	7.00
山西	8.71	浙江	8.22	湖南	8.36	云南	6.91
内蒙古	8.42	安徽	7.66	广东	8.63	西藏	4.38
辽宁	9.06	福建	8.01	广西	8.03	陕西	8.45
吉林	8.82	江西	8.18	海南	8.39	甘肃	7.36
青海	7.07	宁夏	7.85	新疆	8.49		

因此，我们必须加大教育投入，延长义务教育年限，继续扩大高校招生，提升整体人力资本素质；同时要均衡配置教育资源，进一步向中、西部倾斜；中、西部地区要加大人才吸引力度。

4.4 经验检验：人力资本与创新发展

4.4.1 人力资本与国家兴衰

从19世纪后期开始，在人类现代化进程中，世界上前后出现过三次极具代表性的后进国赶超先进国的案例，即美国对英国的追赶、日本对美国的追赶和韩国对西欧国家的追赶。这三次赶超，尤其是"第二次世界大战"后世界经济增长得到的经验，又一次证实了在促进经济快速发展的过程中，人力资本具有显著的先导作用，从而直接影响国家的兴衰繁荣。

4.4.1.1 美国对英国的追赶

在1900年到1913年之间，英国生产力水平遥遥领先于世界各国，同时，其人均受教育年限排名也居于世界第一。但从1913年开始，英国排名第一的宝座则由美国所取代。美国快速赶超英国的关键时间段主要是1871年至1913年这40年时间。著名的麦迪森调查公司的数据表明，美国人均GDP相当于英国人均GDP的比例，1820年仅为73.3%，1870年为75.3%，50年间仅增长了两个百分点。但是，从1871年开始，美国经济发展速度逐渐加快，40年间美国GDP年均增长速度是3.9%，而同期英国GDP的增长速度仅为1.9%。到1900年，美国人均GDP已经相当于英国的89.2%，但仅仅到1913年，美国人均GDP已经比英国高出5.5%。应该注意的是，这40年时间同时也是美国进行人力资本积累的重要时期。1820年美国人均受教育年限为同一时期英国的87.5%，到1870年仅提高了0.8个百分点，而1913年达到了91.2%。此后，美国的人力资本和经济就均处于全球领先地位。

美国作为全球经济最发达的国家，其经济增长方式的转变过程在一定程度上也为世界各国经济增长方式指明了变化的方向。Kendrick选取美国从1889年到1957年共计69年间的经济增长情况，对美国经济进行了研究，发现其经济增长大致可以分为两个阶段。第一个阶段是1889年到1919年，美国国民生产总值年平均增长率为3.9%，其中就增加要素投入这一项对经济增长的贡献率达到2.6%，要素生产率提高对经济在贡献率为1.3%。这一时期，美国经济仍属于粗放型的经济增长模式。第二个阶段是1919年到1957年。这39年间美国国民生产总值年平均增长率为3.2%，要素投入的增加为经济增长提供的贡献率约为1.1%，比上一阶段下降了1.5个百分点，要素生产率的提升比上一阶段上升了0.8个百分点，为2.1%。这一时期，美国由粗放型经济增长模式转为集约型经济增长模式①。研究表明1947—1969年是美国经济快速增长的时期，这一时期经济增长的主要原因是对生产要素进行了大力投资，如技术投资以及提高了劳动者从业素质等。

1973年中东爆发的石油危机为美国敲响了警钟，他们认识到不可再生资源的无限投入并不能带动经济的持续增长，只有提高劳动生产率和资源利用率等方式才是长久之计，因此，其经济增长方式由原来的增加数量投入转向提高要素质量效益模式。

为此，美国政府出台了相关政策，做出了调整。如更重视科技发展，加大对高新技术产业的扶持力度；重视教育发展和环境，力图提高劳动者素质和技能；不断优化资源结构，推广大规模经营模式；制定颁布产业政策法规，促进产业结构优化升级等。这一系列措施尤其是重视科技进步和大力发展教育事业推动了美国转变经济增长方式，从而实现经济的快速发展。

美国十分关注教育事业的发展，其教育水平在世界上名列前茅。第二次世界大战结束后，美国又加大了对教育的投资力度，其教育经费一直保持在全国GDP的6%—7%之上。各州均实行着或9年或12年的义务教育，普及了中等教育。美国拥有全球数一数二的科技队伍。数据表明，1985年美国的科学家和工程师的数量（350多万人）远超日本、德国、法国三个国家的总和，另外还有136万的技术人员，也就是说每万名劳动者中就有72个人是科研人员，此比例是当时世界最高的。美国还培养了许多国内科技人员，同时通过高薪、优良的工作条件和简单的入职程序，在日本、西欧、苏联和许多第三世界国家聘请了"高科技"人才。1945年至1989年，有270 000名科学家从世界各地移居美国，这一高水平的人才为美国的科学技术和经济发展做出了重大贡献。在质量型经济增长模式推动下，美国率先进入了知识经济和信息经济时代，又奠定了雄厚的基础推进美国经济长期发展。自20世纪90年代以来，美国经济出现了110多个月的"一高两低"和"持续增长"的新经济现象，是20世纪70年代以来采取质量型经济增长模式的结果。

现有研究表明，20世纪初，科技进步仅占资本主义国家国民生产总值增长的5%—20%，50—60年代则达到50%—60%，60—80年代增加到60%—80%。通过美国经济学家丹尼森和美国劳工部对造成美国经济在1948—1989年快速增长原因的分析发现，物质资本对于美

---

① [美]劳埃德·雷诺茨：宏观经济分析和政策[M].北京：商务印书馆，1996：4.

国经济增长的贡献为37%左右，教育和科技进步的贡献率达到42%。显然，教育和科技进步的贡献率已经超过了物质资本的贡献率。再加上投入生产力这一要素，人力资本的贡献率高达65%[①]。美国经济发展势头在90年代以后表现得异常强势，这也说明人力资本是推动经济快速增长的核心动力，人力资本快速积累能够推动一国或地区经济的快速发展，也成为推动国家兴旺的重要动力。

4.4.1.2 日本对美国的追赶

第二次世界大战后，日本仅花费了40年时间就赶上了美国，实现了经济腾飞，是近现代最成功的"追赶"范例。1950年，日本的人均GDP仅等同于当时美国人均GDP的19.6%，1953年日本经济开始起飞，其国内生产总值的增长指数超过了第二次世界大战最高水平。从增长速度来看，1953年到1992年，40年间日本GDP年均增长率达到6.5%，美国GDP的年均增长率是3.0%。从人均GDP来看，1992年，日本人均GDP已达到美国人均GDP的90.1%。从1820年到1992年，日本的人均GDP提高了28倍，被学者们称为全球最成功的"追赶"国家。在这经济迅速增长的173年间，日本不仅实现了经济的追赶，还完成了人力资本在积累上的追赶。从人均受教育年限来看，1913年，日本人均受教育年限相当于美国人均受教育年限的68.2%，1950年达到80.8%，1950年以后一直保持在80%的水平之上，如1973年和1992年分别为美国人均受教育年限的82%、82.4%[②]。

"二战"以后，日本经济快速发展得益于"二战"后转变日本经济增长方式。20世纪70年代之前，日本的经济增长方式主要是粗放型的增长方式，拉动经济增长的动力、手段和方法主要是依靠劳动力和能源的高投入。由于日本四面环海，国土面积狭小，山地众多，资源稀缺，再加上石油危机等一系列问题，促使日本开始转向节约型、集约型的发展方式，经济增长的动力、手段和方法主要依靠劳动生产率的提高来实现。劳动生产率对经济增长的贡献迅速增大，1977年高达82.3%，远超美国、英国等发达国家。

"二战"以后，日本经济实力迅速增强也与战后日本产业结构升级密切相关。第二次世界大战后，日本将产业结构优化升级放在首位，实现了经济实力的快速增强。20世纪50年代初期，日本从事第一产业的劳动者人数占就业总人数的一半。到20世纪70年代中期，从事农业的劳动者比重减少到12%。劳动力由第一产业向第三产业转移这一过程，日本仅用了25年，在欧洲的资本主义国家中一般需要一个或一个半世纪之久。1970年，日本的人均国民收入实现了翻番，宣告日本产业结构转型升级和高度化发展完成。

除了强有力的政策措施外，日本之所以能够迅速地实现经济增长方式的转变以及产业结构转型升级和高度化在短时间内完成，得益于科技的进步和教育的发展，以及受过先进教育的高质量的劳动者们。日本产业结构升级的快速完成其基础是人力资本存量，高素质的人才加速了产业升级的进程。

从科技进步来看，日本重视技术引进。1959年至1979年，日本向西方先进国家引进了33854项高新技术，在同期世界各国技术引进排名中居于首位。

从教育方面来看，"二战"后，日本政府重点关注教育事业的发展、注重人才培养、侧重提高从业人员的工作素质。相关资料显示，日本的教育投资从1955年的4567亿日元增加至

---

① 石婷婷.人力资本产权制度分析[M].北京:中国经济出版社,2005:82.
② 石婷婷.人力资本产权制度分析[M].北京:中国经济出版社,2005:61.

1975年的97948亿日元,20年间投入的教育经费增加了20倍。20世纪60年代末期,日本初等教育普及率实现了全面覆盖;1971年,日本高中生占适龄人口的82%,大学生占适龄人口21%。在企业,员工除接受各种正规教育外,还能够通过公司和企业设置的职业培训进行职业技术教育的学习,以提高对新环境的适应度及对新技术的熟悉度。日本企业的一般职工中超过70%的员工最低文凭是高中毕业,80%的经理、社长及中上层领导为大学及以上的文化程度。日本的产业结构高度化加速完成的基础正是基于这种高素质的人力资本队伍。

4.4.1.3 韩国对西欧国家的追赶

在发展中国家中,被称为"东亚奇迹"的"四小龙"是整个亚洲地区经济增长最为迅速、经济效益最好的国家和区域。1993年,World Bank发布的《东亚奇迹》报告中显示亚洲"四小龙"全要素生产率增长对经济增长的贡献率达到33%。东亚所有国家的要素投入对其经济增长的贡献均超过了一半,从技术进步对经济增长的贡献率来看,"四小龙"已达到20%—40%,这个数据虽然低于发达国家50%—80%的水平,但和发展中国家的平均水平相比,已明显超出。在亚洲"四小龙"中,以韩国最为突出。

技术进步因素对韩国经济增长方式的转变起到了重要作用,尤其是韩国注重积累人力资本和国民的受教育程度,特别是基础教育。1965年到1992年,韩国GDP 28年间的年均增长率是8.8%。从人均GDP来看,1973年,韩国人均GDP大约等于西欧十二国的24.3%,但1992年上升到西欧十二国的57.5%。韩国通过加速发展中高等教育的方式推动其经济在长时间内维持快速增长。20世纪60年代,韩国普及了全民小学教育;高等教育的入学率由1975年的10%到1985年的30%再到1995年的50%,实现了高等教育大众化。中等教育大约花费了15年的时间从60%提高到90%(世界银行,1998)。截至1995年,韩国中等教育普及率达到90%,高等教育普及率已接近55%,这个水平达到了其他经济合作与发展组织的国家教育发展水平。

韩国不仅重视基础教育和高等教育的发展,也强调国民的职业教育和职业培训,同时还吸纳了大量人才。斯坦福大学的刘遵义等学者使用柯布—道格拉斯生产函数分析1960年至1985年58个国家教育对GDP的影响,结果证明,平均受教育年限每增加1年,GDP则上涨3%[①]。由此可见,提高劳动者人均受教育程度能够提升人力资本存量,同时也能带动经济发展的增长率。增加人力资本积累、重视教育发展和科技进步是实现经济增长模式转变的主要渠道。

教育发展、人力资本积累、产业结构转型变迁以及社会发展阶段演进之间的推进关系是相互促进、相互影响的关系。早期的工业化国家一般是经济发展在前,教育发展在后;而现代经济增长型的经济体的发展则是教育发展在前,经济发展紧随其后,效果相当显著。联合国教科文组织在《学会生存》一书中曾写道,长期以来,世界各国发展的规律都是经济增长在前,教育发展在后。但如今,更多的国家和地区的发展呈现一种新趋势,教育发展在前,经济发展在后,即教育引领着经济的发展。

4.4.2 硅谷的人才资源格局

硅谷(Silicon Valley),是美国高科技企业集聚地的圣塔克拉拉谷(Santa Clara Valley)的

---

① 秦宝庭,等.知识与经济增长[M].北京:科技文献出版社,1999:321.

别称，位于加利福尼亚州北部的大都会区旧金山湾区南面。该地区早期是研究和生产半导体芯片的地方，而硅半导体芯片的基础材料，硅谷因此得名①。

美国是世界高科技中心，而硅谷是美国技术创新的引擎。硅谷作为"世界微电子之乡"、美国信息社会"最完美的范例"，是美国最为成功的高技术开发区之一。硅谷以每天推出几十项新技术成果的速度，推动世界科技发展，是世界创新高地。目前，硅谷地区的国内生产总值占美国国内生产总值的5%，而硅谷人口不及全国的1%②。

硅谷是美国乃至世界高科技人才的会聚地，特别是IT产业人才的会聚地。硅谷地区共有40多个城市，305万人口，集结着美国各地和世界各国的科技人员达100万人以上，有60多位诺贝尔奖获得者和上千位科学院、工程院院士。其中从事高科技的工程、技术人员有41万人，分布在12个行业，占总人口的13.4%。研发人员占到硅谷总从业人员数量的10%以上，是美国平均水平的2倍。一般地，公司员工的80%以上是高学历的专业科技人员。高科技人才是推动硅谷发展的中坚力量。另外，还有为创新体系服务的人员25万人，占总人口8%，主要是10种行业人员：律师、会计师、人力资源师、财务专家、办公管理专家、小型研发机构以及设施管理、生产、物流，他们可以为项目提供从初创到最后上市的全过程、全方位、一体化服务。③

硅谷地区的创新活动中，以下三类人才各司其职，发挥着相应的专业化作用：

第一类是创新活动中的领跑者，如乔布斯、马克·扎克伯格等商界传奇人物，他们不仅具有技术专长及商业敏锐性，同时他们又具有坚定创新意志和极富前瞻性的视野，可以引领并创造新兴的产业；第二类是创新活动的执行者，这一类主要指为硅谷众多的科技精英和工程师。他们具有团队精神以及追求完美的工作态度，他们以领跑者为导向，孜孜以求，不断地进行技术创新、产品创新，提升产品质量，实现创新目标；第三类是创新活动的服务者。如风投公司、知识产权中介等机构服务人员。他们协助创业者开展技术创新以外的各类市场活动，寻找搜集创业者需要的各种社会资源、资金、人脉，等等，支持、协助创业者创新成功。这三种类型的人才在创新活动中不可缺少，他们各有所长，各司其职，各得其所。构建一个良好的创新生态圈，首先需要建立良好的创新人才格局，确保上述这三类人才的协调的构成比例和布局合理。④

硅谷的优秀人才最重要的来源是高校。1937年，斯坦福大学的两名研究生成立了惠普公司。这是美国电子信息产业第一家高科技公司。创业成功的师生们又以捐赠和资助反哺母校。在这一良性循环中，斯坦福大学源源不断地向高新企业输送人才、专利和技术。除惠普公司外，当今许多科技巨擘，如谷歌、思科、苹果等，都与斯坦福大学有着密切关联。值得一提的是，旧金山湾区的名校远非斯坦福大学"一枝独秀"，这里聚集着70多所大学校园，可谓"春色满园"。2016年，硅谷地区有9所高校进入AR-WU榜单（上海交大世界大学学术排名）"全球100强"，斯坦福大学和加州大学伯克利分校分别位居第2和第3，如果算上南加州的加州理工学院，更是如虎添翼。再加上几个国家级航天、海洋、新能源、生物医药等研究中

---

① Silicon Valley.维基百科官网.引用日期：2016-09-22.
② https://baike.baidu.com/item/%E7%A1%85%E8%B0%B7/139194? fr=aladdin.
③ 商希涛.硅谷人才经验对鲁企引才引智的启示[J].山东国资,2018(1):109.
④ https://www.xzbu.com/8/view-11173165.htm.

心,这里俨然一个"西部腾飞"的"智力基地"。

硅谷人才的另一个重要来源是移民。有调查显示,硅谷的工程技术初创公司中,有超过一半以上的公司创始人来自美国以外地区,是全美平均水平的两倍。在硅谷所有初创企业中,创始团队仍有50%来自国外移民。移民普遍受教育程度高,新移民(1—5年)中49%具有本科以上学历;硅谷集中了60多名诺贝尔奖获得者,统计显示,全球科技移民总人数的40%都选择了美国。在美国结束硕士学习生涯的欧洲人中有一半长期留在美国。改革开放40年以来,出国留学的中国人有40多万人,除去目前仍然在校学习的10万人外,学成归国者仅占总人数的33%,滞留国外的各类专业人才多达30多万人。可见,美国在事实上已经成为发展中国家一部功率强大的"人才收割机"。在硅谷,绝大部分的技术人员来自中国和印度,华裔和印度裔创办的高技术创业企业占到美国硅谷企业总数的23%。在硅谷的技术人员中,亚洲人占了60%。在硅谷工作的外籍高级工程师和科学家占33%以上①。据悉,在硅谷的20万工程技术人员中有6万名中国人。据不完全统计,清华大学毕业生在硅谷的就有近2万人。

同时,从美国国内迁移到硅谷的人才也日益增多,仅谷歌一家公司就从美国大型投行挖走了1000多名雇员,从纽约移居加州的人数规模正处于十年来最高水平。

4.4.3 华为公司人力资本管理的"知本主义"

深圳华为技术有限公司是一家生产销售通信设备的民营通信科技公司,成立于1987年。目前,华为是全球领先的ICT(信息与通信技术)解决方案供应商。2013年,华为首超全球第一大电信设备商爱立信,排名《财富》世界500强第315。2018年7月19日美国《财富》杂志发布世界500强名单,华为排名第72。2018年《中国500最具价值品牌》华为居第六位。截至2016年底,华为有17多万名员工,20个"创新中心"。全球170多个国家的消费者都使用着华为公司的产品和技术解决方案,全球运营商50强中的45家及全球1/3的人口都在享受着华为公司的技术服务。②

华为公司向知识要技术,把技术的领先作为自己经营管理的目标,并据此开创实施了一系列的技术领先管理措施,使自己的产品取得了一个又一个重大的突破,并为其最终走向世界奠定了坚实的基础。2018年,华为实现全球销售收入7 212亿元(约合1 052亿美元),较2017年的6036亿元增长19.5%;净利润593亿元(87亿美元),同比增长25.1%③。

华为在人力资源管理上奉行"知本主义"理念,华为也一直在努力探索一种积极的根据生产要素分配的内部薪酬激励机制,意在合理地回报创新贡献者。"知本主义"并不否认知识劳动具有剩余价值,支持者们认为知识在价值创造中作出了贡献,因此高科技企业中由利润转增的资本不应全部归最初的出资者,应给予知识劳动者合理的报酬。如图4—8所示。

---

① 商希涛.硅谷人才经验对鲁企引才引智的启示[J].山东国资,2018(1):109.
② https://baike.baidu.com/item/%E5%8D%8E%E4%B8%BA%E6%8A%80%E6%9C%AF%E6%9C%89%E9%99%90%E5%85%AC%E5%8F%B8/6455903?fromtitle=%E5%8D%8E%E4%B8%BA%E5%85%AC%E5%8F%B8&fromid=8099193&fr=aladdin#6_1.
③ https://mini.eastday.com/a/n190422135941911-3.html.

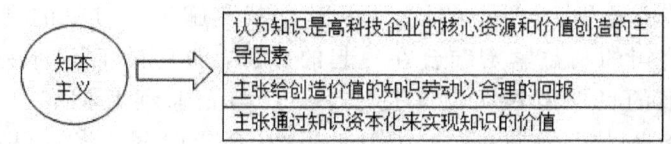

图4—8 华为公司的"知本主义"理念

这种员工持股的制度正是其创始人任正非主张的"知识雇佣资本"的理论在分配制度上的体现。

华为公司的"知本主义"理念体现在华为的人力资本激励机制中。华为的激励法则如图4—9所示。

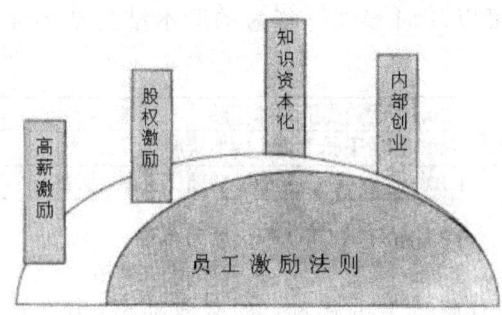

图4—9 华为公司的激励法则

华为被称为"三高"企业,指的是高效率、高压力和高工资。据早前的数据,华为基层员工平均年收入为16万元,全员占比约88%;四级经理年薪50万元;三级主管年薪100万元;二级总监年薪350万元;一级总裁年薪约为1 500万元。华为二级总监的年薪甚至比一些上市公司CEO职位更为可观。①

华为的员工收入由工资、奖金和股权激励三部分构成。

一是工资。工资是由岗位决定,华为每年都会根据经济发展情况,企业自身发展情况以及竞争对手的情况来确定员工工资的增幅。进入华为,一般本科生月薪在6 000元左右,硕士生月薪在8 000元左右。二是奖金。在华为的薪酬体系里,奖金的数量占到了所有报酬的近1/4。入职第二年起,可享受3—6个月月薪的年终奖。华为公司每年七八月都会有一个规模非常宏大的"发红包"活动,根据员工的贡献、表现、职务等分股票发奖金,一般员工在1万—3万元。一般来说,市场系统、研发系统的骨干最高,秘书、生产线上的工人等做重复性工作的员工最少。在2002年以前,华为员工年终奖金发的不是现金而统统都是股权。华为的员工就用相当于半年工资的奖金去买公司的股权②。三是股权激励。华为实施的员工持股制度就是实现知识资本化,其路径就是通过股权和股金的分配。华为的股权和股金是根据知识分配的,不是由资本分配的。按知识分配股权就是把知识资本贡献者应得报酬的一部分变为股权,而后其形式表现为一定的股本,股本权益所转化而来的收益是股金红利。员工入职第二年起可以享受配股,第三年起可以享受配股收益。

---

① 华为的全员中产阶层路径[J].长江商学院,2011(12).
② 张继辰,文丽颜.华为的人力资源管理[M].深圳:海天出版社,2012:78.

华为公司的核心竞争力之一就是公司从建立就实施员工持股的利益分享机制，通过把员工的利益与公司的利益紧密结合在一起的方法，激励员工不断挖掘自身潜力，支撑了公司过去及未来的良性发展。员工持股后，就与企业利益捆绑，分享企业发展的回报，个人目标与企业目标达成一致。任正非用20余年时间，将自己在华为的持股权稀释到只剩下1.42%。

华为内部股的发放配额一般会根据"才能、责任、贡献、工作态度、风险承诺"等因素作动态调整，主要是为了能够充分体现"权利智慧化，知识资本化"的原则。在华为的股本结构中，优秀员工约占30%的比例，实行公司集体控股；骨干员工约占40%的比例，实行有比例地持股；剩下10%—20%的普通员工和新员工采用适当参股。持股员工股份配股在员工离开公司时可以随时套现。华为的股本结构如图4—10所示。

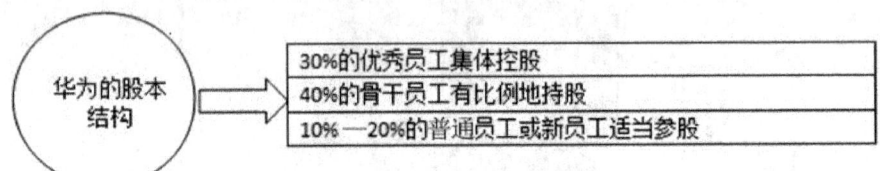

图4—10　华为的股本结构

此外，在华为，还有额度不菲的福利，如交通补贴、出差补贴。一个最直观的体现就是将其货币化，打到职工的工资卡里。还有相当于工资15%的"补充"保险（华为称为安全退休金），并且每隔两年便直接打到员工的银行账户上去。

本章小结

本章是四维资本驱动理论模型的重要支撑之一。人力资本是科技创新的主体及源泉，主导着整个创新过程，决定了自主创新的角度和高度。人力资本在进行科研时所表现出的创新与研发能力对促进国家、区域或企业创新极其重要。只有拥有了一大批掌握高新技术并且有创造力的高水平的人力资本，才能具备较高的科技创新优势。

本章围绕在自主创新中，人力资本所居的主导地位和所起主体作用展开论述。首先，深入分析了人力资本基本理论，包括人力资本的内涵、特征、构成及功能。其次，在理论分析的基础上，深入分析了人力资本对自主创新的主体作用。表现在一是人力资本是自主创新的主体及源泉；二是在技术扩散和应用中，人力资本是必备的首要条件；三是人力资本对创新能力有着重大的影响。对我国各省市的创新发展和人力资本水平进行水平评估，寻找两者之间的内在相关关系。最后，选取三国赶超、硅谷和华为公司作案例分析，进行经验检验。本章是四维资本驱动理论模型的重要支撑之一。

第5章 知识资本：自主创新的核动力

知识是科学技术的源泉，而科学技术是经济社会发展的重要推动力量。当前我们正处于知识经济的新时代，知识越来越成为促进经济增长和社会发展的最重要，甚至是决定性的因素。知识资本是自主创新的核动力。

5.1 知识资本相关理论分析

5.1.1 知识资本的内涵及特征

5.1.1.1 知识、知识资产、知识资本

(1) 知识

知识是人类认识的结晶，是人类劳动的成果，知识无处不在。

尽管知识是一个模糊的概念，但古往今来，学者一直在努力对知识做出合理解释。柏拉图将知识定义为"经过实证的正确认识"，这一基本定义一直保持到20世纪60年代。彼德·杜拉克则指出："知识是一种可以改变某些人或某些事物的信息，它不仅包括信息成为行动基础的方式，还包括某个个体或机构能够通过使用信息来改变或开展更有效活动的能力。"[①]

经合组织对知识的解释当属影响最广泛、占据主流地位的解释。从知识的功能角度来看可以将知识分为四类：①明白是什么（Know—what），即人们对事物和现象客观事实描述方面的认知；②明白为什么（Know—why），即指人们对事物和现象的自然原理、客观规律等方面的认识，这类知识在大多数现代产业中支撑着技术的发展，促进着产品和工艺的更新；③明白怎样做（Know—how），即指做事的技艺和能力，专有技术和诀窍就属于这一方面的知识；④明白是谁（Know—who），即指哪些人知道这个知识或者谁怎样做的知识。经合组织又将前两类知识称为可编码化的显性知识，将后两类知识称为不可编码化的隐含的知识。

无论从何种角度给知识下定义，有一点却达成了共识，即知识是人们认识与经验的

---

① 陈继林,汪可,等.知识资本与中部崛起[M].北京:民族出版社,2005:2.

总和,它来自社会实践中。

(2)知识资产与知识资本

知识的范围远比知识资产的范围广阔。知识资产指的是人们脑力劳动的结果,是具有创造性的新知识或信息,表现为新思想、发明、创造性表达方式和一些识别性标记。当知识资产被投入市场运动,能够转化为市场价值,成为价值增值的手段时,就转化为了知识资本。因此,知识资产是知识资本的物质载体。

知识资本是社会经济发展到一定阶段的产物。当知识资产在运动中实现增值,就具有了资本的属性,转化成了知识资本。知识经济时代具备了知识向资本转化的社会条件、生产力条件和市场条件,这使静态的知识要素可以转化为真实的资本形式,促进了价值增值与要素自身的复制及无限制使用。

知识要素转化为资本的实现手段如图5-1所示。

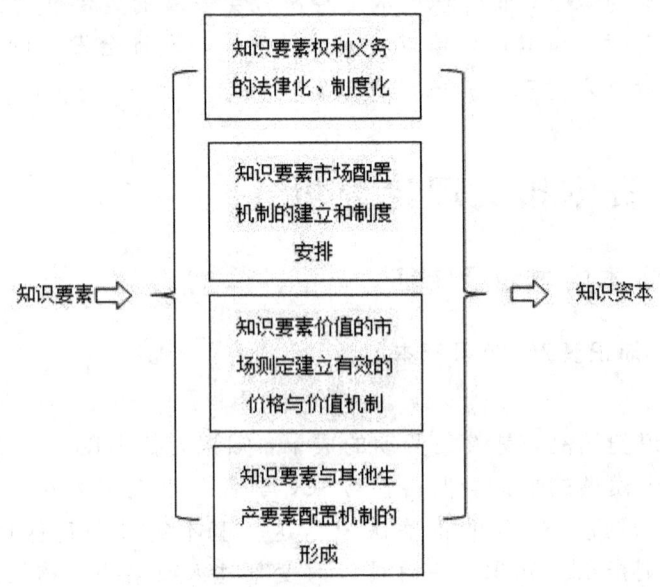

图5-1 知识要素转化为知识资本

1969年,美国著名经济学家、新制度学派的主要代表人物加尔布雷斯首次提出"知识资本"的概念(严格说来,知识资本概念伴随着人力资本由Senior1836年所提出),他强调知识资本的产生过程就是将知识进行转换,转换成能够带来影响的资本,因此知识资本并不是一成不变的静态资本,而是一种动态的,不断转换变化的资本(Galbraith,1969)。

进入20世纪90年代,对知识资本的研究日益增多。斯图尔特认为知识资本是一个求和综合体,它是能够为企业带来优势的各种因素的求和,比如人力资源、经验、技术、关系资本等所有因素的总和(Stewart T,1991)。胡德森认为知识资本主要包括遗传的基因、受教育的高低程度、个人所拥有的经验以及对待事情的看法这四个方面(Hudson,1993)。爱德文森指出,知识资本是知识企业的物质资本与非物质资本之和,同样也等于企业市场价值与财务账面价值之差(Edvinsson,1996)。鲁斯(Roos,1997)指出,知识资本首先是一种无形资本,能为企业带来竞争优势以及价值;同时,知识资本也是公司所有员工的能力相加的总和。斯维比(1997)指出，知识资本是企业的一种基于以相对无限的知识资产而形成的非实物形态的资产，它是企业竞争力的核心要素。

国内专家学者也对知识资本进行了积极的研究，有着自己独特的见解，呈现百家争鸣的态势。党兴华(1999)经过研究后指出，知识资本是一种以知识为主体的资本化的知识要素，它通过社会再生产和再循环过程而实现价值增值。李京文(1999)认为，知识资本是与生产资料中物质资本(有形资产)相对而言的。物质资本在生产资料中属于硬件部分，而知识资本则属于软件部分。① 徐程兴(2004)研究表明，知识资本是一种能够使企业实现价值增长的知识资产，知识能够转化为企业的盈利能力。冯天学(2006)等人提出，知识资本是由组织或企业控制或拥有的知识要素的总和，对企业目标的实现起着重要作用，可以被企业利用并且能够为其带来现实和潜在的价值。

由此可以看出，目前学术界对知识资本的定义虽然不尽一致，表述也存在差异，但在知识资本是对传统资本概念的扩充这一点上是共同的；在内容上，都认为知识资本是以企业员工的知识和技能作为资本内容的；在特点上，都认为知识资本具有增值性、垄断性及创造性等特点。

综合借鉴国内外专家对知识资本界定的看法，本文将知识资本定义如下：知识资本是能够实现未来价值财富增值的一切智慧与经验的总和，包括科学知识、知识产权、组织技术、专业技能、信息以及实用经验等。由于知识具有资本增值的特征与功能，故称其为资本。包含的要素有知识(即各种知识元素，内容如前所述)、能力(指组织对知识和技能的运用，即能为组织创造价值的能力，也是聚合知识载体的能力)和竞争优势(知识资本能使企业在市场上获得竞争优势)。

从表现形式上看，货币依然是知识资本的价值表现形式，但是其实物载体的种类相当宽泛。从形态上看，它既可以表现为各种物化的显性知识，如专利、发明、著作、商标、音乐和影视等艺术作品、管理制度等，也能够表现为人力资本的隐性知识。

本文所指的知识资本实物载体包括理论知识、经验、技术、专利、书籍、软件、策划、专业技能、操作方法、新配方、新工艺等无形资产。

5.1.1.2 知识资本的特征

(1)增值性

增值性表现为知识资本能够为企业带来价值增长，实现企业的市场价值的增加。马克思说："原预付价值不仅在流通中保存下来，而且在流通中改变了自己的价值量，加上了一个剩余价值，或者说是增值了，正是这种运行使价值转为资本。"也正如马克思所说，知识与技术在流通中也可以创造出比自身更大的价值。知识资本不同于其他一般物质资本的是，随着对知识资本的投资不断增加，知识资本会出现"马太效应"，其边际报酬不会减少而是递增，直至被另一个全新的知识资本所完全取代，这种效应才会丧失。这是物质资本所不具备的特征。

Edvinsson和Malone(1997)通过设计的指标体系，运用Skandia导航仪知识评估模型，对企业知识资本进行量化及考核。考核的目的是促进知识资本能够为企业带来更多

---

① 李京文.迎接知识经济新时代[M].上海：上海远东出版社,1999:24.

价值。这意味着在企业的经营与发展中,知识资本发展战略产生了深远的影响。Teece(2000)研究得出,在知识资本的使用过程中,知识资本回报递增有四个原因,即消费者的锁定效应、高昂的前置成本、标准和网络的外部性以及生产者的学习效应。知识型企业之所以能够保持可持续竞争优势,其基础正是知识资本边际收益递增的特性。因此,企业应当大力加强和优化知识资本的组织、管理及应用,以实现其保值和增值。与此同时,企业应当创造良好的氛围,促进知识资本的积累、获取、转化、共享和创新。

(2) 创新性

知识资本的创新性体现在新颖性和创造性是知识资本的价值形成的源泉。因为作为资本的知识不是普通的知识,而是对现有的公共知识以及一般性专业知识的创新和发展。随着知识经济时代的到来,知识的领域在不断地被探索扩大,从而带动了知识资本随之而来的创新,例如我国专利申请受理数在逐年地增加,从事科技研发的人员也在逐年地增多。创新价值与知识的稀缺程度有关,相对于普遍存在的公共知识与一般性专业知识,创新性的知识才是稀缺的资源,才能够在生产过程中产生巨大的价值;也只有创新性的知识才能得到专门的保护(如知识产权、专利),才能让企业走在产品和服务的前沿。

(3) 垄断性

知识资本本身是非竞争性的,难以模仿、仿效与取代,这就是垄断性。知识资本的垄断性正是知识的隐含性、复杂性、独特性、组织情境依赖性和所有者的"根植性"的外在表现。

与物质资本相比,对知识资本的获取和掌握更为不易,其积累过程也更加漫长而复杂,因为知识资本是通过人类高级而复杂的脑力劳动所凝结出的智慧成果,难以通过开放市场的公开定价取得,其他企业的模仿行为也会受到高成本的制约与约束。

因此,企业的知识资本难以通过开放市场的公开定价取得,其他企业的模仿行为也会受到高成本的制约与约束。也就是说,在长期的积累过程中,知识资本构筑了天然的复制壁垒与替代壁垒,这使得知识企业能在一定程度上具有稳定和持久的竞争优势。比如知识产权、专利、著作权等,具有无可复制的唯一性,即独占性。

(4) 累积性

知识都是积累而成,是在不断的积累中得到丰富和发展的。随着知识拥有者所储备的知识总量不断增加与更新,这种积累效应也会处于动态变化之中。构成知识资本的"知识"并不局限于综合性知识,有时可能只是针对单方面的某个特定的知识。当知识资本创造者的知识积累水平达到一定程度时,将进一步激发其创造力,创造出富有价值的知识产品,进一步促进知识价值快速增长。

(5) 外部性

在知识的生产、传播和使用过程中,知识内容日益被丰富、发展和充实,并表现出极强的外溢效应。这种外溢效应不仅可以使他人的知识存量积累得到增加和更新,从而逐渐令更多人的知识水平得到提升,进一步促使整个社会的文明程度不断提高,社会更加进步;而且这种外溢效应又会进一步推动社会各界对知识的生产、传播与使用,在满足社会需要的过程中使知识资产的巨大效用价值得以实现。所以,知识资本在扩散中社会收益大于社会成本,为社会带来巨大的积极的外部效应。此外,知识资本还有时效性、蚀耗性、不可逆性等特征。

5.1.2 知识资本的构成

根据不同研究视角与方法，可以将知识资本的构成分成多种类型。其中，有代表性的分类是根据知识资本不同构成要素，分为一元要素观、双要素观、三要素观、四要素观、五要素观、六要素观。

5.1.2.1 一元要素观

Anny Blugin(1997)认为，"知识资本可以等同于无形资产"。她指出，构成无形资产的具体内容有人才资产、知识产权资产、市场资产和基础结构资产四个方面。谭劲松(2001)认为，知识资本仅指人力资本中的人才资本，是人力资本的高级形式，包括企业家、高智商和高才华并具有创新能力的人才资本等。

5.1.2.2 双要素观

Sullivan(1996)将知识资本划分为人力资本和知识资产两大类。他认为知识产权属于知识资产。Edvinsson 和 Sullivan(1996)认为，知识资本是人力资源和结构性资本的总和。其中，人力资源指的是企业中凝结在个体身上的、能为企业带来具有价值的能力、技能、经验和知识。其对象包括企业的所有者、员工、合作伙伴和供应商等。结构性资本是指主体具有将个体的专有知识转化为企业所拥有的知识的能力。

5.1.2.3 三要素观

Sveiby(1996)提出企业的知识资本是由雇员能力(Employee Capability)、内部结构(Inter Structure)和外部结构(Extra Structure)三个要素构成的 E—I—E 结构。流传较广的是 Stewart 和 Edvinsson(1997)的三要素结构理论。他们认为企业的知识资本主要包括 H(人力资本，Human Capital)、S(结构资本，Structure Capital)和 C(顾客资本，Customer Capital)三个部分，简称为 H—S—C 结构。这个经典的划分之后被认同且广泛运用。H(人力资本，Human Capital)指的是依附于企业每一位员工个体之中的知识、经验和技能等；S 包括规章制度、技术系统、信息平台、知识产权、著作商标、专利技术、组织氛围、企业文化等，是指企业人力资本的具体形式及其权力化内容；C 是企业所拥有的市场和顾客资源，比如顾客的忠诚度。

此外，还有 Dzinkowski、Nick Bontis(1998，2001)等学者也将知识资本划分为类似的三个组成要素。

从国内来看，较早的研究有，张寿宝(1999)提出，知识资本包括三部分组成，即人力资本、结构资本和市场资本。陈则孚(2003)提出 H(人力资本)—I(知识产权资本)—C(声誉资本)的三结构理论，将知识资本的基本构成分为三部分：人力资本(以人的知识技能、经验等形式存在)；知识产权资本(以技术发明、专利、论文、著作等形式存在)；以及以品牌、商标等作为标识的声望、商誉、名望、威望等为代表声誉资本。

5.1.2.4 四要素观

Roos(1997)将知识资本划分为人力资本、过程资本、客户资本和创新资本四部分，又将其中的结构资本分解为创新资本和过程资本两个部分。Rothberg H. N. 和 Erickson G. S.(2001)将知识资本划分为人力资本、结构资本、关系资本和竞争力资本四个部分。

Johnson(2005)指出，知识资本包含了人力资本、创新资本、流程资本和关系资本四大要素。这里的创新资本是组织拥有的人力资本和结构资本耦合而成的知识资产，包括企业的技术创新能力、创新成果；专利、商标、版权等创新资产，以及企业开发新产品和新业态的潜力。过程资本指的是工作流程、贸易关系、商业秘密及专业技术设计等内容。创新资本是指通过人力资本和结构资本有机结合而形成的组织知识产权、专有技术、创新能力及创新成果。

国内学者申明(1998)提出了 M—K—H—O 结构，将知识资本划为分市场资本(M)、知识产权资本(K)、人力资本(H)和组织管理资本(O)。其中市场资本主要包括企业的品牌、客户资源及其对企业的认可度、经常性业务、销售订单及销售渠道等。知识产权资本是指企业的生产技术方法及原理、商业机密、专利权等，还包括企业设计的专有权、服务及商标标识的所有权。组织管理资本包括企业生产经营过程中应用的工艺、技术、生产流程和管理方法等。朱朝晖(2004)在 Stewart 和 Edvinsson 的三要素结构基础上增加了创新资本。刘仁彪在人力资产、知识产权基础之上增加了网络资产和形象资产。认为网络资产主要包括营销网络、公共关系、政策体系及企业文化等，其通过正式或非正式的网络组织传递信息和交流思想，以达到实现企业目标的目的；形象资产，是有关企业社会形象的资产，包括企业形象评价、商业信誉和创新创业精神。

5.1.2.5 五要素观

Van Buren 是少数持有五要素理论观点的代表人物，他把知识资本划分成人力资本、结构资本、流程资本、客户资本和创新资本五大部分。我国学者保建云(1999)提出，知识资本可分解为人力资本、管理资本、顾客资本、市场资本和知识产权资本五要素。

5.1.2.6 六要素观

六要素论对知识资本的构成要素作了进一步的细分。代表人物 Grantham 1997 年进一步细分了知识资本的内容，将知识资本分为六大类，包括人力资本、结构资本、顾客资本、市场资本、基础设施资本和知识资本。

综上所述，现有文献对知识资产的分类尚未形成统一框架，而且没有针对特定行业对知识资产进行识别。本文根据研究目的，将知识资本仅限于组织内的知识产权资本及非产权专有无形资产。

5.1.3 知识资本的功能

5.1.3.1 要素功能

在知识经济时代，知识不仅仅是力量，知识更是财富，知识已成为最基本的生产要素。经济发展主要取决于对知识资源的占有跟配置，科学技术成为第一生产力。知识经济是通过对知识资源进行占有、积累和合理配置，在生产、分配及使用过程中将科学技术作为核心要素的经济。

在这一时代，一切财富都是以知识作为基础的，所有财富的核心都是"知识"，一切经济行为都取决于知识的存在。知识是财富创造中最基本的生产要素，其他生产要素的更新必须依靠知识要素来进行，依靠知识要素来武装。所谓的高新技术其实就是高精尖知识凝结的产物。

5.1.3.2 杠杆功能

杠杆原理,就是以小博大,用较小的力量撬动较大的物体。

由于知识资本具有其特有的杠杆效应,故比其他资产更具重要性。知识资本能够有效地对实物资产和金融资产的价值进行发掘、整合与优化。比如,可口可乐配方就很好地体现出了知识资本的杠杆效应,它将成本低廉的糖、水、二氧化碳和调味品等转化成人们愿高价购买的饮料产品,从而获得高额的利润。①

再如,微软公司没有庞大的员工队伍,没有宽阔的厂房,也没有富庶的矿山,更没有广阔的土地,但是它拥有一些具丰富知识的、非凡的智力资本,每年仅靠研发出几个表现形态上几乎看不出差别的软件产品,甚至是只需几块 U 盘的资料就可以组织完成产品的生产,每年就可以获得几百亿美元的营业收入。

因此,可以认为知识资本是一种特殊的"元资产",它的功能超越了传统实物资产和金融资产。它具有整合、优化和配置企业其他资产的能力,是企业其他资产的实现增值空间大小的决定性因素。②

5.1.3.3 裂变与聚变功能

核裂变(Nuclear fission)又称核分裂,是一个原子核分裂成几个原子核的变化。裂变过程中,原子核会释放出巨大的能量。核聚变(nuclear fusion),又称核融合、融合反应、聚变反应或热核反应。原意是两个质量较小的原子核在超高温下结合成质量较大的原子核,同时释放出能量的过程。

当大的知识元素分裂为众多小的元素时,就会在浩瀚的知识宇宙中互相吸引、自由重组,发生原子核聚合作用,从而产生更多的知识原子,释放更多的能量。知识快速地新陈代谢,甚至发生知识大爆炸,必然产生更多新思想、新知识、新技术、新产品,构建更多新学科,创新成果将会呈几何级数增长。

知识的裂变与聚变对新知识的产生具有重要意义。新知识的产生主要是通过两种途径,即组合和交换。

知识积累到一定程度,各个知识元素都处在重组和创建之中,整个知识系统分支众多、层次复杂。知识元素在分裂和碰撞过程中产生无限火花,形成众多学科及分支学科,犹如原子核心的分裂,释放出巨大的能量,使各学科间的界限趋于模糊,人们对自然、对社会的认识更加深刻、更加成熟。而且,知识元素在分裂中还会不断地引起新的裂变,从而产生新的能量。每一个知识元素都是释放能量的核反应堆,在裂变和聚变的作用下,知识元素具有非常强的繁殖能力,新知识层出不穷。

5.1.3.4 发酵功能

天津大学管理学院和金生教授借助生物发酵原理,提出了知识发酵理论。

如图 5-2 所示,在生物发酵过程中,菌株、营养物质、母体、生物酶、特定的设施和工具是发酵成功的必备条件。

---

① https://baike.baidu.com/item/%E7%9F%A5%E8%AF%86%E8%B5%84%E6%9C%AC/6327855? fr=aladdin.
② https://baike.baidu.com/item/%E7%9F%A5%E8%AF%86%E8%B5%84%E6%9C%AC/6327855? fr=aladdin.

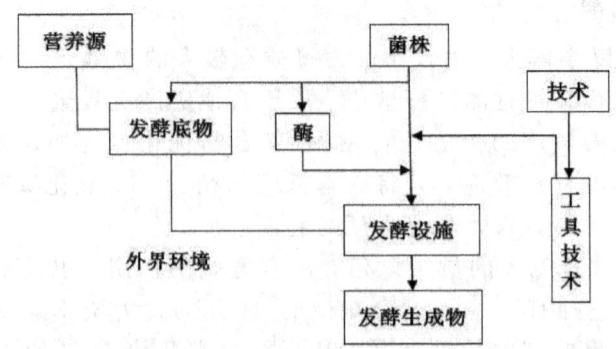

图 5—2 生物菌发酵模型

研究发现，组织学习和知识创新的核心过程与生物发酵过程存在惊人的相似。知识也有类似的发酵过程，如图 5—3 所示。

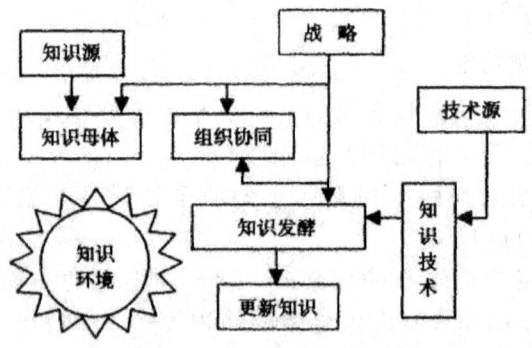

图 5—3 知识发酵模型

如果把动议或创议比作知识菌株的话，那么，个体或组织原来所拥有的知识就是"发酵底物"即知识母体，而在其中发挥计划、组织、协调与控制作用的知识管理者就是知识酶，知识技术则类似于生物发酵中的工具技术，其"发酵生成物"即为"更新后的知识"或"增长的知识"。

5.2 知识资本驱动创新的核心作用

20 世纪 90 年代初，管理大师彼得·德鲁克（Peter.F.Drucker）指出："一个国家、一个行业和一家公司竞争的决定因素日益取决于其知识生产效率的高低。"知识资本是自主创新的核心，几乎一切创新成果都是以知识性成果的形式呈现的，一切创新活动都是围绕着新知识的创造而展开的。在知识经济时代，在特定的制度框架下，人力资本和知识资本（可以理解为广义的知识资本）是推动经济增长和社会进步的核心力量。

知识经济条件下，知识资本已经成为经济增长的重要杠杆。如图 5—4 所示。

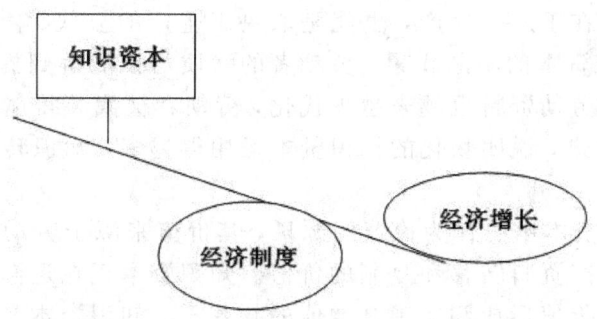

图 5—4　知识资本成为经济增长的重要杠杆

5.2.1　知识资本：价值形成和增值的新基石

当前知识经济形势下，价值构成存在的客观基础已经是知识及知识资本。在知识经济时代，虽然企业的价值构成仍包括物化劳动和活劳动两部分，但是劳动的形式与内容随着知识的作用发生了改变，创造价值的劳动同工业经济时代有了质的变化。第一，知识直接影响劳动的形式，使其发展成为脑力劳动、智力劳动等形态。在生产过程中，劳动在与知识的结合中不断被知识化。第二，知识要素成为生产力重要的组成部分。知识不仅构成劳动的对象，而且还是劳动资料，是生产力的重要构成要件。在企业进行生产及创造价值过程中，知识作用日趋重要。

在价值构成一般形式 C＋V＋M 上，其中"C"是物化的知识创新劳动价值，"V＋M"是由知识或知识资本直接创造的。劳动转移价值 C 与新创造价值 V＋M 都是知识资本的产物，知识创新劳动构成其价值基础[①]。

下面以无形资产和生产资料为例加以说明

5.2.1.1　无形资产：在产品中复制自身的价值并增值

知识资本以无形资产的形态而存在，通过在产品中复制自身的价值并实现价值增值。随着社会生产力进步，特别是知识经济时代的来临，技术密集型与智力密集型发展的趋势成为产业结构演化的趋势。在知识资本的生产过程中，以无形资产形态存在的专利技术、专业知识、产品设计、管理方法、商业机密等的作用日益明显。与物质资本不同的是，知识资本本身的价值，但其在使用过程中却不会被损耗。在生产过程中，具体劳动将知识资本的价值复制到知识产品中，构成产品价值的一部分。当知识产品售出后，获得的产品货币价值中，在除一补偿生产成本支出之后，大部分差额是知识生产要素形成的新价值。

5.2.1.2　生产资料：在生产消耗过程中转移价值

知识型生产资料是在生产消耗过程中向产品转移价值。以生产资料为载体的知识资本，在生产消耗过程中向产品转移价值，转移价值大小依据是其消耗的程度。在生产过程中，生产资料特别是生产工具起着至关重要的作用。人类文明进步的标志是生产工具的进步，这种进步标志着社会经济发展的不同阶段。不同社会经济发展阶段，区别不在

---

① https://baike.baidu.com/item/%E7%9F%A5%E8%AF%86%E8%B5%84%E6%9C%AC/6327855? fr=aladdin.

于生产的是什么,而在于怎样生产,也就是取决于生产的方式、生产使用的劳动资料和生产工具。随着知识资本的不断积累,劳动者的素质与技能得到提升,生产资料尤其是生产工具日趋先进,劳动资料也越来越现代化,劳动者被武装得越来越强大。在生产过程中机器与设备越先进,说明物化的知识资本运用得越多,知识转移到该产品中的价值也就越高。

总而言之,知识资本本身作为价值的源泉,其价值来源于劳动者在生产过程中创造的价值,以及通过生产资料转移和复制的价值。知识资本正在逐渐成为主导实现价值增长的重要因素,成为价值形成和实现其增值的新基石。知识资本是高科技企业和创新型国家实现价值增值和经济增长的根本原因所在。以微软公司为例,仅仅四年时间,其公司资产就高达1500亿美元;美国的经济在20世纪末以来连续十多年持续发展,原因也在于此。

5.2.2　知识资本:创新活动必需的母细胞

5.2.2.1　知识存量是进行创新实践的基础和核心

知识是创新者开展创新活动所需要的核心资源,是创新肌体中的"元细胞""母细胞"。创新者都是站在巨人肩上看世界的。创新者开展创新活动需要的资源很多,不仅所需的物质资源几乎都是知识的凝结,现存的知识成果更是进行创新实践的基础和核心。只有当现有知识被创新者拥有或控制、并能够在此基础上创造出新的知识成果时,知识资本的价值才得以实现。旧知识的聚变和裂变就是新知识产生的过程,当海量的知识因子相互碰撞,将产生强大的爆炸效应和繁殖效应,使新知识呈几何级数产生,形成难以估量的新知识。因此,每一个知识因子都是一个具有超强爆炸力的核动力和繁殖力的母细胞。

5.2.2.2　创新能力的形成和提升过程实质就是知识的积累与扩张过程

创新能力的基础就在于知识或知识创新。企业自主创新能力的提升,以及实现从量变到质变的飞跃,其背后的基础是整个社会和企业中的知识不断创新和积累的结果。如图5-5所示。

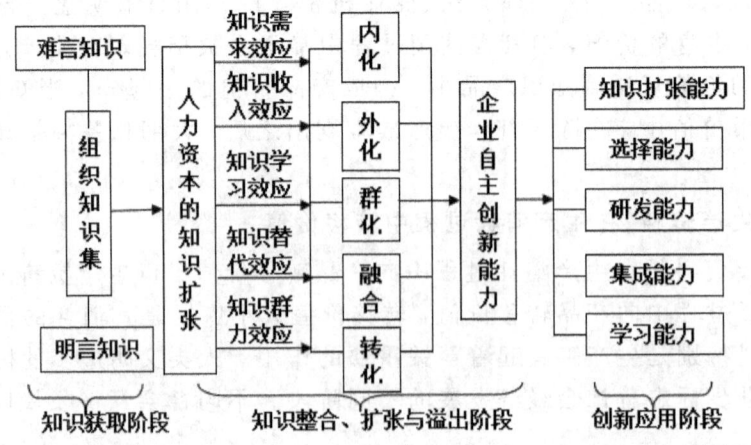

图5-5　人力资本的知识扩张与企业自主创新能力建设

图5-5中,企业的自主创新能力通过人力资本知识的扩张、群化、融合、转化和溢出,最终得以形成和提高。

5.2.2.3 知识产权是自主创新的基础和衡量指标

在新的形势下,知识产权资本是自主创新的衡量指标和重要基础。在知识创新或自主创新中,新的思想、新的构思、新的发明以及新的品牌就是其最重要的基础。这通常最初是由知识产权的形式反映出来的,再通过投入、研发和完善等过程,形成了市场所需要的新产品,最后通过产业化和商业化,完成了创新的整个环节。在这个创新流程中,知识产权是自主创新的基础与源泉,同样也是衡量自主创新的重要指标。拥有知识产权资本的数量和质量是衡量一个国家是否属于创新型国家最重要的标志。

在国际上,知识产权对一个地区甚至一个国家的竞争力起着举足轻重的作用。对知识产权的保护就意味着对一个国家自主创新进行保护,给予自主创新一个宽松适宜的环境发展,自主创新得到保护与发展,一个国家在国际竞争当中就会显然处于领先的地位,综合国力和国际地位也得到了提高,相应地也会带动一个国家国民生产总值以及人均收入的提高,人们的生活质量也得到了更大提高。如此,知识产权的保护制度所带来的影响是连锁的,是富有积极性的。

5.2.3 知识资本:企业核心竞争力的本源

5.2.3.1 知识资本是企业获取竞争优势的核心资产

在知识经济时代,企业取得竞争优势的核心资产已不再是物质资本要素,而是知识资本特别是技术资本;在创造经济效益实现企业价值的过程中,最重要的驱动力,也不再是物质资本要素的投入,而是知识资本要素的投入。总之,知识资本已经成为企业增强竞争力的力量源泉。

技术资本主要包括知识产权资本、研究开发投入、自主开发能力、技术吸收、生产经营能力等。

在当前的知识经济条件下,企业的核心竞争力正在经历一系列的演化,由最开始物质资产演变为非物质资产,再变为知识资本。其中,非物质资产包括了一系列的技术、规则、文化等,而知识资本包括了与人力资产密切相关的技能、知识和观念等。

"货币资本、土地或劳动力已不再是真正控制资源的决定性生产要素,这种决定性的生产要素已经让位于知识。"[①]彼得·德鲁克认为,对于企业而言,知识才是唯一独特的资本;因为相对于其他来说,企业核心竞争力主要是由知识产生的;企业操控各类知识的能力就是知识资本。对于现代企业来说,企业已经是一个集合体,是一个知识的集合体,企业能否有效配置资源,能否促进创新,取决于其所拥有的知识存量,这也决定其产品能否在市场上突出自己的竞争优势。

特别是对高新技术企业来说,其主要手段就是运用知识资本,如专利技术等来进行垄断从而取得核心竞争力。最初,通过专利技术等在高端、前沿等方面实现技术突破,在产权保护下形成技术壁垒;随后,积累大量的知识资本,使自身与其他企业在知识创

---

① https://baike.baidu.com/item/%E7%9F%A5%E8%AF%86%E8%B5%84%E6%9C%AC/6327855?fr=aladdin.

新能力与产品价格等方面表现出明显的差异性;这种差异性最终使企业在市场上实现垄断。这是高新技术企业在竞争中的基本经历。

知识不同于其他要素,具有很强的不可替代性,因此,在市场竞争中,知识创新产品更易形成垄断,在这种垄断中,无法通过购买来获得这种核心竞争力,由于知识创新是个长期的过程,也不能一蹴而就,容易造成"先入为主""赢家通吃""独霸天下"的产业存在格局。例如英特尔和AMD垄断了计算机CPU,微软称霸于全世界的视窗操作系统等①。

5.2.3.2 知识资本是企业核心专长的支撑

所谓专长,不是单个的、分散的技能或技术,而是一组技能或技术的集合体。核心专长又称核心能力,根据C.K.普拉哈拉德和加里·哈默尔的观点,核心专长是对各种技术学习心得的总和和各个组织的总和,是能使公司为用户提供某种特定好处的一组技能与技术。

企业取得长期竞争优势的基础是其核心专长。比如说享誉全球的美国联邦快递公司,其竞争优势就是快速、安全地托寄货物的服务。而该服务又依赖于它们拥有的核心专长,即以特有的条形码技术、无线通信、线性规划和网络管理等为基础的管理体系。这些专长使快递服务网络进一步完善及高效,从而保持长久的竞争优势②。核心专长的竞争是未来企业主要的竞争焦点,只有依靠知识创造力支撑起的企业核心能力,才能够在激烈的市场竞争中立于不败之地。

核心专长是企业的硬核实力,具有特殊的能力。一般来说,企业的劳动生产率、产品质量和客户满意度等都够不上核心专长的水平;普通的专利、技术和商标、团队精神、战略规划等一般的管理能力也够不上核心专长的水平。核心专长具有极高的知识含量,知识要素在核心专长中起着决定性作用,若缺少它核心专长也不复存在。③

一般来说,核心专长由两组能力构成。

第一,洞察力即预见能力。这一组能力能够使企业发现或探寻到能创造出一流优势的方法或途径。构成这组能力的因素有以下几方面。(1)可以产生出一系列发明的技术手段或科学知识。比如微软以其独有的操作系统更新能力,佳能凭借其独有的光学知识和微型化能力,而在该领域长期居于优势地位。(2)专有的数据。它得益于对于某一领域有关数据的占有,从而可以作出别人无法作出的决策,最大限度占有市场信息。例如盖洛普民意测验,由于最大限度地把握了美国社会的变向,其测验结果在一定程度上影响了总统大选。(3)创造成功产品的纯粹创造能力。如沃特·边斯尼公司在卡通创作方面颇具创意,其自然也成为世界动画片行业的标杆。(4)卓越的分析及推理能力。在与其他企业所获得的信息是相同的情况下做出分析并进行推理,使公司能够洞悉市场,具有前瞻性。

第二,前线执行能力。前线执行能力是指企业具有在当前与在理想条件所生产产品或提供劳务的质量最相近的一种能力。简而言之,前线执行能力就是最接近最优化条件

---

① https://baike.baidu.com/item/%E7%9F%A5%E8%AF%86%E8%B5%84%E6%9C%AC/.
② 加里.哈默尔.竞争大趋势[M].北京:昆仑出版社,1998:216.
③ 程嘉树,鸥高敦.麦肯锡高层管理论丛[M].北京:经济科学出版社,1997:97.

的极强的执行与运作能力,与最佳状态偏离最小。

以上两种能力企业可能同时具备或只具备其中一种。一般来说,具备高的洞察力可以视为具备了核心专长。在构成核心专长的因素中,相当多的部分与知识生产力密切相关,洞察预见能力简直就是知识生产力的代名词。

5.2.3.3　知识资本:企业超额利润形成的源泉

支撑企业可持续发展的主要因素是能够不断获取超额利润。超额利润来自企业超过竞争对手的更高的生产效率及产品性能。在知识经济条件下,知识和知识资本是企业获取超额利润的主要源泉。

首先,知识资本可以有效提高劳动生产率,降低生产成本。对价值创造而言,知识资本具有特别重要的意义,这体现在知识资本能够引发生产能力发生变革,使生产要素的整体质量产生了革命性的提高,从而极大地提高了全要素的生产效率。

其次,知识产品的出现,是劳动知识化的产物,也是知识变革劳动方式的直接后果。这具体体现为产生一系列具有较高知识含量的新产品、新工艺和新技术。通过知识创新,新产品在特质和性能等方面具有差异化和先进性,这对于消费者而言其具有更大的使用价值,因此,知识创新产品具有较高的附加值和利润率。从生产者方面来看,这意味着生产者可以得到更高的市场价值以及投资回报。同传统生产方式相比,知识资本及由其主导的知识创新对于企业来说具有特有的获取超额利润能力和更高的盈利能力。

最后,知识资本及其引发的创新活动可以创造和激发出更大的市场需求。

创新理论告诉我们,供给的创新会引发和创造需求的创新,而作为供给创新的基本表现形式的技术创新,这其中就包括过程创新和产品创新。知识创新产生一系列新产品与新业态,自然会刺激产生广阔的市场需求。在现实的社会经济活动中,任何一类新产品与新技术的出现,都使消费者需求出现新的市场发展空间和消费领域及产业业态,通过形成新的市场打破了原有产品和技术格局下既定的需求格局和供求僵局。随着知识创新范围的不断扩大与程度的不断加深,市场需求的创新与扩大可以得到长久不断的激活和引导。通过需求的扩大和创新,企业可以得到新的市场价值实现的载体和标的,从而扩大了企业的总供给以及创造更大的市场价值。因此,知识资本能够创造更多的市场价值总量[1]。

5.3　知识资本核心作用的实证分析

随着经济下行的压力加大,我国经济发展进入了一个新的阶段,即经济新常态。在经济新常态这个大背景下,迫切需要转变经济增长方式,由要素驱动、投资驱动转向创新驱动,而知识为创新提供持续动力,对科技进步和生产效率提升起到显著的促进作用[2]。

如前所述,目前,知识资本的定义主要分为两类:一种是把知识资本作为可计量的、可

---

[1] https://baike.baidu.com/item/%E7%9F%A5%E8%AF%86%E8%B5%84%E6%9C%AC/6327855? fr=aladdin.
[2] 金培.中国经济发展新常态研究[J].中国工业经济,2015(1):5-18.

分类的资产;另一种是把知识资本作为动态的活动或过程,与企业能力相关。① 大多数国内外学者将知识资本划分为人力资本、组织资本和关系资本三种,本文所指的知识资本是狭义的范畴,主要是指显性知识。显性知识能够通过正常的语言方式进行传播,例如专利、著作权、科学发明和专有技术等,它们通常以书籍、计算机(网络)数据库、CD－ROM 等媒介作为存在方式。

5.3.1 知识资本与创新发展指标选取

阅读已有的研究成果可以发现知识资本的评价指标有单一指标法和复合指标法之分,国外也有相关指标的选取。由于本文为狭义的知识资本,建立与实际情况相符的指标具有重要意义。根据数据资料的可获取性,将互联网宽带接入用户总数、移动电话用户总数、普通高等学校总数、博物馆总数、公共图书馆总数、有线广播电视实际用户数、出版印刷装订产量、出版物发行网点数、录像制品出版量、录音制品出版量、电子出版物出版量、图书总印数、报纸总印数 13 个指标作为知识资本的评价指标,并结合已有的创新发展指标,建立综合的评价指标体系(见表 5－1)。

表 5－1 知识资本与创新发展指标体系

指标名称	类别	具体指标
知识资本	网络知识资本	互联网宽带接入用户总数、移动电话用户总数、有线广播电视实际用户数
知识资本	传统知识资本	普通高等学校总数、博物馆总数、公共图书馆总数、出版物发行网点数、出版印刷装订产量、录像制品出版量、录音制品出版量、电子出版物出版量、图书总印数、报纸总印数
创新发展	创新投入	高等学校科技经费、研发从业人数、研究与发展经费、高技术产业研发机构数
创新发展	创新产出	发明申请授权数、实用新型申请授权数、外观设计申请授权数、技术市场成交额占 GDP 的比重、技术市场技术流向地域

5.3.2 数据来源及研究方法

5.3.2.1 数据来源

本文以省级行政区域为研究单元,探讨知识资本与创新发展两者之间的关系。文章所有数据均来源于《中国统计年鉴》(2017)《中国科技年鉴》(2017)、各省份 2017 年的统计年鉴、各省份统计公报及人民政府网站等。

5.3.2.2 研究方法

为了使因子与变量的关系显现,文章主要采用因子分析法对知识资本与创新发展进行分

---

① 白福萍,陈刚,孙芳.知识资本创造价值特征及其模型构建[J].山东理工大学学报(社会科学版),2018,34(3):27－32.

析，然后再对各省份2016年的知识资本发展水平和创新发展水平进行排序。因子分析法的最大优点是，各综合因子的权重是根据各自方差贡献率的大小来确定的，而不是主观分配的。一般情况下，方差越大，变量的重要程度越高，赋予它的权重也就越大。相反，方差越小，与之相对应变量的权重越小。这有利于避免确定权重的任意性，使排序结果更加明确、客观合理。其次采用GIS空间分析法，利用Arcgis10.2软件，将2016年的知识资本发展水平与创新发展用分层设色图进行展示，研究省域范围内知识资本和创新发展的空间分布情况，最后把两个数据进行对比分析，研究各省知识资本与创新发展空间分布变化情况，从定性和定量两个层次研究两者之间的关系。

5.3.3 知识资本与创新发展实证结果分析

5.3.3.1 知识资本发展水平评估

本文首先采用KMO和Bartlett's球体检验对知识资本与创新发展水平的原始数据进行相关性检验。经过检验，得到知识资本的KMO检验的P值为0.753；Bartlett's球体检验值为517.292，其显著性为0，这表明，与知识资本相关的原始数据具备满足进行因子分析的前提条件。

运用SPSS17软件对知识资本13个原始数据的因子共同度进行测算，以进一步提升因子提取效果。根据得到的特征根与方差贡献（见表5-2），可以看出相关矩阵的前面2个大于1的特征值，累计贡献率达到了80.517%，满足了达到80%的条件，所以选取2个公共因子。同时经过因子正交旋转，其累计贡献率并没发生改变，公共因子对知识资本的贡献率从大到小依次为59.302%、21.215%。再根据得分系数矩阵，建立关于知识资本发展水平公共因子原始变量的因子得分函数，据此计算出2个公共因子的得分，这里对其采用加权公式

$$I = \frac{因子方差贡献率}{总累计方差贡献率} \times 100\% \tag{1}$$

表5-2 知识资本发展的总方差分解

成分	起始特征值			提取平方和载入			旋转平方和载入		
	合计	方差贡献率(%)	累计贡献率(%)	合计	方差贡献率(%)	累计贡献率(%)	合计	方差贡献率(%)	累计贡献率(%)
I_1	8.058	61.982	61.982	8.058	61.982	61.982	7.709	59.302	59.302
I_2	2.409	18.534	80.517	2.409	18.534	80.517	2.758	21.215	80.517

根据表5-2计算得出2个公共因子的权重分别为73.652%、26.348%，因此知识资本发展水平的综合得分计算公式为

$$X = 0.73652 \times I_1 + 0.26348 \times I_2 \tag{2}$$

根据式(2)计算出31个省份知识资本发展水平的综合得分（见表5-3），由表可知19个省份的知识资本得分在零之下，得分为正的省份仅占整体的38.7%。知识资本得分前五位分别是江苏、广东、山东、浙江、河南，后五位的省份分别为天津、海南、宁夏、青海、西藏，但地处东部沿海地区的天津市社会知识资本发展水平排名靠后，说明其知识资本发展效率与经济发展不相匹配。而河南、四川、湖南等一些中西部省份的知识资本发展水平较高，与其丰富的人力资本和政府的投入密不可分。同时，各区域知识资本发展水平的提高还与创新能力有关，

是两者相互作用的结果。当一个地区创新能力得到提高,创造的财富也就增加,知识资本的存量也就慢慢增长。

表5-3 我国31个省份知识资本发展水平综合得分

地区	综合得分	地区	综合得分	地区	综合得分
北京	−0.068	安徽	0.152	四川	0.612
天津	−0.750	福建	−0.209	贵州	−0.536
河北	0.549	江西	−0.103	云南	−0.253
山西	−0.182	山东	1.504	西藏	−1.063
内蒙古	−0.642	河南	0.737	陕西	−0.060
辽宁	0.009	湖北	0.224	甘肃	−0.586
吉林	−0.434	湖南	0.516	青海	−1.045
黑龙江	−0.338	广东	1.667	宁夏	−1.017
上海	0.436	广西	−0.112	新疆	−0.514
江苏	1.920	海南	−0.984		
浙江	1.043	重庆	−0.472		

5.3.3.2 创新发展水平评估

由上述检验得到,有关创新发展水平的 KMO 检验的 P 值为 0.771;Bartlett's 球体检验值为 526.752,其显著性为 0.000,其结果表明可以对创新相关原始数据做因子分析。

表5-4 创新发展水平的总方差分解

成分	起始特征值			提取平方和载入			旋转平方和载入		
	合计	方差贡献率(%)	累计贡献率(%)	合计	方差贡献率(%)	累计贡献率(%)	合计	方差贡献率(%)	累计贡献率(%)
I_1	6.019	66.873	66.873	6.019	66.873	66.873	5.439	60.437	60.437
I_2	2.491	27.680	80.517	2.491	27.680	94.553	3.070	34.116	94.553

根据上述方法,得到的特征根与方差贡献(见表5-4),可以看出相关矩阵的前面公因子对 I_1 对创新发展水平贡献最大,其旋转后的方差贡献率为 60.437%,其次为公因子 I_2,其贡献率为 34.116%,累计贡献率达到了 94.553%,满足了达到 80% 的条件,所以选取 2 个公共因子,并建立创新发展水平综合得分的计算公式

$$Y = 0.63919 \times I_1 + 0.36081 \times I_2 \tag{3}$$

根据式(3)可得到31个省份创新发展水平的综合得分(见表5-5),从表中看出22个省份的创新发展水平得分在零之下,而得分为正的省份仅占整体的 29.03%。创新发展水平得分前五位分别是江苏、广东、北京、浙江、山东,后五位的省份分别为西藏、海南、宁夏、新疆、青海,这是其地理位置优势、经济环境、科技环境等相互作用的结果。沿海地区利用交通与其对外开放程度高等优势聚集人才,在原先知识资本积累的基础之上,为创新提供平台,加大基

础设施建设，大力优化创新环境，大力提高科技水平，使其创新发展水平发展起来。而西部地区因其自然地理条件，其创新发展水平与沿海地区的差距还相对较大，还需高度重视西部地区创新能力的提高，缩小其与东中部的发展差距。见表5—5。

表5—5 我国31个省区创新发展水平综合得分

地区	综合得分	地区	综合得分	地区	综合得分
北京	1.430	安徽	0.077	四川	−0.002
天津	−0.062	福建	−0.052	贵州	−0.516
河北	−0.263	江西	−0.339	云南	−0.483
山西	−0.475	山东	0.610	西藏	−0.615
内蒙古	−0.523	河南	−0.109	陕西	0.062
辽宁	−0.175	湖北	0.125	甘肃	−0.475
吉林	−0.427	湖南	−0.159	青海	−0.546
黑龙江	−0.335	广东	2.040	宁夏	−0.586
上海	0.387	广西	−0.452	新疆	−0.560
江苏	2.068	海南	−0.596		
浙江	1.186	重庆	−0.236		

5.3.3.3 知识资本与创新发展综合得分空间特征分析

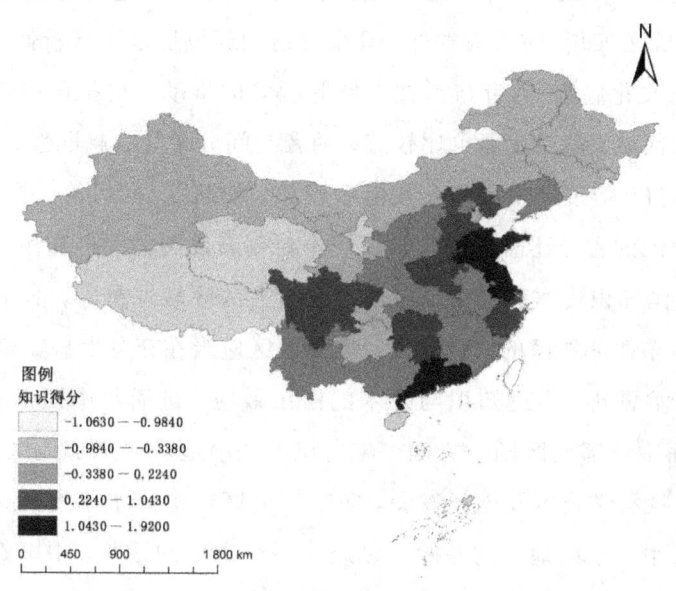

图5—6 知识资本综合得分的空间分异

从空间布局上来看，由图5—6可知，我国知识资本得分东西差异明显，区域知识资本发展水平与区域经济发展水平呈现出类似的分布趋势，经济发达的东部地区知识资本配置水平相对较高；西部欠发达地区知识资本配置水平相对较低。

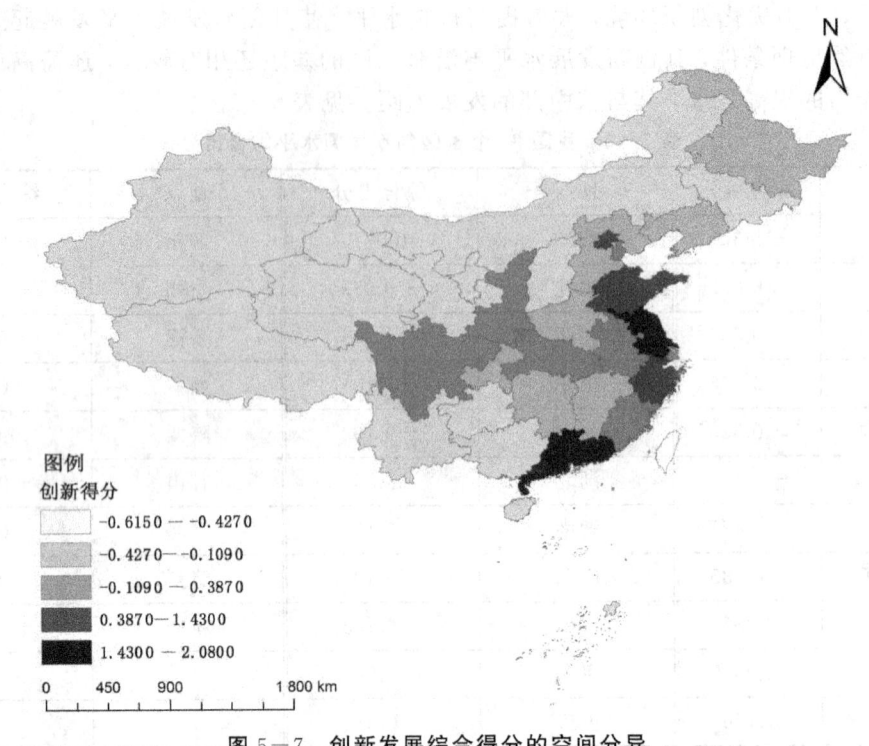

图 5-7 创新发展综合得分的空间分异

从图 5-7 可以看出，我国创新发展水平整体自东部沿海向内陆逐渐降低，与知识资本发展水平分布相对应，并在长三角、珠三角及京津冀地区呈集中连片扩散分布特征。而在我国广大的西部地区，除去四川、陕西两省外，其余省份创新发展水平都较低，空间分异特征离不开各省深厚的知识文化底蕴、教育与科技发展等因素的推动。再把两幅图综合来看，知识资本发展好的省份或区域，创新发展也比较好，两者空间分布具有趋同性；此外，部分省份知识资本基础条件较良好，但创新发展却存在落后现象，如河北、四川等。同时，西藏、青海以及我国北部和东北地区的省份还需要加大知识资本对创新发展的促进作用。

综上所述，我国知识资本和创新发展还存在很大的区域性差异，其中最为突出的就是东西差异。为了促进东西部地区的协调发展，东部地区应当在充分发挥其创新优势和引领作用的基础上，加快技术更新，促进知识与技术的溢出效应，进而与中西部地区形成创新合力，实现联动发展。而中西部地区则一方面，应当积极主动地承接东部地区的产业转移；另一方面，也必须高度重视科学技术及创新发展，向东部地区或更高水平看齐，加大资金和人力资源的投入，努力缩小与东部地区的差距。创新是一个永恒的话题，中国作为一个发展中的大国，更应该成为一个创新发展的大国。我们应该营造一个良好的社会创新环境与研发支持系统，努力提高社会知识资本水平，把我国建设成为一个富有创造与活力的创新型国家。

5.4 经验检验:知识资本与创新发展

5.4.1 知识创新:科技革命的引擎

科学革命和技术革命合称为科技革命。人类四次科技革命都是知识和技术突破发展而引发的。能源作为人类生产和生活中所必需的最重要的资源,使得能源的开发和利用情况,成为衡量一个时代、一个国家科学技术和经济发展水平的重要标志。

18世纪,随着对蒸汽动力的认识突破,人类开始掌握了将热能转化为机械能的本领,即发明并改良了蒸汽机,实现了第一次动力革命。产业革命大幕由此掀开。一系列技术革命引起人类实现了从手工劳动向动力机器生产转变的重大飞跃,使人类进入了工业社会。

19世纪,通过对电磁现象的实验和理论研究,人类开发了一种新的能源——电能,又一次引起能源动力革命,电能成为人类进入现代文明时代首要的物质基础。原子能的开发和利用,标志着能源的第三次革命,使人类能源开发史又揭开了新的一页。原子能是原子核发生裂变或聚变时释放出来的巨大能量,是原子物理学的研究成果。

知识经济时代起始于"第二次世界大战"后的科技革命。科技革命在20世纪40年代末50年代初从美国开始,后来,逐步扩大到西欧、日本及其他国家,60年代达到高潮。

进入20世纪70年代后,由于发达资本主义国家经济处于"滞胀"阶段,科学技术的发展受到严重阻碍,科技革命一度陷入低谷。80年代初迎来了微型电脑产业快速兴起和发展,电子计算机技术日新月异并且得到了广泛应用,科技革命呈现出新的发展态势。从进入90年代开始,伴随着互联网的兴起,科技革命继续向纵深发展,实现了生产自动化、办公自动化和家庭自动化,滋生一系列的新产业、新产品和新业态,人类社会进入到"信息社会"。

"二战"后的技术革命是以科学革命为基础的。随着自然科学各门类的革命性突破发展,不断涌现新的实验技术以及高精尖设备,人类的"视野"大大拓展。人类的视觉距离已从直径10万光年的银河系扩展到200亿光年的大宇宙;人们的洞察力已从大于10^{-10}米的原子集团深入到小于10^{-10}米的基本粒子内部;自然界中从基本粒子、原子、分子到细胞、生物个体,到地壳、天体、宇宙所有各个层次,都得到了较为深入的了解[1]。

"二战"后技术科学在自然科学理论快速发展的基础上,也实现了全面的飞跃,技术革命出现了一个突飞猛进的新局面。"二战"后技术革命的领域是十分广泛的,成果也是十分繁多的,就其主要的来说有基因技术、信息工程技术、生物工程技术、新能源技术、新材料技术、海洋开发技术、航天与空间技术。现在科技已经在向人工智能深入发展。

"二战"后科技革命规模大,涉及领域广。它不仅仅是个别学科领域里和个别生产技术上获得突破性成果,而是几乎在自然科学所有学科以及生产技术各个领域都发生了重大的变革;不仅使生产工具发生了革命性的变革,而且彻底改变了劳动对象,使人类从依靠自然的馈赠走向了人工合成材料的开发利用。在这个基础上,新兴学科和边缘学科大量涌现,以知识密集为特征的高新技术群体也大量涌现。

"二战"后科技革命最突出的特点是以科学为指导的开展技术革命,以技术革命为动力推

---

[1] 石婷婷.人力资本产权制度分析[M].北京:中国经济出版社,2005:43.

动科学的发展。科学知识转化为应用技术,技术再转化为新产品的时间大大缩短,出现了科学—技术—产品生产一体化发展的趋势。"二战"后科技革命不论是信息技术、生物技术、新材料技术、新能源技术、航天与空间技术还是海洋开发技术都是以知识为基础,都是知识的创新,知识的运用。

可见,知识创新是科技革命的引擎。知识经济时代,知识成为最有价值的资本。

5.4.2 知识资本:中关村成功的坚实基础

中关村国家自主创新示范区起源于20世纪80年代初期的中关村电子一条街,是我国改革开放、体制转型的产物[1]。

中关村是我国第一个国家级高新技术产业开发区、第一个国家级人才特区、第一个国家自主创新示范区,也是京津石高新技术产业带的核心园区。同时,中关村科技园还是我国体制机制改革创新的试验田,被誉为"中国硅谷"。习近平总书记指出,中关村已经成为中国创新发展的一面旗帜,未来要加快向具有全球影响力的科技创新中心进军。

中关村国家自主创新示范区企业经营及科技活动情况见表5-6。

表5-6 中关村国家自主创新示范区企业经营及科技活动情况(2008—2016年)

项目(亿元)	2008年	2009年	2010年	2011年	2012年	2013年	2014年	2015年	2016年
总收入	10 222.4	13 004.6	15 940.2	19 646.0	25 025.0	30 497.4	36 057.6	40 811.9	46 047.6
技术收入	1 693.4	2 093.6	2 478.3	2 845.9	3 403.1	4 032.4	4 837.7	6 623.6	7 580.4
产品销售收入	5 229.2	5 923.6	6 889.6	7 809.4	8 741.9	10 788.4	12 474.2	13 300.0	14 752.5
♯新产品销售收入	3 327.0	3 203.7	3 949.2	3 405.1	3 352.1	4 070.4	4 614.8	4 397.5	4 565.6
商品销售收入	2 398.9	3 689.4	5 032.2	7 161.9	10 077.4	11 339.6	12 832.6	13 339.5	14 522.4

资料来源:国家统计年鉴,http://tjj.beijing.gov.cn/nj/main/2018-tjnj/zk/indexch.htm.

拥有优越的知识资本是中关村取得成功的坚实基础。

中关村是我国科教实力最强、人才资本最为集中的区域。这里坐落着以清华大学、北京大学为代表的高等院校70余所;拥有中国科学院、中国工程院及其附属研究院等国家(省市)科研院所近200所;聚集了北京70%以上的国家工程实验室,50%的国家工程研究中心,以及40%的国家重点实验室;有大学科技园26家,留学人员创业园34家。[2]

中关村聚集了丰富的人力资本。中关村人力资本存量居我国首位,呈现高智高端特征。截止到2016年,中关村从业人员总量达到247.92万人,比上一年增加7%。本科及以上学历人员为103.1万人,占从业人员总数的53.2%。其中,硕士和博士以上学历的从业人员为26.3万人和2.5万人,分别占从业人员总数的10.6%和1.0%。中关村从事科技活动人员达65.7万人,科技活动人员占从业人员总数的26.5%。截至2016年底,中关村有中国科学院和中国工程院的院士共700余人,超过全国的40%。"千人计划"入选者为1400余人,占全市近八成,全国的20%。区域内在校大学生超过40万人。

中关村人力资本还具有年轻化特征。中青年成为中关村创新创业的中流砥柱,2016年

---

[1] http://zgcgw.beijing.gov.cn/zgc/zwgk/sfqgk/sfqjs/index.html.
[2] 聂鲲.中关村人力资本、产业集群与产业共享互动研究中国发展观察,2018(02):36.

30岁及以下的中关村创业者占22.4%,创业者平均年龄为39.1岁[①]。

中关村还会集了大批海外归国精英。拥有368名入选"北京海外人才聚集工程"的国际人才,占全市70%以上。共有158名高尖人才及其团队成功入选"高聚工程"。

中关村涌现出了一大批精英企业家,以百度的李彦宏、联想的柳传志、博奥生物的程京、科兴生物的尹卫东、中星微电子的邓中翰、神雾热能的吴道洪、碧水源的文剑平等为代表的新老企业家在国内外颇具影响力。

中关村涌现一大批科技型企业,规模实力不断提升。2016年,中关村新创办科技型企业2.4万家,是"十二五"初期的5.8倍左右。年收入亿元以上企业3 273家,较2015年增加306家。截至2016年底,中关村拥有65家"独角兽"企业,占据全国半壁江山,在全球排名第二位[②]。

中关村创新成果持续增加,产出效率不断提升。2016年,中关村企业科技活动经费支出为1 972.4亿元,同比增长11.1%。企业专利申请量为69 217件,获得专利授权量为36 336件,同比增长分别为14.2%和4.0%。企业每百亿增加值中发明专利申请量为657.6件、授权量236.4件、有效发明专利量987.8件,遥遥领先于全国平均水平。

中关村具有良好的产学研合作平台,产学研对接互动的程度加深。截至2016年底,中关村产业技术联盟数量达到180多家,平均每年成立20余家联盟;共计搭建共性技术服务平台97个,开展国际化相关活动近100场;累计开展183项课题研究,承担国家重大项目70余项。

中关村拥有丰富的国际竞争的平台和资源,国内外交流合作的程度不断加深。中关村企业积极参与国际合作与竞争,在海外建立销售、生产、研发中心,抢占世界产业技术制高点的前沿阵地。截至2016年底,中关村与20多个国家的30多个世界顶尖创新机构开展技术交流与合作;有将近130家《财富》世界500强企业在中关村设立子公司或研发中心。

中关村积极建设人才创业创新服务体系。2017年,中关村已累计孵化团队1 900个,获得融资743个,融资成功率为39%,总融资额91.04亿元。

目前中关村的创业投资活动十分活跃,其已经成为全球性的风投热点高地之一,2015年,在安永"全球风险投资集聚地排名"中,中关村已经跃居全球第二。

5.4.3 华为公司的知识财富

5.4.3.1 品牌荣誉

2016年,在全国工商联"中国民营企业500强"的榜单上,华为成为榜首。
2018年,《中国500最具价值品牌》华为居第六位。
2018年,美国《财富》杂志世界500强名单中,华为排名第72位。
如表5—7所示。

[①] 聂鲲.中关村人力资本、产业集群与产业共享互动研究中国发展观察,2018;36.
[②] 聂鲲.中关村人力资本、产业集群与产业共享互动研究中国发展观察,2018;36.

表 5-7 华为品牌荣誉(节选)

年份	荣誉	颁发机构
2018	《中国500最具价值品牌》	《福布斯》
2018	《2018世界品牌500强》	世界品牌实验室
2018	500强	美国《财富》杂志
2018	中国品牌价值百强榜(第12名)	中国品牌建设促进会
2017	《2017年BrandZ最具价值全球品牌100强》	Millward Brown
2016	中国民营企业500强(第1名)	全国工商联
2016	2016年度国家科学技术进步奖特等奖	科技部
2015	NFV创新奖、5G最杰出贡献奖	LTE/5G全球峰会(2015)
2015	亚洲通信大奖(2015)	ACA亚洲通信大奖(2015)
2015	"卓越10年安全信息产品"奖(EIST)	行业安全组织ICSA Labs

资料来源:华为官网。

5.4.3.2 人力资本

截至2015年12月31日,在华为约17万名员工中,研发人员所占比例极大,约占总体的45%。华为的员工不仅总数多,国籍和民族也多样,其员工来自全球163个国家和地区,仅在中国,员工就包含了39个民族。

华为17万名员工中海外员工有3.4万人,而海外员工多数为本地人,本地化率达到72%,华为为全球的员工保障在2015年投入比2014年提高了约25%,总数超过了14亿美元。华为业务在2015年超速发展,员工在2016年初已经增加接近1万人,主要集中在全球零售终端阵地和一线人员①。

在华为公司员工的学历构成中,85%以上为本科,硕士博士及博士后占员工总数的70%以上,已经建立了华为公司博士后流动工作站。

华为积极承担社会责任,履行行业职责。截止到2015年12月31日,已经加入了标准组织/产业联盟/开源社区等多达300多个,仅重要职位一项中就担任超过280个。提交标准提案累计达43 000余篇,历年提交量不断递增,2014年和2015年分别超过了4 800篇和5 400篇②。

5.4.3.3 知识产权

华为以92亿美元(约630亿元人民币)的研发投入超过苹果、思科等著名公司,在2016年全球研发投入排名第九。华为注重知识创新和产权保护,早在1995年就创立了知识产权部。在国内的专利申请历年递增,在2004年就超过了2 000件。在国外的专利申请也正在稳步推进,PCT或国外专利累计申请超过600件,在国内外商标的申请中也超过600件。③ 2017年6月30日,华为获得了中国商标金奖的马德里商标国际注册特别奖。

---

① 资料来源:华为官网。
② 资料来源:华为官网。
③ 资料来源:华为官网。

2018年7月10日,在国家知识产权局2018年上半年发明专利授权量排名中获得第一名,共有专利授权量1775件。2019年3月19日,世界知识产权组织发布的年度报告显示,华为公司的专利申请量在企业中位居全球第一。如表5-8所示。

表5-8 华为十年专利申请情况(2006—2015年)

年份	累积申请专利数	累积申请中国专利数	PCT值	获得专利授权数
2006	19 187	—	—	2 742
2007	26 880	—	1 365(当年数、世界第四)	—
2008	35 773	26 005	1737(当年数、世界第一)	—
2009	42 543	—	—	—
2010	49 040	31 869	8 892	17 765
2011	57 972	36 344	10 650	23 522
2012	68 895	41 948	12 453	30 240
2013	77 514	44 168	14 555	36 511
2014	72 636	48 719	—	38 825
2015	83 163	52 550	—	50 377

注:PCT(Patent Cooperation Treaty)是指专利合作条约。
资料来源:国家统计年鉴。

5.4.3.4 研究开发

科研投入方面,华为近年来不断加大研发投入,近十年来累计投入的研发费用超过人民币2 400亿美元。2014年,华为投入研发经费约为408亿元人民币,占当年销售收入的14.2%;2015年,华为研发投入经费为596亿元人民币,占2015年销售收入的15.1%;2016年研发投入费用630亿元人民币,已超过苹果、思科等科技巨头,位列全球第九[①]。

研发机构,华为共设立了17个研究所,分布在国内及美国、俄罗斯、瑞典、印度等海外国家,各个研发中心的都有不同的研究方向和侧重点。华为公司通过构建国际化同步研发体系,汇聚全球的人才、技术以及经验进行产品研发,使得其产品及技术与全球同步。

同时,华为注重在全球化过程中推行员工的本土化,投入大量资金共设立了36个培训中心,这些培训中心遍布全球并为所在地区或国家培养了大量的技术人才。

5.4.3.5 专业认证

华为品牌专业认证(部分)如表5-9所示。

---

① 资料来源:华为官网。

表 5—9　华为品牌专业认证（部分）

专业类别	工程师级	资深工程师级	专家级
路由和交换	HCNA	HCNP	HCIE
安全	HCNA—Security	HCNP—Security	HCIE—Security
无线局域网	HCNA—WLAN	HCNP—WLAN	HCIE—WLAN（待发布）
传送网	HCNA—Transmission	HCNP—Transmission	HCIETransmission
接入网	HCNA—Access Network	HCNP—Access Network	
联络中心	HCNA—CC	HCNP—CC	
视讯	HCNA—VC	HCNP—VC	
云计算	HCNA—Cloud	HCNP—Cloud	HCIE—Cloud
储存	HCNA—Storage	HCNP—Storage	HCIE—Storage

5.4.3.6　出版物

主要有分享商业成功案例和经验的《营赢》杂志、提供技术和客户关系解决方案的《华为技术》、追踪 ICT 技术热点的《ICT 新视界》以及传递华为的核心价值观和人文精神的《华为人报》等。

本章小结

知识是人类认识的结晶，是人类劳动的成果，知识无处不在。当知识资产被投入市场运动，能够转化为市场价值，成为价值增值的手段时，就转化为了知识资本。本章围绕知识资本在自主创新的核心地位和作用进行论述。

首先，在分析知识资本基本理论，包括知识资本的内涵、特征、构成及功能。其次，在理论分析的基础上，深入分析了知识资本对自主创新的核心作用。表现在一是知识资本是价值形成和增值的新基石；二是知识资本是创新活动必需的母细胞；三是知识资本是企业和国家核心竞争力的本源；四是知识资本是企业超额利润的主要来源。再次，在此基础上进行实证分析。对我国各省市的创新发展和知识资本进行水平评估，寻找两者之间的内在相关关系。最后，选取中关村、华为公司等做案例分析，进行经验检验。本章是四维资本驱动理论模型的重要支撑之一。

第6章 文化资本:自主创新的引领者

"文化是科学技术进步的母体,是经济社会发展的先声","任何创新活动都离不开创新性的文化环境,古往今来的中外亦莫不如此"(陈长杰、翟涛,等,2013)。从某种程度上说,一个经济繁荣、技术创新活跃的新时代,人文创新是必不可少的,创新文化的繁荣也是不可或缺的。

从人类社会发展的历程来看,任何一个进步的变革时期,任何一个创新活跃的时期,无一例外都有赖于一种创新文化的激励和引导。始于14世纪的文艺复兴运动,要求用人性取代神性,恢复人在世界的主体地位,实际上是一场人性解放的人文主义运动。这场文艺复兴运动导致了人们思想的大解放,最终促进了包括天文学、物理学、数学、化学、生物学等科学领域的大发展。

著名科学史家、科学社会学家罗伯默顿在深入研究为什么第一次技术革命发生在英国后发现:"世间存在的一切都不是自发生成的,其先决条件业早已深深扎根在哺育了它并确保着它的进一步成长的这种文化内部",特别是"17世纪英格兰的文化土壤对科学的成长与传播是特别肥沃的"[1]。

一些学者在对美国硅谷的成功奥秘进行研究后发现,硅谷成功的关键不在于产品的先进性,而在于创业的文化环境和企业的创新文化,"硅谷作为一个成功的高科技企业聚集地区的优势在于它有一种使创新精神转换成科技创新的环境条件"[2]。比尔·盖茨也认为,微软的成功与企业文化有莫大关系,微软的企业文化高度重视营造一种激励创造性思维和发挥员工最大潜能的氛围。

在实行自主创新的创新驱动发展战略过程中,文化的力量非常重要而强大,可以说,文化是引领创新不可替代的软实力,是创新发展的引领力量。

6.1 文化资本概述

文化是一个相当复杂的概念。目前世界上对于文化的理解还没有达成完全统一的认知,仁者见仁、智者见智,每一个群体甚至每一个个体都可能产生对文化不同的认知。

---

[1] 罗伯特.金.默顿.十七世纪英格兰的科学、技术与社会[M].北京:商务印书馆,2000:89.
[2] 李钟文,威廉·米勒,等.硅谷优势——创新与创业精神的栖息地[M].北京:人民出版社,2002:3—7.

6.1.1 文化的含义及特征

6.1.1.1 文化的含义

"文化"是一个古老的词汇,在东西方词源中有着不同的含义。在汉语中,文的本义指色彩交错的图形,或纹理、花纹。所谓"物相杂,故曰文"[1]"五色成文而不乱"[2],引申为文字、文章、文采,也用于指礼乐制度、法律条文等。《说文解字》解释到"文,错画也,象交叉",也就是颜色交错的意思。

"化"字本义为变易、生成、造化。如"男女构精,万物化生"[3]"和,故百物皆化"[4]。"化"指事物形态或性质的改变,所以"化"可以引申为使人改变、教人向善。"文"与"化"两字组合使用,"文化"的本意是"文治和教化",就是指以礼乐制度来教化百姓。在西方语境中,"文化"(德文 kulture,英文 culture)一词来源于拉丁文 cultura,原义是指农耕及对植物的培育,指"土地耕作""动植物培育""教习""开化"的意思。

15 世纪以后,逐渐引申出教化、修养、文雅、智力发展和文明等诸多含义。在 19 世纪末,人类学家首次提出了现代意义上的"文化"概念。文化开始意指"一种物质上、知识上和精神上的整体生活方式"[5]。

以上分析可见,"文化"一词的中、外两个来源异曲同工,指的都是人类精神层面上的社会现象,或者泛指人类所缔造和发明的一切物质资产和非物质资产的总和。

如果我们对这些文化定义进行归纳整理,大概可以得到如下五种不同的含义。

①文化即知识。这是一种常见的日常用语习惯,常常把文化等同于知识。

②文化体现为一种人文素养。是表现为知识产品形态的思想道德观念、认识观念、精神文明、价值观等人文素养。

③文化表示一种生活方式。这种生活方式是由观念、习惯、风俗、社会规范等组成的被社会群体所遵守的一种行为方式或生活方式。

④文化包含人类所缔造的一切物质财富和精神财富。

⑤文化即一种教化。这种教化是一种过程,一个包含了精神层面上的文明力量对人类自身的潜移默化地影响与塑造过程。

可见,文化含义多种多样,具有广义和狭义的区别。广义上,文化概念一般泛指一切与人类有关的劳动成果与成就,包括全部物质财富和精神财富;狭义上,文化概念则特指扎根于人类心底深处的思想、观念、精神、信仰、习惯、意识等。

文化是社会的产物。文化是由人类在长期实践活动中不断改造自然和塑造内心所形成的产物,是人类智力和能力进化的痕迹,因此是一种社会现象;同时,文化是历史的产物。文化是人类社会从古至今发展而来的历史文明的沉淀,因此是一种历史现象。总而言之,文化的内涵可以认为是人类进化过程中对整个客观世界的感性认识和理性经验的积累与升华。文化

---

[1] 《易·系辞下》。
[2] 《礼记·乐记》。
[3] 《易·系辞下》。
[4] 《礼记·乐记》。
[5] 韦森.文化与制序[M].上海:上海人民出版社,2003:9.

可以存在于客观物质之内但又游离于客观物质之外,文化是一种意识形态,这种意识形态是人类之间普遍认可的,能够进行交流与传承的。文化的外在表现形式是人类历史、人文地理、风土人情、风俗习惯、各民族的生活方式、文学艺术、人们的行为规范、思维方式和价值观念等。

各个国家或者民族由于各自的历史、地理位置、生活环境、传统习俗都各有千秋,因此,世界上的文化灿烂而多彩。

根据研究目的,本文所指文化是指有利于创新的文化,主要指创新政策、创新制度、创新传统、习俗以及人类精神层面的内容,如人类的理想、信念、价值观、精神追求、心理倾向等。

6.1.1.2 文化的特征

(1)民族性

文化具有民族性或差异性,人们都普遍认同。的确,不同民族的文化丰富多彩,各具特色。美国人类学家露丝·本尼迪克认为文化好比个人,"或多或少有一种思想与行为的一致模式",即每一种文化都具有内部的一致性,每一个民族都秉承一种独特的价值观;在这种价值观的驱使下,个体之间的异质性也逐渐被统一在共同的目标之下,由此看来文化有助于培养民族认同感[①]。例如,所有人类社会的文化都有关于"美"的认识,但是具体到某一个文化形态下,"美"的表现形式却不尽相同。汤加以肥胖为美,越南京族以牙黑为美,我国古代以小脚为美,缅甸克伦族人以长颈为美。汉语语境里,"红色"无疑象征着"喜庆、热情、红火"等,但在英语语境里,red 一词则多与"血腥、危险、警告"等联系在一起。又如,在中国祖父母一般会帮儿女抚养、照顾孙子女,在美国、加拿大等国家祖父母则没有这种义务。

当然,文化的民族性也不是绝对的,而是有着主流和非主流之分。文化的民族性指的是社会成员内部所表现的相对共性而不是绝对共性。其内部,也不是均质的,而是充满了矛盾和冲突。但是这些不和谐的现象并非主导因素,文化作为一个具有内在一致性的符号系统,虽然表现形式具有多样性,正如一个群体内部的信仰、道德准则、价值观念等具有差异性,但是每一种信仰都是自身文化核心理念的践行者。

(2)普适性

普适性是指任何一种人类文化都包含有物质的和非物质的因素。无论是国与国之间的文化,如中国文化、美国文化、日本文化,还是具体的某种文化,如嫁娶文化、茶文化、酒文化等等,外在表现方式虽然千差万别,但它们都从细节上体现了某种物质或非物质的因素。比如美国人崇尚个人主义价值观,有着强烈的个人使命感;中国人民长期受到天人合一思想的熏陶,在人际交往时讲究"老吾老以及人之老""和谐统一"等礼仪。可见,不同民族的价值观及其表现方式可能有所不同,但是文化自身所包含的内容却具有一致性。此外,随着文化间的融合、趋同,对真、善、美的追求和认可已经成为人类共同的价值观。文化的普适性还体现在文化的变迁上,任何一个民族的文化都不可避免地会经历文化变迁的几个阶段,从野蛮、未开化走向文明,从不完美走向完美。

(3)动态性

文化具有动态性。不仅一个民族或国家内部的文化是不断发展变化的,而且随着社会媒介的发展,不同文化之间的交流也越来越便捷,因此,文化之间的相互影响从广度和深度上

---

① 刘荣,廖思湄,等.跨文化交际[M].重庆:重庆大学出版社,2015:22.

较之以前都有了较大的发展。比如"土豪"一词的一夜蹿红,把"土豪"一词原有的词义已经从贬义转向中性,成了有钱人的代名词,而不再仅指旧社会地主阶级中剥削农民的土豪劣绅。此外,文化的动态性还表现在,不同民族文化之间并不存在无法逾越的鸿沟,随着跨文化交流的频繁和深入,高语境文化与低语境文化之间的界限也越来越难以分辨。例如,我国作为高语境国家,过去,人们在接受他人称赞和表达爱情时,都是比较迂回、含蓄的,但现在,由于受到西方文化的影响,在我国,人们也逐渐采用低语境文化的话语方式进行交流,大方地接受称赞,大胆地表达爱情。

(4)习得性

文化是后天习得的,不是先天继承的。感知器官等只是为人类提供了认识文化的生理基础,后天的社会环境则决定了人们的文化归属。文化制约着人们的行为活动,人们在日常生活中的一举一动、一言一行都受到文化的制约,因此而浸染文化的熏陶,逐渐习得文化习俗。但是尽管文化制约着人们的行为活动,当人们从一种文化进入到另一种完全不同的文化时,在这个转换的过程中,也会习得新的文化认知和行为习惯。

6.1.1.3 文化的结构

对广义文化的分类,有"两分法"、"三分法"和"四分法"等不同的分法。"两分法"把文化分为两类,即物质文化和精神文化。

"三分法"把文化分为物质、制度和精神三个层次。1983年,Wallach 清晰明了地定义了三类企业文化:创新型、支撑型及官僚型文化。他认为这三种文化均是独立且可以测量的企业文化。表6-1为 Wallach 关于企业文化的三种类型。

表6-1 企业文化的三种类型

文化类型	特征
官僚文化	规矩意识强、基础牢固、等级分明、组织严密、结构稳定、责权边界明确;文化中的人们讲规矩、下级服从上级行事谨慎,权利倾向明显
创新文化	核心内涵是激励探索、鼓励创新、包容个性和宽容失败;文化中的人们富有创造性、冒险性、挑战性、有进取心和有动力,成果显著
支撑文化	环境宽松和谐、激励、诚信、公平、安全;文化中的人们关系亲密、相互合作、富有安全感

辜秋琴(2008)、成良斌(2011)将文化分为物质(器物)层次、制度层次和精神层次(见图6-1)。

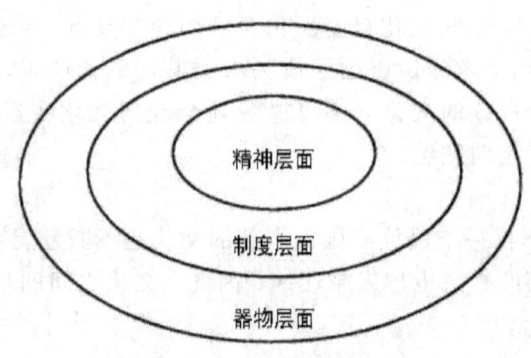

图6-1 文化结构层次

器物层面，是指企业文化表现出的物化形式或者物质形态的外在展现，主要包括企业标识、企业器物、企业环境三方面的内容。

制度层面，是以制度的形式呈现，它是指文化的主体将其文化精神内涵通过制度的形式加以呈现，同时也是一个使精神内涵被政治化、规范化、制度化的过程。例如经济制度、政治制度、教育制度、科技制度等方面的各种规章制度。

精神层面，这是企业文化系统的中枢，以思想道德和意识等精神形式呈现，是一个组织中全体成员共同遵守的行为模式和共有的价值标准、态度、信念、行为规范等，最核心的内容包含思想道德、精神追求、价值观、世界观、人生观等。例如，从员工个体所反映出的企业主体的世界观、人生观、价值观、认识论、方法论、思维方式、道德观念和民族精神等。

以上三种不同层面的文化类别共同构造出一个以精神文化为内在核心、器物文化为外在表现、制度文化为关键连接点的文化共同体，三者唇齿相依、息息相通、互为表里，具有显明的稳定性、区域性和内渗性。制度文化以物质文化作为基础和必要工具；精神文化是物质文化和制度文化的存在基础和动力源泉。

总体来说，特别值得注意的是，文化是一种精神层面上的抽象物，它是客观物质世界在精神层面上的反映，并随着客观物质世界的改变改变。客观物质世界是文化形成、演变、沉淀的基础。各个特定社会时期和条件下形成的精神内涵的总和，诸如哲学、政治、宗教、道德等，都构成了文化背景；而文化背景一经形成，则反映着一个民族的思维方式、价值取向、伦理观念、精神风貌，对人类社会的发展和进步产生重要的影响。但是，作为精神层面上的抽象物的文化，又必须凭借和依靠某些具有物质形态的具体事物得以呈现。整个文化系统都无法摆脱物质、规则、制度和行为等条件，文化所承载的价值、信念和理想，都需要通过一系列具体事物的来加以展现。

图6-2反映了文化系统的构成部分、构成部分之间、表现层次和表现形式之间的具体关系。

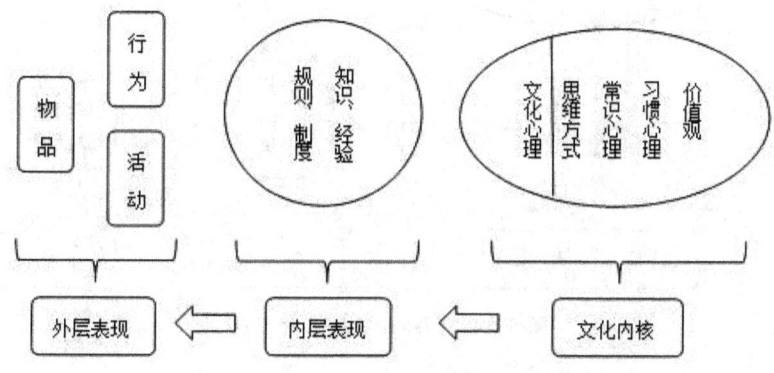

图6-2 文化系统的基本内容、表现层次与形式

"四分法"，李思屈（2014）把文化分为器物、制度、风俗习惯、思想和价值四个层次。其中，器物文化是可感知的、具有物质实体的文化事物；制度文化是人类通过制度设计构建形成的。人类在社会实际经历的过程中创造建立的各种社会行为规范统称为制度文化，包含了人类社会构建的各种制度形态。如社会经济制度、政治法律制度、教育、科技、卫生制度、宗教制度、社团制度、家族制度、婚姻制度、企业制度等；表现于人类日常中生活方式和行为方式，具有民族性格特点和地域特色的风俗习惯、风土人情，被称为人类的行为文化层；思想、价值层次文化由人的价值观念、审美情趣、思维方式等构成,具体表现于艺术、宗教、道德等形态,这是文化的核心部分。

本文的文化主要是指构成文化内核系统的精神文化和价值观文化,如图 6-3 所示。

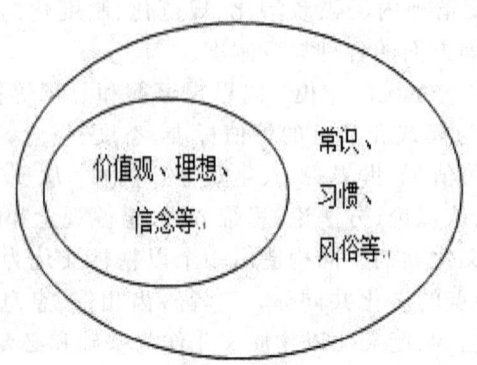

图 6-3 文化内核系统的内容及层次

创新系统的文化结构如图 6-4 所示。

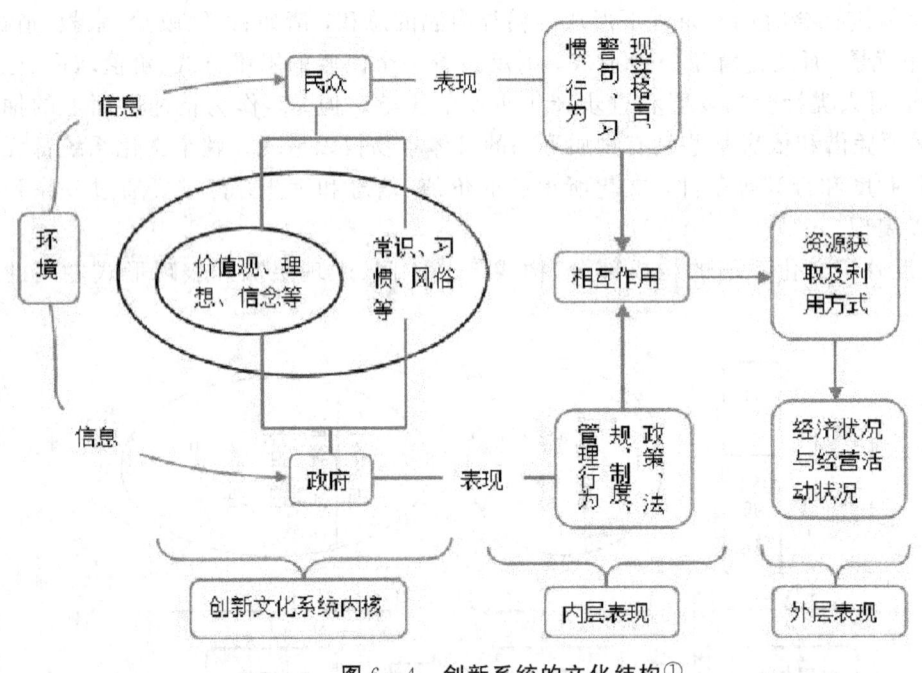

图 6-4 创新系统的文化结构①

6.1.2 文化资本的内涵

6.1.2.1 文化资本的定义

"文化资本"这个术语很早就有人使用,但文化资本理论的盛行是始于法国社会学家的布尔迪厄的论述。1989 年,布尔迪厄在《资本的形式》(*The Forms of Capital*)中提出文化资

---

① 王平聚.深圳创新文化系统的形成与演变研究[D].北京:清华大学博士学位论文,2014:31.

本理论。从那以后，文化资本的概念和理论在许多学科中产生了重要影响。

布尔迪厄认为，文化资本的定义不宜过于确切。文化资本概念的发展会因为定义过于精确、封闭而受到制约；文化资本的本质也会因为定义过于精确、封闭而被部分掩盖甚至是扭曲。文化资本的概念应当在开放中不断深化和发展。思罗斯比于1999年发表《文化资本》一文，将长期以来属于社会学领域的"文化资本"概念首次引用到现代经济学的领域。思罗斯比论述道："文化资本是以财富的形式概括展现出的文化的价值的成果积累。这种积累可能会进一步引起物品与服务源源不断的流动。在这个过程中，文化凝结成了自身拥有经济价值和文化价值的商品。"[①]

由此可见，当一种文化上升为经济资源，能够带来价值增值时，就转化成了文化资本。因此，文化资本的基础和载体仍然是文化本身。

根据研究目的，我们认为，文化资本是指表现在文化资源层面上的，具有获得或取得实际收益的潜在的能力或价值的经济资源，是未来收益的资本化。从表现形式上看，文化资本与文化能力、文化知识和文化定位的形式密切相关，文化资本的所有者象征着在某个专门领域或范围内获得了一种富有强大力量的文化权利资本。

文化资本的载体是"文化"。[②] 文化资本的形成是投资的结果，既是货币形式投资的结果，又是非货币形式投资的结果。前者如通过各种教育、培训和有关文化活动来建立正式规范、设计企业形象等，形成组织的主导价值观；后者如领导风格、精力、时间和关注程度等，形成组织的日常观念。文化资本直接影响到组织成员达成共识的难易程度、组织气氛和凝聚力，而这些又成为影响组织结构正运行及其有效性得以发挥的重要潜在因素。

6.1.2.2 文化资本的形态

关于文化资本的形态，前面在论述文化的结构时已有所涉及。从存在形态上看，布尔迪厄所论述的文化资本形态有三种类型。

第一，"具体形态的文化资本"。即表现形式为肉体和精神中蕴含的长期持久的"性情"，是文化知识和文化素养在人身上的具体体现，通过教育而获得，大体相当于经济学、管理学中的"人力资本"。

第二，"客观形态的文化资本"。即以文化产品等形式客观存在的文化形态，例如相片、书籍辞典、工具、机器等，这些产品是理论的物化形态。

第三，"制度形态的文化资本"。即以需要另外区别对待的一种制度形式存在的文化形态，例如人们在学历教育和教育资质认定中所看到的那样。

借鉴前人的研究，可以把文化资本分为以下三种形态。

（1）主观形态。这是与个体连在一起的文化资本，是人的精神和身体合二为一的产物。其存在形式是人的精神层面或者肉体层面所体现出来的一种持久的"性情"，包括自身知识、家庭教养、长期形成的气质趣味和非理性等方面。主观形态的文化资本主要反映了个人的文化修养和文化积累，这种文化修养和文化积累构成个人发展的增值因素。

（2）客观形态。是以如书籍、字词典、古董文物、工具器物等文化产物的物质形态客观存在的文化形态。客观的文化资本形态是文化产业、企业组织与国家创新发展的价值源泉。

[①] 戴维·思罗斯比，潘飞.什么是文化资本？[J].马克思主义与现实，2004(1)：50-55.
[②] https://baike.baidu.com/item/%E6%96%87%E5%8C%96%E8%B5%84%E6%9C%AC.

(3)制度形态。这是一种附着于制度的资本性文化载体。从个人层面来说,是将行动者个人所拥有的文化积累和文化修养,包括知识与技能,通过某种制度的形式来加以认证,使其具有客观的物质形态。如个人通过授予资格证书、文凭学历等方式将其内在的文化积累和文化修养进行制度化。从企业、区域、整个国家来说,就是以法律、政策文件、契约协议等载体进行表现的文化内涵,这种文化内涵将给企业、区域、整个国家带来增值性收益。而且通过制度化的方式,个人层面的主观文化资本形态也会向集体层面客观形式文化资本转换。

根据研究目的,本文中所指创新文化资本形态主要指承载创新文化资源的精神产品,尤其是价值观文化的范畴,包括人的价值观念、理想信念、人生信条、精神追求、传统习惯和风俗等。尤其强调创新价值观、创新理想信念和创新精神追求。

6.1.2.3 文化资本的特征

文化资本作为一种资本形式,具有资本的一般属性,在一定程度下可以表现为物质形式,主观和客观上都追求利润的最大值。但同时其又包含了"文化"二字,又具有文化方面的特殊性,主要有以下特征。

(1)增值性

增值性是针对于文化资本的资本属性来说的。文化资本是以追求利益的最大化和追求增值为根本目的,但又不是完全追求剩余价值或利润。

因为文化资本兼具资本和文化的双重属性,决定了它的增值特性不仅能促进创新和经济的发展,也能带来文化方面财富的增加。

从微观来看,在企业中,文化的力量非常重要。科龙电器股份有限公司借用爱因斯坦相对论公式,阐释了"企业文化相对论":

$$E = MC^2$$

其中,E(Enterprise)代表企业的生存发展力;M(Market)代表企业对市场的反应力(适应能力和应变能力);C(Culture)代表文化力的平方(有形文化和无形文化)。用文字表达出来就是:企业的生存发展力=企业对市场的反应力×文化力^2。

由此可见,在企业经营业绩和开拓自身能力的领域,企业文化起到了乘积效应的作用。企业文化是凝聚作用、激励作用、约束作用、导向作用、辐射作用的综合载体。这些作用在当今社会激烈的竞争环境中越来越强烈地展现出来,成为决定企业存亡兴衰、发展倒退的关键因素。

从宏观上看,经济的运转依靠文化生态系统的支撑,进而影响人们的选择甚至他们的行为方式。比如对文化遗产来说,如果让文化遗产自行衰落,不进一步进行必要的投入用以维系从而增加这类无形文化资本的价值,任其发展,那么就不能维系文化遗产被人们所认同的文化价值。这种忽略文化资本的举动极有可能导致文化体系的衰落和崩溃,其结果必然导致经济产出和社会福利的大量损失[①]。

(2)物化性

物化性是指文化资本必然具有特定的器物形态和具体的现实载体。虽然价值观念、思想信仰及精神追求等表现上是没有具体的物质形态的,但通过某种特定的物品、言谈举止或是

---

① 参见 Costanza(1991,pp.168,17)的著作及国家研究委员会的研究成果。

储存信息的媒介手段等，文化资本可以得到充分的展示。因此，文化资本的存在形式具有很强的物化性。文化资本的结构，包括它内含的成本基础、形成的路径依赖、资产专用性等，一经形成就容易固化定型，难以改变。

也正因为如此，大量承载了特定文化观念的历史遗迹、家庭传统、生活习俗、民族习惯等往往都有着固定的存在结构，在社会发展中被维持或被缓慢地打破重构。即使在变革时期，这些结构可能处于迅速的变化中，有时甚至非常激进，但总体来说，这种改变是一个渐进的历史过程。

（3）抽象性和难以量度性

如前所述，从形式上文化资本更多地体现在精神层面，因此它具有抽象性、无形性。正因为这种抽象性和无形性的存在，使得文化资本非常难以度量。从价值上看，无疑文化资本具有货币价值，但其存在形态却是非货币形式的。也就是说，用货币一般是无法计算出文化资本内在价值的。文化的价值很难用货币形式来加以计量，它的基础价值，尤其是价值增值，是很难用客观指标来量化的。这一点，是它与物质资本的本质区别。同时，文化资本也不同于人力资本。虽然人力资本也不能用货币形式直接进行价值衡量，这一点与文化资本存在共性，但是人力资本是投资而来，在应用过程中表现为投入的可以衡量的体力、脑力劳动，因此，在某种程度上能够用相关的客观指标对其进行价值衡量，比如劳动时间的耗用、劳动产出的多少与好坏等。然而，鉴于文化资本更高的抽象性和无形性，使得难以用客观指标来等价衡量，抑或可以说是缺乏明确的度量尺度。

（4）扩展性

文化资本是文化积累或投资的产出和结果。文化积累或投资的过程，也是整个文化价值体系在不同领域和方面不断扩展和延伸的过程，其实质就是文化价值体系的不断扩展。事实上，文化资本的积累是一个动态的历史过程，随着文化价值体系的进一步扩展延伸与包容、否定与扬弃，文化资本得以不断积累、多元、丰富与优化。

6.1.3 文化资本的功能

6.1.3.1 内化功能

文化资本的首要功能是通过"内化"来塑造人的个体与群体的行为模式或规范。"内化"是指一些文化规则久而久之对人的心理和行为形成长期持续的定格。"内化"是一个非常重要的概念。这种"内化"功能不是一种强制功能，并不一定具有外在的强制力，而是久而久之，习惯成自然，使个体或群体能自动实施由文化资本规定的行为规范。

文化资本塑造人的个体与群体的行为模式的过程，是伴随着人际关系群体形成过程实现的。也就是说，对文化资本的各种规范有共同认知、共享的人形成各种人际网络、阶层和团体。

6.1.3.2 塑型功能

即塑造人格的功能。从小的方面说，塑造个体人格；从大的方面说，塑造团体和社会人格。文化在很大程度上规定了社会人际网络的构建过程、构建方法、构成内容与规模，由此也大致规定了这种社会网络中所嵌入的资源性质、资源数量与资源流向，促成各种社会人际网络的连接与分化。

文化资本在一定程度上塑造了个人的心理与行为。每个人都是身处在具有文化物质的人文化世界中，为避免风险和损失，遵循既有的制度才会获益。因此，原有的行为会受到巩固和强化，从而文化资本就在一定程度上塑造了个人的心理与行为。不仅如此，文化资本还塑造着群体、团体，乃至阶层、阶级的交往和交易规则。

文化更多的是群体生存活动的产物，它被这一群体的成员所认同遵循。可以说，特定的文化资本是特定人际群体的"社会印章"，是其成员持续性行为的规范指南。各种自发形成的群体或团体，往往不是根据明显的法规、律令来制约，"而是经由一套团体中每一个成员内化的伦理习惯和相互约束的道德义务所凝聚而成"①。

6.1.3.3 导向功能

所谓导向，就是疏通和引导，通过文化塑造个体的价值观，把个体引导到组织所确定的目标上来。

一是思想政治导向。通过文化的教化，使组织各个个体形成统一的政治倾向。二是目标导向。以组织的奋斗目标引领个体行为，个体行为围绕着组织的总目标而开展。三是利益导向。就是引导个体塑造正确的利益观。四是道德导向。是指运用正确的道德规范和道德准则对个体的道德品质和行为进行引导。

6.1.3.4 激励与磨砺功能

积极向上的思想观念及精神追求是自我激励的标尺，有助于个体形成自强自信的信念、形成强烈的使命感和持久的驱动力，从而加倍提高知识学习和技术创新的主观能动性和积极性。创新型文化具有使企业成员从内心产生一种奋发进取的精神和高昂情绪的效应。

同时，文化还具有精神磨炼和迁移功能。创新文化能够通过磨炼创新者的创新精神，提高创新者和普通劳动者的素质。创新意识就是文化所造就的一种意识，这种意识使人不自觉地将创新变为内在习惯和自觉行为，从而表现出积极的创新精神和创新素养。创新是一个艰苦的探索过程，不是一帆风顺，更不是一蹴而就。"实验研究反复的证明，无论在哪类行业，技术含量低的行业也好，技术含量高的行业也罢，从创意产生到商业上尘埃落定，平均算来都要10—20年之久，否则则不得。"②

文化意识是一个不断养成的过程，对于一个促进创新的文化环境，人们更容易培养出自己的创新意识。比如德国人做事严谨、细致的文化造就出许多优秀的哲学家。而这种文化一旦在一个领域、一个地区形成，就可以作为模板不断向其他领域迁移和渗透。

6.1.3.5 凝聚功能

价值观是企业文化的核心。用良好的企业文化培育企业的员工，可以在潜移默化中使员工建立起共同价值观念，形成对企业集体的价值认同感。正是这种共同价值观和集体认同感，使全体企业员工深切地意识到企业发展是他们集体的共同利益，使员工能把自己的个人命运同企业的前途牢牢地结合在一起，将自己的个人利益与企业的利益紧紧地联系在一起，使自己个体的力量与集体的力量一致，结成一个整体，形成一股合力，朝着一个共同的目标努力拼搏、鞠躬尽瘁，死而后已，从而有利于实现创新目标。"一根筷子不经折，十根筷子难

---

① 福山.信任——社会道德与繁荣的创造[M].内蒙古：远方出版社，1998.
② 刘朝臣，鲍步云.创新文化论[M].合肥：合肥工业大学出版社，2008：31.

折断。"

文化通过形成群体心理使企业员工紧紧凝聚在一起。人类的态度、知觉、习惯、动机、期望、信念等心理因素共同构成人类社会的群体心理基础。企业文化正是以种种微妙的方式来传递信息，沟通企业员工的思想，融洽他们的感情，陶冶他们的情操，培养他们的作风、信念、理想，从而激发他们的群体心理和群体意识。

6.1.3.6 调节功能

体现在对组织个体的情绪调节上。组织个体在生产、生活中，随时随地都可能体验到愉快、忧愁、厌恶、愤怒、恐惧、嫉妒和羞愧等情绪。这些喜、怒、哀、乐就是个体的情绪和情绪体验的不同表现形式。情绪对人的行为往往产生重要影响，使人或积极，或消极，或悲观，或乐观，从而产生不同的工作态度，影响生产和创新绩效。

文化是润滑剂。创新文化建设的一项重要作用，就是要对组织个体由于受所处的内外环境的刺激，以及由这种刺激所引起的心理、情绪震荡进行有效的调节，弘扬正能量，使人形成积极向上的工作态度。

文化是黏合剂。能减少组织内部的摩擦和消耗，形成良好的人际关系，增强内聚力，使全体员工团结一心致力于组织的发展。

图6-5显示了企业文化的主要功能。

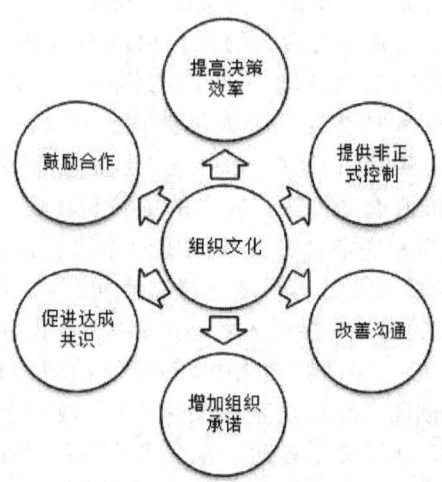

图6-5 企业文化的主要功能

企业文化是一种精神软实力，包括竞争力、导向力、凝聚力和约束力。企业文化所形成的价值导向和创新氛围，能将分散的、不同类型的人才集结成为一个整体，起到调动和激发企业员工的积极性、主动性和创造性的作用，将一颗颗分散的"珍珠"串成一整串漂亮的"项链"。

6.2 文化资本对自主创新的引领作用

本文的文化资本主要指创新文化。创新文化是指在一定的社会时期历史条件下，企业所独创的创新型物质财富和精神财富的总称。这些财富具有该企业的鲜明特点，诞生于企业在技术创新过程和创新管理活动的过程之中。具体内容有企业新的价值观、企业新的准则、企业新的规章制度、企业新的物质文化、创新环境等。

创新文化作为社会或团体共有的创新的思想观念与制度安排，反映出了一定的社会及其成员对创新持有的态度与立场。这种态度与立场深刻地影响着整个社会的创新能力的提升、创新潜力的激活及创新绩效的实现[①]。

创新文化系统的作用是能够重新配置和组合可支配创新资源和力量，使这些可支配资源和力量得到优化配置，从而发挥更大创新推动作用。

文化是软实力，是现代竞争中的重要力量。现代企业竞争的成败主要取决于企业是否拥有雄厚的文化资本，而不再仅仅取决于商品的价格高低、质量好坏或者规模大小。事实证明，企业要能成为众多竞争者中真正的强者，必须借助于其文化资本的优势。文化不仅是构成企业资本范畴之一，也是一个国家竞争实力的重要支撑，是提升国家综合竞争力的资本之源。

6.2.1 创新文化是科技创新的精神土壤

6.2.1.1 创新文化价值观是激发创新的永恒信念

人是靠价值观支撑其精气神的。人们对其周围的人、事、物的总看法和总评价，就是所谓的价值观。价值观是人们对社会存在的反映。价值观是社会成员用来评价事物、现象及行为的准则，人们在价值观的支配下自主选择合意的目标。人们在社会生活的各个阶段与领域中所做出的社会行为，都被自己拥有的价值观所支配和调整。

但价值观并非先天性的，而是通过后天的社会化培养而来，其中对个人价值观的形成起着关键作用的是其所在的学校与家庭环境、所处的工作环境，以及其他社会环境等。

价值观具有相对的稳定性和持久性。个人价值观一旦确立，便形成人一定的价值取向、心理定式和行为定式，在特定的时间、地点、条件下，是不易改变的。但是从群体和社会整体的层面来看，社会或群体的价值观又将随着人员的更替和环境的变化发生动态变化。

价值观对人所做出的行为和决定具有极其重要的作用。价值观具有引导个体行为、帮助个体做出决定、解决冲突和矛盾以及针对个体达成自我实现起到激励等功能。包括：标定人生方向，引导人生道路；左右人的知觉，决定人的态度；评判自我价值，支配人的言行；积极作用于世界观，塑造人格特征；等等。在创新文化中，创新价值观是其核心要素。

企业的长期战略是不断创新，创新是企业文化、价值观和企业家精神的表现。企业创新文化的核心价值就是"创新"，创新文化有助于企业发生与维持创新及创新行为，有利于提高创新效率和取得创新成果。

创新文化价值观的核心是开拓创新、突破陈规、积极探索、鼓励创新、追求新奇、激励冒险和挑战、弘扬学习、承受压力等。企业创新文化就是培养一种价值取向，这种价值取向是面向整个市场和社会；也是培养一种精神，这种精神是百折不挠、自我革新、追求完美、高效的务实精神。

一个国家的科学文化战略制约着人们创造的积极性，规定了整个社会出现创造型人才的性质、规模和方向。

6.2.1.2 创新文化意识是引发创新活动的"生长素"

创新文化具有以下五种意识：

---

① https://www.xzbu.com/8/view-11173165.htm.

(1) 风险意识

风险意识是指主体对风险的感受、认识以及由自身利益与风险之间的关系而产生的对技术创新风险的态度。创新文化鼓励人们要有风险意识,认识风险、直面风险,学会规避风险而不是畏惧风险,更重要的是以风险为契机,寻求创新的可能,实现更大的收益。

(2) 奉献意识

对物质资源依赖性强、涉及面广、周期长、难度大和风险高等是创新具有的特点,因此,从事创新活动要求必须要有奉献意识。一个企业正是有了奉献于社会和消费者的意识,才会积极开展消耗庞大的创新活动。一个企业的产品创新,不仅仅需要融合多项复杂的技术,还必然会涉及广大的社会消费者群体。一个企业的机制创新,甚至会波及整个社会。一个企业要能处理和协调好各个方面的关系,实现创新目标,没有奉献意识是不可能的。

(3) 竞争意识

企业创新的内在动力是风险意识,企业创新的外在动力则是企业所处的竞争环境。一个出色的企业,其企业创始人或领导人必然擅长为企业员工营造和利用公正的竞争环境,激励员工的竞争精神,以加速创新价值观的形成和认同企业和企业家。

日本索尼公司以技术、产品设计和市场营销"三创新"而著名,其管理者最大的担心就是市场缺乏竞争,正是这种竞争意识促成了索尼公司不断创新而取得成功的。与此同时,一个创新的企业,还能够把竞争机制引进到企业内部;比如一件相同的事由不同的人、不同的小组、不同的部门同时去竞争上岗,去粗取精;销售部门对研发部门的新成果、生产部门的新产品,不能依靠行政命令非得去推销,而是依据市场具体实际情况决定"购买"与否。"这种方式的内部竞争使得出色公司为了创新付出了'高额'的代价。然而带来的收益,即使无法完全用货币来度量,却是多种多样的,尤其是在培养企业员工的创新精神和责任感方面,以及着重狠抓收益方面,实际效果更加突出。"①

(4) 超前意识

创新重在敢为人先,争做第一。创新不能完全靠过去的经验推断现在的行动,再推测未来的方案;应该反其道而行之,由未来的收益预判现在的行动。企业需超前考虑未来,企业家必须有超前意识。预测未来虽然看似大海捞针,不可捉摸,但如果要创新则无法回避,且用预测出的未来的结果反作用于现实的实践,同时付诸行动。就如同世界上的成功企业家们形象化地表达超前意识说的那样:"手上干着第一个、眼睛盯着第二个、脑子想着第三个。"

(5) 责任意识

责任是战胜困难的力量。企业在创新过程中,存在风险性、不可知性,荆棘丛生,困难重重,因此需要狠抓创新责任意识,勇于担当。更好地服务于社会是企业的目标之一,因此,创新是企业和社会的天职,不能懈怠。

以上意识,都是创新行为产生的内生力量和契机,是引发创新活动的"生长素"。

6.2.1.3 创新文化氛围是保持创新活力的"营养基"

创新文化氛围最重要的是"鼓励冒险,宽容失败"。企业的创新是没有捷径可寻的,更没有百分之百成功的把握,这需要大胆地探索、反复地尝试,具有重新来过的劲头。因此,有利

---

① 刘朝臣,鲍步云.创新文化论[M].合肥:合肥工业大学出版社,2008:26.

于创新者成长的文化环境是必不可少的。

(1) 宽容"奇谈怪论"

一项真正技术或理论上的创新，刚开始往往被大众认为是"无稽之谈""天方夜谭"，而创新者最初提出的种种假设更是常常遭到冷嘲热讽，被视为海外奇谈。然而，真理经常掌握在少数人手中，很多创新也恰恰是天马行空的幻想的实现。曾经一位在美国公司工作的员工说过，一台电视摄影机售价150美元，可以尝试用直接邮寄的方式售卖。刚开始这个想法也被视为异想天开，但是这家公司管理者却采纳了，并花了1万美元的成本，尝了试这个主意。当然最后成功了，这项重要的新业务为该公司带来了丰厚的盈利。

(2) 宽容"非理性行为"

企业创新就是要抓实干，要行动起来。创新者敢为人先地凭第六感官做出各种大胆的尝试，这就是他们的过人之处。然而这一切起初并没有充分的分析判断，就连任何原因理由也无法说清。这就是一种"非理性行为"。对待这种"非理性行为"，优秀的企业家选择宽容和理解这种感性行为，因为它往往孕育着某种有可能的创新。正如小米创史人雷军说的那样，梦想还是要有的，万一实现了呢？

(3) 宽容某些"无组织""无纪律"之类的行为

既然技术创新在初始阶段往往没有太大把握成功，许多创新者可能会私下进行一些不被组织规章所认可的行为。若这些行为得不到宽容和理解，企业就会自断命脉，把创新扼杀在萌芽之中。这类"乱纪"行为在优秀的管理者手中，则会被宽容，甚至还会受到激励鼓舞，以达到类似行为的再次出现的目的。如全球知名的惠普公司，该公司允许工程师在工作时任意拆解电器和机械零件，甚至还支持他们拿回家供个人和家庭使用。因为惠普的管理者认为，他们拿机械零件所做之事无论是否跟他们所做的工作有关。总之，他们摆弄这些玩意儿时总能学到一些东西，无论他是在岗位上还是在家里，这也是对公司创新的奖赏。

(4) 宽容创新过程中所犯的错误和失败

失败乃成功之母。若是禁止员工犯错误、禁止失败，就等于扼杀创新。对于任何创新来说，都不可能一次试验就取得成功，通常来说成功总是建立在多次失败的基础上的。有些优秀公司甚至对失败举行庆典，甚至在招聘人才时专门收集求职人才的失败经历。他们认为，虽说以前失败了，但是学习到了新的知识，离下一次的成功更近了一步，为下一次的成功积累了失败的经验和教训。

古希腊哲学家赫拉克利特说过，人不能两次踏进同一条河流。失败是最好的成长，失败经历是最好的"试错"，为创新者积累了经验，为以后的成功奠定了坚实的基础。失败的价值在于，中止了一项无价值的探索，可以避免人两次踏进同一条河流，排除了一个不可能因素，也是一项胜利。3M公司有一条管理原则，认为，员工如果没犯错误，员工就有可能没做任何事情。事实证明，3M公司最成功的产品都是建立在许多"大错误"之上。

6.2.2 企业文化引领新产品、新技术和新业态的开发

企业创新行为的动力引擎是企业文化的变革，而观念创新被称为企业文化变革先导。一切新产品、新技术和新业态的开发和应用都是观念变革的产物。被称为高智商的知识流动与创造过程的企业创新行为，其发生的前提就是企业文化的变革。企业文化理念深刻影响着企业的创新行为，从而决定企业未来的命运。

国内学者范诵在研究中指出，由于在企业内部的不同组织层次中，企业成员在参与企业决策、企业发展的关注程度上因人而异，造成企业文化的差异。进一步造成不同的创新信息相互交流、风险偏好、对新机会的追逐程度也因人而异，创新思想则在其中诞生，从而对创新行为产生各种影响[①]。

如果企业文化能着重强调以人为本，能整合协调员工的行为方式、价值观念与道德规范等，使其成为共有的企业价值观和精神，那么便能大大推进企业的技术创新；反之，企业的技术创新就会受到阻碍或限制。

企业文化对企业技术创新的影响，体现在方案构思阶段和技术开发阶段两个关键的阶段。

6.2.2.1 企业文化对方案构思的影响

首先，企业技术创新的构思受企业文化的深刻影响。这个阶段需要另辟蹊径，突破禁锢，发挥想象，大胆创意。

良好的文化环境和正向激励的企业文化是创新构思产生的必要前提条件。企业文化大力鼓励员工创新，并且积极采纳员工一些有价值的创新设想，同时制定奖金制度，奖励善于想象、有创意的员工，保证了能源源不断地出现新创意和新构思。反之，若对某种创新思路简单粗暴地提出批评和质疑，员工的创新积极性会受到压抑，会极大地阻碍技术创新。因此，要持续地鼓励员工创新，激发员工的新构思的热情。良好的企业文化有助于鼓励员工，使员工能对企业心存由衷的关爱，从而积极创新。

6.2.2.2 企业文化对技术开发的影响

技术开发阶段特别需要研发者敢于面对失败。技术开发的不确定性与风险性、资金投入、周期长短等要素，对研发工作项目的开展和延续产生着极大的影响。由于技术创新具有高风险性与不确定性的特征等，研发者难免有时候会瞻前顾后，还可能会滋生较大压力。若处理不当，会导致研发者信心不足，大大影响创新工作效率。在这一阶段，需要各部门通力协调配合，任何一个环节都不能脱节，否则，就可能影响整个技术开发活动的开展，甚至使得创新项目中途夭折。

企业技术开发的良好文化气氛的前提条件是要在企业内部营造一个开放包容、创新合作的文化环境，而要营造这样的环境就必须塑造创新型的价值观念和行为规范，并保证其能够协调地运行。对于高新技术企业来说，因为其技术自身具有高度的复杂性，技术创新不可能仅仅依靠一个人的智慧来完成。每一项技术创新的成果都不是单打独斗的结果，而是公司集体智慧的结晶。所以，没有优秀的团队合作开发、创新文化氛围，就不可能产生高效率、高质量的技术开发成果，也就不会有技术创新。

6.2.3 创新文化是创新资源的整合器

创新过程，不仅是一个创新成果产出的过程，同时也是一个包括人、财、物在内的创新资源融合的过程。在这个过程中，创新文化具有重要作用。创新文化是创新资源的融合器，最终决定了创新发展的方向和创新目标的实现。

---

① 范诵.企业文化、技术创新与企业绩效：匹配模式[M].北京：经济科学出版社，2006：115.

6.2.3.1 创新文化对组织内部创新资源的整合

第一是人力资源。创新资源中唯一活的因素就是人,对人力资源创新的整合,关键就是通过企业创新文化对企业内部创新资源进行融合,也就是对企业员工的创新精神进行二次塑造。

人,既有物质上的需求,又有精神上的需要。企业文化是满足人精神需要的一剂良方,在创新的同时也能满足人的物质需求。从根源上看,企业创新文化是一种企业的管理方式,该方式以人为本、以企业创新为导向,具有凝聚和激励员工的工作主动性,约束和管理员工的自身行为的作用。正是这种以精神为导向、人企和谐、以人为本的柔性管理模式,使作为万物之灵的人有了灵魂,同时满足了人创新精神的需要。经历了创新文化的汇总,凝聚一支高素质的创新人才队伍,才有人和物之间高效率的、完美的结合,企业内部各要素、各环节、各方面才能相互协调和互补,从而形成一个具有高度的整体性和组织性的企业创新系统。

6.2.3.2 创新文化对组织外部创新资源的整合

创新文化是企业特有的资源。它既可以整合企业内部的创新资源,也可以促使相互利用内部创新资源,综合内、外部两种不同的创新资源。作为存在于企业外部的创新资源,因其具有稀缺性和不完整性,该资源本身是不具备某家企业特有的标志的。因此,不同企业获得外部创新资源的机会几乎是均等的。

但在创新资源的获取权力方面,不同的企业具有不平等性并不是天生的,而是因为不同的企业在规模、实力和知识、能力的不平等性,决定了创新资源获取和占有不平等的客观事实。因此,不同企业之间捕捉创新能力的差异决定了稀缺性创新资源获取和利用上的"异质性"。企业决定是否获取和利用外部稀缺的创新资源的前提,是对自身拥有的内部资源进行深入分析研究。因为外部创新资源初始并不是企业所独占,需要通过一定方式从外部获取,而其获取具有成本高昂、搜索不易等特点。只有企业将内外两方面的创新资源相互整合之后,才构成该企业的特有的创新资源。

担负起这一资源汇总整合使命的使者之一,便是一种作为企业特有创新资源的企业创新文化。在深入分析内部创新资源的特性基础上,蕴含企业文化的企业管理者及其成员就会积极发现、选择、利用存在于企业以外的创新资源。

企业创新文化对企业内外部创新资源的整合如图 6—6 所示。

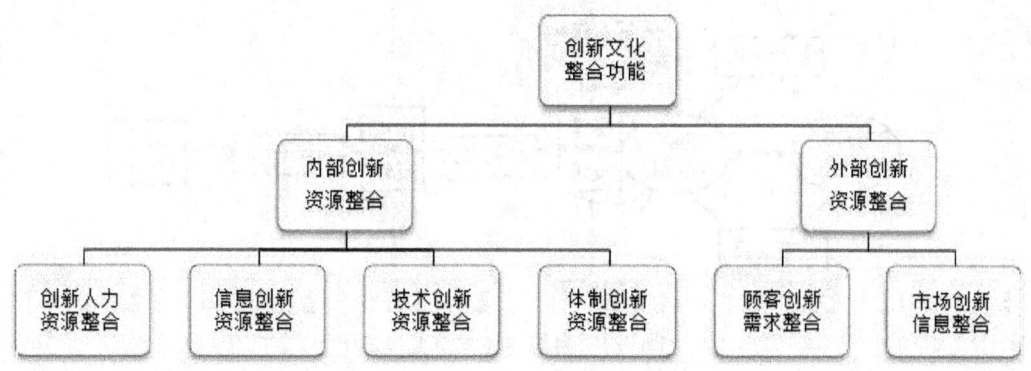

图 6-6 企业创新文化对企业内外部创新资源的整合

创新文化为了使企业综合、合理地利用创新资源，并且能够使企业在生产经营的过程中均衡地使用创新资源，避免过度使用某一种单一的创新资源。企业汇总和整合内外部创新资源后，创新竞争优势将能更加突出。

6.2.4 创新能力是创新文化和创新精神的有效集合

创新能力是主体所拥有的能够不断创新并使之成功的内在特质。对企业来说，创新能力是企业核心创新竞争力的灵魂和表现，包括以下七种能力。这七种能力以创新能力为中心，其关系如图 6-7 所示。

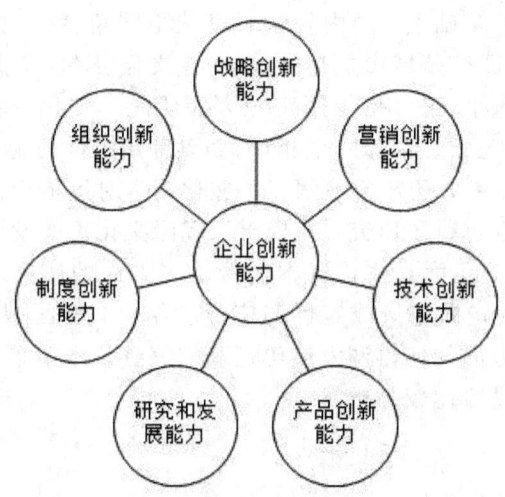

图 6-7 企业创新核心能力的构成要素

创新作为一项系统的工程，其内容除了包括技术创新，还包含管理创新、制度创新等。在培育企业核心创新竞争力过程中，目标是企业战略创新的能力；根本是企业营销创新能力；保证是组织创新能力；制度创新能力是企业的基础能力，这项能力大小直接决定了企业经营的规范性和合理性；企业研究和发展能力是企业的创新性竞争力；产品创新能力是企业满足市场快速多变、个性化需求，实现顾客价值的需要；技术创新能力是指企业在提高产品质量效应上的创新能力。

创新能力是创新文化和创新精神的有效集合。如图 6-8 所示。

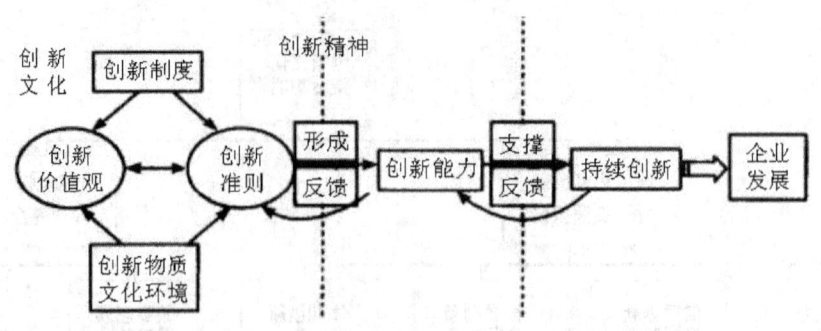

图 6—8　创新精神与企业发展①

图 6—8 中，创新文化以创新制度、创新价值观、创新准则和创新文化环境作为核心内容；创新精神就是进行发明创造、改革、革新的理想、信念、意志、信心、勇气和智慧。它们的核心价值在于鼓励创新、鼓励冒险、宽容失败。企业家的创新精神是引领企业创新发展的导航器、指南针，也是企业发展的引领者。上述的任何一种创新能力，往往都是在两者有效结合的基础上形成的。创新能力的形成、强弱支撑着企业的持续创新，同时又会对创新文化和创新精神形成反馈。没有良好的创新文化和正能量的创新精神，是不可能形成和维持长久的企业和国家创新能力的。因此，创新文化和创新精神是推动企业和国家不断创新的持久动力。

6.3　文化资本引领创新的实证分析

在文化资本理论发展的基础上，国内外学者已从不同角度研究了文化资本。马素伟、宋振春、刘文彬等从不同角度研究了城市文化资本、企业文化资本等，并建立相关指标体系进行测度。王广振、薛晓源、方董平、王海岳等用定性方法研究了文化资本理论，并对文化资本的内涵、特征等进行了阐述。王云、袁晓婷、金相郁、姜琪等用定性与定量相结合的方法研究了文化资本与经济增长之间的关系，还定量地阐述了文化资本对经济增长的影响。徐明生等对文化资本与经济增长的协调性进行了研究，并提出了我国文化资本发展的相关建议。到目前为止，学者们已从全国、地区等角度对文化资本进行了多方面的研究，从单一指标构建到复合指标的构建，方法也从定性走向定量或定性与定量相结合，但区域之间的差异性研究、文化资本与经济、政治、科技等方面如何协调发展等还尚需完善。本节采用因子分析法对我国区域文化资本发展与创新发展进行比较分析。

6.3.1　指标选取

结合已有的研究成果，文化资本发展与创新发展评价指标有单一指标法和复合指标法之分。国外也有相关指标的选取，但由于我国各区域自然、经济社会条件等具有很大的差异性，文化资本发展水平与创新发展水平的指标选取与经济社会发展相一致，建立与实际情况相一致的指标具有很大的意义性。综合已有的指标，根据数据资料的可获取性，文化资本发展水平主要从资源、产品、价值观文化资本三种角度来说明，创新发展水平主要从投入与产出两个方面来说明，具体指标见表6—2。

---

① 李丽,宁凌.企业发展的核心要素:文化资本[M].北京:中国经济出版社,2006:131.

表 6-2 相关指标说明

指标名称	类别	具体指标
文化资本	资源文化资本	文化藏品数、人均公共图书馆总藏书、群众文化事业机构、文化站机构、博物馆数
	产品文化资本	电视剧数量、报纸种类、期刊种类、期刊总印数、录音录像制品数、出版图书数量
	价值观文化资本	邮电业务量、产品质量合格率、接待入境过夜游客
创新发展	创新投入	高等学校科技经费、研发从业人数、研究与发展经费、高技术产业研发机构数
	创新产出	发明申请授权数、实用新型申请授权数、外观设计申请授权数、技术市场成交额占 GDP 的比重、技术市场技术流向地域

6.3.2 数据来源及研究方法

为研究我国区域文化资本与创新发展状况，以省级区域为单位，本章所有数据均来自《中国统计年鉴》(2016)、所涉及不同省份 2016 年的统计年鉴、《中国文物统计年鉴》(2016)、《科技统计年鉴》等。

对文化资本与创新发展进行分析，主要是采用因子分析法对各省份 2015 年的文化资本发展水平和创新发展水平进行排序，然后在此基础之上，建立回归模型，定量地表达两者之间的关系。另外采用 GIS 空间分析法，利用 Arcgis10.2 软件，把 2015 年的文化资本发展水平与创新发展用分层设色图进行展示，研究省域范围内，文化资本和创新发展的空间分布情况，再把两个数据进行对比分析，研究各省文化资本与创新发展空间分布变化情况。

6.3.3 文化资本与创新发展水平评价结果

6.3.3.1 文化资本发展水平评估

在对两变量进行因子分析之前，需要对原始数据进行相关检验，以确定两者是否合适做因子分析。本文主要采用 KMO 和 Bartlett's 球体检验。经过检验，得到文化资本发展水平的 KMO 检验的 P 值为 0.697，接近 0.7；Bartlett's 球体检验值为 521.11，其显著性为 0.000，这说明文化资本相关原始数据适合做因子分析。

通过 SPSS17 软件计算出文化资本 14 个原始数据和创新 9 个原始数据的因子共同度，因子共同度显示了变量绝大多数信息，做因子提取效果较为理想。根据得到的特征根与方差贡献见表 6-3，可以看出相关矩阵的前面 4 个大于 1 的特征值，累计贡献率达到了 83.028%，满足了达到 80% 的条件，所以选取 4 个公共因子。从表中也可看出，经过旋转，累计贡献率并没发生改变，旋转后公共因子对文化资本的贡献率从大到小依次为 33.682%、25.227%、14.899%、9.220%。再根据得分系数矩阵，建立文化资本发展水平公共因子的原始变量的因子得分函数，从而再计算 4 个公共因子的得分，对 4 个公共因子的得分用加权公式

$$I = \frac{因子方差贡献率}{总累计方差贡献率} \times 100\% \tag{1}$$

用表中数据计算得出公共因子 I_1、I_2、I_3、I_4 的权重为 40.567%、30.384%、17.945% 和 11.105%。从而区域文化资本发展水平的综合得分计算公式为：

$$x = 0.40567 \times I_1 + 0.30384 \times I_2 + 0.17945 \times I_3 + 0.1105 \times I_4 \quad (2)$$

表6-3 文化资本发展的总方差分解

成分	起始特征值			提取平方和载入			旋转平方和载入		
	合计	方差贡献率(%)	累计贡献率(%)	合计	方差贡献率(%)	累计贡献率(%)	合计	方差贡献率(%)	累计贡献率(%)
I_1	5.737	40.980	40.980	5.737	40.980	40.980	4.716	33.682	33.682
I_2	3.549	25.352	66.332	3.549	25.352	66.332	3.532	25.227	58.909
I_3	1.332	9.517	75.849	1.332	9.517	75.849	2.086	14.899	73.808
I_4	1.005	7.719	83.028	1.005	7.719	83.028	1.291	9.220	83.028

根据式(2)计算31个省份文化资本发展水平的综合得分如表6-4所示。从表中可以看出文化资本综合得分比较靠前的是四川、江苏、广东、河南等。

表6-4 各省份文化资本发展水平的综合得分

省份	综合得分	省份	综合得分	省份	综合得分	省份	综合得分	省份	综合得分
四川	1.27	陕西	0.25	吉林	0.06	江西	-0.29	青海	-0.92
江苏	0.85	河北	0.23	山西	0.04	内蒙古	-0.3	海南	-0.96
广东	0.83	湖北	0.19	云南	0.03	福建	-0.34	西藏	-1.01
河南	0.72	黑龙江	0.18	新疆	0.00	重庆	-0.41		
山东	0.64	湖南	0.12	广西	-0.04	贵州	-0.51		
上海	0.47	辽宁	0.11	甘肃	-0.11	天津	-0.55		
浙江	0.38	安徽	0.07	北京	-0.19	宁夏	-0.81		

6.3.3.2 创新发展水平评估

经检验，创新发展水平的 KMO 检验的 P 值为 0.813，大于 0.6；Bartlett's 球体检验值为 504.577，其显著性为 0.000，这说明创新相关原始数据适合做因子分析。

再根据以上方法，计算出各个省份创新发展水平的综合得分如表6-5所示，从表中可以看出创新发展综合得分比较靠前的是江苏、广东、北京、浙江、山东、上海等。

表 6—5　各省份创新发展水平的综合得分

省份	综合得分	省份	综合得分	省份	综合得分	省份	综合得分	省份	综合得分
江苏	2.27	四川	0.09	辽宁	−0.16	广西	−0.46	宁夏	−0.60
广东	1.81	安徽	0.04	河北	−0.25	山西	−0.47	海南	−0.61
北京	1.37	福建	0	重庆	−0.26	贵州	−0.47	西藏	−0.64
浙江	1.15	陕西	−0.04	黑龙江	−0.34	内蒙古	−0.49		
山东	0.64	天津	−0.05	江西	−0.38	甘肃	−0.49		
上海	0.45	河南	−0.11	云南	−0.44	新疆	−0.53		
湖北	0.14	湖南	−0.15	吉林	−0.45	青海	−0.59		

6.3.4　文化资本发展与创新发展综合得分空间特征分析

文化资本发展和创新发展综合得分空间特征如图 6—9、图 6—10 所示。

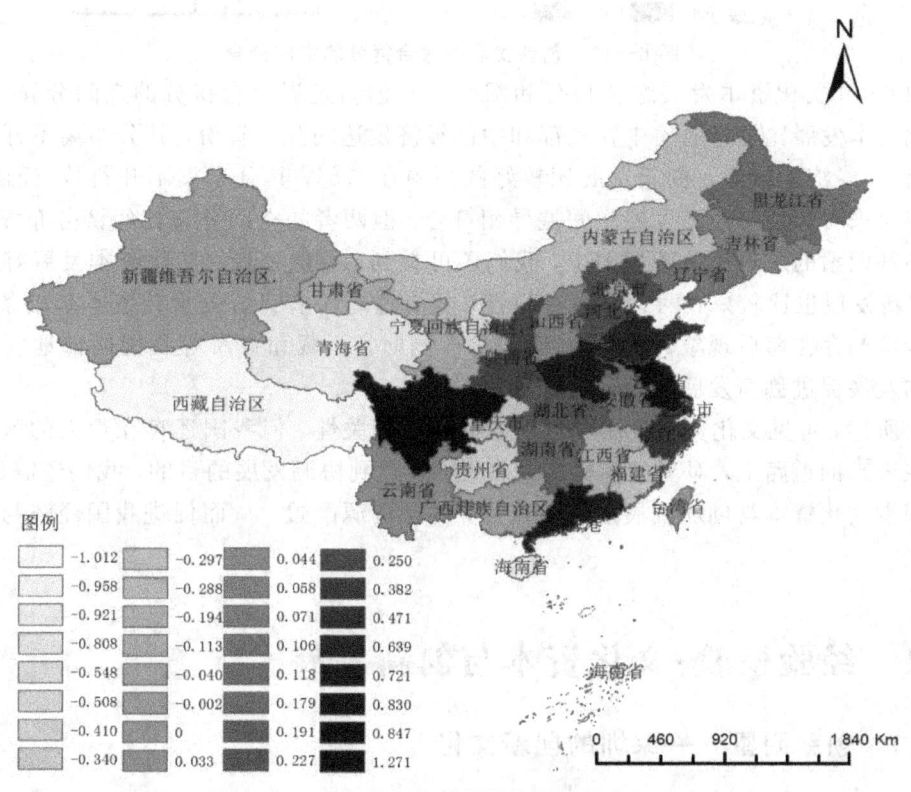

图 6—9　文化资本发展的综合得分的空间分异

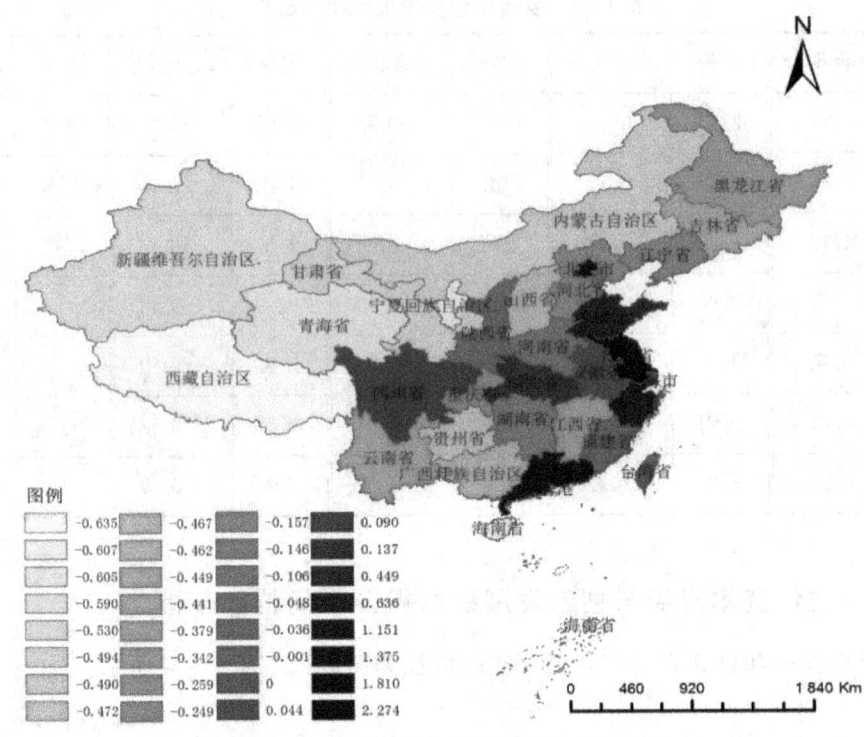

图 6—10　创新发展的综合得分的空间分异

从图 6—9 文化资本发展综合得分和图 6—10 创新发展综合得分的空间分异可以看出，我国文化资本发展比较好的集中在东部和中部经济发达的几个省份，其分布离不开当地文化底蕴、教育与经济发展等。创新发展比较好的集中在东部，其分布离不开科技、经济的发展。把两者综合来看大致与经济发展空间差异相符合，但两者的空间分布比经济分布复杂，该分布受到各种因素的影响。从两幅图中，我们还可看到，一般来说，文化资本发展好的省份或区域，创新发展也比较好，两者具有一致性，但有些省份有良好的文化资本基础条件，但创新发展步调却存在落后现象，如河南、四川等。同时，西藏和青海等我国西部地区在加大文化资本的发展促进创新发展方面还需加紧步伐。

综上所述，可见文化资本发展和创新发展存在相关性，但我国还存在很大的区域性空间差异。在未来的道路上，对于如何促进两者融合，达到协调发展的目的，我们还需加大投入，进一步探索文化资本与创新发展之间的规律，优化资源配置，从而促进我国经济与科技实力的增强。

6.4　经验检验：文化资本与创新发展

6.4.1　创新明星——深圳的创新文化

短短 40 年，深圳从一个边陲小镇，一个贫穷的小渔村，快速崛起成为一座举世瞩目的现代化大都市，创造了世界发展史上的奇迹。深圳经济特区可谓创造了世界工业化、城市化、现代化建设的许许多多的第一①。"深圳速度""创新明星""设计之都""时尚之城"……都是对深圳的美誉。尤其值得书写的是,深圳从"科技沙漠"变成为"创新绿洲"。

从就业人员来看,2017年深圳拥有专业技术人员153.80万人,同比增长6.7%,在这之中,拥有中级技术职称及以上的专业技术人员有46.50万人,同比增长6.9%。

从专利数据来看,2017年专利申请量17.71万件,同比增长21.9%;专利授权量9.43万件,同比增长了225.6%。在这里面,发明专利申请量6.03万件,同比上年增长7.0%;发明专利授权量同比上年增长7.1%;PCT国际专利申请量,同比上年增长4.1%,占全国申请总量的43.07%,连续14年居全国城市首位。

2018年,深圳在中国城市科技创新发展指数排名第二;名列2018年创新力最强的30个城市第一,2018年中国城市创新竞争力排名第三。②

深圳奇迹是如何诞生的?改革开放,锐意创新是最大的秘诀。而这首先得益于深圳既独特又持久的创新文化。

深圳创新文化的核心理念是,鼓励创新、宽容失败、脚踏实地、追求卓越。具体的构成要素有以下几方面。

(1) 冒险

与香港一河之隔的天然地理位置,使得深圳河两岸巨大贫富和发展反差近距离地展现在深圳人面前。一边是荒芜的小渔村,一边是繁荣富裕的花花世界香港。相对于深圳来说,香港无异于是人间天堂。冒着生命的危险偷渡香港成为深圳人的向往和追求。据不完全统计,1962年从深圳离开了12 144人,1978年离开了17 456人(中共深圳市委宣传部写作组,1991)③。由此锻造了深圳人的冒险基因。

(2) 革新

深圳是改革开放的试验田,靠改革创新起家。深圳经济特区从成立伊始就注入了革新的性格特质。整个城市洋溢着创业的激情和创新的欲望,因为"敢创""敢试"的革新创新意识已深深融入深圳的城市风格之中④。

从政府到群众,从企业高管到下层员工,自上而下,由内向外,鼓励改革、崇尚创新的社会风尚正在逐渐形成并影响整个深圳,创业与求新的精神正在渐渐成为深圳发展的不竭动力源泉。只要能创新,无论你选用什么方式,是站在巨人的肩膀上消化吸收前任知识的创新也好,还是另辟蹊径、独成一体的集成创新也罢,深圳的人民都非常尊重和支持你的创新成果。正是这种自强不息、敢为人先、披荆斩棘、无所畏惧的革新精神,引导一代又一代的深圳人破除不思进取、得过且过的思维定式,克服崇洋媚外、生搬硬套的惯性思维,养成别具一格、标新立异的创新精神。

(3) 开放

作为我国对外开放的城市,深圳本身就是一座移民城市。深圳的资源市场、要素市场、人才市场的开放络绎不绝地凝聚着创新的力量。深圳开放的城市品格和社会心理都是经过几十

---

① https://www.xzbu.com/8/view-9085097.htm.
② https://baike.baidu.com/item/%E6%B7%B1%E5%9C%B3/140588? fr=aladdin.
③ 王平聚.深圳创新文化系统的形成与演变研究[D].北京:清华大学博士学位论文,2014.
④ https://www.xzbu.com/8/view-9085097.htm.

年的对外开放史凝练出的必然结果。无论是党政机关人员还是普通市民，无论是企业老板，还是创业者、打工仔，无论是政府机关单位还是国有企业，都具有海纳百川的开放心理，没有"盆地意识""山头意识"等封闭意识。交流分享各自的观念、文化、技术，在这基础之上对其发展创新都提供了极大的自主权。开放的市场和自由的思想，促使深圳人的观念逐渐改变，由原先的保守、落后变成了如今的超前、创新的欲望。

（4）竞争

无论什么市场，必定存在优胜劣汰。竞争是它的天性，也是创新的重要推动力，只要竞争的星星之火不灭，创新精神就能够形成燎原之势。作为我国市场经济和改革开放最早的试验田，深圳从诞生那一天起，就进入了市场经济的商海，没有过渡，没有缓冲，优胜劣汰的竞争意识在深圳人心中根深蒂固。竞争已经成为深圳企业家精神的基本内核。企业要想获得生存和发展的空间，必须以全新的意识营造全新的竞争。良好的竞争可以帮助企业通过创新获得市场竞争的优势。相比内地，深圳的市场竞争市场比较充分，具有较为广阔的自由竞争空间，整个城市呈现出创新活动四处开花的盛景。

（5）多元

价值观多元化是移民城市的重要特征。深圳的移民进程经过了四十年，其结果是改变了深圳的土著文明，给这座城市迁移了多元化的移民文化。首先是发扬了社会主义核心价值观的主导作用，加之欧美等国的各种异国文化的影响，港台文化的不断交流传播，中原文化的浸润，中华传统文化的影响，具有广东地区特色的岭南文化的传承，精英文化的发展，群众文化的普及，主流文化的演绎，现代潮流文化做铺垫，边缘、小众边缘文化的衍生，在这座城市建构起了多元文化共存的局面。正是因为深圳文化的丰富多彩，百家争鸣，才为深圳的创新提供了良好的土壤和条件。

（6）宽容

深圳的城市性格注定是宽容的，因为它具有多元化的文化底蕴。深圳的城市文化特征可谓是"海纳百川，包罗万象"。具体而论它既表现为对各种异类文化的兼收并包，又表现在接纳意识方面不排外，不歧视。容纳有分歧甚至对立的文化观念与思维方式，也是深圳文化的具体表现。新奇的观念不扼制，生活方面的奇异不歧视，正所谓"以怪为常"。创新方面，在深圳这块"净土"上，没有人看不起失败者，深圳宽容失败、善待挫折的同时更崇尚成功。深圳全社会都明白一个道理：创新是不可能百分之百成功的；有挫折、有失败那才算得上冒险。深圳不惜以法律法条宽容创新失败的人，也要给创新制造一个宽容活跃的氛围。①

6.4.2 硅谷的创新文化基因

众所周知，硅谷的文化特征是"勇于创业、宽容失败、机会均等、容忍背叛、乐于分享、协作共赢、分享回馈"，这也是硅谷文化的核心内涵。这种文化特征激发了员工勇于探索的实干精神、促进了人才高效流动和各种资源的优化配置，为硅谷生态系统繁衍生息能力注入了强大的精神动力。

硅谷企业精神的核心就是勇于、善于创新，打破陈归，寻求新的发展模式。"勇于创业、宽容失败、机会均等、容忍背叛、乐于分享、协作共赢、分享回馈"是硅谷文化的核心内涵。在硅

---

① https://www.xzbu.com/8/view-9085097.htm.

谷文化的熏陶下，硅谷涌现了一大批优秀的企业家，斯蒂芬·乔布斯、威廉·休利特、罗伯特·诺伊斯、戴维·帕卡德以及诺兰·布什奈尔……一旦企业家精神在一个地区集中起来，这个区域必然会成为创新的孵化器。

(1) 勇于创新创业

当年斯坦福大学率先在大学校园里开辟了一个科学工业园后，这个园区很快成为创业者的重镇。大学学生和教师纷纷投入这个科技与经营结合的商海中，美国的大学文化适应并促进了这种创业行为，于是这种行为的蔓延，就演化成了今天的硅谷。因此，硅谷人天生就热衷创业，据统计，每年约有1.7万家企业创立。

在硅谷，不论是公司，还是学校，创业精神和创业行动无处不在。年轻人被硅谷所信赖，事实也证明，大部分技术含量高的公司的领头人都是30岁不到就成功创业的。[①]

(2) 宽容失败

失败对硅谷创新者具有特别重要的意义。在硅谷，创业的失败率高达60%—70%，有20%左右的公司也仅存活了3—5年，寿命超过10年之久的公司仅有10%。[②]调查显示，公司创立10年后的存活率仅有29%。这也就是说，硅谷是把众多失败公司当作成功路上的垫脚石，在此基础上得以建立的。

但硅谷不拿失败当借口，创业文化精神蕴藏着一个重要理念——接受它、拥抱它。正是这种人人都可能成为失败者的氛围和真实经历，硅谷人接受失败、拥抱失败，把失败当作成功路上的垫脚石，是通往成功之路必须经历的一个环节。企业家们尽管经历过多次失败，还是屡败屡战，始终保持着对创业的激情，投资的人多次投资无果，但还是努力找寻下一个具有潜力的投资项目。调查显示，许多企业家就算曾经经历过失败，但他们二次创业的成功率还是接近20%，比起首次创业者的成功率高出2%。[③]

硅谷在应聘技术人员的时候，会着重审视技术人员的创业经历，因为他们认为这是最好的工作经验。而招聘者也会突出展现自己创业失败的种种经历。失败成为硅谷经济运行的组成部分，同时也锤炼了那些从失败中站起来再干的创业者。从硅谷走出的大量的世界级企业创始人，如苹果公司的乔布斯、特斯拉公司的马斯克，无一不是经历了多次的失败才获得今天的成就。

(3) 回馈文化 (Payit Foward)

在硅谷人的观念里，硅谷的生态系统得以良性循环，是因为若你创业是成功的，那么你就应该义不容辞去辅导那些刚开始创业的人，以此回报这个创业的生态圈。许多创业者创业成功后角色换成了投资人，去帮助下一代的新兴创业者。

史蒂夫·布兰克 (Steve Blank) 说："我无须再继续工作了，因为我已经功成名就了；在退休之后，我只想传承硅谷的创业文化，去帮助需要得到更多帮助的年轻创业者。""回想我过去年轻创业那会儿，很多成功者无偿地给予过我建议和帮助，我得到了无私提携，他们没有向我索要过金钱或是股票。"[④]

---

① https://www.xzbu.com/8/view-11173165.htm.
② 商希涛.硅谷人才经验对鲁企引才引智的启示[J].山东国资,2018(1):109.
③ 周梅.硅谷地区创新文化的启迪[N].中国计算机报,2016-07-25(014).
④ http://www.sina.com.cn,2012-03-31,新浪科技微博.

(4) 容忍背叛

硅谷的公司不但不阻挠员工跳槽，不反对员工自主创业，甚至还做出提供创业初始资金支持他们自主创业的行为。更令人咋舌的是，离职员工创业失败后想回到原来的岗位，公司也会继续接纳和欢迎。

(5) 多元化特质

除此之外，硅谷文化还有很多特质，成为其创新文化的组成部分。比如硅谷文化是移民文化。硅谷的创业文化实际就是美国校园文化和移民文化的融合。1965年，美国的新版移民法吸引了很多来自中国、印度的亚洲移民，因为它在当年正式允许接纳外籍的工程师和教授。20世纪八九十年代，大量具备专业知识和技能的高水平知识分子源源不断涌入硅谷，为硅谷贡献了高水平的人力资源和高热度的创新活力。如今，硅谷已成为技术人才的"聚宝盆"。种族多元化，一半以上的人群在家里用非英语语言交流。这里44%的人群讲亚洲语言。很多工程师来自中国和印度①。

"佯谬文化"也被称作是硅谷文化的一种。这是一种似非而是的悖论或反论文化。"佯谬文化"是硅谷发展的内在动力。硅谷被称为"佯谬谷"（paradox valley）。

同时，硅谷文化也被认为是一种时间文化，也称为速度文化。知识经济的诞生使得人们如今的工作再也不可能照搬历史工业化时代的标准化时间制（即八小时工作制）进行，而是依照具体客观的创新需要合理规划时间，是将其大段大段地分割，而并非将时间细化。如今在硅谷20万高科技人员，他们统一的生活方式几乎是长期性地连续通宵，工作到深夜或凌晨。

美国的硅谷文化是一种"车库文化"，自由而随性。硅谷公司有一种独特的企业文化现象，超强的人才流动性、下属直呼上司姓名或绰号、穿着任意、工作时间具有弹性、在家办公、员工控股等。硅谷企业文化的代名词指的则是这种看似自由且随性的"车库文化"。然而，却有许多全球闻名的企业从"车库"里诞生了。迄今为止，在美国品牌榜单中来自"车库"的品牌有20多个，例如"惠普车库""苹果电脑车库""迪斯尼车库""A Spec车库""亨利·福特车库"等②。

6.4.3 海尔集团的核心价值观

1984年，海尔集团在渤海之滨的青岛成立，从运行困难、即将倒闭的集体所有制小厂逐渐成为全球大型家电企业的"领头羊"。海尔集团2016年全球营业额将达到2016亿元，相比上一年增长6.8%个百分点，实现利润203亿元，相比上一年增长12.8%个百分点，利润增长速度将会是收入增长速度的1.8倍。利润复合增长率5倍于收入复合增长率。在互联网环境大背景交易下产生的包括B2B、B2C在内交易额达2 727亿元之多，相比上一年增长73%。

欧睿国际（Euromonitor）（世界权威市场调查机构）所公布呈现的全球大型家用电器品牌的零售量数据显示，2016年，海尔集团大型家用电器品牌零售量连续8年荣获全球第一，占全球市场的10.3%。同时，海尔冰箱、洗衣机、酒柜、冷柜等产品的品牌零售量，分别遥遥领先于第二名，蝉联全球第一。③

---

① https://www.xzbu.com/8/view-11173165.htm.
② 参见海尔官方网站，https://baike.baidu.com/item/%E6%B5%B7%E5%B0%94/281? fr=aladdin#1_1.
③ 参见海尔官方网站，https://baike.baidu.com/item/%E6%B5%B7%E5%B0%94/281? fr=aladdin#1_1.

2018年10月5日,青岛海尔公布在法兰克福上市的计划。

海尔品牌荣誉见表6—6。

表6—6 海尔品牌荣誉(节选)

年份	荣誉	颁发机构
2018	中国500最具价值品牌第3名	世界品牌实验室
2018	世界500强	美国《财富》杂志
2016	世界品牌500强	世界品牌实验室
2016	最受赞赏的中国公司 前三名,电子类第一	美国《财富》杂志
2016	2016中国自主品牌百佳	中国自主品牌峰会
2015	世界品牌500强 全球白色家电品牌排名第一	世界品牌实验室
2015	中国企业文化建设十强	中国企业文化大会
2015	中国品牌建设贡献大奖	中国品牌年会
2015	中国轻工业管理创新一等奖	中国轻工业联合会
2015	中国制造十佳品质 白色家电行业唯一获奖者	中国制造2025高峰论坛

海尔集团的成功,离不开海尔公司多年的企业文化建设所确立起来的核心价值体系。主要内容包括以下几点。

(1)是非观:以用户为是,以自己为非——可持续发展的内在基因

永远以用户为是,以自己为非。始终以客户满意为弥补自身不足的内在要求。海尔公司的员工长期以客户为是,不仅要使客户满意现有的服务,还要创造出用户需要的更优质的服务;海尔的员工始终都在找寻自身的缺陷,只有这样才能不断否定和挑战自我,从而重塑自我——实现自我变化、变中求胜。

这两方面是促成海尔可持续发展的内部特质:不因世界改变而改变,顺应时代发展而发展。

对顾客,海尔的口号是"真诚到永远"。以对顾客的真诚换来顾客对企业的真诚。海尔文化将海尔服务的国际化定义为整体的系统和零距离。

(2)发展观:海尔文化的永恒基因——创新创业的双创精神

创新精神的实质是创造差异化的价值。这种价值的创造起源于把潜在客户变成实际客户的过程。海尔平台的可贵之处在于提供了人人都能创新创业的机会,只要有创业意愿的人,无论贫富贵贱,都能无条件地成为海尔生态圈的一分子,促成一个联合创造、协同增值、共同盈利的共创共赢生态圈的形成。可见,海尔已经从传统层面上的生产家电产品的企业转型为如今的面向全社会的一种孵化创客的平台。

双创精神的核心在于注重强调紧锁目标是第一竞争力。不忘初心,不忘来路,要以不同的路径、方法、手段、技术、科技、角度来完成最初的共同目标。目标不变,但是方法可以百花齐放、百家争鸣,融会贯通。

(3) 利益观：人单合一，争取双赢——海尔公司永续经营的保障

真正的海尔是所有利益相关方共赢的海尔。"人"即指具有"双创精神"的员工；"单"即是指用户价值。具体的利益相关方主要包含创客、用户、股东及其他利益相关方。为了实现这一宗旨，海尔持续不断地创新商业模式，在摸索中渐渐形成了具有海尔特色的人单合一双赢模式，并逐渐完善。人单合一就是实现共同的价值成长。这种人单合一的双赢模式为员工们提供了一个公平的机制大平台，从资源和机制上保障了员工们发挥两创精神，使每个人都可以以自发组织的形式自主创新。

(4) 人才观：人人都是CEO

海尔尊重每位员工的才华。海尔给每个员工灌输的精神是人人都应具有企业家精神，从被动变主动，把不可能变成可能，奇迹让自己去创造，做自己的开创者。管理创新的重点在于始终关注"人"的价值实现，为客户创造价值的同时实现员工自身的价值，让员工成为自己的CEO。这个观念贯穿海尔的整个发展历程。海尔搭建了普惠式的创新平台，每个海尔人都可以在海尔创业平台上创业，人人都是CEO。

海尔文化还有丰富的载体。如海尔标志、海尔广告、海尔样品展室，海尔园区绿化，海尔兄弟商标，海尔管理理念、海尔愿景，等等。

海尔文化是一座巨大的宝库，图6－11以冰山形状将海尔文化的构成要素展示出来。可见其内涵的丰富。

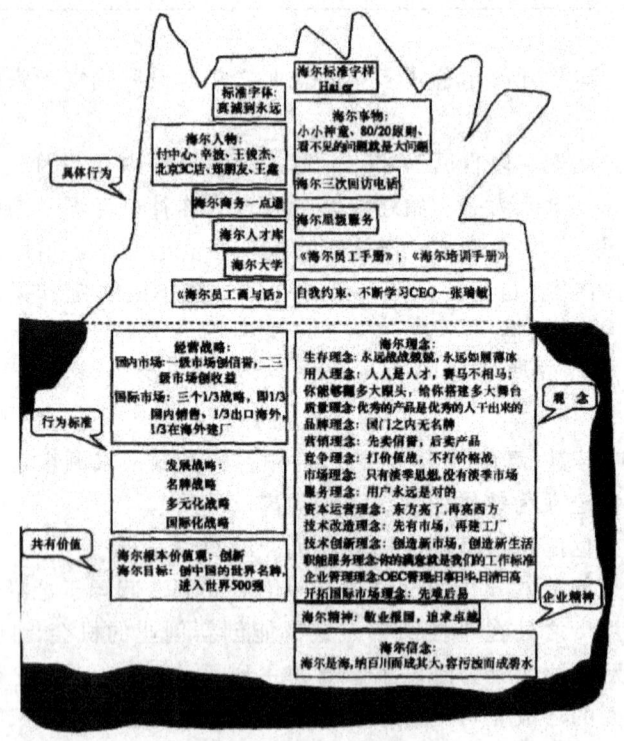

图6－11 海尔文化冰山[①]

---

① 李丽,宁凌.企业发展的核心要素:文化资本[M].北京:中国经济出版社,2006:131.

本章小结

在实行自主创新的创新驱动战略过程中,文化的力量非常重要而强大,可以说,文化是引领创新不可替代的软实力,是创新发展的引领力量。从人类社会发展的历程来看,任何一个进步的变革时期,任何一个创新活跃的时期,无一例外都有赖于一种创新文化的激励和引导。始于14世纪的文艺复兴运动,导致了人们思想的大启蒙和大解放,打破了宗教的禁锢,结束了黑暗的"中世纪",激发了创新精神,最终促进科学领域的大发展,引领了欧洲技术创新。

本章围绕文化资本在自主创新的引领地位和作用进行论述。

首先,分析文化资本基本理论,包括文化资本的内涵、特征、构成及功能。其次,在理论分析的基础上,深入分析了文化资本对自主创新的引领作用。表现在:一是创新文化是技术创新的精神土壤;二是企业文化引领新产品、新技术和新业态的开发;三是创新文化是创新资源的整合器;四是创新精神是创新能力和创新文化的集合。再次,在此基础上进行实证分析。对我国各省市的创新发展和文化资本水平进行水平评估,寻找两者之间的内在相关关系。最后,选取深圳、硅谷和海尔公司作为案例分析,进行经验检验。本章是四维资本驱动理论模型的重要支撑之一。

第7章 社会资本：自主创新的助力者

自20世纪90年代开始以来，从社会资本视角来解释经济增长和企业绩效成为学术界研究的新趋势。世界银行的研究报告认为，"……所谓的社会资本，是一种能够对高质量增长起促进作用的力量，来自一个国家里强化的非正式机构"①。

21世纪以来，对社会资本理论的研究日益丰富。在创新活动中，社会资本同样具有非常重要的意义。至今，社会资本仍然是研究热点。

7.1 社会资本相关理论分析

7.1.1 社会资本释义

7.1.1.1 国外学者的研究

1916年，美国学者利达·汉尼范首次使用社会资本概念。他认为社会资本是一个社区的联系纽带，包括愿景、关系、同情、互动等人们感受到的物质。1961年，加拿大学者简·雅各布斯（Jane.Jacobs）再次使用了社会资本的概念，她认为社会资本就是关系网络，后来许多学者都沿用了这一研究角度。

但真正意义上研究社会资本的是始于法国社会学家皮埃尔·布尔迪厄（Pierre Bourdieu）。他于1979年在《区隔：品位判断的社会批判》一书中，提出了社会资本的思想，此后进行了几十年的研究。提出："社会资本是关于社会资源的集合。这种社会资源包括各种显性和隐性的资源，它来自一种相互认可的、持久的社会网络关系，而这种社会网络关系或多或少是制度化的。"②此后，众多学者对其展开了研究，提出了一系列的解释，从学理上进一步对社会资本的概念给予了系统的阐释。比较经典的有以下几例。

普特南（Putnma）眼中的社会资本是指"社会上个人之间的相互联系以及由此产生的社会关系网络、互惠互利和信赖的规范"。"社会组织的那些可通过促进协调行动而提高社会效能的特征"。③美国社会学家詹弗斯·科尔曼（JamesS.Coleman）主要从功能的视角出发，指出

---

① 世界银行.增长的质量[R].北京：中国财政经济出版社，2001：13.
② 包亚明.布尔迪厄访谈录——文化资本与社会炼金术[M].上海：上海人民出版社，1997：202.
③ [美]罗伯特·D.普特南.使民主运转起来[M].王列，赖海榕，译.南昌：江西人民出版社，2001：103.

"社会资本是社会成员拥有的一切现实的或潜在的资源,而这种资源是通过对体制化的社会关系网络的占有而获得。主要表现为社会结构资源的资本财产,存在于社会人际关系结构之中"[1]。"一种通过对体制化关系网络的占有而获得的实际的或潜在的资源,是个人拥有的,表现为社会结构资源的资本财产。"[2]

弗朗西斯·福山(Francis Fukuyama)认为社会资本通常是由宗教、社会传统、历史习惯等组成[3],是一种文化机制。福山揭示的是社会资本的文化内涵。对弗拉普(Flap,1988,1991,1994)而言,社会资本包括被动员的社会资源,是与自我有强关系的他人提供的资源。韦恩·贝克(2002)认为,社会资本由信任与合作、权力与影响、良好的祝愿、商业契机、金融资本等构成。社会资本就是企业关系或人际关系网络,或者通过这些关系网络所获得的社会资源[4]。学者波茨(1993)认为"社会资本是由个人通过他们的成员身份动员的社会资源、使与自我有强关系的他人为自己提供的资源、在社会关系网络中获得稀缺资源的能力。这种获得稀缺资源的能力是社会资本是嵌入的结果,而不是个人先天固有的"。

7.1.1.2 国内学者的研究

国内学者张其仔(1997)首次提出并具体研究了社会资本。他认为"社会资本可理解为一种将行动者的外部资源内部化的社会关系网络,认为社会资本就是社会关系网络,这种关系网络包括规范、信任和网络等形式,可以为社会结构内的成员提供便利的资源"[5]。

李惠斌和杨雪冬(2000)认为,与物质资本和人力资本不一样的是,社会资本的核心内容是信任、规范和网络关系;社会资本是社会结构及其成员从数量和质量上互动影响之后而形成的具有生产性的社会网络。其影响力作用于社会中相互交往的关系、信念和组织机构等。朱国宏、佳勇(2005)则从微观社会资本和宏观社会资本两个层面来阐述社会资本。在微观层面上社会资本表示"社会成员个体所拥有的社会关系网络,以及嵌入在其所处的社会关系网络中的信任、互惠、情感、规范等";在宏观层面是"为一个国家、区域拥有的社会关系网络以及嵌入网络中有效的制度规范、权威关系信任关系以及合作性的社会组织等"[6]。顾新等人(2003)认为,社会资本是指两个以上的个体或组织通过相互联系与相互作用过程中所形成的社会关系网络来获取资源的能力。

以上相关学者的研究,虽然内容各有侧重,但概括起来,社会资本的核心内容,都是指一种社会成员个体或社会组织或一个国家所拥有的一种嵌入了信任、合作、情感与制度结构的社会关系网络;并且可以利用这个关系网络获得促进自身发展的社会资源。

随着研究深入和时代的变迁,社会资本概念经过不断的演化和本土化,内涵和外延越来越丰富。

7.1.1.3 本文的界定

根据研究目的,借鉴前人的研究,本文认为社会资本是存在于社会关系网络中的显性或

---

[1] Coleman JS. Foundations of Social Theory [M].Cambridge:Harvard University Press,1990.
[2] 转引自:季文.社会资本视域下的农民工城市融合研究[D].南京:南京农业大学博士学位论文,2008:20.
[3] 包亚明.布尔迪厄访谈录——文化资本与社会炼金术[M].上海:上海人民出版社.1997:202.
[4] 朱国华,陈静.社会资本在知识服务产业发展中的作用——以上海律师业为例[M].上海:同济大学出版社,2013:13.
[5] 张其仔.社会资本论——社会资本与经济增长[M].北京:社会科学文献出版社,1997.
[6] 朱国华,陈静.社会资本在知识服务产业发展中的作用——以上海律师业为例[M].上海:同济大学出版社,2013:13.

隐性资源的集合。它以一定的社会关系为基础，表现为规范、信任和互惠等主要内容，嵌入在网络关系和社会结构、社会制度之中。

其核心内容包括人际之间、组织之间拥有的信任与合作、互惠、社会网络关系以及遵守的共有规范等。

(1) 信任与合作

信任是指互信，就是交易双方之间的相互信赖，诚实诚信，交易过程中，彼此都不会损人利己、做出伤害对方的行为。信任是社会关系资本构成的核心和基础，是社会关系的黏合剂，起着重要的凝聚作用。福山认为"信任是人们从社区或群体中基于共有的规范和共同价值观所产生出来的一种期待"。① 德国著名的社会学家齐美尔指出："在社会关系中，最重要的关系就是信任。如果信任缺失，那么一切正常的社会交往都无法维持。信任是调节人类交往，构建正常社会秩序最重要的综合力量。"②

可见，从人与人之间的互动关系来看，信任意味着关系网络中交往的双方不会去实现或者达成使对方存在损人利己的机会或后果(Gambetta, 1988)。

信任与社会关系密不可分。社会关系是信任存在的舞台，信任体现于社会交往关系之中。有什么样的社会关系基础就会产生什么样的信任形态，社会关系决定了信任高低的程度。社会关系既可以加强双方的互信，也可以使双方的互信削弱甚至消失。而信任既可以是社会关系的结果，反过来，又可能是社会关系建立的源泉。信任作为一种基于社会结构和社会关系而产生的社会现象，是构建社会关系网络的一个重要维度③。

信任是合作的基础。在社会关系中，相互信任有助于加强人们之间的联系与合作。反之，则合作难以实现。在一个共同体中，相互信任水平越高，相互合作的可能性也就越大。信任与合作是提高工作效率的必要条件，通过信任与合作，可以获取更多的信息和社会资源，从而高效实现社会工作目标。

(2) 互惠

互惠是社会资本构成的动力。所谓互惠，就是指社会成员之间进行的对等、对称的交换行为。在交换过程中，交换双方地位平等，交换内容价值相当。在双方地位上，不存在一方支配另一方，或另一方被支配的现象。在交换内容上，交换的对象价值是等价的。齐美尔指出，对等、对称的交换行为是一种"互惠交易"。④ 以上内容可以概括为，是指两个行动者相互依赖，在对称性社会群体结构中各种关系之间的互利互惠，而不是利益的单向输送或流动。任何单向获取和付出的关系都是不可持续的。

互惠即互利互惠、互助共赢，这是互惠原则的根本宗旨。在社会交往中，交往各方主观上都希望能获得他人的回报，在交往中获取利益，这是一种共同的期待，但是这种是建立在付出的基础之上的。互惠强调交易各方个人利益与他人利益的统一。也就是说，"各个交易主体权利与义务相统一，互为目的和手段，而不是权利与义务相分割，一方作为对另一方单向的目的和手段"。⑤ 这是互惠共赢规范的核心与实质。

---

① 郑小鸣.信任：基于人性的社会资本——福山信任观述评[J].求索,2005(7):111.
② 转引自：郑也夫.信任论[M].北京:中国广播电视出版社,2006:109.
③ https://baike.baidu.com/item/%E7%A4%BE%E4%BC%9A%E8%B5%84%E6%9C%AC/2310532?fr=aladdin#4.
④ 郑杭生,奂平清.社会资本概念的意义及研究中存在的问题[J].学术界,2003(6):78.
⑤ 梁莹.社会资本与公民文化的成长——公民文化成长与培育中的社会资本因素探析[M].北京:中国社会科学出版社,2011:83.

因此，互惠交换关系根据这一特征应该是平衡的，而不是失衡的。人与人之间的关系是一种通过自己的行动以适当给予他人回报的关系。这是建构长期稳定的社会关系所必须具备的条件。因为，只有当交往中的受益者同时也是付出者，付出者同时也是受益者，双方权利与义务公平对等，回报来自付出，付出终将得到回报时，那么，这种交换关系才能长期维持，才能够构建一种稳定的社会关系。因此，结构主义的代表人物布劳格称其是一种"特定类型的交往"。

(3) 社会网络关系

社会网络关系是社会资本构成的关键，信任、互惠都只能在社会网络中得以实现。社会网络是特定个人之间的联系，是人与人、人与群体、群体与群体之间关系的结构。在共同的社会网络中，社会网络中的个体间相互认同，因为其在目标函数和期望函数之间存在一定耦合性而对未来产生一种确定的预期。正如普特南所说："紧密的网络关系增加了人们之间的理解，也培育了强大的互惠规范，更促进了交往，还为将来的合作提供了条件。"①"紧密的网络关系增加了人们之间的理解，也培育了强大的互惠规范，更促进了交往，还为将来的合作提供了条件。"②

社会网络关系作为一个个体之间进行交流、沟通、合作的平台，通过网络信息汇集、传递、传播，在共同价值观的强大整合作用下，个体之间行为逐渐趋同。人与人之间在一种确定的心理预期基础上，持续在社会关系网络中发生着能量与信息的输入输出，使得关系网络能够保持一种相对的稳定性。社会关系网络是特定个人之间的联系，是人与人、人与群体、群体与群体之间关系的结构。因此，社会网络关系是社会资本构成的关键，信任、互惠都只能在社会网络中得以实现。

(4) 共有规范

所谓共有规范，是社会成员必须共同遵守的行为规范，又叫共有制度，可分为正式制度和非正式制度。一般地，正式制度具有强制性，主要是在法律层面起规制作用；非正式制度不具有强制性，主要在道德层面起约束作用。共有规范是社会资本构成的重要内容，它保障着社会关系网络的正常运行。

正式制度，包括法律法规、政策规章、法律法规等；非正式制度，包括习惯、习俗、传承、教育和经验、礼貌等内在制度，是由生活在同一网络中的所有成员默认并内化在自己行为当中的一系列规范，通常是通过相互交往达成的社会契约发展而来。包括习惯、习俗、传承、教育和经验、礼貌等内在制度。正式制度和非正式制度是相互作用、相互渗透、相互影响的。

社会规范对社会网络的参与者具有组织和协调的功能。通过组织和协调，社会共同规范能够使社会网络的参与者在共同的目标和明确的导向下更加快速、有效地一致行动。社会规范对社会具有控制作用，在这种作用下，网络中每个个体的思想和行为逐步得协调、一致和趋同，从而有利促进网络内部团结性、稳固性增强。在一个关系网络中，如果主体拥有更多更优质的社会资本，那么，他能够获取社会资源的手段和渠道将更多；由社会资本带来的社会资源获取优势显然能够转化为他们的竞争优势和发展优势，带给他们极大帮助，因此，就

---

① [美]罗伯特·D.普特南.使民主运转起来[M].王列,赖海榕,译.南昌：江西人民出版社,2001:56.
② [美]罗伯特·D.普特南.使民主运转起来[M].王列,赖海榕,译.南昌：江西人民出版社,2001:117.

能保障他获得更大的成功。[①]

在共有规范的社会控制的作用下,创新主体在社会关系网络中能够在实现和构建互利互惠的基础上,加深彼此的交往深度,延伸并创新自己的社会网络关系,由此形成一个良性循环。社会资本的结构如图7-1所示。

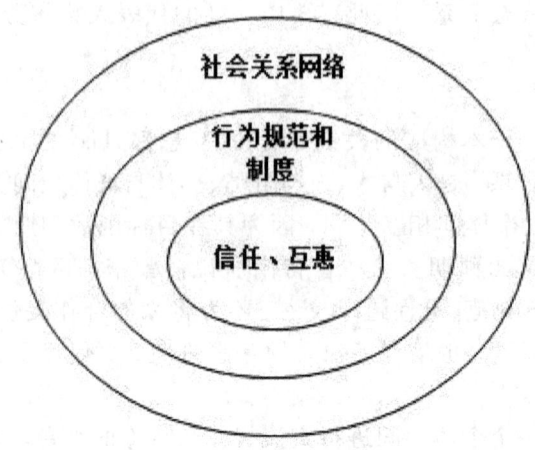

图7-1 社会资本的结构

这三个层面的社会资本的关系是:信任和互惠是核心层,行为规范和制度是中间层,社会网络是表层;由内而外,核心层决定了中间层和表层,中间层决定了里层;由外而内,表层对中间层和核心层具有反作用,中间层对核心层具有反作用。总之,社会资本三个层面具有的内在属性关系,相互作用,彼此渗透、彼此影响。其中社会资本之信任、规范、互惠的特质,有利于创新主体拓展社会关系网络,赋予创新主体探索创新模式变革的巨大空间。

7.1.2 社会资本的维度与测量

7.1.2.1 三维度理论

(1)Nahapiet J.和 Ghoshal 经典的三维度理论

在对社会资本维度的划分中,最为经典的当属 Nahapiet J.和 Ghoshal 两位学者提出的三维度理论。在三维度理论中,社会资本被划分为关系维度、结构维度、认知维度三个维度。并对三个维度的社会资本进行了阐述,其中结构维度的社会资本是在非人格化的个人或者组织关系中呈现网络关系和网络结构的一种整体状态,其主要特征是网络关系、关系强度、组织成员连通性等社会网络的结构性特征。也就是说,这种整体状态反映了非人格化的个人或组织的关系网络结构和网络规模。关系维度指的是利用关系或关系手段获得资源的过程,这个过程特别强调是与社会资本结构维度不同的概念,即关系维度更多的是强调利用关系维度这个属性去获取资源,更加注重的是社会网络中的人格化方面性质,关注社会网络中个体之间或互利互惠关系等。从认知维度来看,它关注的是成员共同拥有的根植于网络关系中,成员间相互交流共享的交流语言和编码方式、肢体语言、解释话语和价值观等。共同语言可以增加交流机会,增进人与人的了解,观念碰撞;相似的编码方式和行为习惯可以提高知识吸收能力,实现知识共享和分享。借助共同语言、相似的编码方式和行为习惯,人们才可以在一个社会

[①] 徐祖荣.社会资本视野中的农民工子女教育问题[J].中国井冈山干部学院学报,2009(5):100.

关系网络中相对稳定地交往,获得关系资源。

(2)按照社会资本结构的空间维度,分为微观、中观和宏观三个层次

布朗(Brown)从结构化的角度将社会资本分为三个层面:微观社会资本、中观社会资本和宏观社会资本。其中,微观层面主要指社会个体在微观层面通过关系网络调动社会资源的能力;中观层面指个人在中观社会结构中所处地位以及拥有的嵌于社会关系网络中的资源总和;宏观层面社会资本则指一个群体在一定团体、组织、阶级、社会或国家中占有、掌握、利用社会资源的情况。

7.1.2.2 二维度理论

将社会资本进行两个维度划分的主要有以下几种类型。

(1)按照社会资本构成内容性质的不同,可以分为同质型的社会资本和异质型的社会资本。一般认为,同质型社会资本主要针对家族型、宗族型、亲族型、乡土型、情感型这类社会资本,这类社会资本是一种建立在家庭关系、熟人、邻居、民族、宗教基础上的联系紧密的社会关系;异质型社会资本主要指同质型以外的同事型、同学型、战友型、爱好型社会资本,这类社会资本往往建立在事业或兴趣爱好关系基础之上,或者是基于某一公益性目的或行业性利益目的而构建的[1]。

(2)按照社会资本形成的来源不同,分为政府型社会资本和民间型社会资本。政府型社会资本来源于政府制定的各种制度,如法律规则、契约实施效率、国家赋予给公民权利和自由度。民间型社会资本主要来源于民间社团或圈层所形成的规范性或者非正式制度,其包括规范、价值观以及非正式网络关系[2]。

(3)按照关系网络中各成员社会地位是否平等,社会资本分为横向型社会关系网络和纵向型社会关系网络。前者意味着网络成员之间地位是平等的,彼此之间没有上下级的从属关系,是一种水平的或平行的关系网络。后者则相反,成员之间的社会地位在关系网络中不平等,具有上下级的从属关系[3]。

(4)企业社会资本按照其来源的不同划分,可以分为企业内部的社会资本和企业外部的社会资本,见表7-1。

表7-1 企业社会资本的构成

企业的社会资本	内容
企业内部的社会资本	各部门之间的信任和合作程度
	知识员工的轮岗制
	知识型员工间的信任和知识共享度
	企业文化的重要性
	团队学习的重要性
企业外部的社会资本	商业网络(包括与客户、供应商、竞争对手、咨询机构等之间的关系网络)
	信息网络(包括各种展览会、专业期刊、互联网、数据库、政府发布的信息和专利文献等)
	研究网络(包括与公共研究机构、技术转移组织、大学等之间的网络)
	关系网络(企业高层经理人员和知识型员工与外部的客户、供应商、竞争对手、大学和科研机构等之间的个人关系网络)
	参与网络(包括参与各种地区级、国家级和国际级的关系网络的程度)

此外,还有不少学者进行了二维度划分。如Uphoff(2000)按表现形式将社会资本分为结

---

[1] https://baike.baidu.com/item/%E7%A4%BE%E4%BC%9A%E8%B5%84%E6%9C%AC/2310532? fr=aladdin#4.

[2] https://baike.baidu.com/item/%E7%A4%BE%E4%BC%9A%E8%B5%84%E6%9C%AC/2310532? fr=aladdin.

[3] https://baike.baidu.com/item/%E7%A4%BE%E4%BC%9A%E8%B5%84%E6%9C%AC.

构型社会资本和文化认知型社会资本两大类。前者主要表现为大量客观存在社会组织、机构和网络等;后者主要指价值观、态度、信任、互惠等心理文化内涵和心理过程(Uphoff,2000)[①]。

在研究大数据时代社会资本转型时,单凤儒(2014)提出将社会资本划为显性结构和隐性结构[②]。通过对不同层次,包括企业、团队、个体的社会资本划分,学者王国顺(2011)、禹海慧(2015)等从 Nonaka 提出的经典三维度分为外部社会资本和内部社会资本两个维度。

7.1.3 社会资本的功能

7.1.3.1 黏合功能

信任是社会资本的核心内容,而信任如同机器中的润滑油,能够使一个机构体或组织的运行更加顺畅高效。[③] 社会信任有利于降低交往成本,提高效率,增强成员之间的黏合度,促进合作与发展。信任是相互的,人与人之间信任度越高,越相信对方不会损人利己,或办事有失公允,合作交流就越容易达成,关系才能容易持久维持。而丧失信任则会导致社会成员个体孤立化、原子化和整个人际网络出现衰退、衰减,甚至导致"集体致误"现象。良好的人际关系和顺畅的人际沟通需要信任来增进,人们从事的社会性行为需要信任来激励。只有在信任的基础上,才能扩大人际互动的范围,丰富人际关系的联结网络,促进无障碍的人际沟通,建立亲密的人际关系,实现迪尔凯姆所阐述的"道德性亲密"。

从个体来看,信任能够很好地消除人与人之间的距离感,能够促进彼此之间相互交流。信任是形成健康心理和完善人格的重要的社会机制。健康的心理和完善的人格,表现在一个人能够释放正能量,乐观开朗、宽容大度、善于合作、光明磊落、勇于担当;同时富于创造的潜能,思维既具有发散性又具有收敛性。而获得他人信任正是形成健康的心理和完善的人格的重要机制。信任能够使人自我认同,也认同他人,消除怀疑、焦虑和戒备,这样的人才能更好地融入社会关系网络,成为一个正常的社会化个体。

从组织来看,组织成员之间普遍的信任是组织良性发展的催化剂。有利于降低交往成本,提高效率,增强成员之间的黏合度,促进合作与发展。组织成员之间彼此猜忌、不信任,缺少诚意,内斗内讧,相互提防、彼此揣摩,那么,整个互动过程将是"蜻蜓点水"式的"浅尝辄止"的浅层交往,其结果往往只能停留在肤浅的表面,无法深度交流,就无法深度合作。浅层交往无法丰富和完善自己的社会网络关系,突破自己的圈子,无法在碰撞中有效交流、对话,就无法产生新的创造性的合作成果,关系将陷入一种恶性循环。"就像在贫瘠的土地上长不出根深叶茂的植物一样,浅层次交往也不可能孕育出良好的关系。"[④]

7.1.3.2 共赢功能

对于社会资本而言,互惠构成了其一个重要的内在价值属性。普特南指出:"社会资本中的互惠具有高度生产性属性,这是因为通过这个属性能把成员自我利益和彼此的团结互助结

---

① https://baike.baidu.com/item/%E7%A4%BE%E4%BC%9A%E8%B5%84%E6%9C%AC/2310532? fr=aladdin#4.
② 单凤儒.论大数据时代企业经营者社会资本培育机制创新—以生活为媒介的"双网"渗透培育机制探究[J].中国软科学,2014(6):81—97.
③ [美]弗朗西斯·福山.大分裂:人类本性与社会秩序的重建[M].刘榜离,译.北京:中国社会科学出版社,2002:67.
④ 吕永红,刘闽,高永辉.社会资本在民族关系调适过程中的功能分析[J].新疆大学学报(哲学人文科学版),2007(1):85.

合了起来。"①

在网络的交往中，只有坚持物质、能量、情感和信息等方面的交换，恩惠互动、互惠交易，才能实现持续性交往和合作；如果只是出于自利，甚至是自私，那么交往与合作都不可能持久，最终成员之间距离感会越来越大，导致网络崩溃。社会资本正是提供了互惠的交往方式，有利于成员实现互惠共赢。

7.1.3.3 纽带(联结)功能

社会关系网络具有无数个体与个体、个体与群体、群体与群体之间的关系联结点。每个单元时刻与其他单元发生着能量、物质、信息、情感等的输入输出，不断地推陈出新。在这个能量、物质、信息、情感等输入输出的传递过程中，各主体间的交流、合作水平得到提升。

社会资本纽带(联结)功能发挥效果大小取决于网络内成员关系的强弱程度，而网络的开放程度及成员的特性决定了网络内成员关系的强弱。对同质性网络结构而言，网络越封闭，成员之间联系越紧密，情感基础越牢固，纽带功能发挥效果越大；反之，对于异质性(Heterology)网络结构而言，网络越开放，成员之间联系越松散，情感基础越不牢固，纽带功能发挥效果越小。

在网络的交往中，只有坚持物质、能量、情感和信息等方面的交换，恩惠互动、互惠交易，才能实现持续性交往和合作。

7.1.3.4 协调与约束功能

网络中的共有规范能够调适成员行为自律。当网络外部的制度规范存在差异、矛盾和冲突，对网络成员行动调整失效时，网络中的共有规范可以规制各成员的行动方向，求同存异，协调利益，统一步调，共同实现组织目标。

社会关系网络中约定俗成的规范是一种强有力的约束作用。它可以促进特定的行动，但是也限制了他人的行动，对每个个体的思想和行为进行约束，具有很强的约束力。可以防止人的机会主义，防止"搭便车"现象，体现网络关系的公平、公正，使网络有序而高效地运行。②

7.2 创新型社会资本对自主创新的助力作用

7.2.1 整合创新资源，提升创新绩效

创新绩效和创新能力取决于创新个体智力整合与资源共享程度，社会资本为整合创新资源的分布提供了灵活的通道。

7.2.1.1 关系网络与稀有资源积聚

社会资本有助于从关系网络中动用稀有资源。

从内部来看，社会资本能够在组织内部起到内部关系"整合器"的作用。内部社会资本积累有利于提高组织的经济效率，从组织内部而言社会资本有利于促进组织的知识共享和知识转移，社会资本在组织内部通过提高成员内部的沟通协作效率促进知识的转移和共享，在弥

---

① [美]罗伯特·D.普特南.使民主运转起来[M].王列,赖海榕,译.南昌：江西人民出版社,2001:167.
② https://baike.baidu.com/item/%E7%A4%BE%E4%BC%9A%E8%B5%84%E6%9C%AC/2310532?fr=aladdin#4.

补组织内部正式制度不足的同时，能够克服组织成员的机会主义行为，促使组织内部契约关系的自我实现，在最大限度消除组织内耗的同时，增进组织内部的凝聚力，于组织内部起到增加组织成员工作的积极性和创造性的作用。

从外部来看，社会资本能够在组织外部的关系中起到"链合器"的作用。外部的社会资本能够使组织获得丰富的机会收益。对企业来说，如果能与外部的交往主体如大学、科研机构、竞争对手、用户等之间构建起一种良好的信任关系，那么将有助于双边或多边在互惠的基础上通过信息、知识和资源的流动，获取知识外溢性的好处，享受外部经济的红利，降低交易成本，实现跨越式的发展。可见，社会资本是组织外部关系的"链合器"。

7.2.1.2 关系网络与知识共享

社会资本有助于促进知识共享与分享，夯实创新基础。知识是创新的基础，一切创新成果都是建立在现有知识成果基础之上的，现有知识存量是科研创新活动的重要基石。知识分享与共享是知识成果流动扩散的途径。创新者需要通过相互的知识共享和分享才能实现知识交流，在消化吸收他人的显性知识、隐性知识，实现自身的内化和升华同时，转化成自己的显性知识和隐性知识，提升个体知识创造的潜能与能力，从而为后续的创造活动提供智力支持和知识基础。[①]

宽容、互信、互惠的社会资本能够提高知识分享的程度。由于知识分享的渠道往往是非正式的，比如私人聚会、圈子交流、"俱乐部"交往等，因此非契约性社会资本更有利于知识分享。就一般来说，科研人员自身拥有的核心知识是不会主动、轻易地和他人共享的，因为这是其竞争优势之所在；而且相反，他们更倾向于获取他人的知识。这种矛盾心态往往挫伤创新者的积极性，制约创新活动的开展。而知识分享的意愿往往受个体所处的关系网络的重要影响[②]。良好的关系网络带来丰富的社会资本，有利于促进知识分享行为的发生。社会资本中人与人之间非强制性的信任与和谐，普遍互惠互助的价值观，有利于创新主体间相互合作，相互借鉴，取他人之所长，补自己之不足，从而形成良性互动，孕育出新的创新。

研究表明，对个体而言社会资本拥有越丰富，所处的关系网络规模越大，则可以获得更多的合作机会，更容易得到网络的经济外溢利好，更容易获得外部帮助，分配到更多稀缺的资源。因此，网络规模越大的创新主体一般会有更多的创新产出。

玻尔之所以能够提出玻尔原子理论，正是以普朗克量子理论与原子核理论为基础的。这样的例子在科学发展史上比比皆是。

反之，社会资本缺失将不利于知识的分享和共享，从而影响创新的实现。

知识经济时代，更要充分利用社会网络联结机制，培育优质的社会资本，加强人际之间、群体之间的信任与认同，以整合利用创新资源，优化创新方式，提升创新绩效。

图7-2反映了在社会关系网络中，社会资本影响知识共享，并最终影响员工的创新动机和创新行为。

[①] 屠兴勇，等.批判性思维对员工创新行为的影响——一个有调节的中介效应模型[J].科学学与科学技术管理，2015(36)：169-177.
[②] 金辉，杨忠，冯帆.物质激励、知识所有权与组织知识共享研究[J].科学学研究，2011(29)：1036-1045.

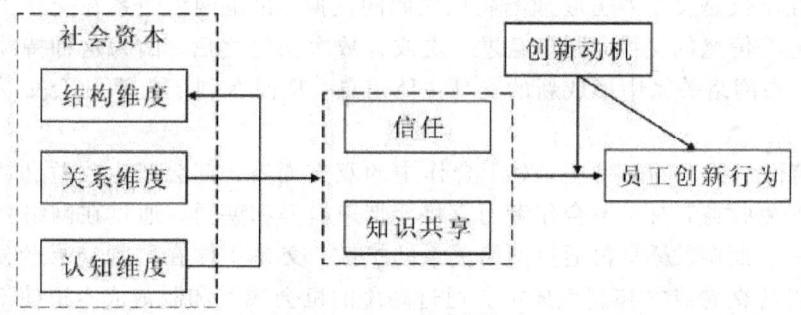

图7-2 社会资本影响员工创新行为理论模型

7.2.2 降低交易成本,提高创新效率

7.2.2.1 信任与交易成本

从心理学角度而言,人和人之间的信任是相互的,这是因为相互交往的双方既是信任的制造者也是信任的分享者。如果在合作或是交往的开始双方都以一种信任的姿态出现,那么,则会促使双方再继续合作。通过多次的合作和交往就会形成强大的信任关系,而与之相对的是,如果合作开始或者合作中出现了不信任,那么就会失去信任,或者中断合作增加彼此间的信任成本。长此以往,就会恶化双方关系,导致疏远和怀疑甚至不再合作。

从理性选择的角度而言,无论是信任者还是被信任者,都是力求在充满风险的交易环境里,追求信任效用的最大化和信任损失的最小化。这类似于经济学中托宾的 Q 理论,即当信任效用的收益大于信任效用的损失时,那么信任的选择就会发生;与之相对的是,当信任效用的收益小于信任效用的损失时,那么信任的行动选择就不会发生。无论是从经济学、社会学、文化学哪个角度而言,信任之于人类而言都是非常重要的。信任在对社会关系的构建中发挥至关重要的作用,在一个没有信任的社会不可能构建和衍生出持续的社会关系,在一个低信任的社会中其运行和合作成本将大大增加。良好的信任关系对于促进社会进步,避免"零合博弈"甚至"负合博弈"的猜疑有至关重要的作用。因此在市场经济中,信任往往是一切经济活动的起始。信任作为一个起始性因素,是值得被获取和向往的,是合作中不可或缺的因素条件①。

根据国内外相关实证分析,社会资本的内生性定义信任,其在减少交易的不确定性和交易成本的同时,提高交易的效率。社会资本决定了与生产(制造)和掠夺(拿走)之间的权衡。

7.2.2.2 社会网络与交易成本

社会网络是保证交易双方彼此合作交流的保障机制。恰恰是社会网络这种保障性的机制在维护交易的进行和完成的同时,也导致了交易双方在市场交换和网络交换信任程度上的差别。

其一,在没有网络关系的交易中,交易双方既是相互独立的,也没有任何依赖性关系,那么就交易而言其交易成本必然是高昂的。但是在有网络交换的交易中则不同,由于交易主体之间在交易之前通过网络关系就可以获取知道交易双方的信誉、产品质量等信息。因此,

---

① 马克·E.沃伦.民主与信任[M].吴辉,译.北京:华夏出版社,2004:82-88.

网络关系的存在不仅是交易双方物质与物质之间的交换,也是网络关系在交易主体之间信任关系和产品信息等信息的交换,同样经过一次或者数次交易之后,因为这种持续的交易会形成良好的互动,在网络关系中形成新的交易主体信息,从而有利于整个社会交易活动的产生和进行。

其二,在有网络关系的交易中,对于合作中的双方而言,都会产生收益和成本,对于合作者而言将会产生收益,对于不合作者而言将会带来损失和惩罚。通过在网络关系合作中建立起来的义务——期望关系,再通过网络关系的扩散,交易主体在增加交易的便利性时,也提高了不合作者的交易成本和制裁成本。通过高昂的机会成本和制裁成本迫使不合作者慎重选择自己的行为选择,因为社会网络关系的存在会对惩罚的实施起到重要的支撑作用,如图7-3所示。

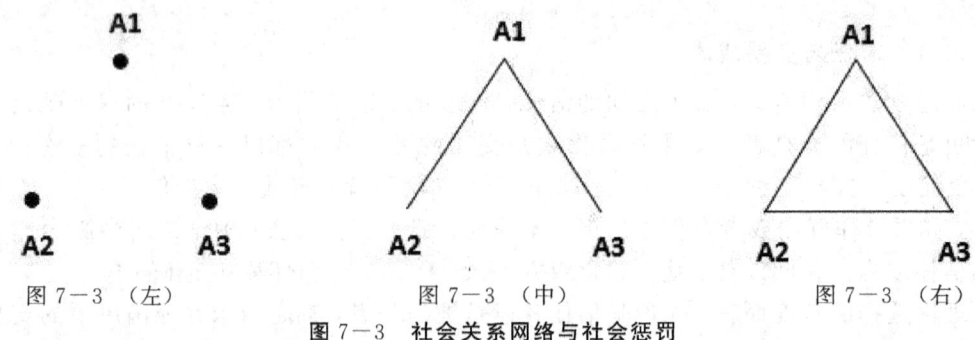

图7-3（左）　　　　图7-3（中）　　　　图7-3（右）

图7-3　社会关系网络与社会惩罚

在图7-3(左)中,A1、A2、A3之间相互独立,彼此之间不存在联系;图7-3(右)中,A1、A2、A3彼此都有联系,图7-3(中)中A1与A2、A1与A3有联系,但A2与A3之间各自独立。

假设以上每个行动者的行动使A1、A2、A3都获得好处。在图(左)中因为没有网络关系,A1、A2、A3三个都不会采取行动。图7-3(中)中A1虽然打算和A2和A3分享行动后果,但是A1拒绝行动,所以A2将劝说A1采取行动,但是对A1的行动代价A2无力承担。A2可以利用A1在行动以后产生的公共物品解决这个问题。同时在图7-3(中)中存在的另一种可能性,即A2对A1存在极大的价值,可以作为对价值较小的A1的资源价值的补偿。图7-3(右)所展示的是A2、A3因为存在社会网络可以利用他们的联系对于A1实施联合性惩处,避免A1的机会主义行为,正如科尔曼所言,通过社会网络的关系制衡和联合性惩罚,可以将行动成员贪图坐享其成的机会主义行为转换为热情的奉献(Jamess.coleman,1988:303)。

社会网络关系作为社会资本的一个内在属性,可以通过降低交易信息的获取降低交易成本。一般而言,信息的获得渠道多种多样,包括电视、网络、媒体以及信息公司购买,但是,我们也可以从自己的网络关系中获得信息。从某种意义而言,个人的社会关系就是一个网络信息的获取关系网,在这个网络里我们认识,我们熟悉,或者我们相互熟悉信息的传递真实可靠,信息的获取容易。与之相对比,在一个社会网络不足甚至缺失的社会和市场里,每一次交易都因为交易主体信息的不明确导致高昂的调查成本和时间成本,也因为没有网络关系交易的买卖双方都要去寻找网络以外新的交易合适主体,这个过程痛苦且将耗费大量时间搜寻成本。

7.2.2.3　人际关系与交易成本

首先,良好的人际关系有利于降低信息搜寻的成本。因为人们之间进行经济交易时,他已经彼此相识、了解，无须再为得到这些有用的信息而付出信息搜寻的成本；陌生人之间进行同样的交易，则需要额外地为搜寻这些信息付出成本。

其次，熟人之间有利于降低违约成本。熟人社会违约相对较少。就熟人之间的交易而言，交易者之间因为熟悉容易形成合作关系，久而久之形成交易默契，甚至在以后的交易中都不需要烦琐的书面契约。因为信任与承诺所致的人情信用比签字画押的现代契约合同更为可靠。所以，这些既存的人际关系和因为合作而建立起来的交易默契，在有助于契约执行的同时，也减少了契约的谈判和交易的执行成本。

最后，良好的人际关系还可以在降低交易者之间交易风险的同时，增强良性预期。即使在交易主体交易风险不确定的情况下，交易双方的主体也愿意将交易进行下去。

我们用图形来简要地说明交易成本随交易次数递减和人际资本随交易次数递增的过程。如图7—4所示。

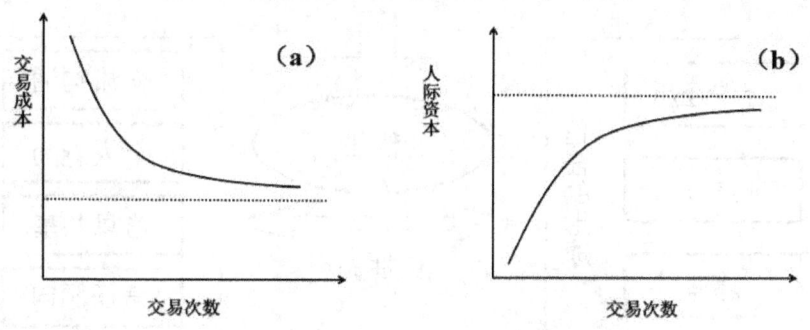

图7—4 交易成本、人际资本与交易次数关系

如图7—4中展示，横向坐标轴表示交易的次数，纵向坐标轴表示交易的成本，图(a)显示出在多次交易中，随着交易次数的增加看到交易成本在不断降低，但是需要指出的是，交易成本不是随着交易次数的增加无限制减少，而是在下降到一定程度时稳定在一个较低的水平。图(b)所揭示的是随交易次数的增加，人际资本得到不断的积累和提升。也就是说，交易次数和社会资本呈正方向变化，形成一种良性循环。总之，两个图所揭示的是在交易成本随着交易次数的增加而减少的同时，反映人际关系资本随着交易次数的增加而沉淀积累的过程。这一积累过程与交易成本随交易次数递减的过程是呈反向变化的。

7.2.2.4 合作的演进与团队生产效率

团队成员合作意识的强弱，直接决定了团队的生产效率。阿尔钦和德姆塞茨(1972)提出的团队生产理论认为，企业的行为其实是团队生产的方式，任何最终产物的生产都是全体成员共同努力的结果，但是在具体贡献付出上是很难量化计算的，更无法一一对应地分解出每一个成员的真实贡献。这是因为，我们虽然可以通过打卡的方式测算每个员工的出勤情况，但是最终的劳动成果却不仅仅是出勤就可以说明的。因为在工作中不可避免地存在消极懈怠出工不出力的问题，这就不可避免地导致了滥竽充数的"偷懒"行为的存在，即团队成员缺乏努力工作的积极性。

从博弈论的角度分析，博弈论告诉我们，在单次博弈中，就参与者个人而言，因为他们只进行一次博弈不会有下一次博弈，所以他们只关心这次博弈的成本和收益，他们唯一占有的策略是基于机会主义产生的抵赖。他们总是尽可能地少付出，而最大限度地获取，不会为了长远利益而选择付出和牺牲，或者说在只有一次的博弈中不存在长远利益。但在重复博弈条件下，因为合作是多次的，合作中存在长远利益，而且这次牺牲在下一次合作中可以收回，因此，参与人可能会为了长远利益而牺牲眼前利益从而选择不同的均衡战略，否则会被"以牙还牙"，得不偿失。团队生产具有重复博弈的特性，因此，团队的社会资本如信任与互惠、团队式奖励与处罚有助于克服"偷懒"和"搭便车"的机会主义行为。

社会资本是协同创新运行机制的重要影响因素。下面以信任为例进行分析，如图7-5所示。

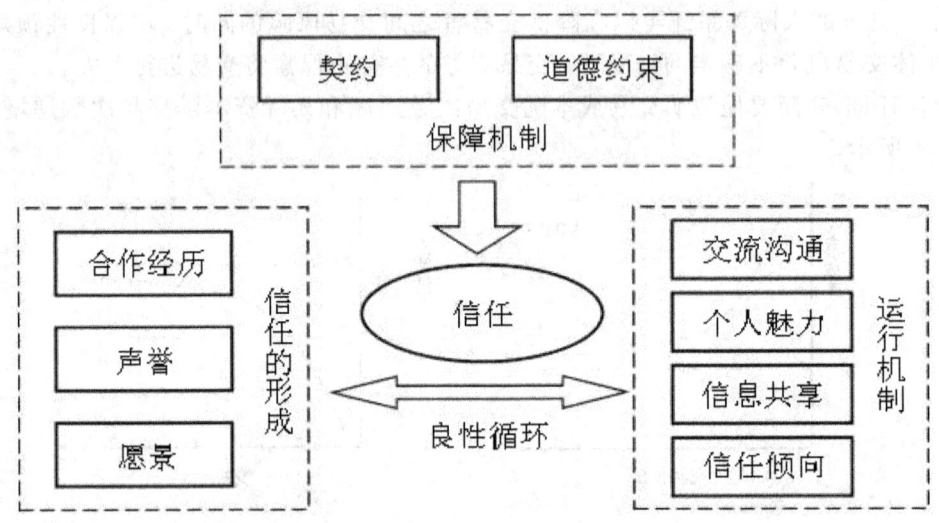

图7-5 社会资本与协同创新的运行机制

在协同创新系统中，协同创新信任的形成来源于以往项目的合作经历、组织的声誉以及大家共同的合作创新愿景，运行机制包括跨组织科研人员的交流沟通、个体独特的魅力、信息共享程度以及信任倾向。由于信任是可传递的，因此，信任的形成和运行能够形成良性循环。

保障机制主要是协同创新深度合作前契约的制定以及道德规范的约束。在协同创新的过程中，既需要合作各方加强沟通、增进了解，充分了解彼此的经济政策与实践，以期合作双方在认知上达成知识评价上的一致，缩小合作双方在知识供给与知识需求之间的差距，实现彼此的信任，促成知识共享与知识整合。

7.2.3 共享创新收益，激发创新活力

社会资本信任、规范、互惠的特质，有利于创新主体拓展社会关系网络，赋予创新主体探索创新模式变革的巨大空间。尤其是合作创新是实现比较优势互补和创新收益共享的主流趋势。

信任和合作具有同构性，这是因为信任是合作的前提，也是合作的结果。没有信任就没有合作，也因为合作才会产生信任①。就合作创新而言，其实质上就是不同的创新主体之间跨界面、跨组织、跨时间和空间的知识分享并由此产生的创新行为。通过合作创新，中小型企

---

① 张乾友.论不确定性中的信任[J].道德与文明,2013(6):28.

业可以有效地降低合作成本,共享创新收益,分担创新风险。合作创新是企业获取差异化知识和异质性外部资源的重要途径,通过这个途径,可以迅速有效地提高参与者的知识和技术创新能力。合作创新是实现比较优势互补和创新收益共享的主流趋势。

当前,合作、协同是创新模式的发展趋势。彭越(2015)则对日本中小企业技术创新模式的演变做了研究,认为日本中小企业的技术创新模式经历了从模仿创新到合作创新、从被动适应型到主动开拓型的过程,其发展路径值得中国企业借鉴[1]。朱奎林(2016)在价值链、产业集群、产学研结合的协同创新模式研究的基础上,对中小企业与政府部门、与目标用户、与其他社会中介机构的协同创新方面做了研究,提出"六位一体"的协同创新模式[2]。

无论是合作创新还是协同创新,都需要建立在互惠基础之上,合作才可能持久。

7.2.4 规范创新行为,形成创新秩序

7.2.4.1 产权制度与利益调节

产权关系是财产所有权关系。是经济所有制关系的法律表现形式。它包括财产的所有权、占有权、支配权、使用权、收益权和处置权。

产权理论最实质的内涵是规定了权利的分配,由此决定其对效率的影响。

"在一个社会中,产权制度的主要作用是通过建立一个稳定的、人们相互作用的制度来增加预期的确定性,减少交易的费用,提高交易的效率。"[3]科斯(Coase,1937)的产权理论强调了私人产权的重要性,在斯科特产权理论认为只要产权明确,且交易成本很低或者为零,那么,不论初始产权属于谁,最后都会通过产权的自由交易而最终达到帕累托最优状态。

产权制度规定了产权主体拥有的经济资源的权力边界,保证个人收益与成本、社会收益与成本之间的对称和均衡。权利对于一个主体而言,表现在其活动空间的大小,以及在空间内活动所拥有的自由度的大小。最终的收益表现为利益;成本即为责任,意味着对其主体收益或效用的扣减。"有效率的制度必须使'利润'与创造利润的人相结合。"[4]因此,它最重要的功能是可以约束人们的行为边界,并在产权制度设定的社会关系中降低一切复杂性和不确定性,给予社会秩序以稳定性和可预期性。

对于物质资本,产权的重要性不言而喻,其实,对于人力资本、知识资本也是同等重要。人力资本产权、知识资本产权制度明确规定了所有者的权利、责任和义务,给予创新者对权利不确定性以明确的预期,确保稳定有序的创新秩序。

以知识产权制度为例,知识产权体系追求的价值目标是以下两者之间的平衡:一方面是实现权利者的"效益最优";另一方面是实现社会公平的"制度平衡"。"一边是私权保护,一边是公权让渡。"在整个知识产权法里面,利益平衡发展始终贯彻其中称其主旋律,而知识产权法的意义在于,意在平衡知识人和知识产权法中相关主体的权利和义务,以期实现利益的公平分配"。[5]

---

[1] 李俊江,彭越.日本中小企业技术创新模式的演变分析[J].现代日本经济,2015(1):86-94.
[2] 朱奎林.中小企业"六位一体"协同创新模式研究[J].企业科技与发展,2016(12):1-3.
[3] [美]道格拉斯·诺思.制度、制度变迁与经济绩效[M].上海:上海三联书店,1994:4-6.
[4] 汪丁丁."效率"所要求的……[J].读书,1996(11):47.
[5] 冯晓青.知识产权法前沿问题研究[M].北京:中国人民公安大学出版社,2004:18.

知识产权制度力图在创造者、使用者以及未来创造者之间寻找一个适当的平衡,即创造者对其劳动果实的权利和未来的创造者自由表达的权利。一是对个人利益与社会利益的平衡、公平与效率的调节;二是对创新者与模仿者利益关系的调节,由此寻找一个均衡点。

7.2.4.2 超产权论:充分、公平的市场竞争

产权理论是利益调节和资本配置重要的分析范式,但刘芍佳和泰藤郎(Litr & J. Tittenhrun,1996)、马丁和帕克(S. Martin & Parker,1997)等提出的超产权理论(Beyond Property—right Argument)。他们得出与传统的产权理论不同的结论,认为仅靠产权制度不一定能够提高企业经营效率,而一个竞争性的市场环境才是企业绩效提高的主要手段。市场公平竞争不但给企业传递市场信号,促使企业降低价格、提高质量、完善服务,否则,企业将会被市场淘汰。可见,超产权理论更加看重的是交易双方获取收益的市场环境,而这个市场环境必须是完全自由的市场竞争结构。

可以通过一个简单的数学模型来说明超产权论关于企业绩效和企业治理机制,以及企业产权与市场竞争这几者之间的数量关系①。

首先,假设 X 表示企业经理的努力程度,它的大小取决于四个要素:α(上岗竞争的激励扩加数)、β(资本市场竞争的激励扩加数)、δ(产品市场竞争乘数)及 R(经理的利润占有率)的乘积。即

$$X = \alpha + \beta + \delta R \tag{1}$$

又假设 Y 表示企业绩效,θ 表示经理能力,γ 表示资源乘数,那么

$$Y = \theta + \gamma X + \varepsilon \tag{2}$$

显然,当 X 大小一定时,Y 值大小便取决于 θ 与 γ。其中 ε 是随机变量,包括各种意外或不可控因素,如战争、地震等。

超产权理论可以用来解释在不同的所有制企业中,企业绩效差异的形成原因。由此可见,对于企业绩效而言,与传统产权理论相比,超产权理论具有更强的解释力。从政策含义上来说,超产权论强调的就是构建一个充分竞争的市场结构。

市场公平竞争是自主创新的动力基础。市场公平竞争会给企业传递市场信号,促使企业降低价格、提高质量、完善服务,否则企业将会被市场淘汰。同时,市场公平竞争也降低了各种寻租的机会,企业产生不创新就死亡的压力。美、德、日、韩等国高技术产业和汽车、机械等产业崛起的历史已经证明,政府干预不能代替市场竞争,市场公平竞争是自主创新动力产生的基础。虽然政府推动是促进自主创新的重要力量,但自主创新必须强调充分和公平的市场竞争。法律和政策在弥补市场失灵的同时,不但不能干预市场竞争,反而应为市场充分竞争提供制度保障。

7.3 社会资本助力作用的实证分析

到目前为止,学者已从不同角度对社会资本进行了多方面的实证研究。

科尔曼、爱德华、黄敬宝等运用定性方法与定量的方法对人力资本与社会资本的关系进行

---

① 刘芍佳,李骥.超产权论与企业绩效[J].经济研究,1998(8):3-12.

了研究,但基于国内数据的实证研究很少。Krishna 和 Shrader、赵延东等通过设计问卷从不同角度对社会资本进行了测度。赵家章、金丹、郭苏文从正反两个方面对社会资本与区域经济之间关系进行了研究,探讨了社会资本对于区域经济的促进作用。罗能生等运用 DEA 方法定量地分析了社会资本与区域全要素生产率的关系。张雅茹等对社会资本与制度之间的相互作用、作用机制进行了分析,并提出建构有效的治理制度的运行机制。

对于指标构建而言,从单一指标走向复合指标,方法也从定性走向定量或定性与定量相结合,对于方法而言,实证研究还需大大加强。对于内容而言,社会资本的区域之间的差异性研究、社会资本与经济、政治、科技等方面的问题等还尚需完善。

7.3.1 社会资本发展和创新指标体系的构建

在参考相关文献的基础之上,社会资本发展与创新发展评价指标有单一指标法和复合指标法之分,国外也有相关指标的选取,但由于我国各区域自然经济、社会条件等具有很大的差异性,社会资本发展水平与创新发展水平的指标选取与经济社会发展相一致,因此,有必要建立与实际情况相一致的指标。通过阅读相关文献,本文将借鉴前人研究,综合已有的指标,根据数据资料的可获取性,社会资本发展水平主要从信任、网络、规范三种角度来说明,创新发展水平主要从投入与产出两个方面来说明,具体指标见表 7-2。

表 7-2 相关指标说明

指标名称	类别	具体指标
文化资本	社会信任	亿元以上商品交易市场的成交额
	社会网络	互联网上网人数与地区总人口的比值、总的电话数与地区总人口的比值、亿元以上商品交易市场的市场数量、客运量、住宿与餐饮产值
	社会规范	劳动争议当期案件受理数与地区生产总值的比值、交通事故发生数与机动车驾驶员人数的比值、社会捐款与地区生产总值的比值、原保险保费收入与地区生产总值的比值
创新发展	创新投入	高等学校科技经费、研发从业人数、研究与发展经费、高技术产业研发机构数
	创新产出	发明申请授权数、实用新型申请授权数、外观设计申请授权数、技术市场成交额占 GDP 的比重、技术市场技术流向地域

7.3.2 数据来源及研究方法

7.3.2.1 数据来源

本文研究我国区域社会资本与创新发展状况,以省级区域为单位,本文所用数据来源于 2017 年的《中国统计年鉴》、各个省份统计年鉴、《科技统计年鉴》《中国交通年鉴》《中国城市统计年鉴》以及中华人民共和国民政部、中华人民共和国人力资源和社会保障部等相关网站。

7.3.2.2 研究方法

对社会资本与创新发展进行分析,本文主要采用线性加权法,先把数据进行标准化处理,再确定指标权重,进而计算各省份2016年的社会资本发展水平和创新发展水平的综合评价值,再将其进行排序。具体计算步骤如下:

(1)数据预处理

由于数据量纲的不同,需要先对数据进行标准化,计算公式如下

$$M_{ij} = \begin{cases} \dfrac{m_{ij} - \min m_{ij}}{\max m_{ij} - \min m_{ij}} + 1 & (m_i \text{ 为正向指标}) \\ \dfrac{\max m_{ij} - m_{ij}}{\max m_{ij} - \min m_{ij}} + 1 & (m_i \text{ 为逆向指标}) \end{cases} \quad (1)$$

m_{ij} 为标准化后的值;m_{ij} 为第 i 项指标下的第 j 个地区的数值;$\max m_i$ 为第 i 项指标中的最大值;$\min m_i$ 为第 i 项指标中的最小值。

(2)确定指标权重

为避免主观因素对指标权重确定的随意性,本次研究采用熵值法来对指标进行客观地赋值,计算公式如下

$$R_{ij} = \frac{M_{ij}}{\sum_{j=1}^{n} M_{ij}} \quad (2)$$

$$e_i = -1/\text{Ln}(m) \times \sum_{j=1}^{n} R_{ij} \times \text{Ln}(R_{ij}) \quad (3)$$

$$d_i = 1 - e_i \quad (4)$$

$$W_i = \frac{d_i}{\sum_{j=1}^{n} d_i} \quad (5)$$

R_{ij} 为第 i 项指标下第 j 个地区占该指标的比重;m 为样本个数;e_i 为 i 项指标的熵值;d_i 为 i 项指标的差异系数;W_i 为指标权重。

(3)社会资本发展水平与创新发展水平综合得分

两者综合得分其计算公式为

$$F = \sum_{i=1}^{n} W_i \times M_{ij} \quad (6)$$

式中,F 为各评价对象的综合得分。

在此基础之上,采用 GIS 空间分析法,利用 Arcgis10.2 软件,把 2016 年的社会资本发展水平与创新发展用分层设色图进行展示,研究省域范围内,社会资本和创新发展的空间分布情况,在此基础之上,再把两个数据进行对比分析,研究各省社会资本与创新发展空间分布变化情况。

7.3.3 社会资本与创新发展水平评价结果

7.3.3.1 社会资本发展水平评估

我国各区域由于自然、社会、经济环境等方面各具差异性,社会资本也存在很大的差异性。本文利用熵值法,对 2016 年我国 31 个省市的社会资本发展水平进行了测度,得到其结果如表 7-3 所示。

表 7-3 2016年各省份社会资本发展水平的综合得分

省份	综合得分	省份	综合得分	省份	综合得分	省份	得分	省份	综合得分
江苏	0.042 0	辽宁	0.033 8	陕西	0.031 6	天津	0.030 3	贵州	0.029 1
浙江	0.040 2	湖南	0.032 9	新疆	0.030 7	内蒙古	0.030 1	西藏	0.027 8
广东	0.039 3	福建	0.032 7	黑龙江	0.030 6	海南	0.029 6	宁夏	0.027 7
北京	0.038 2	河南	0.032 5	吉林	0.030 6	广西	0.029 5		
山东	0.035 7	河北	0.032 2	山西	0.030 6	云南	0.029 3		
上海	0.035 0	重庆	0.032 2	安徽	0.030 5	甘肃	0.029 3		
四川	0.033 9	湖北	0.032 1	江西	0.030 5	青海	0.029 2		

从表 7-3 可以看出，社会资本发展比较好的省份集中在东部和中西部经济发达的地区如江苏、浙江、广东、北京、山东和上海等，社会资本发展比较差的三个区域是宁夏、西藏、贵州。这是因为我国沿海地区对外开放时间最早，交通便利，又有国家政策的支持，建立的市场相关体制也更加完善，也为企业、个人等创造了更多的发展机遇与平台，大量人口涌入东部地区。

经济得到快速发展，信息网、人际网等的拓展条件也更加优于西部地区，加之法律制度建设、教育发展、社会规范的提升、社会和谐的提倡。相比于西部地区，东部地区在区域社会网络、社会规范的发展下，以及地方监督体制的发展，区域信任度也相对比较高，因此，在社会制度、文明建设、交通建设等大力发展下，东部地区的社会资本要高于其他地区。同时，因为地区间经济发展水平的不同，地区间市场机制完善程度存在差异，以及地区间经济条件上的不平衡性，导致我国东西部地区之间的社会资本差异较大，其具体而言，就是由西向东呈逐步递减的态势。

7.3.3.2 创新发展水平评估

由于各区域创新环境、科技发展水平的差异性、科技人力资源等各具差异性，创新发展也存在很大的差异性。本文利用熵值法，对 2016年我国 31 个省份的创新发展水平进行了测度，得到其结果如表 7-4 所示。

表 7-4 2016年各省份创新发展水平的综合得分

省份	综合得分	省份	综合得分	省份	综合得分	省份	综合得分	省份	综合得分
江苏	0.049 3	湖北	0.032 8	辽宁	0.030 7	山西	0.028 6	宁夏	0.027 7
广东	0.049 2	四川	0.032 1	重庆	0.030 5	云南	0.028 5	海南	0.027 6
浙江	0.042 3	福建	0.032 1	河北	0.030 4	甘肃	0.028 4	西藏	0.027 5
北京	0.040 9	陕西	0.032 0	江西	0.029 7	贵州	0.028 3		
山东	0.037 8	河南	0.031 7	黑龙江	0.029 5	内蒙古	0.028 2		
上海	0.034 8	天津	0.031 6	吉林	0.028 8	新疆	0.027 9		
安徽	0.033 1	湖南	0.031 1	广西	0.028 7	青海	0.027 8		

从表 7-4 可以看出，创新发展水平较高的省份主要集中在东部沿海地区，这些省份占据

创新产出的半壁江山,其排名比较靠前的是江苏、广东、浙江、北京、山东、上海;创新发展水平比较差的三个区域是宁夏、海南、西藏。其原因与改革开放以来逐步集聚起来的创新基础设施、人才和技术优势密不可分,加上国家大力发展科技事业,加大创新投入,而沿海地区则充分利用其地域优势、经济优势等,积极吸纳国际先进技术,使其创新能力大大提升。同时,东部地区创新的发展对其他地区起到了引领和带动作用。安徽、湖北、四川、陕西等省份迅速崛起,成区域创新发展新亮点,"一带一路"倡议为广大中西部地区带来新的发展机遇,西部地区创新投入快速增长,创新步伐也在明显加快。此外,我国创新水平的区域不平衡性相对比较显著,区域之间差距相对较大,且大概呈现出了自东向西的阶梯式的区域分布态势。

7.3.4 社会资本发展与创新发展综合得分空间特征分析

为了更直观形象地将 31 个省份区域的社会资本水平和创新水平进行对比分析,本文利用利用 Arcgis10.2 软件,将 2016 年的社会资本发展水平与创新发展用分层设色图进行展示如图 7-6、图 7-7 所示。

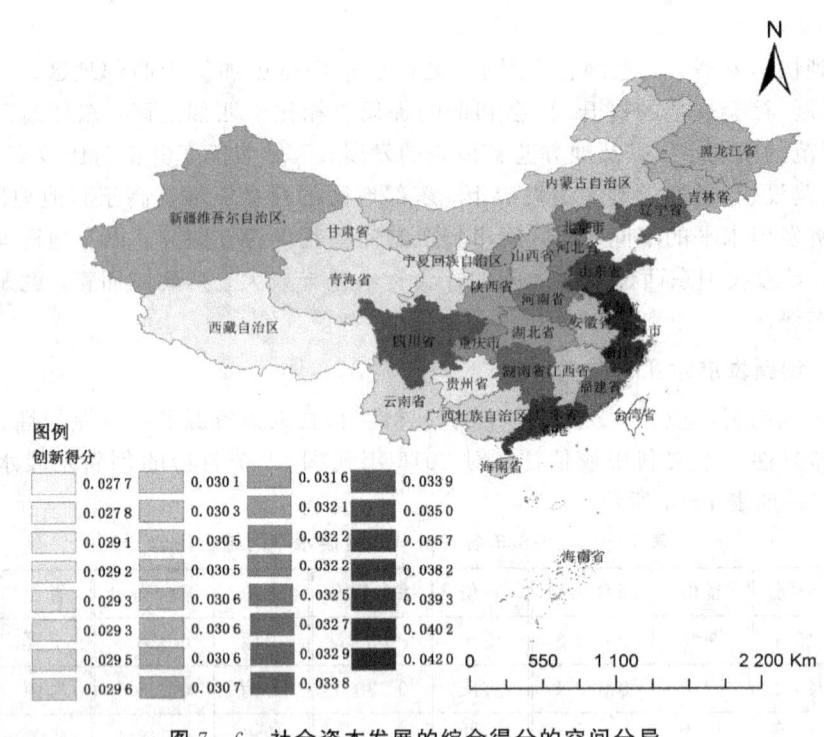

图 7-6 社会资本发展的综合得分的空间分异

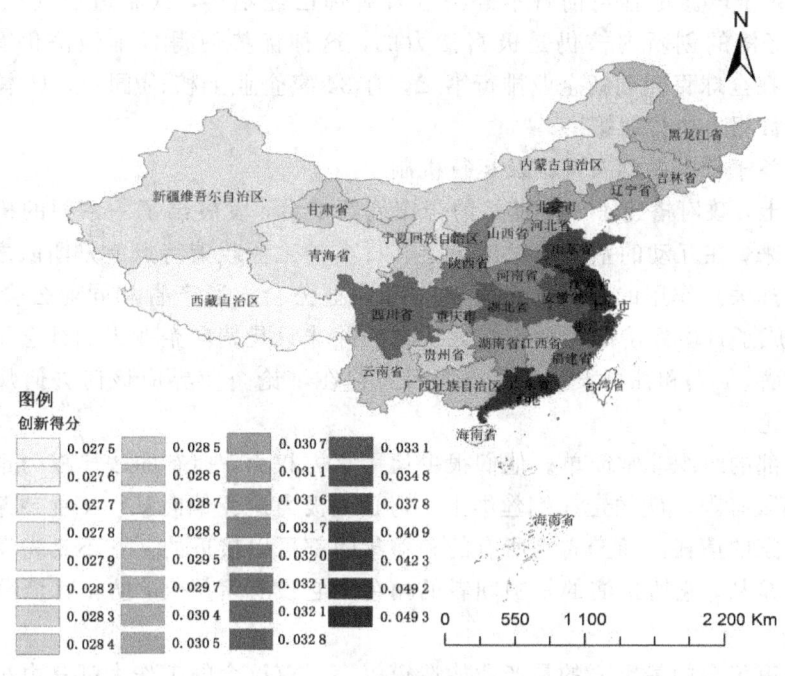

图 7-7 创新发展的综合得分的空间分异

从图 7-6、图 7-7 综合来看,社会资本与创新发展的空间分布大致与经济发展空间差异相符合,但两者的空间分布比经济分布复杂,该分布受到各种因素的影响。从中,我们还可看到,一般来说,社会资本发展好的省份或区域,创新发展也比较好,两者具有一致性。比如江苏、浙江、广东、北京、山东和上海等东部沿海省份,其社会资本发展水平与创新发展水平都位居全国前列。这是因为在社会网络方面,社会资本可以降低技术外溢和传播交易的成本,在企业技术水平的提高上也有正向作用,加之对人力资本"质量"进行优化,从而促进创新进步,大大提高了技术进步效率。同时生产技术的进步,对区域全要素生产率的增长有促进作用,促进区域经济的发展,为社会资本的发展提供了资金保障。同时,我国广大的中西部地区,特别是宁夏、西藏和青海等省份,社会资本发展水平与创新能力与其他地区差距较大,还需加快步伐,优化社会关系网络,大力引进人才,聚集创新资源,提高技术的吸纳能力,促进经济发展,为社会资本的发展提供有力的经济保障,再以社会资本的发展推动创新发展,促进区域间的协调发展。

综上所述,我国社会资本发展和创新发展还存在很大的区域性差异,在未来道路上,对于如何促进两者融合,来达到协调发展的目的,我们还需投入一定的成本,不断总结,探索规律,从而促进我国经济与科技实力的增强。

7.4 经验检验:社会资本与创新发展

7.4.1 日本的技术创新网络

"第二次世界大战"后日本经济起飞,进入黄金发展轨道。其工业产品一直以来以质量和信誉取胜，享誉全球。尽管当前日本经济昔日辉煌已经不再，其制造业甚至面临严峻的危机，但是日本经济的创新内核仍是极富活力的，这种优势使得日本经济仍有重振的可能。2016年，日本在全球百强创新企业排行第二，有34家企业上榜；[①]同年，日本创新质量指标在全球创新指数报告中位居第一。[②]

这一切得益于日本的创新网络及运行机制。

宏观层面上，政府搭建了一个良好的合作创新平台，发展出了一系列的机构，把有分歧的各方集中起来，在互动的基础上做出决定。日本的工业政策特点就是团队之间的合作，在这种合作中发挥关键作用的是日本的通产省和同业公会。通产省和同业公会构成了一个网络，也就是构成了日本经济的社会记忆力。它们并非只是偏向企业界的社会记忆力，它多少也会顾及消费者、工人和社会大众的利益，因为它在辩论企业界应该何去何从时，也让这些人直接参加讨论。

通产省内部的组织非常简单。他们很少运用官方权力，拥有的法律权力也不多，而且可运用的控制手段有限。就像走在钢丝绳上，它必须极力避免偏向某一工业或某一家公司，否则就会失去大家的信任。通产省是所有的利益集团都可以接近的。它不是先发布指示强迫企业或公司唯命是从，它所扮演的是中间者的角色。它设有审议会，防止官僚分子过于热心而越俎代庖。

通产省的审议会中最重要的是产业构造审议会。审议会的工作大都是由小组委员会进行的。每个小组委员会到外面找人成立专案小组，以便搜集资料、对问题进行辩论。在进行这些低层次讨论的同时，高层审议会的委员与产业构造审议会的委员，一起和四大工商团体直接讨论。这些工商团体都是社会记忆力的一部分，并且是全国性的组织，其中最著名的是经团联。经团联只处理涉及全国性的整个产业的问题，它和通产省维持密切的关系。它不会告诉会员应该如何行动，也不会因为会员间的争执而瘫痪。它采取中立，让各方进行辩论。会员们参加，因为他们知道如果自己的需求得不到其他会员的支持，就毫无希望争取到大藏省、通产省、经济企划厅或是国会的支持。竞争者不是采取游说的方式去改变政府政策，而是先行建立彼此互动关系。

同业公会是一个中立场所，使同业之间不断进行对话。每家公司都会出席会议和发表意见。它和政府维持密切的关系，而且理事常常是通产省官员。很多同业公会往往有共同的委员。这一点非常重要。

在制造业方面，就创新而言在日本内阁府成立了"综合科学技术创新会议"（CSTI），它是日本五大重要政策咨询会议之一，是日本内阁中负责统筹和指导日本全国创新全局的参谋指挥中心。作为日本内阁府五大重要政策咨询会议之一，CSTI被视为"首相智库"，受首相直接领导。CSTI的主要职能是通过总体上的把控及横向间的连接将制造业各个部门和企业之间联系起来，推进日本制造业的科技创新与创新政策的一体化。其具体事务主要有评审建议和制定日本国家科学技术政策、管理科研经费的预算、总体调控科研资源的分配以及评审国家重要研发项目等。

日本重视创新系统的建设。在创新系统的建设方面，日本的措施主要有，一是组建了很

[①] 2016年由 Clarivate Analytics（原汤森路透知识产权与科技事业部）公布。
[②] 2016年由欧洲工商管理学院公布。

多协助技术转移的中介机构,促进制造业创新成果转化。知名的机构有日本先进科学技术孵化中心、东京工业大学技术转移机构等。二是制订"产业集群计划",强化产业集群化发展,并以此为依托构建区域性的产学官合作创新系统。在这个创新系统中,一方面强调横向的产学合作,另一方面强调纵向的政府作用。强调政府要加强在合作创新中的协调作用。产学官合作创新系统是以产业集群为载体的企业与技术研发机构、技术转移机构、信息咨询公司、金融机构以及中央地方的产业局联系互动的关系网络。

从微观层面看,日本企业的创新网络也很有特色。日本企业的创新网络的组织构架包括内部网络和外部网络两部分,如图7—10所示。

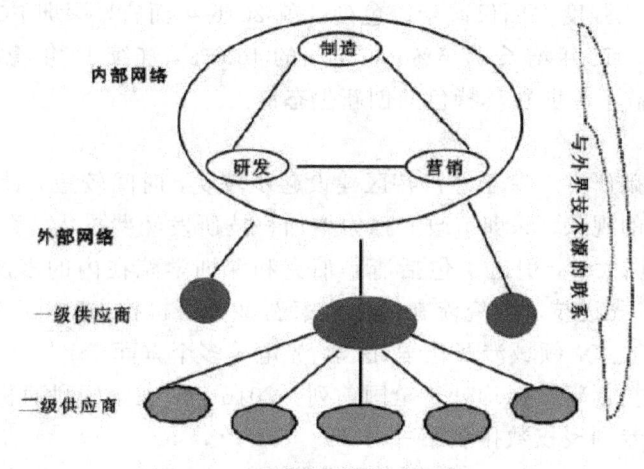

图7—10 日本企业的创新关系网络

企业创新的外部网络,是指创新需求企业和企业以外的创新技术源之间的联系。具体而言,企业的创新网络又分为系列之内和系列之外两个层面。外部网络主要用于与系列之内和系列之外的各种技术源的交流,目的是获得全球最新最先进的技术成果支撑。

日本企业既合作又竞争,擅长抱团创新。日本企业系列有自己的协调组织,叫协力会,构建既合作又竞争的系列内企业关系。强调企业要养成合作的精神。日本企业家偏爱抱团发展,习惯联合商讨宏观经济形势和企业计划。"日本人喜欢抱成团的社会倾向。"[1]"抱成团"这种历史形成的习惯,已经融入日本人的民族特色性格中。

为了使财团内的制造公司能够集中精力、一心一意地从事技术创新,财团通过与贸易公司、银行和附属企业等强有力的合作纽带,从而确保了日本财团的商务和财务管理运行良好,不会因此影响制造公司进行创新活动。

日本社会和企业的成功,从另一种角度给我们对社会资本的构建提供了新的启示,即建立一种可以被各方社会主体认可,让各方能经常保持互动的机构或组织,是一个社会积累和培育社会资本的重要方式。强调企业要养成合作的精神,政府要加强在合作创新中的协调作用。

---

[1] MAPkeiretsu,US:ataleofJapanesepower,unpubilishedstudybytheMid—AmericaProject,1991.

7.4.2 深圳的创新生态链

"皇冠上的明珠:欢迎到硅洲。"2017年4月,英国杂志《经济学人》发表题为《深圳已成为创新温室》一文,评价深圳正在改写世界创新规则、正在培育一批影响世界的创新型企业集群,据此给深圳冠以"硅洲"称号。"不仅是源头创新、前沿科技诞生地,也是成果产业化之地,这是科学家们对深圳的期望。"香港中文大学(深圳)科比尔卡创新药物开发研究院执行院长朱宝亭这样评价深圳道[1]。

从2012年到2016年四年间,深圳也在着力提高研发投入占GDP的比重,从3.81%升至4.1%,在全球研发投入强度方面仅次于以色列。就2016年而言,深圳PCT国际专利年申请量约2万件,相比于2015年增长47.6%,占全国的46.6%,连续13年稳居全国首位[2]。

深圳的成功,得益于深圳独具特色的创新生态链。

(1)基础研究

深圳高度重视基础研究。鉴于经济特区建设起步较晚,时间较短,针对深圳在科研条件和创新资源比较匮乏的现状,深圳市政府强力增加科技研发经费投入,大力引进优势科技资源,在深圳建立了深圳大学,引进了包括清华伯克利深圳学院在内的多所特色大学;深圳清华研究院、中科院深圳先进技术研究院在内的多家新型科研机构;建立了10个诺贝尔奖获奖科学家领衔的高端实验室,领域涉及化学、医学、光电等多个方面。

目前深圳多项科技创新指标均处于全国前列。2016年,在全国科研机构中,中国科学院深圳先进技术研究院专利授权数排名第一。

(2)产业化

产业化是深圳研究机构、高校以及企业发展源头创新的关键词。深圳湾科技园已成为深圳高技术企业集聚的超级总部基地。汇集了包括顺丰、微众银行、ARM、高通、三星等一大批世界知名企业,以及一大批高速成长的企业。园区与硅谷高度相似的裂变轨迹,促使园区掌舵者开始从产业生态的角度思考科技园区发展方向。2017年11月,深圳湾科技园区宣布打造"5.0版本科技园区",以创新生态系统服务平台——My Bay为载体,为园区科技型企业提供一个全链条、全周期、全要素、全流程产业创新生态服务体系,构建一个完整的创新生态链和产业闭环。

深圳湾科技园区对创新生态圈的培育,成为当下深圳打造全链条创新的一个生动注解。2018年,深圳已有5014家企业达到国高认定标准,深圳国高企业数量首次突破1万家。深圳也成北京之后,全国第二个国高企业破万家的城市,提前两年完成"十三五"计划规定的目标[3]。

(3)高效政府

深圳市政府在创新链条的每一环都起着重要作用。主要表现在政府积极规划和推动深圳创新城市的发展。在深圳发展的初期,政府通过扩大产业规模、招商引资、吸引国家重大项目等途径,使深圳经济迅速发展,夯实了深圳进一步创新发展的基础;随着资源约束矛盾加剧、

---

[1] http://sz.southcn.com/content/2017-12/07/content_179421116.htm.
[2] http://sz.southcn.com/content/2017-12/07/content_179421116.htm.
[3] http://sz.southcn.com/content/2017-12/07/content_179421116.htm.

国际金融危机的影响等因素出现，政府又及时调整发展方向，2006年开始转型打造"效益深圳"；在推动创新发展的整个过程中，深圳地方政府通过包括立法在内的司法手段，以及积极地运用财政政策，增加财政经费投入，新建战略性产业园，通过引导、规划和布局等多方面多管齐下，在优化创新环境做了大量积极务实的工作。

（4）金融支持

一是财政资金的支持。2015年，深圳将原来的30亿元创投引导基金改建为1000亿元的投资引导基金，成立深圳市政府引导基金。截至2016年末，深圳战略性新兴产业贷款余额2323.67亿元，同比增长15.95%[①]。

二是社会投资机构的支持。数据显示，在产业发展过程中，2017年，深圳有92家公司得到过社会创投机构的资金扶持，占全市136家新兴产业上市公司的67.7%。创投机构在大约50家公司中合计持股比例超过10%。在社会投资机构的扶持下，深圳培养出包括大疆无人机、华大基因、欧菲光、腾讯、大族激光等一批优秀企业[②]。

（5）创新环境

在市场环境方面，作为最早的改革开放城市，深圳从一开始就在市场体制中成长。经过多年的发展，深圳已成为我国市场机制发育最为成熟的地区之一。在改革开放过程中，通过和国际化的水平对接，建立起了与国际上相适应的市场条件和法制化的运营环境，在市场经济的运行中在市场准入和公平竞争环境方面有着丰富的经验。与此同时，近年来深圳市地方政府积极优化创新环境，推动"创新、创业、创投、创客"的四创联动，搭建"双创"平台，使创新的市场环境进一步得到优化完善。

在法治环境方面，深圳高度重视法制建设。在创新立法方面，深圳有多项举措走在了全国前列。2008年，深圳市推出了《深圳经济特区科技创新促进条例》以促进深圳的科技创新。为了促进技术成果转移，2013年深圳进一步在全国率先发布《深圳经济特区技术转移促进条例》，为技术成果转移方面获得法律支持。

在政策环境方面，为了形成清晰的政策导向，推动科技政策与产业、土地、金融、人才等政策衔接，出台了创新驱动"1+10"等政策性文件，制定了全国第一部国家创新型城市总体规划。

7.4.3　硅谷的创新生态圈

7.4.3.1　完善的产学研政服创新体系

硅谷地区名校资源丰富，还有好几个国家级航天、海洋、新能源、生物医药等研究中心，这里俨然一个"西部腾飞"的"智力基地"。

在硅谷，以大学和企业为依托，构建了良好的高校教学、科研、企业生产一体化的创新体系，为科技的创新及产品市场化打造了一个生机勃勃的创新生态圈。

以斯坦福大学为例子，其在坚持把科研教学作为核心任务的同时，还着力构建密切的校企合作关系，源源不断地为硅谷提供人才、成果和创意。

大学和科研机构与创新网络各取所长，优势互补。一方面，大学和科研机构为人才、知

---

① http://sz.southcn.com/content/2017-12/07/content_179421116.htm.
② http://sz.southcn.com/content/2017-12/07/content_179421116.htm.

识和技术提供来源;另一方面,创新网络则为大学和科研机构提供科研经费支持及提出技术需求。这些大学和科研机构在与硅谷的相互合作中,在获得有益发展的同时,也有助于其在全球保持领先的声望。

其中,"技术转移办公室中心协调"模式在促进硅谷创新资源流动和优化配置中发挥着重要的作用。在专利转移、授权、合作、信息咨询、从业者的高技术和知识交流、教学和合作中,硅谷的大学和硅谷的企业展开了密切的合作。其创新合作模式主要是研究型大学,通过技术的创新和开发创造出新的技术和产品,然后将这些技术和产品出售给需要这些技术的政府和企业,从而为大学和研究机构带来资金的收入。[①]

在硅谷,行业领先企业和初创公司之间共生性互动态势运行良好。其主要模式是大企业通过消费和购买的方式,为市场上有发展潜力的企业提供订单。行业领先企业以产品质量为导向选择初创公司,为初创公司提供订单、资金和技术服务标准,优化初创公司的技术、服务和产品质量。与此同时,行业领先企业通过对初创公司的收购使具有创新性企业的创新知识和产品弥散开来,通过不断的壮大和收购使资源源源不断地回流到硅谷的企业生态系统中去。这样的模式无论是对于未来的初创公司还是风险投资人都是极为方便有益的。同时,部分初创公司在发展壮大后,其中一些具有创业精神的员工开始自行创业,成立新的初创公司,长此以往形成了螺旋式上升的良性循环。[②]

政府在硅谷成长和发展中起了重要作用,组织和维护硅谷构建创新生态网络。国家体制上鼓励创新,包容失败,出台一系列法律法规,在税收、会计、研发、投资、破产、公司治理等方面都有严密的法律规范进行调整,促进了企业创新,特别是高新企业的发展。联邦政府两大重要政策改革激活了硅谷发达的风投市场。一是放宽养老金的投资标准,二是大幅削减资本所得税。同时,还受益于美国政府推出的H1-B签证计划。该计划允许美国雇主暂时雇佣技术熟练的技术工人。这一针对非移民的签证计划,使大量高技术移民涌入硅谷。政府通过对知识产权和专有技术的保护,有效地支持了开放式创新的发展[③]。

硅谷地区还拥有发达而成熟的技术协同创新中介服务体系。中介机构众多,包括金融服务机构、信息服务机构、科研成果和技术咨询服务机构等。这些机构与创新网络中的其他行为主体相互联系、合作,共同为创新发展服务。

7.4.3.2 人力资本、产业集群、产业共享三种因素之间的良性互动

人力资本、产业集群、产业共享这三个相互独立的要素通过有效的互动关系,形成一个有机整体,相互依存、不可分割。产业升级的根本运行机制就是这三种因素之间的良性互动。人力资本、产业集群、产业共享三者相对独立但又有机结合的互动模式,如图7-9所示。

---

① http://news.cssn.cn/zx/bwyc/201903/t20190327_4854221.shtml.
② http://news.cssn.cn/zx/bwyc/201903/t20190327_4854221.shtml.
③ http://news.cssn.cn/zx/bwyc/201903/t20190327_4854221.shtml.

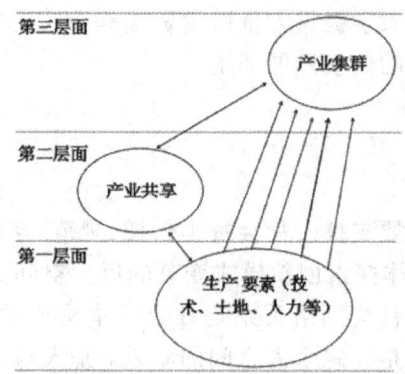

图7-9 人力资本、产业集群、产业共享"三位一体"互动模式

产业集群(Industrial Cluster)是产业发展的有效形式,而人力资本是企业创新的核心资源,创新只有建立在人力资本与产业集群充分互动的情况下,才能推动产业的发展升级。"产业共享"(Industrial Commons)是指根植于企业、大学和其他组织之中,能够对多个产业的发展和创新提供支持的一系列技术能力和制造能力的集合。产业共享的丰厚程度直接影响硅谷产业集群的发展水平。

以上"三位一体"这种互动创新模式在硅谷的实践得到了成功的展示。硅谷丰厚完善的产业共享,集聚了世界高端、多元化人才,同时促使硅谷产业集群内,大学、企业、个人、州政府等利益相关者有机结合和优势互补。在交流互动、紧密合作中形成纵横交错的创新网络,激发员工产生各种不同的创意,刺激产业技术的创新。

7.4.3.3 良好的科技金融生态圈

硅谷的成功离不开其先进成熟的科技金融生态圈,发达的风险投资市场和硅谷银行模式是硅谷创新发展的得力支持者。硅谷已经成为全球最发达、最成熟、最有活力的科技金融中心和风险投资中心。

风险投资是硅谷金融体系中的核心。据统计,2017年硅谷的风险投资占加州的一半以上,占全美的四成左右,达到38.9%[①]。这些风投公司及风险资本家不仅为企业提供资金支持,而且凭借他们拥有的信息和资金优势,还为初创公司提供包括提供人际资源、提供信息资源、介绍潜在客户、参与公司规划治理等增值服务。

同时,硅谷的风险投资回收具备良好的回流退出机制。当企业运行成熟走上正轨时,风投公司就会通过企业上市或企业并购成功退出。然后继续寻找新的投资项目,扶持新的初创公司,为企业提供持续的金融支持与信息、资源和管理等增值服务。

此外,硅谷银行模式极具创新思维。结合科技型中小企业的特点,硅谷银行设计开发出了适合高科技中小企业各生命周期阶段所需要的、个性化的、有特色的金融产品和金融服务。例如,股权投资与信用贷款两者相互结合的投贷联动模式;供应链融资、认股期权贷款的模式、全球财务管理、中长期创业贷款等。

政府的扶持也是推动硅谷发展的重要助力。政府通过积极运用政府手中所拥有的财政、税收、货币、信贷政策推动硅谷高科技企业的成长和发展。硅谷所在加州政府以及联邦政府,

---

① http://news.cssn.cn/zx/bwyc/201903/t20190327_4854221.shtml.

通过直接为硅谷研究型企业和大学提供大量研发资金等方式支持硅谷的科学研究,以及借助孵化器的设立等方式优化企业的创新发展环境。

本章小结

本章是四维驱动模型的重要支撑。社会资本信任、规范、互惠的特质,有利于创新主体拓展社会关系网络,赋予创新主体探索创新模式变革的巨大空间。其内部组成结构之间是相互作用、相互渗透、相互影响的。社会网络关系是社会资本构成的关键,信任、互惠都只能在社会网络中得以实现。社会网络是特定个人之间的联系,是人与人、人与群体、群体与群体之间关系的结构。本章围绕社会资本在自主创新的保障地位和助力作用进行论述。首先,分析了社会资本的相关理论,包括内涵界定、测量维度、功能作用。其次,在分析社会资本基本理论基础上,深入分析了社会资本对自主创新的助力作用。包括四个方面:一是整合创新资源,提升创新绩效;二是降低交易成本,提高创新效率;三是共享创新收益,激发创新活力;四是规范创新行为,形成创新秩序。再次,在理论分析的基础上,进行实证分析,对我国各省市的创新发展和社会资本发展进行水平评估,寻找两者之间的内在相关关系。最后,选取日本、中国深圳和美国硅谷创新发展作为案例分析,进行经验检验。

第8章 创新四维驱动资本之间的互动机制

前面分别阐述了四维资本对创新的驱动作用，但本文致力构建的是一个驱动创新的四维资本协同模型，因此，需要剖析四维资本之间的互动机制。而且事实上四维资本都不是单独发挥作用的，更不能单独存在，它们之间有着极其紧密的联系，其互动作用一刻也没停止。

在构建四维创新驱动资本系统时，人力资本、知识资本、文化资本及社会资本是相互交融的关系，四者缺一不可。在"四维"协同框架中，人力资本子系统是其他资本体系的建构核心，整体系统的主体；知识资本子系统奠定了创新资本驱动系统的基础；文化资本子系统是系统内外部要素的黏合剂，引导系统向预期目标运行发展；社会资本子系统为整体系统的保障，为整体提供与方向匹配的规则，并能降低运行成本，提升系统内部要素运行效率。

在四维创新驱动资本系统中，各构成要素之间是一个相互协调的自我组织、自我发展的关系，由此形成相对稳定的系统结构。系统各个构成要素之间、构成要素与系统之间、系统与外部环境之间和谐一致、协作互补的关系，促使系统不断优化升级，如图8—1所示。

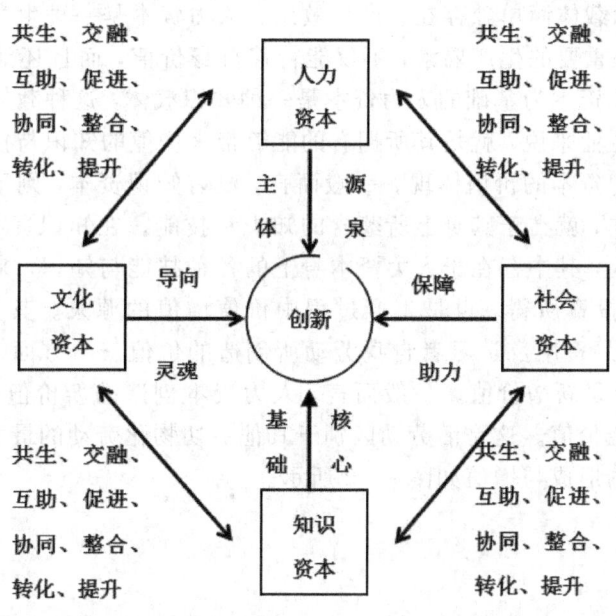

图8—1 创新四维驱动资本之间的互动机制

8.1 互动机制一：共生与交融

四维资本之间存在极其紧密的内在联系，是一种你中有我、我中有你的共生与交融关系。

8.1.1 人力资本是知识资本的创造者和承载者

不容质疑，一切知识成果都是人类缔造的，一切知识资本都是人类智慧的结晶，人力资本是知识资本的创造者。没有人的劳动，是不可能产生任何知识成果的。

在历史长河中，人类无意识或有意识地创造了海量的知识资本、文化资本和社会资本，形成丰富多彩的人类文明。这个创造过程将伴随着整个人类发展史，没有止境。

人力资本不仅创造了知识成果，而且还具有强大的知识扩张效应，在流动中极大地促进了知识的扩张。作为一种重要的生产投入要素，人力资本借助其能够在市场上自由流动的特点，推动知识和文化的流动、社会关系网络扩大。

在知识扩张效应的作用机制下，人力资本实现"变现价值"，继而形成以人力资本为基础的更大的知识扩张效应。扩张效应的本质属性就是在创新、衍生、转化知识的过程中形成能够自行运转、进一步升华知识的能力体系。

同时，人力资本也是知识资本的承载者和传承者。从某种意义上说，人力资本是知识资本的构成部分。"人力"主要包括人的体力、智力和学习、吸收、运用各种知识与技能的能力，作为生产性投入要素的"人力"可以运用于进一步的生产过程之中。因此，人力资本是知识转化过程的最终结果，是人不断地进行知识积累的结果，也是各种知识成果的人格载体。

作为知识资本的组成部分的人力资本，主要指蕴含在人体之中的经验、知识、能力、健康和其他精神储量等，是由知识和人结合而成的。这部分知识资本对于人体具有强烈的依存性，不能独立于其承载体而单独存在并产生效用。人力资本是一种生产性资本。在企业发展过程中，人力资本是重要的生产要素，不仅能转移自身价值，而且还能够为个人或企业带来价值增值。即以知识资本为基础的人力资本是一种知识载体，这种载体能够将知识转化为市场价值。对个人或企业来说，就是其所拥有的能够带来增值的知识与技能。

知识资本是人力资本的价值体现。一般而言，没有知识资本，则不存在人力资本。人力资本之所以成为资本，就在于其身上所蕴含的知识和技能。在知识资本的 H—S—C 结构中，斯图尔特（1997）认为，其中存在于人力资本身上的各种技能与知识，来自教育、培训或"干中学""看中学"，既是投资所得，也是生产过程中价值增值的源泉。其货币形式包括：生活费用、教育（培训或学习）费用及学习者自身劳动所创造的价值三个方面[①]。其中前两部分是转移的价值，后面部分是新增价值。一般而言，人力资本创造的新价值会大于其转移的价值，超过的部分就是剩余价值。这是活劳动区别于其他一切物化劳动的最大特征。

人力资本价值的形成与增值如图8—2所示。

[①] 刘文.资本构成的演变——从知识资本到隐性人力资本[J].现代管理科学，2008（7）：25.

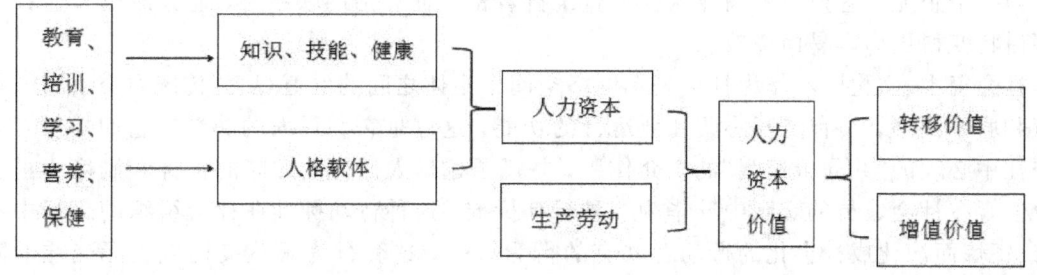

图 8-2 人力资本价值的形成与增值

8.1.2 人力资本是文化资本、社会资本的创造者和实践者

不论是文化资本中的价值观念、传统与习俗，还是社会资本中的规范、信任及互惠，都是人类社会在生产和生活等社会交往中秉持的精神品质，是人类社会经过筛选而凝结成的精神财富，体现了人们对世界、对人生、对社会的价值选择。

社会资本以人际关系作为关系的基础，而以人际关系为基础的社会资本是一个动态的演变过程，是行动者主观意愿的结果。林南明确指出社会资本的动员是一个分为两步走的步骤。首先，社会行动者必须加入到具有丰富社会资源的关系网络之中，获得摄取潜在社会资本的机会和优势；其次，这些行动者有意识地通过某些行为去调动社会网络中的资源，从而实现其设定目标[1]。

比如，信任是一定规模共同体人际间倾向性的依赖态度，具有明显的社会人际关系属性。就其形成来看，可以基于社会交往而获取彼此间的人格品性上产生；同时，信任也可基于共同的社会关系特征和属性之上，在有关关系行为的非正式制度限制的指引中形成；此外，还可以在赏罚分明的奖惩制度的正式规章约束中确立起来。从其本质来看，信任于现实生活中是一种人类合作的配合机制，在它的产生和发展中，呈现出明显的路径依存特点。

当信任和习俗逐渐演化成为全社会共同体的一种流行文化或时尚的社会风气时，那么，在其产生、衍变、转化与发展中也镶嵌了信任与传统习俗的核心凝结精神，成为人们内心的教化养成。

对组织而言，镶嵌于组织惯例中的知识是结构资本的本质（Martinez-Torres，2006）。当组织欲与商业伙伴维系和谐的交互关系时，则需要以良好的人力资本作为支持。

当组织与外部环境的互动越频繁、关系越密切时，就越要求高素质的人力资本与其相配[2]。研究结果证明（Bontis，2001），在对外交往中，能力越强、素质越高的员工，越能在和顾客与合作对象交换中获得更多的知识技能，然后，又凭借这种高水平的知识和技能又可以吸引到更多的顾客与合作伙伴[3]。

---

[1] Lin,N,"Building a Network fheory of Social Capital,"In N.Lin,K.Cook&R.Burt(L,ds.), Social Capital:Theory arrdResearch, New York:Aldine De Gmyter,2001,pp.3-29.

[2] M.R.Martinez Torres.A procedure to design a structural and measurement model ofIntellectual Capital:An exploratory study[J]. Information & Management 2006(43):617-626.

[3] Bontis,N..Assessing knowledge assets:a review of the models used to measure intel-lectual capital[J].International Journal of Management Review,2001,3(1):41-60.

当一个企业与客户或者商业伙伴一直维持着密切而和谐的联系时,业务流程和业务创新的探讨将变得更为容易而高效。

社会资本、文化资本作为社会关系网络空间中主体之间的价值观念、传统习俗、信任、行为规范和联系网络,具有统筹协调社会运行的功能,这也是它们最大的功能。它们提供了人们在交往中必须的"共同价值观"的媒介作用,并赋予选择人们行动方向的精神和制度力量。这种价值观在社会成员的交互中升华为一种行动标准,这种行动标准在社会组织的运行中不断完善、锤炼而演化成社会化的行动者共有的行为规范,这套行为规范又构成人际交往的限制约束条件。这种限制约束条件的存在,使得信任和习俗成为共同体内能够继续存在和延续的必要条件。社会个体通过嵌入式的社会学习和生产生活,最终使得信任和习俗转化成一种人格品性的衡量标准。

在社会共同体中,社会规则和传统习俗对成员的约束作用的发挥是通过一套具体的、显性的行为标准指南来实现的,从而产生出一系列条理分明的仪式、程序或规矩,也就为特定的共同体成员的行动秩序提供了行动指南。正是因为文化和社会规范在社会关系网络结构中的深度镶嵌,进而使得人的制度与制度的人在社会网络空间的秩序时空中发挥着特有的自由或自然属性,形成普遍性的社会心理和偏好,使不确定的社会变得相对确定。因此,文化和社会资本就在人类历史发展中获得应有的预期效果,社会文明和社会秩序也因此而在社会的广泛尊重和认同中获得恰如其分的表达机制。可见,人既是文化和社会规范的塑造者,也是践行者。

这也进一步强化了知识资本、文化资本和社会资本对人体的依附性,它们无法脱离个人或人类社会而存在,其作用的发挥无一不取决于人类的利用程度。

8.1.3 知识资本、文化资本和社会资本存在着诸多交集

如前所述,本文的知识资本包括理论知识、经验、技术、专业技能、操作方法、无形资产等。文化资本主要指价值观念、传统与习俗,社会资本主要指存在于社会网络中的规范、信任及互惠,事实上正是由于人们的价值观念、传统与习俗,决定了在交往中的规范、信任与互惠。

知识资本、文化资本和社会资本三者存在诸多交集。

就知识资本来说,各种文化成果、规范、制度(包括正式制度与非正式制度)都是以知识成果为载体呈现的。因此,知识资本在广义上可以理解为泛指一切非物质形态的资本。

文化资本是一种深层次的资本,在社会资本结构中的核心层。就是说,文化资本形成决定了社会资本的表象,它本身就是一种非常重要的社会资本。文化作为人类改造客观世界和主观世界的活动及其成果的总和,它的创新与发展都是人类社会文明进步的表现。

从时代性、个性化的角度看,组织文化没有固定的标准范式,它总是融入在规章制度与组织的发展战略中,与组织发展和时代背景相辅相成。正是由于它难以模仿重塑、具有独特性的创新型优良文化传统,这才是其组织核心竞争力的根源所在。所以,那种东施效颦一样地盲目对先进企业的企业文化进行简单模仿、仿效,并不是真正的文化,那只能是一种表现上相似的、实质虚假的伪先进企业文化,其内在的核心价值是无法被形式上的仿效所取代的。真正的文化是一种骨子里的东西,而不是表面的形式。因此,没有千篇一律的文化模板,文化的个性在于其自身的独立性和不可仿效性。这样的文化资本才能转化成拥有者在社会关系网络中的社会资本。

企业文化来源于企业的整个组织结构体系内，是企业组成的重要因素，其融于企业意识理念和管理模式之中，是企业组成的重要因素，也是构成企业的资本之一。从企业来看，企业文化寓无形于有形，其精神内涵融入在企业价值理念和管理模式之中，依附在整个企业的组织结构体系内。企业文化资本主要体现在以下三个方面：一是气质性资本，如企业弘扬的核心价值观、企业使命感、企业社会责任意识、企业信誉度等三种资本形式。它本能地表达着企业的核心价值理念，它是企业文化资本的核心；二是形象性资本，主要反映企业的精神面貌。比如公司的整体形象、公司品牌荣誉、员工着装和精神气质等；三是规范性资本，如公司规章制度、运行机制、行为准则等。

从形成来看，企业文化资本既是货币形式投资的结果，也是思想意识重新构建的结果。货币形式投资可以购买到丰富多彩的文化产品或文化器物，而思想观念意识立场主要通过教化、灌输、浸染、熏陶来实现。比如，通过培训、学术报告、教育演说和相关文体活动来建立企业文化秩序和规范，反映设计企业形象，从而形成企业的主导价值观；通过领导行为、关注点形成与变化等，以形成组织的日常理念和行为习惯。

社会资本作为一种关系网络，是源自人与人的交流与互动，因此人际关系是社会资本的基础。其内在的行为规范是以一定的文化，其积累的目的是一定的群体或组织的共同收益。可见，基于其增值性功能的工具理性价值取向，是社会资本之所以成为"资本"的根本原因。

社会资本之所以具有增值性功能，在于其嵌入社会关系中的"社会性"。就社会资本的本质而言，社会资本依赖的基本人性假设是"社会人"，是"社会人"的心理网络作用在社会关系网络中作用的结果，包括互信、交流与合作。比如在企业中，领导公正、诚实、严谨、随和，善于鼓励、表扬下属，调动其积极性，下属在其鼓励下做事积极奋进，同心同德，从而得到好的良性循环。个人积极性的"传染效应"成为是群体社会规范的构成基础。图8-3显示了知识资本、文化资本与社会资本的交融关系。

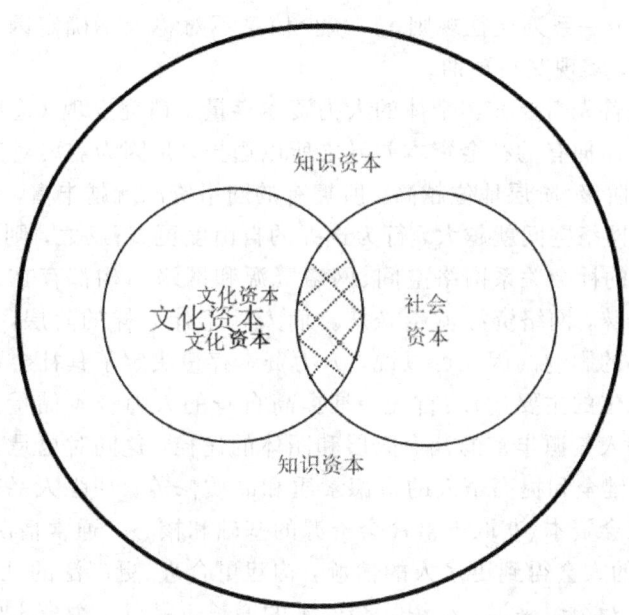

图8-3　知识资本、文化资本、社会资本关系

从系统的角度看，创新各要素都是处于一个社会关系网络之中。知识作为社会关系网络

中的"血液"，如同人体的血脉一样，在网络中流动、转移、运用。知识"血液"在这个流动、转移、运用过程中，输送着其他器官所需要的"氧气"和能量，不断地创造出各种新知识，形成新价值。因此，知识资本和文化资本、社会资本的耦合而成的关系网络就是一个价值创造和实现的网络。

8.2 互动机制二：互补与共赢

互补性是指四维资本在功能上各有侧重，在创新实现过程中相互促进，相互助力；共赢性是指在创新过程中，各要素能在协同运行过程中，能互有裨益，实现螺旋式上升发展，从而实现共赢格局。

8.2.1 人力资本促进各类资本体系的构建

世界是由人类活动的产物，资本体系也是如此。一切资本体系的构建都是由人来组织和完成的。知识资本是人类不断探索、创新的产物。人们通过学习和探索，不断地创造和积累知识财富，积聚知识资本；知识产权资本是人力资本最直接的产出，是人力资本价值转化的重要成果之一。

文化资本源自人们的生产和生活。在生产和生活中人们不断凝结精神力量，锻造价值观，形成丰富多彩的文化财富。在企业中，为了实现企业管理目标，人力资本作用的发挥更多地依赖于成员间的配合和协作，由此形成协作和团队精神；由于个人之间的能力差异很大，对企业的贡献大小和贡献方式的差别，导致了收益方式的差异，最终形成个人之间较大的收入差距，从而产生不同的效率、公平观和分配价值理念。

人力资本能够促进社会资本的产生。社会资本是人类社会交往的产物。在交往中构建社会网络，在网络中形成一系列交往规则，以减少信息不对称及不确定因素的影响，降低交易成本，提高交往效率，实现交往预期。

社会资本的积累首先需要充实个体的人力资本存量。研究发现（边燕杰，2004），在一定社会网络中生活的个体拥有的社会资本差异之所以迥异，是因为需要对其阶级阶层地位来加以理解。通常来讲，阶级、阶层地位越高，所拥有的网络资源就越丰富，交际网络的"天花板"或者"网顶"就越高，网络空间就越大，行为选择的自由度更高；反之，则相反。可见，处于不同阶层的个体，拥有的社会关系网络空间、网络资源和网络结构都存在差异，因此社会资本大相径庭。阶层越悬殊，网络资源就越悬殊。而人处于什么样的阶层，往往受其教育程度、人力资本投资的大小的影响。因此可以说，人力资本存量决定了其社会资本的丰歉。

提高阶级阶层地位的主要途径：首先，是提高自身的人力资本储量。通常，良好教育和培训是一个人能否进入资源丰富的社会圈层和团体的途径，这同时也是其社会资本网络构建的基础。其次，需要健全和提高个人的道德素质和品质修养，加强人品建设，完善自身的人格力量。这是构建社会资本、获取丰富社会资源的基础和核心。通常情况下，一个人品正直、诚实守信、乐于助人的人会得到更多人的信赖，构建更合理、更广泛的社会关系网络，从而获取更多的社会资源。对组织来说，组织社会资本的增长也是以人力资本的增长为基础的。

8.2.2 知识资本是人力资本形成和积累的基础

知识资本是人力资本形成和积累的基础。人力资本使知识资本增进,知识资本使人力资本成长。作为人力资本构成部分的知识、技能、经验、劳动熟练程度等,无一不是知识资本的组成内容,仅仅是因为这部分知识资本嵌入在人的身体里面罢了。

知识与技术内在的公共品属性及其外溢性,主体之间的联系、沟通、合作与交流以及学习都可以在一定程度上实现知识、技术扩散和共享,从而人力资本的存量与质量得到提高。当一个国家或地区的人力资本数量积累达到一定程度后,就会引起质的变化,其表现为新产品、新技术大量涌现、快速更替、专利增多、技术创新增强等,进而实现整个国家或区域人力资本积累数量进一步地提高。

知识外溢效应往往通过知识转移实现,因此,知识转移对提升人力资本的量与质都具有重要作用。作为知识主体间互动的过程,知识转移促进主体人力资本水平的提升。知识在不同主体间转移的过程中,主体间的相互信任、网络通信、合作意向以及共同的实践经历等,都是实现知识在两者间有效转移的必要条件。

基于人力资本存量和质量,知识转移对人力资本积累具有的促进作用。主要体现在:一是知识转移有助于增强人力资本的知识和技能,提高人力资本质量;二是有助于促进人力资本供求关系的改善,使更多的主体越发注重人力资本的积累,从而推动了越来越多的主体积极参与人力资本的投资,在此基础上希望能通过教育投资、技能培训,充实自己的知识和技能,从而提升其工资水平等各个方面。从宏观上看,有利于快速有效地提升整个社会的人力资本水平。

二是知识的传递与流动有助于扩大人力资本的衍生效应。主体间的联系、互动、沟通与交流是实现知识转移和流动的重要途径,在很大程度上人力资本主体间知识的传递与互动提升了其人力资本的存量和质量。

三是知识转移将进一步促进人力资本与经济增长的互动。知识转移的外溢效应使得个体人力资本的储量和质量会得到进一步的提升和增强,人力资本的供求曲线将外移,并在更高的水平上实现均衡状态。从企业和国家来看,个体人力资本水平的提高可以提升整体人力资本水平,从而增加生产要素的边际收益,提高劳动生产率,促进经济增长。

四是由于人力资本积累的主要途径是通过知识转移主体间的合作博弈,因此,主体间的知识转移是一种互利互惠的交易。彼此之间保持着一种利益上的平衡,其结果是"双赢"。尽管一般情况下,人力资本积累是来自人力资本投资,但由于员工间的沟通、交流、合作所引起的知识在不同主体之间传递和扩散也是人力资本积累的重要途径[①]。这种沟通、交流、合作的互动行为不是一次性的。它建立在不同主体间密切互动的基础上,是一个不断重复博弈的过程。在这个合作博弈中,合作渠道、合作频率和时间等各方面都会促进知识的转移。其结果带来的是个体人力资本存量和质量的提升,从而引起整个企业、区域乃至整个国家人力资本整体水平的提升。因此,从该角度来说,知识主体间的合作与博弈将能够有效地促进人力资本的积累。

---

① Schrader S.Informal technology transfer between firms:Cooperation through information trading[J].Research Policy,1991(20):153-170.

图 8-4 显示了通过知识积累形成人力资本的途径。

知识积累 —增进→ 人的知识、经验、技能 —提升→ 生产能力／创新能力／资源配置能力 —形成→ 人力资本

图 8-4　知识积累是人力资本形成的途径

8.2.3　文化资本、社会资本是促进人力资本形成的必要条件

社会、社区、社团等是建立文化资本和社会资本的基础，也是其存在的载体；而社会是建立在原子或原子团式的个体及俱乐部等社会组织形式基础上，因此，民间社团和社区组织对社会个体——人的现实生活有非常重要的影响。由此决定了社会资本、文化资本是形成人力资本的必要条件。

下面以社会资本为例。社会资本的嵌入结构，促进人力资本的形成和增值。

社会资本促进人力资本的产生和积累。一方面，如果个体的父母有广泛的社会关系，那么，其接触到的社会层面将会更广、更远、更高。该个体能够在相同条件下有更好的资源，更优质的学习条件以及更好的发展机会。另一方面，人力资本很显然也能促进社会资本。如果一个个体的综合能力和教育背景都很优秀，那么其在各个方面都会很突出，在这种情况下其能够进入资源丰富的社会圈子和团体。

学者博克斯曼等(1991)研究发现，在不同条件下人力资本对收入的影响程度不同。在人力资本缺乏社会资本的条件下，人的知识和技能对收入影响是非常大的；相反，在人力资本拥有丰裕的社会资本条件下，人力资本对收入的影响会变得最小。在人的地位的获得中，社会资本起着决定作用，人力资本起着补充作用。这也就是说，当一个人社会资本丰富时，不论他拥有的人力资本的情况如何变化，他都能获得较高的社会地位；而当社会资本缺乏时，人力资本就将会强烈地影响其社会地位的获得。在人力资本和社会资本都比较匮乏，处于较低层次或水平处于相同层次的条件下，社会资本是其获得社会地位的最重要因素。

社会资本与人力资本互动机制如图 8-5 所示。

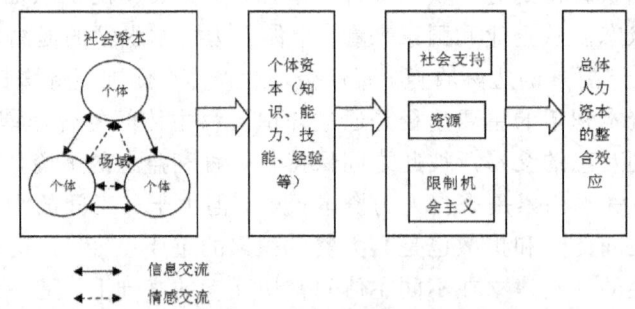

图 8-5　社会资本与人力资本互动机制

特定的社会资本网络的结构化，网络成员之间联系的定型，以及由于其特定结构而使资源通过网络的方式，极大地影响着网络中人力资本的形成和增值。

社会资本创造了产生和促进人力资本提升的必要场域。人力资本的提升是通过社会资本中的场域和其他人所提供各种可能性来帮助实现的。社会资本帮助人们有效传递信息和交流情感，在这个过程中可以获得各种可能的社会资源和发展支持。例如，拥有广泛社会关系和丰富社会资源的父母确实可以使子女接受更好的教育、培训，并为个体创造更多的机会。在

这些社会资本赋予的特定的场域中，社会资本丰厚的个体可以得到更多的社会资源和他人的帮助，这必然有助于个体知识和技能的提高和优化。家庭，尤其是原生家庭，直接影响到一个孩子在社会交往中的观念和能力。家庭环境对儿童的教育和熏陶，将使其转化成为儿童的人力资本。在我国，由于历史原因形成的城乡二元经济社会结构，城乡居民所拥有的社会资本差异较大，影响城乡居民成长路径和社会晋升通道，由此形成相对固化的城乡社会阶层，从而影响整个社会阶层的结构。笔者据访谈所知，由于条件和环境所限，农村孩子中会弹钢琴的不足1%，16岁以前到过省城的数量也非常少，去过首都北京的几乎没有。[①] 当前，"寒门出贵子"的现象也日渐成为极小概率事件。

同时，人力资本的成长也受到社会宏观大环境的影响，不同的宏观环境往往造就出不同的人力资本。例如，在战争年代往往造就出更多的军事人才，在经济繁荣时期会涌现更多的商界精英，在政治开明时期则会出现更多的政治家、思想家等。因此，在许多情况下，一个人的特定能力和素质的提高和体现是通过社会资本的作用效应来得以实现的，从而将潜在的人力资本转化为现实有效的人力资本。

作为社会资本构成核心的信任，是促进人际沟通和培育良好人际关系的催化剂。信任能激发人们之间的社会性互动行为，扩大人际交往的范围，促进人际沟通，丰富人际之间的联结网络，建立起密切的人际关系，产生德克海姆所提出的"道德亲密感"。我们越信任他人，就越容易沟通，我们就越能维持长久的关系；相反，失信则会引发人际关系网络的衰退，导致个体孤立化、原子化，并产生"集体致误"现象，最终陷于孤立无援。正如从小就听过的"狼来了"的故事里的主人公一样，多次失信最终导致自己孤立，丢了性命。这虽然是一个传说，但它反映了一个深刻的哲理——诚信对于人是多么重要。在社会上，一个拥有良好社会关系和社会信任的人更有可能获得成功，这是一个无可争辩的事实。

文化资本的浸润和教化功能，不断地调节着个人和群体行为，其对人力资本的影响与作用，与社会资本有着异曲同工之妙。

8.2.4 文化资本与社会资本交互作用

8.2.4.1 文化资本是社会资本的支撑力量

作为文化传统来说，也是一种文化遗产，其本身就是一种非常重要的社会资本。因此，文化资本与社会资本是一种局部与整体或者相互包含的关系，文化资本对社会资本的影响就是部分对整体的影响。由于文化观念在社会资本中占据着核心地位，因此文化观念在社会资本中的作用更为重要，甚至是表现为决定性的作用。在布尔迪厄那里，文化资本就属于社会资本。社会资本的核心就是是精神层面的文化，即价值观念，是信任、互惠、规范及社会网络的构建的基础。

文化资本的占有是社会资本积累的前提。作为内部财富的文化资本，它是个人文化能力和气质修养的综合体现，其他任何人工组织无法强行加以剥夺和占有。因此，从这个角度来看，文化资本是一种真正意义上的"私人财产"。它是个人经过自身修养、学习、教育等过程修炼而来的，并成为嵌入在载体身上无法强行剥夺的一种内涵、学识和气质。因此，在表现形

---

① 此数据为笔者在四川川南农村一乡镇访谈20个16岁以下儿童所得的调研数据，并由此做出推断。

态上，文化资本具有个体属性，而社会资本则具有群体属性。但是，在人际交往中，个体文化资本的扩散效应往往成为个体积累社会资本的必要条件，成为个体获取社会资源的一种现实或潜在的工具。

在积累文化资本的过程中，社会成员都会在亲力亲为的实践中积累到一定的个人经验。因此，文化资本的占有是个体性的，而社会资本则是群体性的。一旦社会资本被创造出来，它就不能被单个人所独自占有，而是通过共享为所有社会成员带来利益。个体对文化资本的占有，使得有必要通过成员之间相互传递、相互交换彼此所拥有的文化资本资源来实现其社会资本的积累。

积极开放的文化能促进社会资本的培养。文化为社会网络的建立与安全维护提供了价值观基础、思想道德基础，并且在社会资本的形成与发展中，起到一种熏陶和浸润的作用，使社会网络关系的构建更加顺畅、有序和高效，犹如机器运行中的润滑油一样。

信任是最重要的社会资本。文化认知对人际信任的形成非常重要。Fukuyama(1995)认为，信任作为社会资本，是来源于行为规范、相互坦诚和合作的社会的一种期望。从本质上说，信任更是文化伦理道德规范的产物，受到由宗教、传统、习俗中产生文化的影响。人际信任不能单纯地通过理性的投资决策来获得，它取决于人们共同遵守的行为准则、群体成员的素质修养以及源自不同的宗教、传统和习俗的文化等。

文化资本的核心功能是解决从人格化交换到非人格化交换的演变过程中的信任问题的。文化资本决定了一个社会的信任特征、信任半径和信任深度，由此决定了人际交往形式扩展的路径和成效。因此，在文化资本环境不同的国家，其社会认知信任模式和信任水平程度也不尽相同。比如，以开放的移民文化为主的美国，属于高信任水平国家，而中国由于受更多儒家文化的影响，被称为低信任水平国家。

在企业中，企业文化的核心是价值观。通过构建友善互助、相互尊重、相互信任、平等、公平、团结、和谐的企业文化，来培养员工的集体荣誉感、责任感和归属感，有利于构建更优质的企业关系网络。

作为企业管理者，应该为员工创造美好的愿景，构筑坚定的信念，构建以人为本的企业文化，尊重人才，着力构建和谐的人际关系，使人的价值得到最大程度的发挥，使员工处于一个充满信任、责任和抱负的工作环境中。显然，构建一个相互信任、安全、和谐、友善的网络关系，能对企业微观社会资本的积累有一定的帮助[1]。

文化资本在很大程度上规定了社会人际网络的构建。包括构建过程、构建方法、构成内容与规模，由此也大致规定了这种社会网络中所嵌入的资源性质、资源量与资源流向，促成各种社会人际网络的连接与分化。正是由于文化资本以"内化"的方式形塑人的个体与群体的行为规范，因而在人际互动中，人们才可能在这种共识规范的基础上对对方的行为产生预期。因为，拥有共识规范，使人与人之间的交往交换行为的信息不对称性、不确定性降低，能减少机会主义行为，或对采取机会主义行为的个人能实施较为有效的惩罚。

在中国历史上，儒家文化对社会资本形成起了巨大的作用。首先，儒家文化让人们达成一致认可的价值观，从而产生强大的社会凝聚力，成为一种连接人们内心的社会纽带。其次，作为一个开放的系统，儒家文化把自我"体现"一个不断扩大的人际关系网络，有利于在

---

[1] https://baike.baidu.com/item/%E7%A4%BE%E4%BC%9A%E8%B5%84%E6%9C%AC/2310532?fr=aladdin.

更大的范围内形成社会资本。再次，儒家文化可以形成激励人们养成君子人格的激励机制，使每个人都关注自己在个人声誉上的投入，降低交易成本，并有助于打破进入各种生产和贸易关系的障碍。最后，儒家文化能约束和控制组织成员的行为，抑制人们过度自私的行为，促进社会资本的形成。

在中国的农村和城市，均渗透着浓厚的中国传统文化背景的参与网络，如因血缘、地缘、业缘等因素而形成的关系网络体系是中国社会资本的主要表现形式。它们成为影响中国社会进步的重要因素。社会资本这一理论解释中国社会结构时具有强大的解释力和普适性。

弗朗西斯·福山指出，对家族式社会来说，网络成员一般没有强烈的结社意愿，结社水平一般也很低。没有亲缘关系的人们之间彼此缺乏互相信任的基础，比如中国的台湾、香港以及大陆这些华人社会都足以说明这一点。把家庭纽带这一关系升华到其他社会纽带之上是华人长久奉为信仰的儒家思想的核心[1]。

总之，社会资本作用的有效发挥，离不开文化资本的辅助作用。即人们观念上的约束才能使正式制度和社会规范发挥作用，确保信任体系的构建，由此才能形成有效的社会约束体系。

8.2.4.2 社会资本是文化生成的重要路径

西方政治文化研究者一致认为，如果一个要素能够被定义为"文化"，那么，一定是因为其具有稳定性与整体性的特征，这体现着一种超越个体人格特质和态度价值取向。从地域的横向角度来看，这种稳定性与整体性特征表现为被多大数人所普遍共有；从时间的纵向视角来看，这种稳定性与整体性特征表现为相对持久和固化。

从文化生成的路径来看，学者们将其归纳为两条进路。

第一条是无意识的生成路径。这种进路视文化生成是无意识、非理性的历史传承，被哈利·艾克斯坦称为社会化积累的进路。这是一个自然而然的过程而已，并非主观理性的制度设计。

第二条进路则相反，认为文化产生是人们有意识的理性选择。正如普特南指出的产生于理性个体的反复博弈选择。在这条理性的有意识的选择进路中，"文化"则具有高度一致的组织封闭性和情境化色彩特征。

奥斯特罗姆认为，文化具有契约性，是一种合约制度，是个体在使用共享公共资源"根据自己所掌握到的有效信息来对合约进行理性的设计"[2]。这些个体与共享资源绑定为一个整体，理性地选择有效的规则来治理与管理公共资源。这种选择是他们在未知的复杂条件下多次衡量"预期的成本、预期的收益回报、内在的规范准则以及贴现率"[3]后作出的。

科尔曼的理论特点与此相似。他解释了社会资本，但必须以组织的封闭性为前提，强调组织边界是特定情况下保持稳定存在的保障，进而对机会主义的出现产生抑制作用，促进有效规范约束的产生。[4]

---

[1] [美]唐·E.艾伯利主.市民社会基础读本——美国市民社会讨论经典文选[M].北京：商务印书馆，2012：333.
[2] [美]埃莉诺·奥斯特罗姆.公共事务的治理之道——集体行动制度的演进[M].余逊达、陈旭东，译.上海：上海译文出版社，2012：22.
[3] [美]埃莉诺·奥斯特罗姆.公共事务的治理之道——集体行动制度的演进[M].余逊达、陈旭东，译.上海：上海译文出版社，2012：44.
[4] 社会学家对社会资本的研究也试图突破组织的封闭性特征，这种研究趋向体现在格兰诺维特的"弱联系"及博特的"结构洞"理论中，他们两人提倡开放的网络观。

可见，文化从生成初始，就是一个社会关系网络运行的结果。

普特南采用社会资本的"路径依赖"理论来整合上述两种方法，并认为它们在本质上是一种方法，即有意识和无意识、理性和非理性最终将融合起来。在历史演化的过程中，我们的自觉理性行为逐渐成为潜意识或无意识的行为取向，然后慢慢融入个体社会化的过程中。经历了漫长时间洗礼和历史沉淀，情境化的文化规范变成普遍和自然的现象。也就是说，利用历史的选择视角解决了文化在情境性与普遍性之间的转换困境，打破了两种文化认识之间逻辑关联的阻碍。

无论是对个体来说，还是就整个社会而言，有意识和无意识、理性和非理性在文化资本的构建中都起着非常重要的作用，两者相辅相成，融合发展，螺旋上升。可见，文化的生成实质上是一种社会的选择、历史的进化。

8.2.4.3 社会资本影响个体或群体的文化资本存量

实际上，文化资本不同于物质财富，无法进行人际之间的相互赠送、购买或交换。但是它又是可以通过家庭教育进行积累和传承的。一方面，这种积累和继承源于父母对子女的直接文化教育；另一方面，取决于父母所拥有的社会资本的多寡。从家庭层面来看，父母所拥有的社会资本的丰富性极大地影响了子女拥有文化资本的多样性。子女们可以直接参与进他们父母的社交网络。这改变了学校教育的统一性，使孩子学会在"差异"和"多样性"中吸收适合自己的文化资源，实现文化资本的积累和提升。这一点，我们可以从不同社会个体的家庭出生和家庭关系中得到验证。官员家庭、商人家庭、知识分子家庭、留守儿童等，其社会资本存量直接影响其文化资本的积累和丰富。

从更深层次来看，社会资本的丰富性也极大地影响着企业的发展进程。"现代我国正处于快速变革时期，经济管理模式正在从政府向市场转变。依靠行政权力分配社会资源的方式趋于削弱，通过市场交换关系分配资源的方式又尚未完全建立"。这表明，当前我国现代企业制度尚未完全建立，大多数中小企业仍然保持着家族式的管理和经营方式。那么，如果企业要扩大到大规模的经济组织，进一步提高经济运行效率，就应该增加社会资本，逐步改变家族式管理文化理念，建立现代企业管理和经营文化理念。只有这样，企业才能在日益激烈的国际竞争中获得竞争优势，才能立于不败之地。

8.2.4.4 社会资本在创建现代企业文化中起着重要作用

第一，团队成员的信任与合作是创建现代企业文化的关键。企业团队成员不仅是企业文化的建设者，也是企业文化的实践者。因此，建设者和实践者通过社会资本的积累促进整个企业文化的建设，这就需要很多信任和合作的社会资本来支撑。通过成员之间的一系列信任与合作，可以整合差异与矛盾，达成共同的目标、愿景和价值观，从而缔造现代企业文化的内涵。

组织承诺反映了员工对企业的选择态度和文化信仰，而组织的社会资本规范着成员的组织承诺。Meyer 和 Allen(1993)认为，包括情感承诺、继续承诺和规范承诺。而这三个方面维度的组织承诺都和企业组织的社会资本之间有着密切关联，承诺的态度如何则取决于员工对组织和员工之间的信任、合作、互惠与规范。

第二，员工有序地参与网络也是现代企业文化创建的必要条件。员工之间的信任与合作包含了员工对个人以及员工与组织之间的信任与合作，还包含了员工个人与组织以及企业之间各个行政层级的合作与交流。就各个行政层级的交流来说,主要包含了员工有序地参与网络构建。因此,员工有序地参与网络是现代企业文化创建的必要条件,社会资本是"民主得以运转的关键因素"[①]。

第三,公平正义的企业规范及其价值理念也是现代企业的文化创建不可或缺的部分。现代企业文化显然也是离不开公平正义的现代化民主政治的价值取向的。这一点就要求企业在推动企业文化建设的时候,必须在观念上确立公平正义的理念,并从制度上进一步制定公平正义的系列企业规章制度。企业中,各项管理机制的运行和实施都必须要体现出公平正义的理念价值。企业是员工利益的最大实现者,其中包括了物质利益和精神利益。而作为现代民主政治价值的公平正义也是员工精神财富的不可或缺的组成部分。

8.3 互动机制三:协同与整合

协同指的是要把两个或者两个以上的不同资源个体协调在一起,使它们一致地来完成某一目标的能力或实践。在完成目标的过程中,各要素能够团结统一、协调一致、相互配合。

协同论认为,大系统中包含众多小系统或子系统,众多小系统或子系统之间既相互作用又相互制约。它们在实现结构平衡或将旧结构转变为新结构时,都需要遵循一定的规律。如果系统中的子系统之间的协同程度越高,输出的效应和功能也就可能越大,那么,系统的负效应就会越小,所得出的结果也就会更具有价值。

"整合"(integration)指的是基于放大组织的整体功能大于部分功能简单相加的结构效应,从而对组织内部的各种力量和要素进行系列重组、调整和磨合的一个战略管理过程。"整合"表示系统要素之间的能量和资源交换。对企业和产业来说,就是企业的自组织行为、企业间的协同、产业集群政策的作用以及本集群与外界其他集群的能量和资源进行交换。目前,在整合基础之上,还可能存在"再整合"效应,就是要使集群内的各动力要素能进一步优化。

四维资本体系中存在着明显的协同与整合关系。

8.3.1 人力资本引领文化资本、社会资本的"扬弃"

所谓扬弃,就是发扬与抛弃的统一。发扬,就是继承与吸收;抛弃就是否定与丢弃。就是要批判地继承和发扬旧事物中积极、合理的因素,同时抛弃和否定旧事物中消极的、腐朽的、没落的因素[②]。扬弃是一种否定之否定,是人们客观认识事物的必然规律。

人是制度创新的主体,一切正式制度及非正式制度都是在人的引领下不断地被否定之否定,即被"扬弃",从而实现发展。

下面以文化扬弃定律为例来详细说明。

任何一种文化形态,无论它是从纵向维度还是横向维度来分析确定的,这些特殊的文化都是不断更新,经历着新陈代谢之后的产物。随着实践在现实生活中的发展,任何一种文化都能呈现出一系列自我扬弃的否定之否定的过程。即使是不同层次和系列的文化在扬弃的过程中也会表现出许多不同的特征,但是其最终还是要适应时代的潮流,这种合乎人群的需要

---

① 罗伯特·帕特南.使民主运转起来:现代意大利的公民传统[M].南昌:江西人民出版社,2001:217.
② https://baike.baidu.com/item/%E6%89%AC%E5%BC%83/877190? fr=aladdin/扬弃.汉典,引用日期2018-09-27.

的演进方向本质上是一致的,文化本身的扬弃始终是一定会发生的。这就是人类一切文化自身发展的共同的本质特点和普遍规律。

文化自身的扬弃换句话说也就是文化的更新,这是一个螺旋式逐渐上升的过程。每一种文化中,其新的形态对旧形态的替代都是既有保留、也有丢弃,并会有所创新。总的来说,就是呈现出批判、继承、创新这样一个三位一体的特征。这也代表了文化发展中新元素不断超越旧本质,代表作为主体的人对不同层次上文化的本质的改造,代表着一个总的趋向——推陈出新。

文化扬弃过程是一个继承、批判、创新三位一体的过程。

从扬弃的整个过程看来;一方面,一定要重视文化发展的继承、批判和创新三位一体的统一性。另一方面,也要担依据不同文化类型的特殊性,要么侧重于批判糟粕文化,比如那些封建、迷信、陈腐的东西;要么侧重于继承优秀的传统文化,如文化精品和精粹;要么是侧重于文化创新,对有价值但不切适用的东西加以改造和升华。这些都直接反映了文化发展由量变到质变的渐进性和阶段性发展的客观要求,这都是不能急于求成、一蹴而就的,是一个历史的过程。

8.3.2 文化资本、社会资本引发人力资本的聚集与分化

8.3.2.1 文化资本、社会资本具有强大的整合功能

文化资本、社会资本具有强大的资源整合功能,这引发人力资本发生聚集与分化。成员相互信任以及对企业充满信心是企业文化所倡导的价值观、责任感建立的基础。一种优秀的文化可以把人力资本所有者紧紧地团结在一起,成为一种黏合剂,使他们协调一致,共同进步,提高相互信任、相互协作的程度,这样才能形成强大的企业凝聚力。此外,在企业核心知识和能力中,优良的企业文化是重要的构成要素。文化资本是企业竞争和国家发展的软实力。

人力资本的专用性和群体性特征决定了人力资本与社会资本密切相关,即人力资本只有在社会关系网络中才能发挥作用。

因此,社会资本也对人力资本存在巨大的整合作用,引发人力资本发生聚集与分化。

从个体层面上来说,社会资本帮助人们快速获得可靠、准确的信息,可以大大降低外部信息的不对称性,减少由信息不对称而产生的错误决策,减少错误决策导致的损失和代价;社会资本还有利于沟通人与人之间的相互关系、增添人情,联结拥有异质性资源和多元性权利的个人;人们进行的正式制度约束之外的社会性交换,只有通过长期的互惠互助、建立诚信的合作或交易伙伴,才能完成。

人力资本获得"公共资源"的支持也需要社会资本。在社会关系网络中,特别是在高密度的网络下,可以提供一个私密交易的条件和平台,以此来满足交易参与者获取私人利益;社会网络还有助于个体人力资本建立社会信誉和声望,甚至可以说是威望。这种威望可以使个体人力资本在更大程度上调用更多的资源,进而增加个体人力资本的协调能力。

从宏观或中观层面上看,个体之间的合作交流是十分重要的。当事各方之间是否拥有足够的社会资本是影响合作能否成功的关键。如果合作者相互信任、乐于合作,同时拥有共同的价值观和共同的发展愿景,那么在合作中他们便会各尽所能,合作很容易取得成功。反之,就会人心不齐,步调不一,直接导致合作失败。事实上,缺乏信任基础的合作是不可持

续的。

社会资本主要通过凝聚和导向、约束和激励、纽带和辐射的作用对个体人力资的整合，使得团体中各个不同层次的、不同个性、不同偏好的个体，都能产生一种相同的归属感、认同感，从而引导团体内成员的行动协调一致。而这种行动协调一致的后果就是会出现人力资本效能"1+1＞2"的效果；反之，如果使用不恰当，就会出现"1+1＜2"的后果，甚至会产生负值。个体人力资本只有为了共同的目标，成为利益共同体，才能真正取得成效。

此外，社会资本还可以将个体人力资本整合为总体人力资本，产生了总体人力资本的整合效应。

8.3.2.2 社会资本和人力资本共存有助于组织分层，产生领导者

在两种资本的相互整合下，一个社会或组织会产生相应的成员分化与组合。

对一个社会个体来说，如果其既拥有较高的人力资本，同时又拥有丰富的社会资本，那么，该个体将具有最佳的整合力量。

在两种资本的相互整合下，一个社会或组织会产生相应的成员分化与组合。个体最佳的整合力量构成结构是同时拥有较高的社会资本和人力资本。

下面这个简化直观的模型，是把社会资本和人力资本的拥有者分为四类，对社会资本和人力资本分别赋值，再与不同所有者进行组合，由此可以揭示社会资本和人力资本储量对社会个体在组织和社会分层中巨大的整合作用。见表8-1。

表8-1 社会资本、人力资本的个体特征分类

社会资本	人力资本	
	高	低
高	最高层领导、企业家	管理者、协调人员
低	管理者、协调人员	工人

如上表，可以分为高高—高低—低高—低低四种组合类型。

第一种是"双高组合"，就是同时拥有优质的、高存量和高质量的社会资本和人力资本，这样的一类人极有可能成为领袖人物或是企业家。

第二种是高低组合，就是一方面人力资本存量较高，另一方面拥有的社会资本存量却较低。这种个体，当他们作为管理者时，工作上更侧重专业技术的管理或生产管理。

第三种是低高组合，就是一方面人力资本存量较低，但另一方面却拥有较高的社会资本。如果同样也是管理者，那么在工作中将更加注重人际关系的协调。

第四种是双低组合，这类人群只能做一些具体的实践操作工作，是被人所管理的对象。

但是要注意的是，这里的高、低之分不是绝对的而是相对的，相对于团体中大多数人来说资本存量较高的就称为高，反之则谓之低。

8.3.3 科技进步促进了社会资本和文化资本的重塑

科技进步是知识创新的成果，其载体是典型的知识资本。科技进步驱动着文化资本、社会资本的重塑。

8.3.3.1 科技进步先导着文化创新，是新文化产生的内在驱动力

历史充分证明，科学技术每一次的重大进步都极大地影响着文化的变革。每一次伟大的科学探索和技术革命，都会在认知与文化中引起一次深刻且深远的变革。在奴隶制时代，古代中国和古希腊这两个国家是当时世界科学技术的顶峰，青铜器及其他农业生产工具的应用，创新出了古代中国和古希腊辉煌灿烂的奴隶制文明，中国和希腊也因此而成为闻名世界的文明古国。

在封建社会，中国作为世界科学技术的中心。在秦汉时代以及之后的唐宋时代，中国都进行了农业技术的革命，这一革命给世界先进生产力带来了突飞猛进的发展，正是在这一革命的促使下，中国得以成为发达的农业经济型社会，还形成了一系列以儒家思想为核心的文化体系。自17世纪末至19世纪中叶，世界的科学技术中心从中国转移到了欧洲，英国的科学技术水平一直都保持在世界领先阶段。在英国，瓦特广泛使用改良蒸汽机，迅速引发了第一次产业革命，随之一系列新生产工具的出现导致了人类社会生产方式的迅速变革，社会生产力有了极大进步，同时也促使近代西方的资本主义文化产生和发展。

第二次世界大战后，世界科技重心向美国转移。发生在"二战"之后的电子计算机的应用以及微电子技术、生物工程技术的发展为主要内容的第三次科技革命在美国发生，这一次革命直接导致美国成了名副其实的世界科技中心，其生产力也得到了高速的发展。在这期间，美国的GDP总值遥遥领先于世界其他各个大国。同时，从文化发展来看，也大大推动了美国文化以及文化产业的发展与创新。[①]

在近代中国，也有这样类似的情况，正是因为近代科学技术的引入，才会到清朝末期涌现出一大批先进的思潮与文化。康有为、梁启超、林则徐、魏源等一大批中国近代的启蒙思想家无一不是深受西方先进科学思想的影响。近代新文化运动的先驱者更是高举民主与科学的旗帜，不遗余力地为此而奋斗，这一切都形成了那时的先进文化[②]。

8.3.3.2 科技进步是文化创新的助推器

首先，科技进步变革了原有的文化载体形式。以语言文字的载体的变化为例：从龟甲和兽骨到竹简和布帛，再到纸张以及今天软盘、硬盘、光碟，再到网络等虚拟介质的变化。科技的重大突破引发了每一次的书写革命，而文化载体的变革又将引起文化范式上的重大变革。

其次，科技进步提升了精神文化的形式和内涵。近代与现代以来，科学技术迅猛地发展，陆续出现了火车、轮船和飞机等交通工具以及电报、电话、卫星、网络等通信工具以及机床、拖拉机、机器人等生产工具。这一切极大地扩大了人们活动与交往的半径，引起了人们生产及生活方式的根本性变化，从而拓展了人们的视野，提升了人们的思维空间。人们的思想观念和精神面貌也因此而改变，促使人们形成新的世界观和价值观，人类的精神文化一步步提升到另一个崭新的高度。[③]

8.3.3.3 科技进步为文化创新提供了更加丰富的形式

人类文化创新和发展是与科技进步相辅相成、相互促进、不可分割的。在某种程度上可以

---

① 孙汉文.推动科技进步与创新,促进生产力跨越发展[J].河北大学学报,2003(12):34—36.
② 全毅.科技创新与文化创新[J].东南学术,2000(3):63.
③ 谭文华.技术进步与文化创新:基于技术进步视野的社会主义文化创新探析[J].理论月刊,2013(12):76—79,108.

说，每个时代文化创新成果都是当代科学技术发展创新的产物。

就形式上来说，科技的发展给文化创新提供了更加多彩的形式：陶瓷文化产生于陶瓷烧制技术；青铜艺术产生于青铜冶炼技术；摄影机的诞生，产生了新的电影文化；电视机和无线电技术，产生了电视文化艺术；电脑的诞生和互联网的应用，发展了计算机文化和网络文化；微信、QQ等新媒体的应用，衍生了一系列的自媒体新文化形态；等等。这一切都说明，科技无时无刻不在引导和影响着文化创新的形式，文化创新的具体形式总是随着科技的不断进步和发展而推陈出新。

从文化内涵和品格上看，科学技术的创新和进步进一步提升了文化产品的文化品格空间和可能。比如，借助现代时尚影视拍摄技术打造而成的武夷岩茶的宣传片《印象大红袍》，就是以武夷山地区种茶、采茶、制茶等工艺阶段的艺术形式作为基础，利用了现代科技创新的成果，使传统茶文化形式变得丰富多彩。类似地，《印象刘三姐》《印象张家界》《长恨歌》等艺术形式，都是利用现代声像、灯光、追影等高科技特效手段，呈现了当地或当时的文化与文明，让人耳目一新，印象深刻，也有利于文化的传承。

此外，制度文化也是科技进步的产物。一方面，科技进步需要现实制度的完善与变革，因为要在科技上取得重大突破，必然要以实现制度的革新为前提；另一方面，科技进步为制度的完善乃至革新提供了机会。科技进步增进了国家与国家之间、民族与民族之间的交流与交往，利于不同制度之间差异的相互碰撞，使得各种制度的优缺点先后暴露出来，从而为每一种制度的完善乃至革新提供了机会。

值得特别说明的是，文化对科技的影响也是非常深刻，介于前面内容已有所论述，此处不再赘述。

8.4 互动机制四：转化与提升

在一定条件下，四维互动资本之间是相互转化和提升的。

8.4.1 人力资本与知识资本之间的转化与提升

人力资本是知识资本的创造者，也是知识资本的人格载体；知识资本是人力资本成长的基础，其含量的高低也是评价人力资本素质高低的标准。

知识转移和扩散是知识资本向人力资本转化的主要途径。提升人力资本水平的过程主要表现为以下两种形式：直接促进效应和间接培养效应。直接促进效应是指科研工作者的自身水平可以通过知识扩散得到提高，主要通过学习效应与激励效应这两种方式。间接培养效应首先表现在科技人员的知识水平可以通过知识扩散得到提高。在此基础上，整体人力资本也可以得到提升，主要方式是增加各类人员之间的互动，以及增加其他人员的知识。通过进行一系列的知识转换，就可以记载、融合最后提升个人的知识技能；再通过进一步的知识转换，就可以将个体的学习成果直接推广到更大的甚至整个组织的范围，进入下一轮的适应转换。下列模型，如图8-6所示，揭示了知识转换的四个机制：该机制是在知识的生产与传播过程中形成的。该模型的主要观点是：在知识系统中，会形成知识创新的基本活动，这个基本活动是指：不同层次上的主体可以进行有效互动，它们通过外显知识和内隐知识之间的系列联系完成知识的转化。知识转换路径的层次依次表现为：

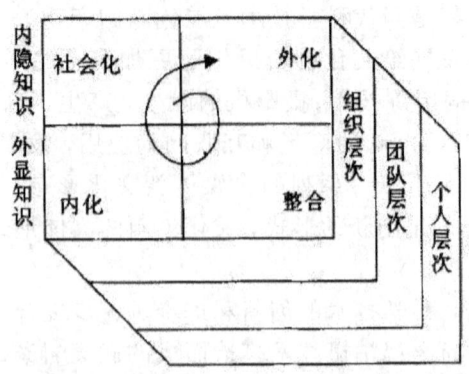

图 8—6 知识转换路径的四层机制

一是内隐知识之间的相互转化。这个层次指的是通过知识社会化的过程，即个体所拥有的内隐知识在人际交流中经过一个社会化的过程，向外扩散转换成他人的内隐知识。

二是内隐知识向外显知识转化。这个层次是指内隐知识可以通过个体之间进行交流、分享，可以采用语言表达等手段，经过知识的外化过程，把原来的隐性知识显性化，成为共享的知识。

三是外显知识之间的相互转化。这个层次是指各个不同类型的个体，在知识转换过程中，将不同的外显知识进行整合形成公共概念，在此基础上再把公共概念转变成系统的知识。在这个过程中，就可以把个人的知识首先要经过外化变成组织整体的知识，知识的所有权在个体和组织之间发生了转移，即从个体转移到了组织。

四是外显知识向内隐知识转化。这是一个典型的"干中学"的过程。来自不同职能部门的人员彼此相互交流、相互学习，其结果是外显知识被内隐化。这时，从外部获得的显性知识就转化成个人拥有的具有价值的隐性知识。可见，经过外显知识向内隐知识转化过程，个人经验等这一类外显的知识经过社会化的整合过程之后，再内化到个人的内心，又成为隐性的知识，变成个人掌握的技术诀窍。这样一来，人力资本水平得到提升，价值直接得到升华。

反过来，人力资本也可以转化为知识资本和智力资本，如图 8—7 所示。

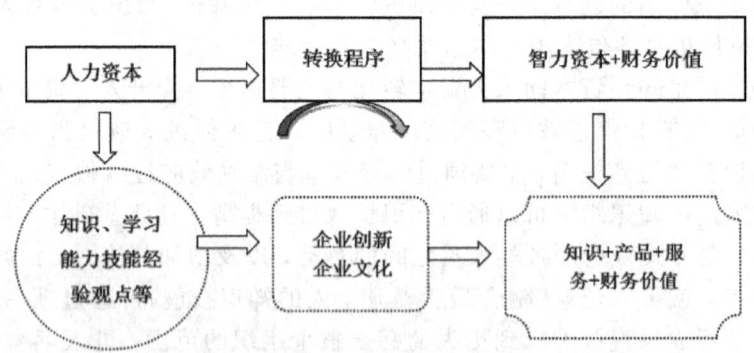

图 8—7 人力资本转化为知识资本和智力资本

8.4.2 文化资本、社会资本与知识资本之间的相互转化与提升

社会资本的核心是：视文化为一种人化的过程，把人际关系作为一种生产要素投入生产

中，在生产中，人际关系和文化的作用方向相同。文化内涵十分丰富，而社会资本是其中十分重要的组成部分，文化建设就是通过知识、能力、规范的投入而被大大促进的。

8.4.2.1　社会资本与文化资本之间的相互转化

社会资本和文化资本之间的转化，常常需要借助经济资本这个中介。例如，在职业市场上，一个拥有高等学历的求职者，如果再加上在面试中表现优秀、谈吐优雅，那么在求职过程中，一定会得到招聘者的青睐。他在此次应聘中胜利的关键因素是：招聘者能够信任其工作能力，而这个能力是因为他的文化资本得到了制度化的认证。但如果一个与招聘官员有某种"特殊关系"的求职者，很可能他的社会资本转化成文化资本，左右了考官的选择，与高素质求职者形成抗衡。这种不公平关系就会对高学历的应聘者造成威胁，甚至这种有"关系"的人大概率会在求职过程中取得优势。但是，一个优秀的企业必然有其卓越的文化价值，必然会磨炼出优秀的员工，这些员工拥有诚信合作、努力进取、创新等优秀品质；同时，由于文化环境的同质性，员工之间的沟通成本以及交易成本会大大降低，因此，也会使得企业的经营风险降低，企业便得以持续稳定的发展下去。

但当代世界，由于经济不停发展，从实践上来看，各国的文化氛围都在日益加深，各国之间不同文化的冲突、碰撞也是越来越多，这是一种不可逆转的趋势。在经济全球化的不断加深过程中，各方面的挑战都在不断威胁着企业。这些挑战不仅包括经济方面的，也包括伦理文化等方面，现代经济发展的显著特点是：经济的文化含量和文化的经济价值，这两者进行有机渗透和交叉融合。这是大势所趋。而在当今社会，经济文化力将会是一种十分重要的经济资源，这种文化力是经过经济与文化的整合这一过程形成的。

8.4.2.2　群体认同是文化资本和社会资本转化的体现形式

布尔迪厄认为，在日常生活中，人们在衣、食、住、行、娱乐和人际交往中，往往会逐渐地养成一种独有的习惯特征。这是一个不自觉的无意识的过程。

这种习惯特征"通过家庭出身、学校教育、工作环境等因素逐渐将个人所接触到的社会状况有意无意地融入到人的性情体系中，并以此为载体，长期持久地指导行动者的行为"。[1] 所以，在接触到类似社会状况的时候，人们就会情不自禁地对包括语言文字在内的一系列相同的文化符号体系产生一种相同的感应与认同，即实现文化的认同。

正是由于这种感应和认同感促使分散的个体自动结合成为群体，结成一个一个的团体或组织；反过来，这些团体和组织中的群体联系又变成了成员之间共同拥有的一种特殊的社会资本，构成其社会存量中不可或缺的一部分。并且，这此组织转化而来的社会资本，在成员与外部的交往联系中具有重要的作用。因此，文化的认同直接加强了组织成员之间的联系与信任，也直接为群体社会结构的稳定提供了很多保障。此外，强有力的群体联结又在群体内部形成了一系列的共有规范，这些共有规范在约束成员行为的同时，保证了文化认同的独立性，使得团体或组织更为稳定。

8.4.2.3　文化资本、社会资本可以有效地促进知识的共享

知识共享是知识资本积累的重要路径，而文化资本、社会资本可以有效地促进知识尤其是隐性知识共享。

---

[1]　江怡.文化资本[J].外国文学,2004(4).转引自：中国语境下的社会资本与文化资本[J].兰州学刊,2005(6):175.

隐性知识指的是存在于个体思想中的人，他们被个人内省所掌握，没有与特定场合彼此接近的人进行交流或沟通，例如意会、默会和无法形容的默契；或者是在工作流程中没有明确说明的知识。① 企业中也有明确的知识和隐性知识。从企业知识管理来说，其核心是对隐性知识的管理。

经济学家张维迎曾经也直接表达过类似的看法。他认为，企业最为核心的竞争力就是要看到这个企业在多大程度上积累了具有互补价值的知识。由于这种知识是不能被窃取的、购买或带出去。这些知识和经验，有80%都深深隐藏在员工的默会知识中。② 因此，知识管理的重点和关键就是构建科学有效的隐性知识共享和分享机制，以此激励员工为企业发展贡献出隐性知识，从而间接促进企业实现创新，保持持久的竞争力。

研究表明，成员之间的相互的信任和依赖程度是直接制约组织中隐性知识传播的重要因素。相互信任和依赖程度越高，隐性知识的传播与交流就越顺畅高效，反之，将受到阻碍。隐性知识的传播与显性知识的传播有很大区别，显性知识的传播一般是经过正式渠道进行的。而隐性知识的传播和交流一般是通过非正式渠道进行的，特别强调成员之间的相互信赖关系。这是能否进行顺畅的传播和交流的基础。北京市中关村独有的"俱乐部"文化，员工往往是在谈话、聊天、聚会、喝咖啡时进行的隐性知识的交流，在这些闲谈中也会产生许多创新的碰撞和想法。所以，通过非正式的网络，利用语言、姿势和情感等隐含的表现方式来传播隐性知识，这一个过程必须以个人之间、个人和部门之间的相互信任和依赖为基础。

另外一种渠道，就是类似于指导关系的"传帮带"模式，这也是隐性知识流动的重要手段。在一些社会资本使用较高的部门，那些拥有隐性知识较多的人愿意亲自教学，向初学者传播技巧。

从以上可以看出，信任与合作的内部社会资本直接影响组织隐性知识的交流与传播，实现知识共享起着非常重要的作用。

8.4.3 人力资本与社会资本、文化资本相互转化与提升

社会资本是个体参与社会横向融合的一种手段，文化资本是个人在社会中垂直扩张的工具。它们为社会成员提供除经济联系之外的通信手段。它们保证了社会成员以非经济形式交流配置社会资源的公平性和合理性，避免了在发展过程中形成纯粹的理性或经济性理论交流模型，使得人际关系被异化和疏离。社会资本和文化资本有助于传统文化与新兴文化的融合与发展，全面提升社会人文精神。

至于社会资本向人力资本的转化，其渠道是通过社会资本创造和促进人力资本所必需的"领域"，并通过社会网络中的"他人"提供各种可能的帮助。通过这些"领域"和"他人"的帮助，行动者的知识和技能必然得以提高，从而整体人力资本水平得到提升，这又进一步成为社会资本后续的应用形态。

为了将人力资本转化为社会资本，将人力资本转化为社会资本的过程是提高个人声誉和社会影响力的过程。它的转变是行动者利用人力资本扩大影响力和扩大网络的过程。从本质上讲，它是行动者利用自己的人力资本建立社会资本的过程。作为人类身体中资本内化的一

---

① MichaelPolany,i The TacitDimension[M]. Routledge&Kegan Paul, 1967:81—102.
② 胡斌,李旭红.偷不去、买不来、拆不开、带不走、溜不掉——张维迎妙谈企业核心竞争力[N].市场报,2002-01-17.

种形式,人力资本被转化为由个人外部网络组成的社会资本。这是个人在外部世界所拥有的知识和技能的结果。行动者使用他们自己的人力资本,如蜘蛛一般,不断编织社会关系网络,从这个网络中不断获取对自己有利的资源。因此,从这个角度上来说,社会资本可以看成是人力资本外化的结果。

如图8-8所示,个体拥有的知识、技能和经验等人力资本,其作用的发挥受到社会资本的极大制约和影响。人总是处于一定的社会关系网络中,社会资本为这个网络提供了特定的场域,包括信息传输方式、速度、处于程序以及成员之间情感的交流方式和效应。人力资本在特定的场域下发生交往和互动,可以直接或间接地获得各类显性或隐性的发展资源和社会支持。通过社会关系网络的帮助和支持,个人的知识、技能得到了提升和优化,当达到一定规模和范围时,个体人力资本就提升为整体人力资本,成为社会资本运用的后续形式。

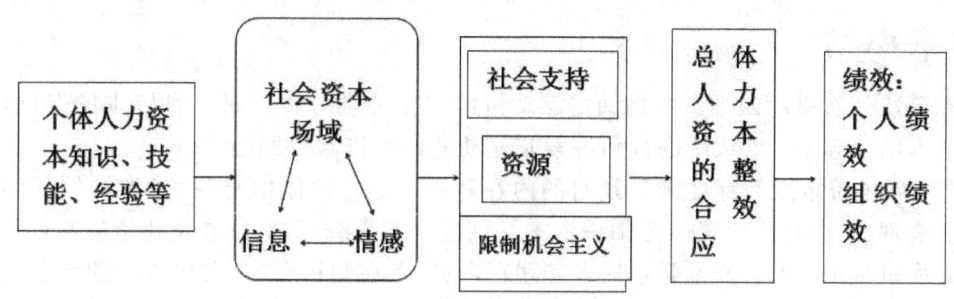

图8-8 人力资本与社会资本相互转化

个体人力资本在社会资本纽带的整合下可以升华为整体人力资本,实现比简单相加更大的产出效应。在组织中,个体人力资本为了实现组织的共同利益进行协调和合作。组织群体内的个体都是不同层次、不同性格的,但是通过社会资本的凝聚和引导功能,社会资本却可以将他们变成具有相同归属和身份的群体成员,并规范他们的共同行动。个体的人力资本可以通过扩大影响力和扩展自己的网络这两种方法转换成整体的人力资本。社会资本可以用于维护个体人力资本,以及用于群体再生产,整体人力资本整合效应可以通过规范、信任、惩罚、制裁和权威等方法来进行协调和合作。从这个角度来看,个体人力资本通过社会资本的整合功能成了整体人力资本。

社会资本有助于增强人力资本防范意外风险的能力。社会资本对个人而言是一种重要的资源,特别是在面临抵御意外打击或是寻求新的发展机遇时。在大部分情况下,个人为了使自己与工作岗位相匹配,传递信息和获得资源的方式只能是通过某些非市场渠道,而社会资本就体现在这些非市场渠道获得的信息和资源上。经验证实,社会资本的使用有助于个人获得就业机会,优化创业环境,渡过经济难关并增加经济收入(桂勇,等,2002)。

同时,社会资本还具有一个重要的功能,它为人们提供了获取满足其社会需求所需的情感支持。人类不仅是一种社会动物,也是一种情感动物,人类为了实现自己的价值,必须与社会其他成员进行交流。通过长期互惠,拥有不同权利的个人,在社会关系网络中,建立一种诚实信任的合作和贸易伙伴关系,真正实现没有正式规范约束以外的社会资源的交换。这类情感交流培养和鼓励人际信任,有利于个人获取对社会资源的支持。

个体间的社会资本与文化资本的不断积累和升华也意味着个人信任的提高。各个社会成员之间都是一种相互信任的关系,这直接有利于提高社会的凝聚力,提高公民对国家的信任程度,直接可以构建起良好的信任机制。而这一种信任机制可以使我们能够最大限度地保障社会"道德"成员的共同利益,促进和完善社会成员的思想道德素质建设。而且,在一个能够正确理解社会资本和文化资本的作用社会中,个体和群体也能更理性地看待个体与集体利益之间的关系,避免机械教条的学习,成员彼此之间也可以通过有意识的通过实践和学习来提高道德修养,这又是社会资本的进一步升华。

总而言之,社会成员或群体的社会资本存量越大,社会关系网络就越宽广,社会资源就越丰富;而社会成员或群体的文化资本越丰富,则文化的多样性越强,包容性越强,社会关系网络会更加广泛立体,成员的个人能力也将越来越强。中国社会是一个社会资本和文化资本存量都相当丰富的社会,两者的直接转型更是占有相当大的分量。因此,我们要立足于积累和提升优质的社会资本以及文化资本,促进人力资本的积聚,形成强劲的创新发展驱动力。

本章小结

本章论述创新驱动四维资本之间的互动机制。在分别分析了每一种资本的促进作用后,将四维资本结合起来,以系统的视角探索其互动的作用机制及原理。

首先,四维资本之间存在极其紧密的内在联系,是一种你中有我、我中有你的共生与交融关系。表现在:一是人力资本是知识资本的创造者和承载者;二是在文化资本和社会资本的形成和发展过程中,人力资本是塑造者和践行者;三是在知识资本、文化资本和社会资本之间存在着诸多交集。

其次,四维资本之间具有明显的互补性和共赢性。互补性是指四维资本在功能上各有侧重,在创新实现过程中相互促进,相互助力;共赢性是指在创新过程中,各要素能在协同运行过程中,能互有裨益,实现螺旋式上升发展,从而实现共赢格局。主要表现:一是在各类资本体系的构建中,人力资本起着促进作用;二是知识资本是人力资本形成和积累的基础;三是文化资本、社会资本是促进人力资本形成的必要条件。

再次,四维资本体系中有着明显的协同与整合关系。在完成目标的过程中,各要素能够团结统一、协调一致、相互配合。表现在:一是人力资本引领文化资本、社会资本的"扬弃";二是文化资本、社会资本引发人力资本的聚集与分化;三是科技进步促进文化资本和社会资本的重塑。

最后,在一定条件下,四维互动资本之间是相互转化和提升的。表现在:一是人力资本与知识资本之间相互转化与提升;二是社会资本、文化资本与知识资本之间相互转化与提升;三是人力资本与社会资本、文化资本之间相互转化与提升。

总之,四维资本是不可分割的整体,彼此有着紧密的内在联系;共生与交融、互助与促进、协同与整合、转化与提升,共同驱动着创新的发展。

第9章 我国自主创新的成就与不足

近年来，特别是党的十八大、十九大以来，我国的自主创新能力在国家创新驱动发展战略的实施下表现出优异的成绩和良好的发展前景。随着我国自主创新能力的不断提高，目前已在发展中国家名列前茅。无论是歼—20战机的研发，新能源轿车的研发，还是当今世界上最大载重吨现代化客箱船——"海蓝鲸"号的研发，我国从天上到地下到海里，在方方面面都展现出强大的自主创新实力，这也使国人的创新激情相继迸发，我们以高速的创新能力使国家从无到有，越来越强大，越来越繁荣。

但是，同时也应该看到，虽然我国的自主创新在逐渐进步且取得了一定的成就，但还是落后于一些发达国家和新兴工业化国家。

9.1 我国自主创新取得的伟大成就

《中国科技统计年鉴》(2017)数据显示，近年来中国科技进步贡献率稳步提升，2016年达到56.4%，2017年达到57.8%。科技在推动中国经济发展方式转变、经济结构优化与动力转化过程中扮演着越来越重要的角色。

9.1.1 整体科技创新能力显著增强

我国科技创新能力正在以越来越快的速度缩小着与世界的差距。

以下数据来自亚洲开发银行发布的《2015年亚洲经济一体化报告》[1]，在亚洲国家，2000年中国的高科技产品出口额占亚洲高科技产品出口总额的9.4%，2014年便提升到43.7%，占比额在亚洲国家中排行第一。与亚洲的发达国家日本相比，日本高科技产品出口额占亚洲高科技产品出口总额却在下降，从2000年的25.5%下降至2014年的7.7%。同比2014年，日本的高科技产品出口额仅是中国的零头[2]。

据国际公认的衡量一个国家科技实力最重要的指标WFC指数（自然指数）(2016年4月—2017年3月)显示的排名是：美国WFC第一，24 348；中国大陆排第二，9 462；德国WFC排行第三，8 594；然后依次是英国、日本、法国、加拿大、瑞士、西班牙、韩国，从3 693到1

---

[1] 2019年3月26日，《亚洲经济一体化进程2019年度报告》已发布，但笔者暂未收集到该指标的最新数据。
[2] https://xueqiu.com/7506377142/77157086。

069,俄罗斯不在前十之中①。

世界经济论坛发布的《全球竞争力报告》(2018)(*The Globalompetitiveness Report 2018*).显示,在主要新兴经济体金砖国家中,中国竞争力最为突出,在全球竞争力指数中排名第28,得分为72.6分。紧随其后的是俄罗斯,排名第43②。

国家创新指数是反映一个国家科学、技术和创新竞争力的综合指数。《国家创新指数报告2018》显示,中国创新指数排名第17,与2017持平,处于第二集团靠前位置,达到国际中上游水平,是唯一进入前20位的发展中国家。创新指数得分已接近人均GDP 5万美元的欧洲国家(当年中国人均GDP达到8 123美元,在40个国家中仅高于印度和南非)。也就是说,中国创新能力大幅超越了处于同一经济发展水平的国家。

本报告选取的40个国家是全球研发投入最多的国家,分布于全球六大洲。40个国家可划分为3个集团,第一集团主要包括世界公认的创新型国家,其中综合指数在前15名的多为欧美经济发达体。第一集团国家包括:美洲1席,为美国;亚洲4席,为日本、韩国、以色列和新加坡;欧洲10席,为瑞士、德国、丹麦、瑞典、芬兰、英国、荷兰、法国、奥地利和爱尔兰。排在第16位至第30位的国家称为第二集团国家,主要包括除进入第一集团以外发达国家,以及一部分新兴经济体。我国也属于这个层次,且排名居第二集团前列。第三集团则是排名30位以后的国家,这些国家多为发展中国家,见表9—1。

表9—1 国家创新指数排名(按三个集团分布)

排名	第一集团	排名变化	排名	第二集团	排名变化	排名	第三集团	排名变化
1	美国	0	16	挪威	-1	31	波兰	1
2	日本	0	17	中国	0	32	罗马尼亚	2
3	瑞士	0	18	冰岛	3	33	俄罗斯	0
4	韩国	0	19	比利时	-1	34	土耳其	-4
5	德国	2	20	卢森堡	0	35	斯洛伐克	0
6	丹麦	-1	21	澳大利亚	-2	36	南非	0
7	瑞典	-1	22	新西兰	0	37	墨西哥	0
8	以色列	5	23	斯洛文尼亚	1	38	印度	0
9	新加坡	0	24	加拿大	-1	39	巴西	0
10	芬兰	1	25	意大利	0	40	阿根廷	0
11	英国	-1	26	西班牙	0			
12	荷兰	-4	27	捷克	0			
13	法国	-1	28	葡萄牙	0			
14	奥地利	0	29	匈牙利	0			
15	爱尔兰	1	30	希腊	1			

资料来源:国家创新指数报告2018。

---

① https://xueqiu.com/7506377142/77157086.
② http://sh.qihoo.com/pc/9e2d018e07c2937a8? cota=4&tj_url=so_rec&sign=360_e39369d1&refer_scene=so_1.

见表9－2。

表9－2 中国与发展中国家主要指标及创新指数国际比较

国家	人均GDP（美元）	研发经费投入强度(%)	万名研究人员科技论文数（篇/人年）	万人有效发明专利数量（件）	高技术产业出口额占制造业出口比重(%)	国家创新指数排名（位）
中国	8123.00	2.11	1820	8.0	25.0	17
墨西哥	8209.00	0.50	4868	0.2	15.3	37
巴西	8650.00	1.28	2575	0.1	13.4	39
俄罗斯	8748.00	1.10	843	10.6	10.7	33
罗马尼亚	9520.00	0.48	4441	0.6	8.5	32

资料来源：国家创新指数报告2018。

见表9－3。

表9－3 中国国家创新指数一级指标排名

年份	创新资源	知识创造	企业创新	创新绩效	创新环境	国家创新指数排名
2005	31	37	17	29	27	25
2006	32	34	17	28	28	25
2007	33	34	14	28	27	22
2008	33	33	12	25	23	21
2009	31	32	18	24	16	22
2010	30	29	15	18	18	20
2011	30	24	15	14	19	20
2012	30	18	15	14	14	19
2013	29	19	13	11	13	19
2014	27	12	12	22	19	18
2015	28	8	11	12	20	17
2016	25	7	11	18	16	17

资料来源：国家创新指数报告2018。

5个一级指标中，创新资源排名第25；知识创造排名第7；企业创新排名第11；创新绩效排名第18；创新环境排名第16。

从国家创新指数变化趋势来看，中国创新能力与创新型国家的差距正在快速缩小。如图9－1所示。

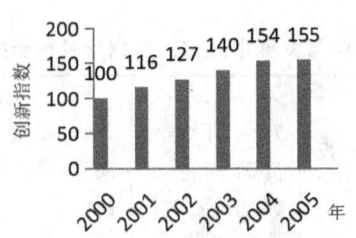

图9－1－1 "十五"期间中国国家创新指数演变

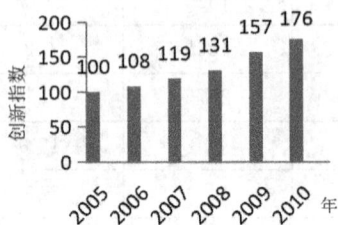

图9－1－2 "十一五"期间中国国家创新指数演变

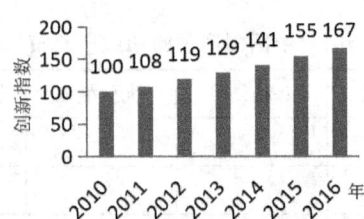

图9－1－3 "十二五"期间中国国家创新指数演变
图9－1 中国国家创新指数演变

资料来源：国家创新指数报告2018。

如图9－1，2000年以来，中国经历了3个五年规划期。数据显示，"十五"时期中国国家创新指数分值增长55%，2005年达到155（图9－1－1）；随着《规划纲要》及相关配套政策的颁布实施，"十一五"时期中国国家创新指数加速提升，分值增长76%（图9－1－2）；"十二五"时期中国国家创新指数在较高分值基础上仍保持良好增长势头，分值增长55%，增速与"十五"时期持平（图9－1－3）；2016年分值达到167，较2010年增长67%。随着创新能力的不断提升，中国继续向创新能力最强的第一集团逼近。中国创新型国家建设已进入决胜阶段。16年来，中国创新能力稳步提升，整体呈现指数曲线增长态势[①]。

2017年，中国内地在全球最具竞争力的经济体排行中已位居第18，其上升速度十分迅猛。不仅如此，中国内地的经济表现在在专有"经济表现"排行中也高居世界第二位。以上数据来源于瑞士洛桑管理学院发布的《2017年世界竞争力年报》[②]。

9.1.2 创新资源投入持续增加

创新资源多寡反映了创新活动的活跃程度，是国家创新能力提升的重要保障。近年来，我国持续加大创新资源投入。

---

① 国家创新指数报告2018：30。
② http://www.gov.cn/xinwen/2017－10/10/content_5230759.htm。

国家创新指数报告 2018 显示,2016 年,我国创新资源世界排名第 25,达到历史最高水平。如图 9—2 所示。

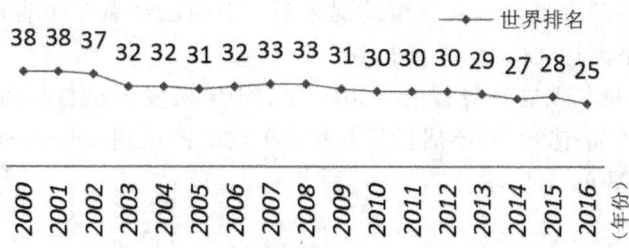

图 9—2　中国创新资源世界排名

资料来源:国家创新指数报告 2018。

研发经费和研发人员是核心创新资源要素。近年来,中国保持了较高的研发经费和研发人员水平。

21 世纪以来,全球研发经费总体保持增长态势,2000—2016 年年均增速达到 3.2%。中国研发经费年均增长 15.5%,在 40 个国家中属最快[①]。

2016 年,中国研发经费达到 2 359.4 亿美元,连续 4 年居世界第 2,占全球的份额为 16.1%。如图 9—3 所示。

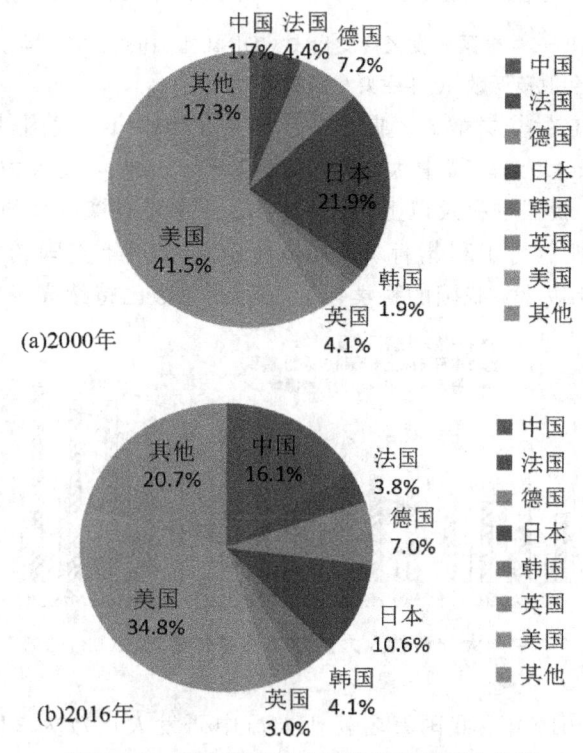

图 9—3　部分国家研发经费在世界所占份额

资料来源:国家创新指数报告 2018。

在金砖国家中,中国是唯一研发经费投入强度超过 2% 的国家,研发经费支出规模超过 4

---

① 国家创新指数报告 2018:30.

个国家总和的 5 倍①。

研发经费投入强度稳步提升。2016 年达到 2.11%，首次超过欧盟 15 国的平均水平（2.09%）。2017 年达到 2.15%。从省市情况来看，中国已经有 8 个省市研发经费投入强度突破 2%，其中，北京高达 5.96%、上海达到 3.82%②。

我国研发人员总量长期居世界首位。2016 年，中国研发人员总量为 387.8 万人，占全球研发人员总量的 31.0%，连续 10 年居世界首位，年均增速达到 9.4%，明显高于全球 3.5% 的年均增速水平③。如图 9—4 所示。

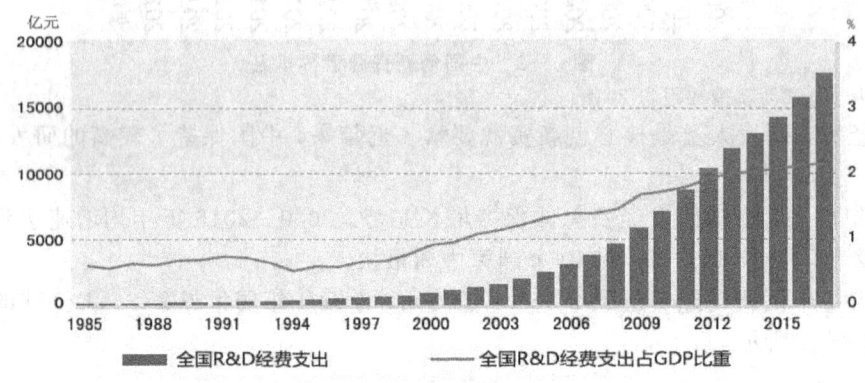

图 9—4　全国研发经费支出占 GDP 比重(1985—2017 年)

资料来源:1978—2018 年改革开放 40 年主要科技指标。

我国科技人力资源总量平稳增长。据科技部调查，2017 年，我国科技人力资源总量达到 8 705 万人，比上年增长 4.9%。其中大学本科及以上学历的科技人力资源总量为 3 934 万人，比上年增长 7.1%。我国本科及以上学历科技人力资源测算口径与美国的科学家工程师大体一致。根据《美国科学与工程指标》(2018)显示，2015 年美国的科学家工程师总数为 2320 万人，而自 2009 年以来，我国的科学家工程师的总数已持续高于美国④。

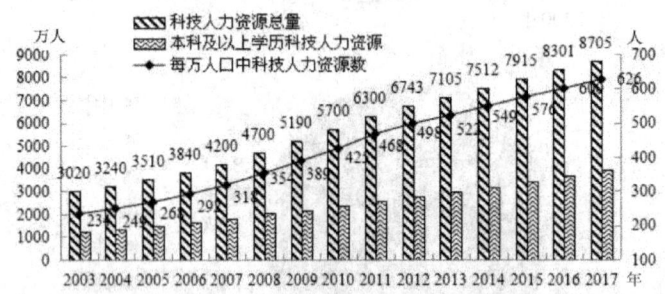

图 9—5　中国大陆科技人力资源总量变化情况(2003—2017 年)

来源:科技部网站。

科技部调查显示，2010 年，我国万名就业人员中研发人员数为 33.6 人，2017 年上升到 52.0 人，年均增速达 6.4%。2010 年我国万名就业人员中研发研究人员数为 15.9 人，2017 年

---

① 国家创新指数报告 2018:25。
② 国家创新指数报告 2018:3。
③ 国家创新指数报告 2018:3。
④ http://www.most.gov.cn/mostinfo/xinxifenlei/kjtjyfzbg/kjtjbg/kjtj2019/201904/P020190409331955003970.pdf。

上升到 22.4 人，年均增长速度达到 5.0%。虽然比同期万名就业人员中研发研究人员数的年增长速度小 1.4 个百分点，但我国在研发人力的投入上呈现逐年稳定上升的趋势①。如图 9-6 所示。

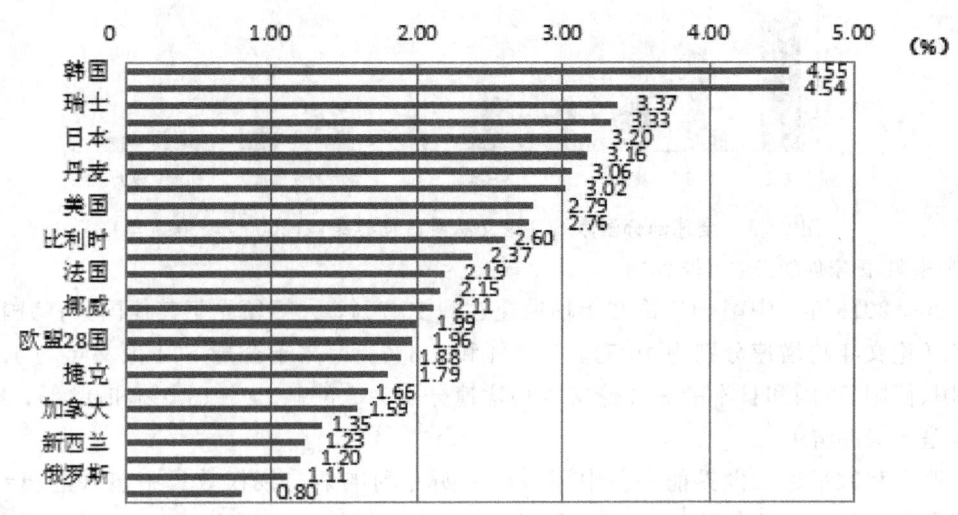

图 9-6 世界主要国家研发经费投入强度比较（2017 年）

注：瑞士、澳大利亚、新西兰、南非为 2015 年数据②。

资料来源：科技部网站。

9.1.3 知识创造能力显著提升

知识创造能力反映了一国的科学研究能力、技术发明能力及创新活跃程度。

国家创新指数报告 2018 显示，中国知识创造分指数得分为 51.2，排名第 7，比上年小幅提升 1 个位次。2000—2016 年，知识创造分指数年均增速达到 15.2%。③

论文和专利是知识创造活动的成果，是科技创新活动的直接产出，通常用来衡量一国知识创造能力。近年来，我国论文产出和专利产出稳步提高。每万名研究人员的科技论文总数增长了 3.2 倍④。2016 年，中国亿美元经济产出发明专利授权数是 2000 年的 3.6 倍。知识创造及转化应用能力的提高为创新活动提供了强有力的支撑，为增强国家原始创新能力、提高自主创新水平提供了重要源泉。

2016 年，全球 SCI 论文数量持续增长，达到 196.7 万篇，是 2000 年的 2.2 倍。美国、中国和英国 SCI 论文数量连续多年居世界前 3。美国 SCI 论文数量为 40.7 万篇，占全球总量的 20.7%。中国 SCI 论文数量为 30.8 万篇，占到全球总量的 15.7%，是英国 SCI 论文数量的 2.6

---

① http://www.most.gov.cn/mostinfo/xinxifenlei/kjtjyfzbg/kjtjbg/kjtj2019/201904/P020190409331955003970.pdf.
② http://www.most.gov.cn/mostinfo/xinxifenlei/kjtjyfzbg/kjtjbg/kjtj2019/201904/P020190408510933753203.pdf.
③ 国家创新指数报告 2018：39.
④ 国家创新指数报告 2018：39.

倍。如图9－7所示。

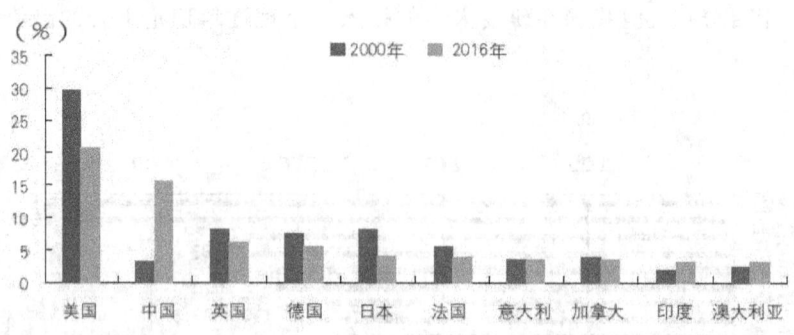

图9－7 全球部分国家SCI论文总量占世界比重(2000年、2017年)

资料来源：国家创新指数报告2018。

2000—2016年，中国SCI论文年均增速达到15.7%，大幅领先于其他国家；韩国、巴西和印度SCI论文年均增速分别为10.5%、10.0%和9.3%，远高于全球SCI论文年均4.9%的增速；美国、德国、英国和日本的SCI论文年均增速分别为2.6%、3.0%、3.0%和0.4%，其占全球份额也呈下降趋势①。

发明专利数量稳居世界前列。中国国内发明专利申请与授权数量中包含港澳台地区数据。但即使不包含，仅中国大陆2016年、2017年专利授权数分别为1753763件、1836434件。从国内发明专利申请量来看，中国达到120.5万件，占世界总量的57.3%，继续居世界首位；美国和日本分别居第2位和第3位，分别占世界总量的14.1%和12.4%。从国内发明专利授权量来看，中国为30.2万件，占世界总量的39.5%，居世界首位；日本居第2位，占世界总量的21.0%；美国居第3位，占世界总量的18.8%②。

2000年以来，全球发明专利申请量和授权量增速在波动中下降，部分国家发明专利出现负增长。然而，中国表现出强劲增长势头，国内发明专利申请量、授权量年均增速分别达到27.3%和27.5%。在2000—2016年全球国内发明专利增量中，中国对申请量的贡献为91.4%，对授权量的贡献为61.9%。2016年，中国亿美元经济产出发明专利授权数是2000年的3.6倍③。如图9－8所示。

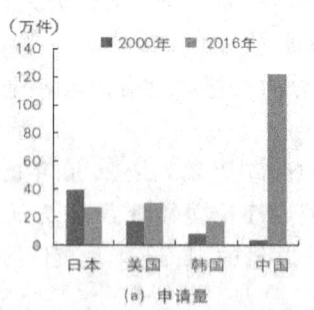
(a) 申请量

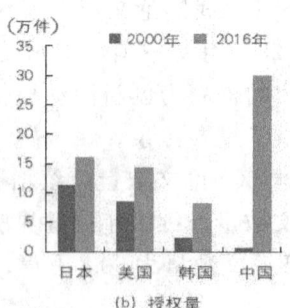
(b) 授权量

图9－8 主要国家国内发明专利申请和授权数量

---

① 国家创新指数报告2018：8。
② 国家创新指数报告2018：8。
③ 国家创新指数报告2018：8。

资料来源:国家创新指数报告 2018。

9.1.4 企业创新能力稳定发展

作为技术创新行为的第一主体,企业创新能力是一个国家创新能力的重要体现。因此,国家创新的能力与水平从很大程度上是取决于企业的创新规模和创新质量。

自 2010 年进入第一集团后,中国企业创新表现良好,地位稳定。2016 年,中国的企业创新分指数得分为 59.7,继续居第 11 位(见图 3-5)。企业创新分指数年均增速高达 16.9%,居 5 项分指数增速之首。在表征企业创新的 5 个二级指标中,同上年相比,中国有 3 个指标的排名小幅提升,分别是三方专利数占世界比重、企业研究与发展经费与增加值之比和 PCT 专利在万名企业研究人员中所拥有的申请数;企业研究人员数量与全部研究人员数量的比值的排名与上年相同;综合技术自主率的排名下降了 6 个位次[①]。如图 9-9 所示。

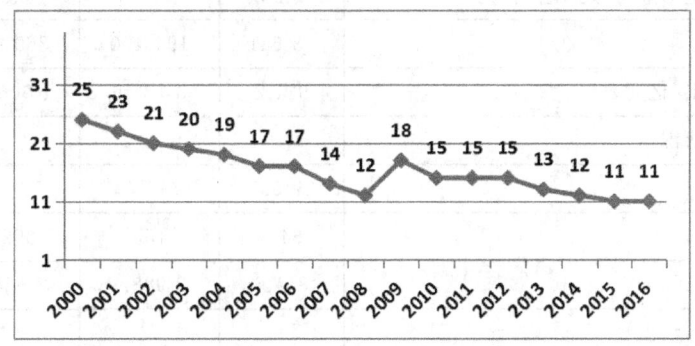

图 9-9 中国企业创新分指数世界排名

资料来源:国家创新指数报告 2018。

企业创新分指数排名前 15 的国家分别是日本、美国、韩国、以色列、德国、瑞典、瑞士、法国、奥地利、芬兰、中国、丹麦、卢森堡、比利时和斯洛文尼亚。

除了万名企业研究人员拥有 PCT 专利申请数排在第 22 位,处于第二集团外,其他 4 项指标的排名均进入了第一集团。三方专利数占世界比重、企业研究与发展经费与增加值之比、综合技术自主率和企业研究人员占全部研究人员比重分别位居第 4、第 15、第 12 和第 7[②]。

高技术产业出口额继续领先全球。如图 9-10 所示。

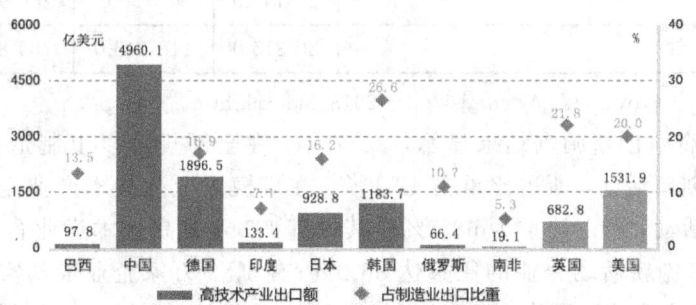

图 9-10 部分国家高技术产业出口额及其占制造业出口比重(2016 年)

资料来源:1978—2018 年改革开放 40 年主要科技指标。

---

① 国家创新指数报告 2018:30.
② 国家创新指数报告 2018:8.

企业研发活动日渐活跃。如表9—4所示。

表9—4 规模以上工业企业的科技活动基本情况

指标	2004年	2009年	2016年	2017年
企业基本情况				
有研发活动企业数(个)	17 075	36 387	86 891	102 218
有研发活动企业所占比重(%)	6.2	8.5	23	27.4
研发活动情况				
研发人员全时当量(万人年)	54.2	144.7	270	273.6
研发经费支出(亿元)	1 104.5	3 775.7	10 944.7	12 013
研发经费支出与主营业务收入之比(%)	0.56	0.69	0.94	1.06
研发项目数(项)	53 641	194 400	360 997	445 029
研发项目经费支出(亿元)	921.2	3 185.9	10 064.3	11 990.2
企业办研发机构情况				
机构数(个)	17 555	29 879	72 963	82 667
机构人员数(万人)	64.4	155	292.4	325.4
机构经费支出(亿元)	841.6	2 983.6	7 664.5	8 955.5
新产品开发及生产情况				
新产品开发项目数(个)	76 176	237 754	391 872	477 861
新产品开发经费支出(亿元)	965.7	4 482	11 766.3	13 497.8
新产品销售收入(亿元)	22 808.6	65 838.2	174 604.2	191 568.7
♯新产品出口	5 312.2	11 572.5	32 713.1	34 944.8
专利情况				
专利申请数(件)	64 569.0	265 808.0	715 397.0	817 037.0
♯发明专利	20 456.0	92 450.0	286 987.0	320 626.0
有效发明专利数(件)	30 315.0	118 245.0	769 847.0	933 990.0

资料来源：http://www.stats.gov.cn/tjsj/ndsj/2018/indexch.htm。

2018年全国企业创新调查结果显示，2017年，在全部规模以上制造业企业中，有14.7万家开展了技术创新活动，所占比重为42.1%。在规模以上高技术产业企业中，有2.2万家开展了技术创新活动，所占比重为68.5%。其中有1.9万家高技术产业企业成功实现了技术创新，占开展技术创新活动企业的比重达86.2%；有1.59万家企业成功实现了产品创新，占开展技术创新活动企业的比重为72.6%；1.56万家企业成功实现了工艺创新，占开展技术创新活动企业的比重为71.3%[①]。

在进行技术创新活动的企业中，78.2%开展了自主研发活动。

---

① http://www.most.gov.cn/mostinfo/xinxifenlei/kjtjyfzbg/kjtjbg/kjtj2019/201904/t20190419_146149.htm。

9.1.5 创新制度体系不断完善

9.1.5.1 科技创新管理体制和运行机制进一步优化

以习近平同志为核心的党中央在党的十八大以来先后出台了一系列推动国家创新驱动发展的文件。例如《深化科技体制改革实施方案》《国家创新驱动发展战略纲要》等。这些文件为我国科技创新发展的整体性、长远性做出战略部署。在中央文件的指引下，各个地方政府也相继出台了相关的科技改革政策，企业高新技术创新技术，科技财务引导政策和法律法规等，这对于我国积极开展科技创新和体制机制创新开启了新的发展局面。

9.1.5.2 创新环境日益完善

创新环境是提升国家创新能力的重要基础和保障。创新环境分指数选取以下10个二级指标：知识产权保护力度、政府规章对企业负担影响、宏观经济环境、当地研究与培训专业服务状况、反垄断政策效果、企业创新项目获得风险资本支持的难易程度、员工收入与效率挂钩程度、产业集群发展状况、企业与大学研究与发展协作程度及政府采购对技术创新影响。

国家创新指数报告2018显示，我国创新环境分指数得分为85.0，在5个一级指标中得分最高，国际排名提升4个位次至第16。

我国多数二级指标排名上升，知识产权保护进步显著。在创新环境的二级指标中，中国排名进入前15的指标有4个：政府规章对企业负担影响、宏观经济环境、企业创新项目获得风险资本支持的难易程度、政府采购对技术创新影响。其中，政府规章对企业负担影响和企业创新项目获得风险资本支持的难易程度2个指标均较2017提升2个位次。知识产权保护力度扭转了连续2年排名下降的状况，大幅提升5个位次[①]。

9.2 我国自主创新存在的不足

近年来，我国的自主创新取得了辉煌成就，在技术能力和质量上都有所提高。个别自主创新产品在国际上也开拓了市场，具备一定的竞争力。但从整体上看，我国的自主创新能力与发达国家相比还仍有很大差距，实力还有所欠缺。多数自主创新产业在国际上还处于产品价值链的末端。核心技术水平与劳动生产率和还较低，大多国家自主创新产品的附加值也不高，由此看来，我国的自主创新还存在诸多不足。

9.2.1 自主创新能力不足，核心技术受制于人

9.2.1.1 自主创新能力不足

从世界经济论坛发布的《全球竞争力报告》(*The Global Competitiveness Report* 2018)来看，虽然我国得分72.6分在主要新兴经济体金砖国家中表现最突出，但是与先进国家差距却非常大。美国得分高达85.6分(满分100分)。成为得分最高、最接近"竞争力前沿"的国家。其中劳动力市场支柱得分81.9分，金融系统支柱得分92.1分，表现相当突出；在企业文化方面，也表现得生机勃勃，活力十足，使其在商业活力支柱上得分遥遥领先。此外，在其

---

① 国家创新指数报告 2018:30.

他 G20 经济体名列前十的国家中,德国得分 82.8 分,位居第 3,日本得分 82.4 分,居第 5 位,英国得分 82.0 分,列第 8 名,表现非常优秀。G20 国家内部得分差距十分显著。新加坡以 83.5 分在整体排名荣居次席。身为全球贸易中心,新加坡凭借世界一流的交通基础设施便捷的通达性,在基础设施支柱获得 95.7 的高分,处于世界领先地位[①]。

从国家创新指数来看,虽然进步不少,但是我国仍然处于第二集团,尚未进入第一集团,未成为创新型国家,在很多分指标上与发达国家尚存在较大的差距。

从各国创新指数总体排名来看,美国优势全面,无疑仍是世界创新能力最强的一极,国家创新指数综合排名继续占据首位,5 个一级指标均居前 3 位之内,创新资源则排名第 1。欧洲地区是创新能力整体表现强劲的区域,10 个国家进入第一集团,第二集团国家也主要被欧洲国家占据。

相比美日韩等创新强国而言,中国由于基础薄弱、创新资源积累不足,创新指数得分仍相对较低,差距也较大。中国除创新环境外的 4 个一级指标,其得分还远落后于指标值排第一(满分 100 分)。(采用标杆分析法计算,40 个国家中指标值最大的国家得分为 100 分。)的美日韩瑞 4 国(见图 9—11)。

如图 9—11 所示。

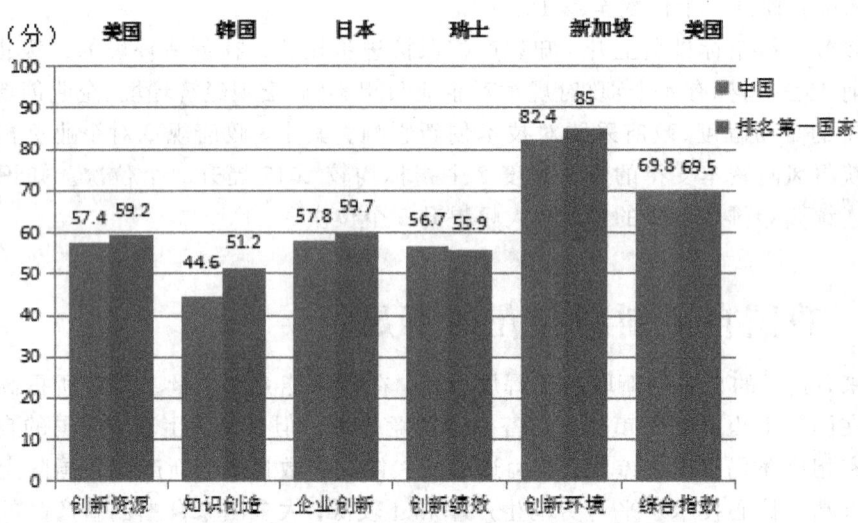

图 9—11　中国国家创新指数得分与排名第 1 国家的差距

来源:国家创新指数报告 2018。

在企业创新中,2018 年全国企业创新调查结果显示,2017 年开展创新活动的企业数不足 40%(39.8%),只有 7.8% 的企业实现了全面创新[②]。从产业来看,建筑业和服务业创新严重不足,分别有 27.8% 和 28.5% 的企业实现了创新[③]。

从行业看,主要集中在大型工业企业(80.1%),高于中型企业的 59.0%,是小微型企业的 1.6 倍。从分登记注册类型看,港澳台资和外商投资企业创新较为活跃,开展技术创新的

---

① http://sh.qihoo.com/pc/9e2d018e07c2937a8?cota=4&tj_url=so_rec&sign=360_e39369d1&refer_scene=so_1.
② 全面创新包括技术创新、产品创新、工艺创新、制度创新、组织创新及营销创新等。
③ 国家创新指数报 2018.http://www.most.gov.cn/mostinfo/xinxifenlei/kjtjyfzbg/kjtjbg/kjtj2019/201904/t20190419_146149.htm.

企业占比分别为 48.3% 和 47.8%，均高于内资企业的 39.4%①。

以中国和美国比较为例：

如图 9—12 所示。

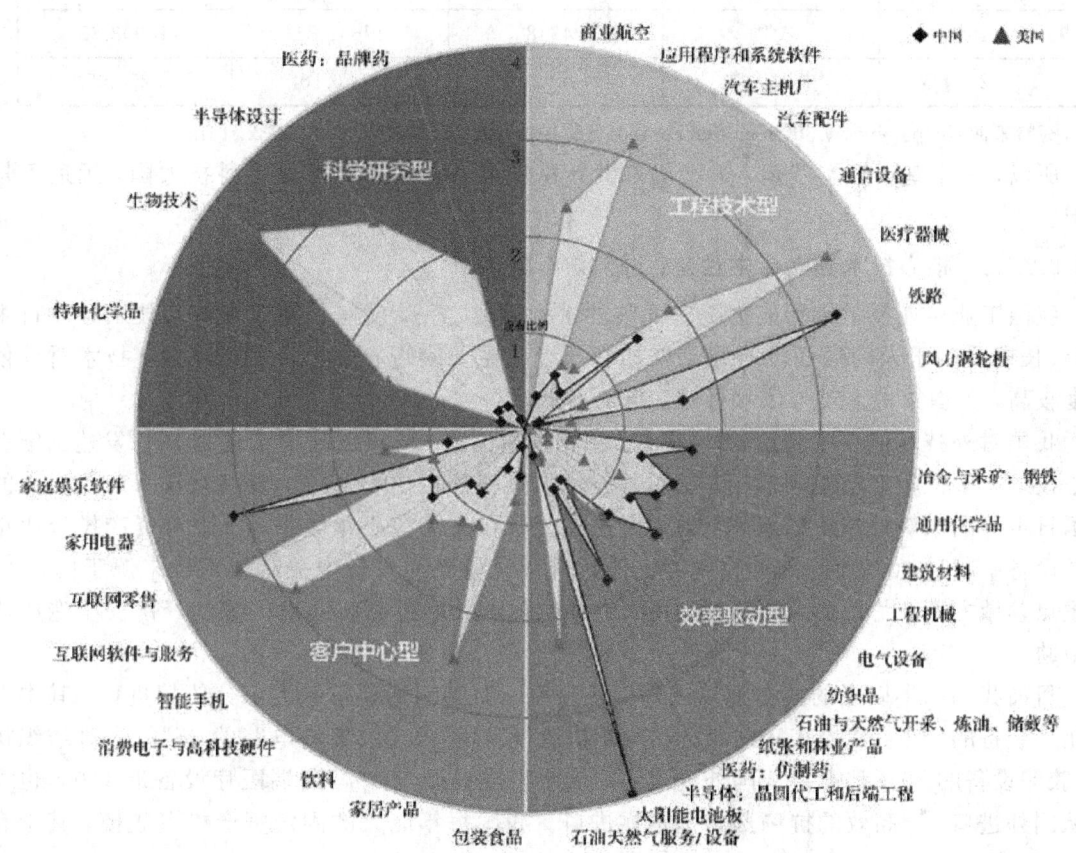

图 9—12 中国和美国行业技术比较

在 33 个工业领域中，目前，我国有较多与生活需求密切相关的技术领域已经领先美国，如家用电器、建材和高速铁路技术、风力电力设备、石油天然气设备和太阳能电池板等。但余下的 20 多个工业领域技术都远远落后于美国。特别是涉及高新技术等前沿行业，如半导体、系统软件和生物机器、商业航空器等。据调查发现，在多数前沿领域技术方面中国与美国的差距至少在二三十年②。

据中国科学院发布的《2017 研究前沿》报告，遴选了自然科学和社会科学中的 143 个热点前沿。报告显示，美国领跑 87 个前沿的发展，中国是 24 个，美国呈现出压倒性优势。

在十大学科领域中，美国 8 个排名世界第一，分别是：农业、植物学和动物学；生态与环境科学；地球科学；临床医学；生物科学；物理学；天文学与天体物理学；经济学；心理学及其他社会科学。中国则只有数学、计算机科学和工程与化学与材料科学 2 个领域，整体活跃度优于美国，领跑前沿的覆盖面超出美国③。

---

① http://www.most.gov.cn/mostinfo/xinxifenlei/kjtjyfzbg/kjtjbg/kjtj2019/201904/t20190419_146149.htm.

② https://xueqiu.com/7506377142/77157086；http://m.elecfans.com/article/687043.html.

③ http://m.elecfans.com/article/687043.html.

从 WFC 来看,可以看出美国仍然非常强大,WFC 是中国的 3.6 倍。见表 9-5。

表 9-5 全球分国别自然指数(WFC)排行榜(2016 年 4 月—2017 年 3 月)

排名	国家/地区	文章数量(篇)	分数值	加权分数值
1	美国	24348	17040.71	14993.83
2	中国大陆	9462	6656.10	6250.67

资料来源:http://www.360doc.com/content/18/1014/09/18620897_794569332.shtml.

所以,一个基本事实就是,美国仍是世界科技第一强国。中国只是科技大国,远远不是强国。

9.2.1.2 核心技术独立自主性差,进口依存度高

我国工业企业技术创新能力提升面临的重大挑战之一,就是长期以来核心技术独立自主性差、长期受制于人的局面没有得到实质性改变。主要表现在核心专利技术少,技术对外依存度较高,关键技术上对外依赖性强,自给率低。

我国对外技术依存度高达 50% 左右,相比发达国家,依存度高了接近 20%。发达国家在核心技术上多依赖自己本国输出,其对外技术依赖率都在 30% 以下,以高新技术产业为主的美国日本等国家对外技术依赖率仅在 5% 左右。且在关键核心领域中,占固定资产投资比重大的设备中超过 60% 要靠国外技术的支持。科技含量高的设备中关键技术都来源于国外[①]。在重点领域方面,尤其是国防领域,我国对外的技术依赖过高将会对国家的经济安全造成严重威胁。

目前我国一半以上的技术都以国外引进为主。我国制造装备绝大部分依赖进口,其中石油化工装备的 80%、数控车床的 70%、光纤制造设备的 100%、集成电路的 85%、先进纺织机械、胶印设备的 70% 都需要从国外进口[②]。半导体技术近 100%、高端医疗设备近 100% 也需要从国外进口。[③] 高效的抗癌药物基本靠进口。我国每年庞大的固定资产投资规模,其中有 60% 的出资都是从国外购买设备。对技术的依存度仍然较高。

在专利申请方面,近年来我国专利申请增长很快,但是在高新技术领域还处于劣势。美国、日本在高新技术领域占据绝对优势,专利拥有量占全球总量比重达 90%,这些高新技术行业绝大部分为通信业、无线电传播等行业领域。包括我国在内的专利量仅为全球 10% 以内的国家十分匮乏高新技术领域的核心自主技术。[④] 至今没有研发出可以与美国芯片抗衡的"中国芯"。一些行业面临自主核心空心化,对外依赖十分严重,这对于我国走向全球化的发展之路是严重的绊脚石。

9.2.2 创新投入仍然不足,结构尚不合理

9.2.2.1 研发经费投入

尽管我国研发经费投入无论是总量还是增速,都保持了较快的增长。但与美国、德国、日

---

① 红旗大参考编写组.加强自主创新 建设创新型国家大参考[M].北京:红旗出版社,2006:97.
② 红旗大参考编写组.加强自主创新 建设创新型国家大参考[M].北京:红旗出版社,2006:92.
③ 梅永红.自主创新与国家利益[J].求是,2007(6):1.
④ 邓楠.以科技创新促进高新技术产业发展[J].中国创业投资与高科技,2004(8).

本等发达国家比较,我国的整体研发水平却是多而不优、大而不强,在质量方面还是远远落后于这些国家。

从总量上看,2016 年,美国研发经费为 5 111 亿美元,继续居世界首位,占全球总量的 34.8%,是中国的 2.2 倍①。

企业研发经费增速不稳定,从 2010 年起,企业研发经费增速趋于下降。

如图 9—13 所示。

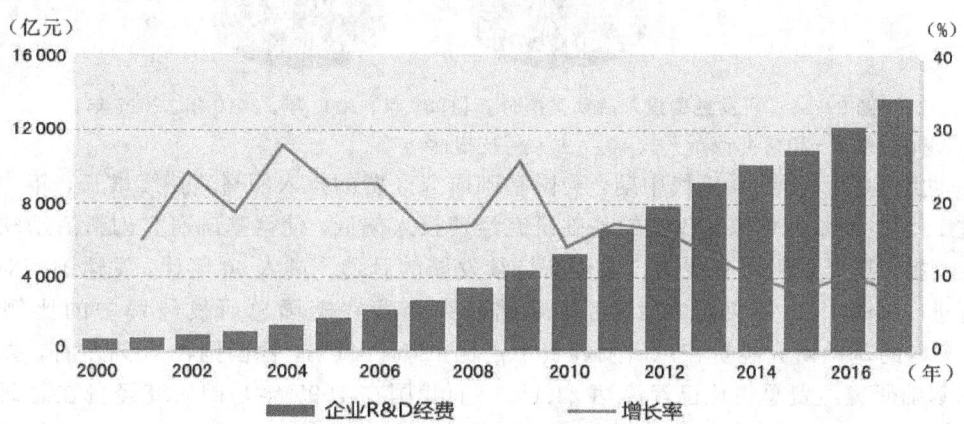

图 9—13　企业研发经费及增长率(2000—2017 年)

资料来源:1978—2018 年改革开放 40 年主要科技指标。

从结构上看,我国与发达国家相比,基础研究占比较低,发达国家的基础研究占比多在 15%—20%。国内企业研发的资金投入行业与美国相比还大有不足,在非制造业企业研发经费投入上美国高于中国 18.2%,国内非制造企业的研发投入却不到 15%②。

历年各类研发活动经费如图 9—14 所示。

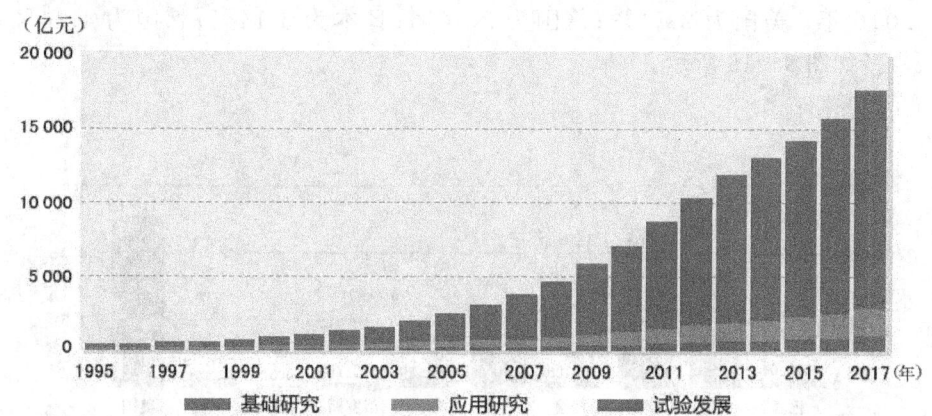

图 9—14　历年各类研发活动经费(1995—2017 年)

来源:1978—2018 年改革开放 40 年主要科技指标。

研发经费投入活动类型如图 9—15 所示。

---

① 国家创新指数报告 2018:86。
② http://www.nbd.com.cn/articles/2018-10-09/1261065.html。

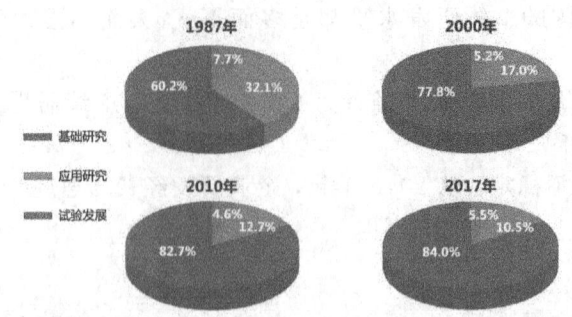

图 9-15 研发经费投入活动类型分布(1987年, 2000年, 2010年, 2017年)

资料来源:1978—2018年改革开放40年主要科技指标。

20世纪50年代到60年代中期,美国基础研究经费的投入额高速持续增长,年均增长幅度超过10%。而长期以来,我国的基础研究经费投入偏低,使得基础研究创新活动缺乏应有的资金支持,这严重阻碍了我国自主创新持续发展的后劲。进入90年代,发达国家对基础研究支持进一步增大。如美国在2000年基础研究经费在美国总研发经费中的比例已高达18%,日本的基础研究经费在总研发经费中占比12%—17%,德国则在20%左右,法国在20世纪末基础研究经费总占比已经高达24.1%。而我国在1995年基础研究经费在总研发经费中占比5.18%,2002年占比5.73%,2017年占比5.5%,每年占比都不足10%,年增长率也低于1%[1]。

从各执行部门研发经费的活动类型分布看,2017年研究机构的研发经费中的15.8%用于基础研究领域,28.7%用于应用研究领域,55.5%用于试验发展领域[2]。

从投入强度上看,2016年,我国研发经费投入强度2.11%。2017年,我国研发经费投入超1.76万亿,研发强度为2.13,虽创了历史新高,但与创新型国家(2.5%—4%)相比还有一定差距。2016年,美国为2.74%;德国为2.94%;日本为3.14%;韩国为4.24%;以色列为4.25%[3]。如图9-16所示。

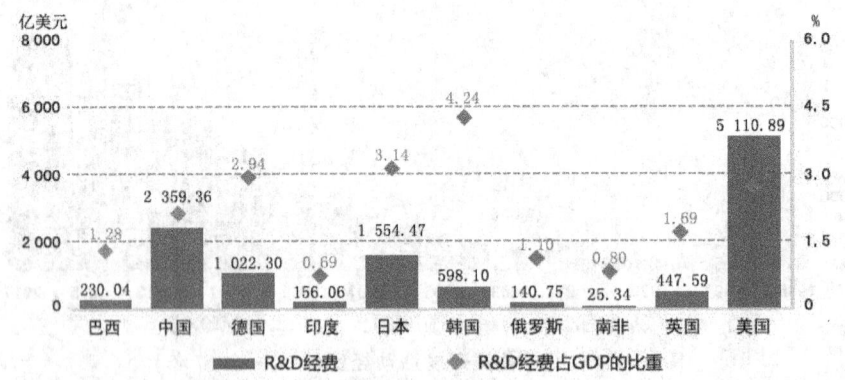

图 9-16 部分国家研发经费总量及其占GDP的比重(2016年)

资料来源:1978—2018年改革开放40年主要科技指标。

近十年来,美国的研发投入强度一直保持在年平均2.65%以上。美国的研发投入强度与

---

[1] 红旗大参考编写组.加强自主创新 建设创新型国家大参考[M].北京:红旗出版社,2006:92.
[2] http://www.most.gov.cn/mostinfo/xinxifenlei/kjtjyfzbg/kjtjbg/kjtj2019/201904/P020190408510933753203.pdf.
[3] 国家创新指数报告2018:86.

其他 OECD 员国相比，其强度值还不是世界最高的①。

从投入强度增速上看，我国从 1.0% 提高到 2.0% 经过了 13 年的时间，美国只用了 7 年②。

9.2.2.2 研发人员投入

尽管我国研发人员总量居世界首位，研发人员总量呈震荡下降趋势，如图 9－17 所示。

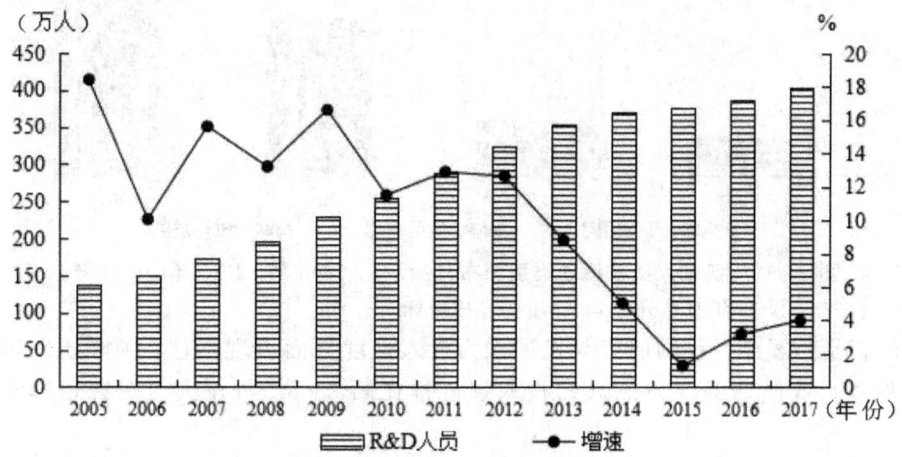

图 9－17 部分国家研发人员变化趋势(2005—2017 年)

资料来源：科技部网站。③

我国研发人力投入强度指标在国际上仍处于落后水平。2017 年，在研发人员总量排行高于 10 万人的国家里，我国每万名就业人员的研发人员还十分缺乏，仅高于巴西等发展中国家，排名倒数第二。多数发达国家的每万名就业人员的研发人员数量普遍是中国的 4 倍以上，至少是 2 倍以上④。如图 9－18 所示。

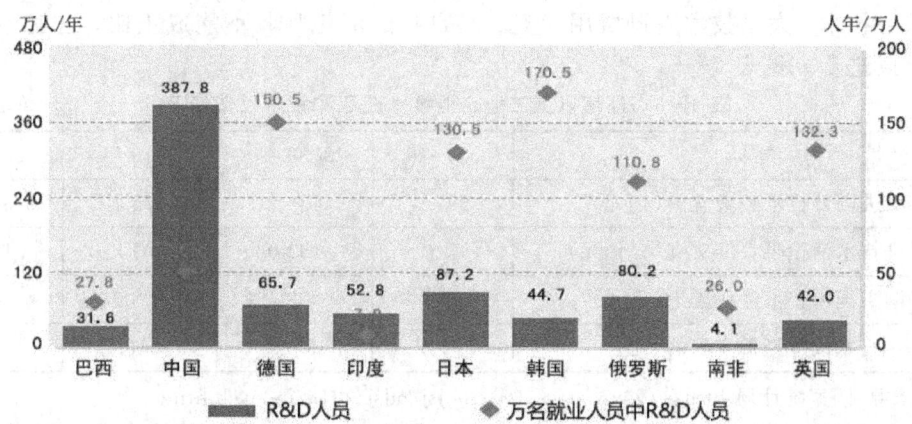

图 9－18 部分国家研发人员总量与万名就业人员中研发人员(2016 年)

资料来源：国家创新指数 2018。

---

① 段联合.近十年美国研发投入强度分析[J].商场现代化,2008(8 上):240.
② 国家创新指数报告 2018:86.
③ http://www.most.gov.cn/mostinfo/xinxifenlei/kjtjyfzbg/kjtjbg/kjtj2019/201904/P020190409331955003970.pdf.
④ http://www.most.gov.cn/mostinfo/xinxifenlei/kjtjyfzbg/kjtjbg/kjtj2019/201904/P020190409331955003970.pdf.

研发人员分布不合理，基础研究人员水平低。如图9—19所示。

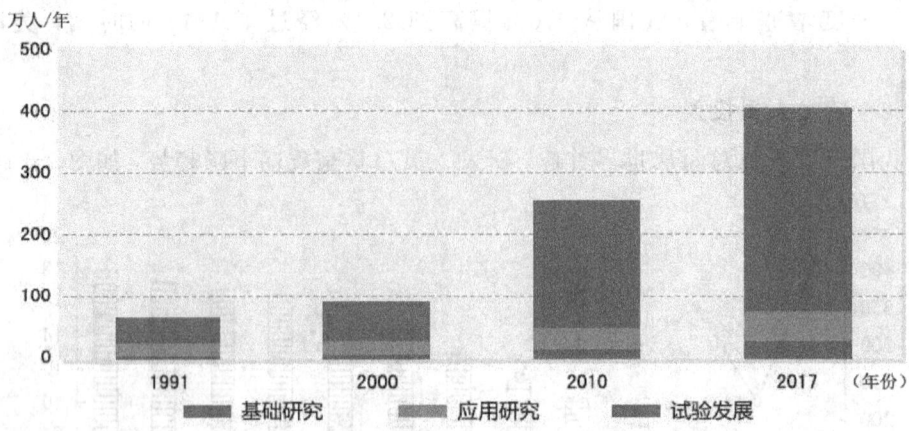

图9—19 研发人员按活动类型分布(1991年，2000年，2010年，2017年)
资料来源：1978—2018年改革开放40年主要科技指标。

国家创新指数显示，我国研究与发展人力投入强度方面表现不佳，国际排名多年来一直处于落后位置。我国研究与发展人力投入强度排在第33位；科技人力资源培养水平仅居于第36[①]。

9.2.3 引进技术消化再创新能力薄弱

9.2.3.1 对技术引进的消化吸收严重不足

我国重引进，轻开发，技术引进和消化吸收的经费投入比例严重失衡，甚至倒挂。技术引进是手段，不是目的，最终目的是通过消化吸收进行自主研发创新。但长期以来，我国只重视引进而不注重技术的吸收，不能积极学习消化国外的先进技术，这使许多企业不能研发自己的核心技术，大量技术引进费用的支出与自身的消化吸收不能成正比，这就导致企业产业技术难以进步。见表9—6。

表9—6 规模以上工业企业技术获取和技术改造情况　　　　单位：亿元

指标	2004年	2009年	2016年	2017年
引进国外技术经费支出(亿元)	397.4	422.2	475.4	399.3
引进技术消化吸收经费支出(亿元)	61.2	182.0	109.2	118.5
购买国内技术经费支出(亿元)	82.5	203.4	208.0	200.9
技术改造经费支出(亿元)	2953.5	4344.7	3016.6	3103.4

资料来源：国家统计局 http://www.stats.gov.cn/tjsj/ndsj/2018/indexch.htm。

由上图可计算得知：[②]2004年以来，我国规模以上工业企业的技术获取和技术改造的经费投入比例不合理。从国外引进与消化吸收看，2004年为1：0.15，2009年1：0.43，2016年1：0.22，2017年1：0.29。同发达国家，如日韩等国用于技术引进与消化吸收经费的比例

[①] 国家创新指数报告2018：25.
[②] 世界银行公开数据：https://data.worldbank.org.cn/.

在1∶5、部分重点领域甚至高达1∶7相比差距依然悬殊①。而相比之下,却热衷于对国内技术进行改造。从国内购买与改造来看,2004年为1∶35.80,2009年1∶21.36,2016年1∶14.50,2017年1∶15.45。这恰恰不利于国家的创新发展。

以上数据表明,我国企业在引进技术后对技术的消化学习吸收能力严重匮乏。究其原因,在于企业对于外来技术的引进只追求单纯的引进,而不注重于对技术的消化吸收,再创新的动力不足。大中型国有企业受公司领导任期、产值和利税要求等的制约,大多追求短期的经济效益,缺乏对引进技术消化吸收再创新的内在动力。尤其是一些先进的引进技术的消化吸收工作研发难度大、周期长和持续投入大,也在一定程度上影响了企业消化吸收再创新的积极性。同时,由于企业对知识产权的保护力度不足,企业通过技术引进消化吸收后所创新的新产品很容易被所谓的"仿制品"所冲击,这种现象的出现会进一步降低企业开展技术吸收消化的积极性②。

9.2.3.2 "低水平重复引进,重硬轻软"现象普遍

引进技术以低水平居多,且重复引进现象普遍:由于发达国家对华技术封锁和高端市场垄断,导致国内企业引进技术多以淘汰的低端技术为主;为了抢占市场先机,盲目跟风投资市场热点需求,多次盲目重复地引进技术。如近年在风电设备和多晶硅产业引进上就是这种情况,造成严重产能过剩,就是典型的例子。技术引进以成套和关键设备为主,对技术专利、软件技术引进不足。

9.2.4 创新绩效有待进一步提高

9.2.4.1 创新绩效稳中有降

创新绩效是一个国家开展创新活动所产生的成果和影响的集中表现。创新绩效分指数采用了劳动生产率、单位能源消耗的经济产出、知识密集型服务业增加值占GDP比重、高技术产业出口占制造业出口比重、知识密集型产业增加值占世界比重5个指标,来测度和评价创新活动的产出水平及创新活动对经济的贡献。

《国家创新指数报告》(2018)显示,2016年中国创新绩效分指数得分为55.9,排名第18,较上年下降6个位次(见图9-20)。出现这一现象,主要是由于中国的5个二级指标值与上年相比基本没有进步,而其他国家则有所提高,这样每个指标的得分就会相对下降,导致创新绩效分指数得分下降,排名从第一集团退到第二集团。如图9-20所示。

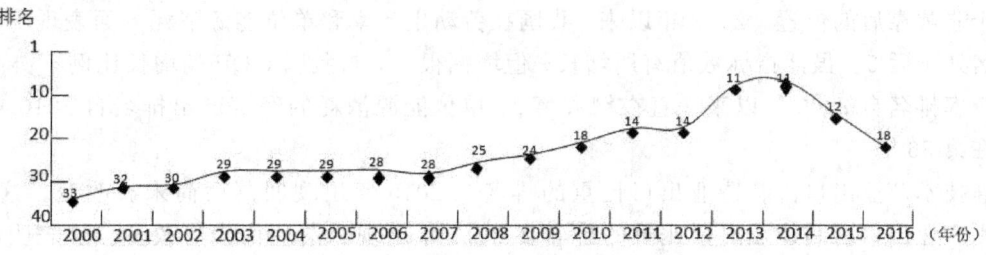

图9-20 中国创新绩效分指数世界排名位次

---

① 李志军.我国自主创新的现状问题及其成因[J].财经界,2007(3):1.
② http://www.chinareform.org.cn/Economy/Macro/report/201505/t20150511_225013.htm.

资料来源：国家创新指数报告2018。

创新绩效指数排名前15的国家依次为瑞士、美国、爱尔兰、新加坡、英国、丹麦、挪威、澳大利亚、法国、卢森堡、荷兰、瑞典、比利时、日本和冰岛。见表9—7。

表9—7 中国创新绩效指数构成指标的世界排名演变位次

年份	劳动生产率	单位能源消耗的经济产出	知识密集型服务业增加值占GDP比重	高技术产业出口占制造业出口比重	知识密集型产业增加值占世界比重
2000	39	37	35	16	8
2001	39	35	35	14	7
2002	39	36	35	10	7
2003	39	38	35	6	7
2004	39	39	34	6	7
2005	39	39	34	6	6
2006	39	40	34	6	5
2007	39	40	34	6	5
2008	39	38	35	6	3
2009	39	37	34	4	3
2010	39	36	30	3	3
2011	39	36	29	3	2
2012	39	36	23	2	2
2013	39	36	20	2	2
2014	39	36	20	3	2
2015	39	36	12	6	2
2016	39	36	12	6	2

资料来源：国家创新指数报告2018。

表9—7显示，中国5个二级指标国际排名的表现，有3个指标排在前15，另外2个指标则处于非常靠后的位置。2000年以来，我国在劳动生产率和单位能源消耗方面表现不佳，国际排名处于后5。虽然指标数值有所增长，但增幅很小，与我国GDP的增长比例不协调。劳动生产率排名自2000年以来一直在倒数第2，单位能源消耗的经济产出排名自2010年以后一直在第36[①]。

高技术产业出口占制造业出口比重的排名在2015年出现回落后尚未有改变。这表明，高技术产业出口占制造业出口比重的排名在2015年出现回落后尚未有改变。这表明，高技术产业产出规模和技术产出总量仍然是我国创新绩效的主要拉动力量。我国在产业结构转型升级和经济发展方式转变上还需付出更大的努力。

[①] 国家创新指数报告2018:30。

9.2.4.2 企业技术创新效率水平偏低

胡苏敏(2018)选取2009—2015年我国576家制造业高技术上市公司的公开数据,对其进行了研究。研究结果表明:在整体数据上,2009—2015年我国高技术企业的综合效率值和纯技术效率值与规模效率值相比,普遍偏低;而规模效率值则明显偏高。这是因为综合效率值的高低与纯技术效率值息息相关。我国纯技术效率值整体低下反映了虽然我国的规模效率值高,但在纯技术方面还是有不足之处的。其中,我国的技术创新效率值在2011—2012年两年间达到最高值,2013年又开始回落①。我国制造业行业整体实际技术创新效率水平在2009—2015年普遍偏低,其数值仅能达到技术创新水平最大可能值的60%—70%。

在人均劳动生产率、知识产出率、单位能耗产出率方面数值较低,不仅低于OECD国家,甚至低于巴西、南非等国家。在国家创新指数中,学术部门百万研究与发展经费科学论文被引次数和万名研究人员科技论文数排第30位和第36位,表明中国的国际论文产出效率和整体影响力仍有待进一步提升。

9.2.5 尚未形成以企业为主体产学研相结合的技术创新体系

技术创新体系一般由以下部门构成,其中产业内包括企业及产品用户、与其技术相关的大学、科研机构、跨国公司企业、独立的供应商以及政府组织等,每个部门都是以技术为核心的创新体。构建技术创新体系的目的在于促进创新资源的优化配置以提高创新效率。

技术创新体系与产业创新体系紧密相连,产业创新体系是将三个创新要素:创新主体、环境和机制融为一体,体现了产业创新的意志和目标。产业创新体系的目的在于促进整合产业内创新资源的高效使用,以促进产业及与产业相关的各个要素主体之间的相互配合与互动。

9.2.5.1 "产学研"各自为政

产学研紧密结合是合作创新的重要途径。高校和科研机构有智力和人才优势,企业有生产和市场优势,但我国目前尚未形成完善的企业为主体产学研相结合的技术创新体系。在科研经费投入方面,高校和科研机构的经费来源主要是政府,企业投入很少,对科研支持力度较小。而企业认为国家为高校提供了巨大的资金,虽然高校的科研成果具有很强的先进性,但是同时也与市场相脱离,很难实现成果的转化。在人员的合作方面,由于体制和思想观念限制,导致事实上高校、科研机构和企业之间没有形成良好的融合与循环机制。象牙塔与市场结合不紧密。

调查数据显示,2017年,我国仅有5万家企业开展了产学研结合创新。其中只有38.5%合作创新企业进行了产学研结合创新,而其中31.2%的企业开展了与高校的合作,18.6%的企业开展了与科研机构的合作。②

9.2.5.2 国内规则与国际惯例不接轨

科学无国界,创新也无国界。国家创新体系的制度安排一方面取决于各国的国情、历史与现实,制度与文化尤其是与本国的经济、社会与科技发展水平;另一方面一个国家的创新制度安排也受国际惯例和世界经济科技发展水平的制约。因此,本国的创新制度设计要同时考

---

① 胡苏敏.企业文化对技术创新的影响—基于文化强度视角[J].北京邮电大学学报(社会科学版),2018(6):42.
② http://www.most.gov.cn/mostinfo/xinxifenlei/kjtjyfzbg/kjtjbg/kjtj2019/201904/t20190419_146149.htm.

虑这两个方面。在国际惯例中，企业、科研机构、高等院校、中介机构和政府部门都是国家创新体系的重要组成部分，其中企业是技术创新的主体，也是研发投入的主体，政府是制度创新和政策制定的主体。

但在我国，创新体制现状与国际惯例尚有不小的距离。政府既是制度创新和政策制定的主体，同时也是研发投入和创新活动的主体。注重微观管理，忽视宏观调控，在产学研的合作中作用不明显甚至因为过强的管制和过多的评估考核影响了产学研的合作。官员重视短期行为、政绩工程，忽视基础研究。在创新活动中，政府、科研机构职权不清，往往既是教练员，又是运动员和裁判员，让企业无所适从，挫伤了创新的积极性。现行体制中普遍存在高校和科研机构科研项目分散重复，缺乏分工合作，与企业和市场脱节，而企业又难于寻求智力支持。这种体制，既增大了管理成本，又降低了科技成果的应用价值，降低创新效率，同时导致大量人力、物力、财力的资源浪费。

9.2.5.3 创新环境有待提升

创新环境是提升国家创新能力的重要基础和保障。如图 9-21 所示。

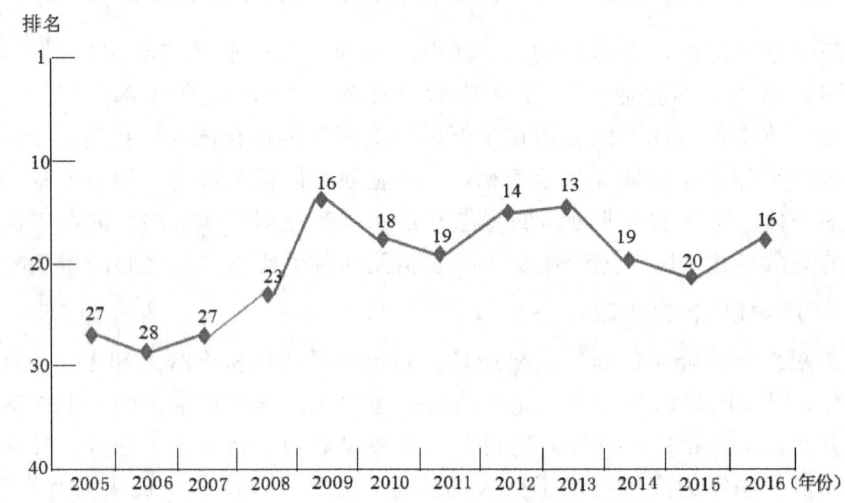

图 9-21 中国创新环境分指数世界排名

国家创新指数报告 2018 显示，在创新环境方面，我国还有较大提升空间。40 个国家中，创新环境分指数排名前 15 的国家依次为新加坡、美国、瑞士、德国、芬兰、荷兰、瑞典、卢森堡、挪威、英国、新西兰、以色列、丹麦、爱尔兰和比利时。创新环境分指数选取了 10 个二级指标：知识产权保护力度、政府规章对企业负担影响、宏观经济环境、当地研究与培训专业服务状况、反垄断政策效果、企业创新项目获得风险资本支持的难易程度、员工收入与效率挂钩程度、产业集群发展状况、企业与大学研究与发展协作程度及政府采购对技术创新影响[1]。

本章小结

我国科技创新能力正在以越来越快的速度缩小着与世界的差距。近年来，中国科技进步

---

① 国家创新指数报告 2018:30.

贡献率稳步提升,科技在推动中国经济发展方式转变、经济结构优化与动力转化过程中扮演着越来越重要的角色。我国自主创新虽然取得了辉煌的成就,但是,在成就的背后,还存在诸多不足。

本章主要分析我国自主创新的现状。首先分析了近年来我国自主创新战略取得的伟大成就,然后分析了不足。从成就来看,主要表现在五个方面:一是整体科技创新能力显著增强;二是创新资源投入持续增加;三是知识创造能力显著提升;四是企业创新能力保持稳定;五是创新制度体系不断完善。从不足来看,主要表现在五个方面:一是自主创新水平低下,核心技术自主性差;二是创新经费和人力投入仍然不合理;三是重国外技术引进,轻吸收消化创新,再创新能力薄弱;四是创新绩效表现不佳;五是企业为主体产学研合作的技术创新体系尚未形成。

总之,我们在看到辉煌成绩的同时,也要看到,与国际先进水平相比,我国自主创新仍然存在的很大差距和不足。

第10章 我国自主创新多维资本驱动要素缺失及优化策略

前面分析了我国自主创新的成就及存在的不足,究其原因,从创新驱动的非物质资本要素而言,四维资本的缺失无疑是重要因素。

10.1 人力资本要素缺失及优化

10.1.1 人力资本要素缺失分析

人力资本是知识经济的命脉。知识经济时代是人才不断涌现、聚集和竞争的时期,知识的生产与知识传播行业的从业者将占到社会从业者的八成以上,并且在不断增加,只有不足1/5的人直接从事传统的生产行业。承载丰富智力资本的人力资本成为经济发展的主要支撑力量。由此可以得出人力资本是掌握知识经济时代企业和国家命运的最核心部分。[①]

10.1.1.1 人力资本总量不足、结构失衡

(1)人力资本总量不足

尽管我国已成为科技人力资源第一数量大国,据科技部披露,2014年我国绝对总量已经超过美国居世界第一位,但是,与人口总数相比,我国人力资本数量仍然短缺。[②] 如前所述,2017年,在10万人年的国家中,我国每万名就业人员中研发研究人员数排名倒数第2,发达国家这一指标值普遍是我国的4倍以上。特别是中西部地区主广大农村地区,人才资本仍然严重缺乏。承担创新重任的人力资本基础还没夯实。

在人力资本水平方面,1970—2010年中国人力资本水平仅仅提高1.1倍,而同期,同为发展中国家的印度达到2.9倍,泰国达到2.2倍,马来西亚达到1.7倍。相比之下,我国人力资本增长速度非常缓慢(Barro & Lee,2010)[③]。

我国技能型人力资本严重匮乏。实现高端制造业国家战略规划需要大批技能型人力资

---

① 刘华东.教育投资:促进人力资本发展的核心[J].高等教育研究,2002(5):39—41.
② 科技部.中国科技人才发展报告(2014);http://mil.news.sina.com.cn/2015-07-02/0817334268.html.
③ 纪雯雯.人力资本结构与创新[J].北京师范大学学报(社会科学版),2016(5):169.

本。但是现阶段,我国技能劳动者仅占就业人员的19%,高技能人才比例还不到5%。① 以我国电子信息产业为例,技师、高级技师占技术工人比例仅为3.2%,而发达国家一般在20%—40%(赖德胜,2015)②。

我国精英人才外流仍然严重。每年有超过100万名留学生在美国注册就读,其中有三成来自中国。并且,他们中大约有3/4拿到博士学位以后,都长期留在了美国。有媒体报道,中国顶尖人才流失全球居首,科学领域滞留率达87%③。

更严重的是,我国还是文盲大国,文盲人数居世界第二,仅次于印度。2017年统计显示,全中国目前共有6000万名文盲,文盲率为5.28%。我国人文发展指数(HDI)即以"预期寿命、教育水准和生活质量"三项基础变量,按照一定的计算方法,得出的综合指标,排名长期靠后。2017年联合国发布的《人类发展指数报告》中,挪威蝉联冠军,中国香港排名第12,中国大陆排名第90④。

(2)人力资本结构错位

高级技术人才比重小。当前,我国人力资本结构高级技术人才所占比率小,低技术人才所占比率大,属于"以小托大"式。在三次产业中,人力资本的层次在产业间分布的差异非常显著。从高层次人力资本来看,超过67%的高层次人力资本主要分布在第三产业,并且还在不断上升;第二产业,尤其是重工业,高级人力资本只占约20%—16.7%;第一产业中,高级人力资本严重短缺,并日益减少。从低层次人力资本来看,主要集中在第一产业。第一产业分布的层次较低的人力资本是第二产业的5.61倍,是第三产业的12.9倍。只有中等层次人力资本的产业间分布较为均衡。⑤ 同时,我国专业技术人员结构不尽合理,教学人员基数庞大,其他人员比例偏小。

人口学历程度低。我国大部分省区都是初中教育水平占比最高,全国初中教育水平人口比重平均值为38.53903%,其次为小学教育水平,全国平均值为26.8330%,高中和大专及以上教育水平全国平均值分别为15.45507%及11.34805%⑥。

人口学历结构如图10—1所示。

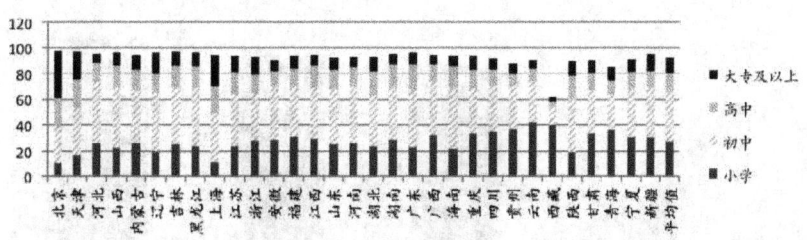

图10—1 人口学历结构(2010—2014年)

资料来源:高秀娟.外商直接投资——人力资本结构与我国区域创新绩效[J].中华女子学院学报,2018(3):116.

---

① 技能型人力资本,在我国主要由完成普通高中教育和中等职业教育的人员组成。
② 纪雯雯.人力资本结构与创新[J].北京师范大学学报(社会科学版),2016(5):169.
③ https://news.qq.com/a/20130606/002903.htm.
④ http://hdr.undp.org/en/composite/GDI.
⑤ 李福柱.国内人力资本理论研究进展[J].生产力研究,2005(6):20—23.
⑥ 高秀娟.外商直接投资——人力资本结构与我国区域创新绩效[J].中华女子学院学报,2018(3):116.

我国最新的人力资本指数估算成果《中国人力资本报告 2018》①显示，在 1985—2016 年，我国劳动力受教育程度大幅上升。尤其城镇增长速度较快。② 其中，高中及以上受教育程度人口占全国就业人口比例为 1985 年 11.97%，2016 年上升到 34.08%；1985 年，大专及以上受教育程度人口占全国就业人口比例为 1.26%，2016 年上升至 16.99%。但上述数据表明，我国劳动力受教育水平程度还比较低。

人力资本区域分布不均衡。从报告中可以看出，2016 年按当年价值计算，我国人力资本总量为 1 675 万亿元。从城乡分布看，其中，城镇为 1 404 万亿元，占人力资本总值的 84%；农村为 271 万亿元，占人力资本总值的 16%。城镇总量比农村多了近 5 倍，表明城乡人力资本严重不平衡。另外，在 2016 年，山东、河南、广东、江苏和浙江的人力资本总量排名全国前五，甘肃、海南、宁夏、青海和西藏排名全国后五。北京、上海、天津、浙江和江苏的人均人力资本排名前五；排名新疆、西藏、云南、甘肃和青海的人均人力资本排名全国后五。总体来看东部的人力资本都比西部有优势，呈现出东西部分布不平衡，东高西低现象③。

高层次人才严重短缺。我国严重缺乏高端技术专家和复合型人才，而且高层次人才老龄化现象严重，很多行业出现高端人才后继无人。在全国 29 个专业技术系列中，只有 5.5% 具有高级职称，总量还不到发达国家的 25.0%；只有 17.6% 专业技术人员具有本科及以上学历④。

我国能走向世界科学舞台的高端战略科学家十分稀缺。据了解，在国际重要的学术组织中，领导层中我国科学家进入的不到 2.3%；在 158 个国际一级组织中，只有 1 人担任主席；在 1566 个二级组织中只有 1% 的主席是中国科学家。⑤

专业技术人员分布结构不尽合理，教学人员基数庞大，其他人员比例偏小。尤其需要事关国民经济和社会发展的关键性人才、高新技术产业、现代服务领域的高层次人才和领军型、复合型、国际化的高层次人才，如图 10-2 所示。

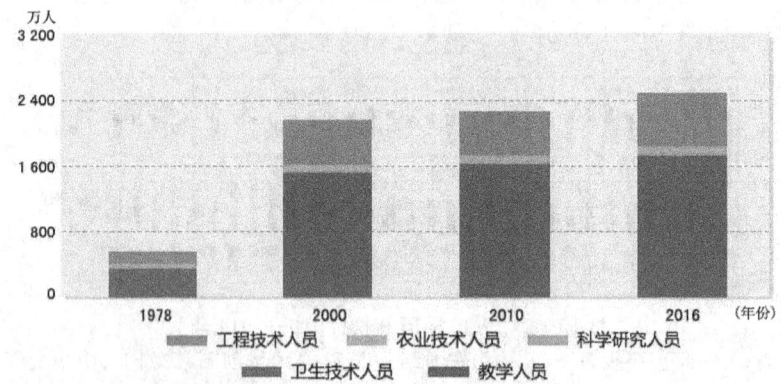

图 10-2 公有经济单位科技领域专业技术人员(1978 年，2000 年，2010 年，2016 年)

资料来源：1978-2018 年改革开放 40 年主要科技指标。

---

① 由中央财经大学发布，这是也是该校连续第十年发布人力资本指数报告。
② http://difang.gmw.cn/2018-12/12/content_32154290.htm.
③ http://difang.gmw.cn/2018-12/12/content_32154290.htm.
④ 费英秋主编.引进智力与自主创新[M].北京：经济管理出版社，2008；36.
⑤ 红旗大参考编写组.加强自主创新，建设创新型国家大参考[M].北京：红旗出版社，2006；97.

10.1.1.2 人力资本投资乏力

(1) 教育投入仍然不足

我国财政性教育经费投入强度水平仍然偏低。2017年,尽管我国教育经费总投入已达42 557亿元,其中国家财政性教育经费占GDP比例为4.14%,国家财政性教育经费支出占GDP比例连续六年保持在4%以上,不仅低于7%的世界平均水平,更是远低于部分发达国家9%的水平,甚至不及部分欠发达国家的水平。[①]。

由于人口基数庞大,教育经费人均占比低,数量远远低于美国。

而且,我国学校固定资产报废制度不完善,大量早该报废的资产并没实际报废,仍然纳入统计范畴,虚增了学校资产。

高等教育毛入学率偏低。如图10-3所示。

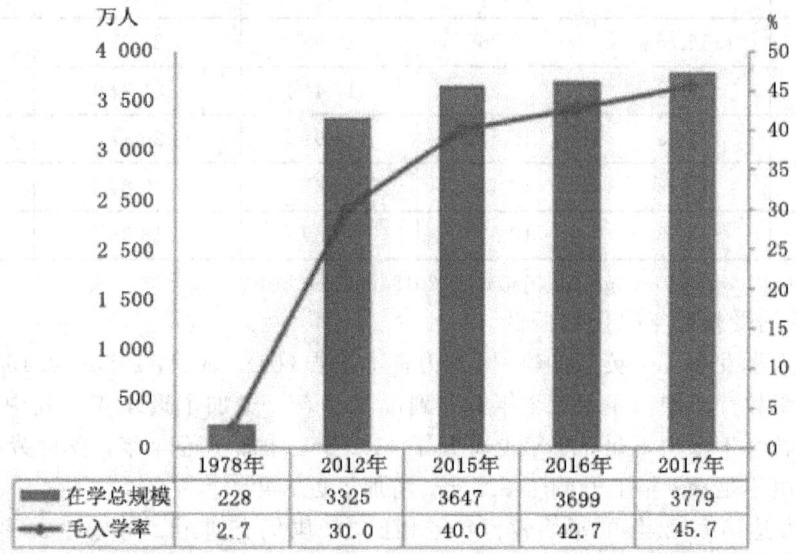

图10-3 高等教育在学规模及毛入学率(1978年,2012年,2015—2017年)

资料来源:https://baijiahao.baidu.com/s?id=16064982184636751208&wfr=spider&for=pc。

国家创新指数显示,我国高等教育毛入学率较低,国际排名多年来一直处于落后位置。2017年,也仅为45.7%[②],不到50%,按国际惯例标准,我国高等教育尚未进入普及化阶段,仍处于大众化阶段。发达国家这一比例一般在70%以上。

师生比偏高。以高校为例,师生比大于国家要求的1∶16的标准。尽管统计数据上师生比不算太高,但实际上远高于此数据,尤其是中小学。就本人了解的一些重点小学、中学,每班人数都大于80人。见表10-1。

---

① http://www.moe.gov.cn/srcsite/A05/s3040/201810/t20181012_351301.html。

② https://baijiahao.baidu.com/s?id=16065038836336681748&wfr=spider&for=pc。

表 10-1　各级学校生师比(2005—2017)　　　　教师人数=1

年份	普通小学	初中	普通高中	中等职业学校	普通高校
2005	19.43	17.80	18.54	21.34	16.85
2006	19.17	17.15	18.13	22.65	17.93
2007	18.82	16.52	17.48	23.13	17.28
2008	18.38	16.07	16.78	23.32	17.23
2009	17.88	15.47	16.30	25.27	17.27
2010	17.70	14.98	15.99	25.69	17.33
2011	17.71	14.38	15.77	24.97	17.42
2012	17.36	13.59	15.47	24.19	17.52
2013	16.76	12.76	14.95	22.97	17.53
2014	16.78	12.57	14.44	21.34	17.68
2015	17.05	12.41	14.01	20.47	17.73
2016	17.12	12.41	13.65	19.84	17.07
2017	16.98	12.52	13.39	18.98	17.52

资料来源:http://www.stats.gov.cn/tjsj/ndsj/2018/indexch.htm。

(2) 人口平均受教育年限仍然偏低

中央财经大学发布了中英版的《中国人力资本报告 2018》显示,1985—2016 年,全国劳动力人口的平均受教育年限由不足 6.2 年上升到了 10.0 年,增加了近 4 年。其中,城镇劳动力人口的平均受教育年限由不足 7.9 年上升到了 11.2 年,增加了近 4 年,乡村劳动力人口的平均受教育年限由不足 5.7 年上升到了 8.5 年,增加了近 3 年[①]。

但是,与发达国家 12 年的平均教育年限相比,我国仍有差距。与超过 14 年的加拿大、澳大利亚、英国等国相比,差距更大。这些经济发达的国家也都是义务教育起步最早的国家。

(3) 人力资本培养机制仍然落后

我国一直是靠政府在培养人力资本,企业只招聘所需人才并不重视员工的在职培训;学校培养人才的方式很死板,缺乏灵活性,培养出来的人才犹如工业化产品,缺乏创新性、创造性,不能适应经济发展的需要,不能与现实工作接轨。高等教育方面,高校学科建设、专业发展与课程设置与社会需求严重脱节,培养的人才不被知识社会需要,出现学生就业难,单位招人难的矛盾现象。这是教育资源和人力资源的双重浪费。

基础教育方面,应试教育倾向日益固化、强化,素质教育仍然流于形式。

此外,值得说明的是,教育只是人力资本投资的一个方面,培训、营养保健、卫生健康方面投资也相当重要。但这方面的情况更不尽如人意。如农村儿童饮食营养难以达标;全国医疗资源紧张尤其是优质医疗紧张是一个不争的事实。贫困山区医疗条件更差。2019 年媒体爆出的国内某知名重点中学食堂对学生吃"霉变"过期变质食品,就揭示了我国在学生健康方面管理的缺失。见表 10-2 所示。

---

① http://difang.gmw.cn/2018-12/12/content_32154290.htm.

表 10-2 每千人口卫生技术人员

年份	卫生技术人员(人)			执业(助理)医师(人)			注册护士(人)		
	合计	城市	农村	合计	城市	农村	合计	城市	农村
2010	4.39	7.62	3.04	1.80	2.97	1.32	1.53	3.09	0.89
2011	4.58	7.90	3.19	1.82	3.00	1.33	1.66	3.29	0.98
2012	4.94	8.54	3.41	1.94	3.19	1.40	4.85	3.65	1.09
2013	5.27	9.18	3.64	2.04	3.39	1.48	2.04	4.00	1.22
2014	5.56	9.70	3.77	2.12	3.54	1.51	2.20	4.30	1.31
2015	5.84	10.21	3.90	2.22	3.72	1.55	2.37	4.58	1.39
2016	6.12	10.79	4.04	2.31	3.92	1.59	2.54	4.91	1.49
2017	6.47	10.84	4.28	2.44	3.97	1.68	2.74	5.01	1.62

资料来源：http://www.stats.gov.cn/tjsj/ndsj/2018/indexch.htm。

社会服务养老床位数见表 10-2。

表 10-3 提供住宿的社会服务养老床位数

地区	床位数	床位数			每千老年人口养老床位数(张)
		养老	儿童	其他	
全国	419.6	383.5	10.3	17.1	30.92

资料来源：http://www.stats.gov.cn/tjsj/ndsj/2018/indexch.htm.

10.1.1.3 人力资本配置效率低下

高水平研究人员大部分聚集在高校和科研院所，企业严重缺乏优秀的工程技术人员，尤其是高水平工程师。据统计，我国科技工作者，事业单位中聚集了约 2/3，国有企业和集体所有制企业的科技工作者不到 17.5%，剩下的约 16% 在"三资"企业和民办非企业单位[1]。人才分布不平衡严重影响了创新型人才的聚集和企业自主创新能力的提高。

我国高等教育及以上学历的劳动力行业配置如下：6.6% 分布在公共管理和社会组织中，65.2% 分布在卫生、社会保障和社会福利行业，有 42.3% 分布在燃气、电力以及自来水供应行业。由于人力资本规模在不断扩大，人力资本行业配置已在这些行业中逐步显现出具有不断固化和沉淀化特征[2]。

纪雯雯等(2018)的实证研究表明：我国人力资本在行业部门间存在严重错配。人力资本行业间配置逐渐垂直化和沉淀化趋势，即以体制内的行业部门为中心越接近中心的行业人力资本密度越大，越远离中心的行业人力资本密度越小，且该现象随着时间推移越发明显。见表 10-4。

---

[1] 红旗大参考编写组.加强自主创新,建设创新型国家大参考[M].北京:红旗出版社,2006(5):92.
[2] 纪雯雯.人力资本结构与创新[J].北京师范大学学报(社会科学版),2016(5):169.

表 10-4 三部门人力资本沉淀系数(2004—2015 年)

部门	2004	2005	2006	2007	2008	2009	2010	2011	2012	2013	2014	2015	均值
公共部门	3.33	3.99	4.15	3.95	4.05	3.62	3.28	2.88	2.53	2.37	2.32	1.91	3.20
垄断部门	1.17	1.42	1.47	1.48	1.56	1.50	1.23	1.11	1.14	1.02	0.99	0.83	1.24
竞争部门	0.47	0.52	0.55	0.53	0.56	0.55	0.50	0.26	0.27	0.25	0.26	0.27	0.42

资料来源:纪雯雯.人力资本结构与创新[J].北京师范大学学报(社会科学版),2016(5):169.

可以看出,人力资本配置在公共部门、垄断部门和竞争部门之间表现为过剩与匮乏现象并存。三部门人力资本沉淀系数分别为 3.20、1.24 和 0.42,系数越大表明人力资本冗余程度越高,反之,人力资本越匮乏;中间数字表明人力资本冗余与匮乏并存,因此公共部门人力资本冗余,竞争部分人力资本匮乏,垄断部门人力资源两者并存。

2012—2016 年,尽管人力资本行业间配置趋势出现新的变化,体制内等较多余行业的沉淀系数在下降,体制外较缺乏的行业的沉淀系数在上升但仍然在高低位波动。这种现象说明,体制内等较多余行业的人力资本创新能力有所提高,但增加出来的人力资本并未大量流入匮乏行业,匮乏行业人力资本依然不足。

结构上的错配严重影响人力资本配置效率。由于人力资本行业部门间存在着严重的错配,2005—2015 年人力资本行业部门间配置效率为 0.65%,人力资本配置效率有损中国创新绩效。

10.1.1.4 人力资本(资源)管理体制不健全

长期以来,我国企业只注重以传统的方式进行人员劳动和人员控制,而忽视人力资源的重要性和发展意义,因此,人力资源的职能与作用没有能够得到充分的发挥和利用。总体来说,在这方面我国企业只能属于一般的人事管理,而不是真正意义上的人力资源管理。

(1)法律法规还不够完善

不容质疑,长期以来我国制定了一系列关于劳动人事方面的法律法规,比如,出台了《劳动法》及相关一系列法律。但仅仅是现行的几部法律依旧无法满足人才资源市场的巨大需求。

另外,立法滞后情况普遍。法律跟不上现实情况变化的特征,使得其无法适应人才资源市场的快速变化,无法及时解决现实的新情况和新问题。当前我国的人力资源的发展速度迅猛,情况复杂,既有法律无法调整,新立法出台又需要经过耗时较多的立法程序。所以,经常出现的情况是,解决某个问题的法律出台之后,原有的问题已经变成了新的问题,又需要更新的法律。

此外,尽管有法可依,但有法不依,执法不严的现象仍然存在。在现实执法过程中,一方面人们法治意识不高,甚至淡薄,导致法律价值不能充分实现;另一方面执法水平、执法态度以及在法治监管力度方面有所欠缺,使得法律法规在人才资源市场上的调节和监管作用有所弱化,法律法规形同虚设,从而影响了人才资源市场的稳健发展。

(2)用人机制障碍依旧存在

近年来,我国大力倡导人才资源市场的发展,希望以此为企业建立后备人才库,使得企业更快更好地发展。但是在人才资源市场发展过程中,仍然存在如市场采用的体制还是原来的旧的、落后的体制等这类问题。这种问题的存在会严重影响和阻碍人才资源市场的稳健发展。

在人才流动上,由于传统户籍制度的存在、单位人事管理体制的惯性影响,人才流动仍然受阻。例如，农民工进城打工，就会因为自己的户籍不在城市而受到诸多不公平的待遇，与本地务工人员相比，不能同等地享受到城市的公共服务和资源。知识分子流动也受到这样那样的阻碍。这种制度限制了人才资源市场的流通，无法发挥其真正的作用。

人才选拔、考核上，多数仍然依靠学历或资历选拔人才。目前在人才选拔市场上，许多的企业仍然采用单纯的通过学历高低的方式来选拔人才，完全不顾及除学历以外的其他重要因素。这种做法会导致那些学历不高但是能力很强很适合企业岗位的人才的流失，以及企业对于招到的人不满意。

(3) 人力资本激励不足

当前，"造原子弹不如卖茶叶蛋"现象仍然存在。我国传统的人事管理对人才激励的方式比较落后。在奖励方式上，仍然是发放现金奖励、给予员工更多福利等传统奖励方式，对经济激励、精神激励等激励手段未能充分利用，未能形成立体式的薪酬激励体系，从而有效发挥手段的激励作用，人力资本价值难以实现。

法人治理中人力资本产权制度缺失。人力资本享有企业剩余索取权，是实现企业经营高利益回报的关键。但我国企业长期忽略甚至有意排斥人力资本的产权激励，企业中人力资本与企业剩余索取权相脱节是普遍现象。人力资本存在付出与获利不对称的情况，人力资本优势不能发挥，各种谋权谋私的情况频有发生，非常不利于企业的发展。在企业尚且如此，在非企业的组织中，人力资本产权更是一个不存在的概念。对人才的激励方式仍然处于浅层次，没有真正体现人力资本的价值。

所谓的绩效管理在现实中严重背离了绩效原则，损失了效率和公平。

10.1.2 人力资本的积累与提升

10.1.2.1 加大人力资本投资

(1) 加大教育投入，改革教育体制机制

我国教育体制跟不上社会和经济发展的需要导致人力资本短缺，因此，不但要继续加大教育财政性投入，而且要改革人才培养体制。

第一，更改人才培养理念。教育的意义在于为社会经济发展服务，因此要想发展社会经济，就必须要优先发展教育，通过发展教育来培养大量社会需要的高素质专门人才，才能从根本上解决问题。要通过开放的教育体制、形式丰富的人才培养模式培养身体健康、心理素质好、视野开阔、有创新精神、踏实能干等具有创新力和创造力的新型人才后备军，而不是培养只知道"读死书"和"死读书"的书呆子。

第二，建立多样化的教育投资体系。要着眼于长远，大力发展教育。应该知道，教育发展才能促进社会进步和国家发展，教育投资对于任何组织机构及个人来说，都是没在有风险的收益稳定的投资。少年强则国强，一个国家与民族发展强大的根本就是有少年人才。教育在依赖政府的同时，要大力引进企业、社会团体、公民进行投资教育活动，改变传统的单一、死板的办学模式，增进教育的活力和竞争力。

第三，继续扩大高等教育规模，提高教育质量。实践表明，人力资本规模扩大有利于国家创新绩效的提高。教育规模的扩大伴随着毕业生人数剧增，由供求来看，会出现供应大于需求的现象，从而导致大学生就业难等问题的出现，但是教育规模的扩大对人力资本形成的有巨大的推动作用。因而，要进一步扩大规模。在扩大规模的同时，更加注重质量提高，这样才能更好地发挥教育改革人才培养与劳动力市场资源人才配置的协同效应,培养更多高素质的人才。

(2)树立终身学习观念,完善终身教育体系

树立终身学习的观念,加快发展继续教育,为教育可持续发展打下坚实基础。继续教育是针对除在校学生之外的其他社会成员进行的教育活动,是学校教育的后续补充,尤其是各层次成人学历教育和职业技能培训,是终身学习教育体系的重要表现形式。我国应树立与时俱进的继续教育和终身学习观念,倡导全民全社会终身学习,发展专业性、实践性和实用性强的成人教育,改革成人教育的课程设置、人才培养模式及管理方式,从而全面提高民族素质。

进一步完善终身教育体制改革和体系建设。全面实施素质教育,培养具有创新精神、创新能力和实践能力的创新人才,这是保证科技创新有不竭动力的关键;根据市场需求改善教育结构,使人力资本生产、供给适应产业结构优化的需要;要采取多种措施开发人才资源,留住人才、用好人才和吸引人才。如建立和完善人才市场,完善人力资源开发与管理制度,吸引、聘用海外高级专门人才,鼓励留学人员回国工作、创业或以适当方式为祖国服务,等等。

(3)加大人才开发和引进力度

一是要努力培养一批科技顶尖人才、世界级科学大师和科技领军人物,特别是要抓紧培养造就一批中青年高级专家。这可以依托国家重大人才培养计划、重大科研和重大工程项目、重点学科和重点科研基地、创新团队、国际学术交流和合作项目等来进行。二是要为年轻人才施展才干提供更多的机会和更大的舞台。形成有利于优秀人才脱颖而出的体制机制,最大限度地激发科技人员的创新激情和活力,提高创新效率。三是要加大人才引进、智力引进的力度。积极引进优秀的海外高层次人才,吸引广大出国留学精英人才归国创业。

此外,要特别关注学生的营养保健,卫生健康,培养健全的人格和体格。

10.1.2.2 增强人力资本激励

激励是人力资本管理的重要内容。适当的激励机制会自动导致激励客体的行为。实验证明,人们受过激励之后,积极性提高了,其能力可以发挥出 80%—90%;反之,没有受过激励,积极性没有调动起来,其能力只能发挥出 20%—30%。①

激励只有形成机制,才能持续有效地发挥作用。一个科学的激励机制,至少包括以下几方面内容:

(1)经济利益激励

经济激励是最基本也是最重要的激励,一般通过薪酬制度设计来实现。国际上的薪酬制度,由五个方面构成:

1)基本薪酬

基本薪酬也叫岗位工资,岗位工资的产生源自岗位的责任和付出。基本薪酬是对岗位责任的基本回报。

2)激励薪酬

激励薪酬源自对岗位职责履行的效果。激励薪酬是超额完成的责任价值,体现的是付出

---

① 柳新华,宋广文,等.创新致胜[M].济南:山东人民出版社,2000:170.

与报酬的对等性,以激励员工更好地工作。激励薪酬一般表现为年终奖金。年终奖金是工资以外的用于平衡特定期间劳动者权利、责任和利益关系的一种薪酬方式。其依据是现实职责履行情况,目的是奖优罚劣,激励创新。

3) 股权收入

在薪酬制度上,国际惯例都承认人力资本对企业利润的分割,也就是承认人力资本有股权收入。在美国法律上认可这样一条,当一个在企业中工作的人收入1年超过100万美元的时候,超过的部分就不能计入企业成本,因为这是对企业利润的分割,所以不能计入成本。国外企业员工有两种持股方式:一种是员工持股。一般是工会组织进行,目的是完善社会保险制度。另一种持股方式就是人力资本持股。薪酬制度的股权收入是指人力资本持股。人力资本持股是董事会组织进行的,目的是构建薪酬制度,使人力资本分享剩余索取权。

4) 职务消费

消费分两种:一种是自然人消费,另一种是职务消费。职务消费是指因为职务行为引发的消费。我国现在将职务消费列入会计制度中,即实报实销,但监督成本太高。按照管理学的原理,一个项目如果监督成本太高,就应该放弃监督这项工作。因而,国际上的监督方法是将职务消费由传统的会计制度转向了新型的薪酬制度,主要是给每个职务设定既定的消费额。在信息不对称条件下,管理的监督成本过于高昂,那么监督将得不偿失,这种情况下监督将失效。对职务消费,国际上通行的做法是由财务核算转向薪酬管理。可以直接根据岗位性质确定职位消费额度,确定消费额度以后,在额度以内当事者对自己职务消费额负责,不需要再由别人审批。这样既能提高工作效率,又减少了监督成本。据调查,职务消费进入薪酬制度以后,总的消费都极为节约,成本反而降低了。

5) 福利补贴

所谓福利补贴,就是按人头算,不体现差别。可以是物质补贴也可以是非物质补贴,比如保险、体检等福利。

对人力资本来说,产权激励属于上述这五个方面的利益激励中很重要的一种激励方式。人力资本拥有产权的直接表现,是人力资本虽然不是出资人,但是却拥有了企业的产权。

由于人力资本的人身依附性特征,注定其天然具有产权属性,在收益上应得到体现。人力资本产权制度与治理结构,两者应该达到最优的均衡匹配点,使经营者和所有者成为"命运共同体",人力资本与企业效益呈现螺旋式上升的状态。

国际上,现代企业中人力资本产权化分配已经达到企业总数的38%左右,也就是说,近四成的企业已经被并没有出资的人力资本所拥有[①]。

(2) 权力与地位激励

对人力资本,赋予其一定的权力和地位是一种比较好的激励方式。比如,CEO即首席执行官职务的产生,就是体现了人才在企业中的权力和地位已经极大地增长和加强了。

CEO不是总经理,也不是总裁,但作为企业的高级管理者,他的权力其实非常大。不但拥有总经理的全部权力,还拥有董事长的百分之四五十的权力。所以一个公司在存在CEO的条件下,董事会不再是真正意义上的董事会,而是成了小董事会;董事会不能再对重大经营决策直接拍板,董事会的主要功能变成了选择、考评和制定以CEO为中心的管理层的薪酬

---

① 魏杰.中国企业制度创新[M].北京:中国发展出版社,2006:198.

制度。CEO不是企业的出资人，也不是总裁，他实际上是人力资本，对重大经营可以决策拍板。

以此类推，在其他机构中，为了激励人力资本，也可以根据机构性质及工作内容设置相应的职务，赋予人力资本一定的权力和地位。

(3)精神激励

精神激励是指对精神方面的无形激励，是一种内在激励形式。包括给员工升职、表扬、对他们的工作成绩表示认可，实行灵活的弹性工作时间制度以及为员工制定个性化的职业生涯规划设计等等。精神激励是一项非常复杂、深入和细致的工作，它是管理者用有效的方式传扬企业精神和企业文化，同时能有效地调动员工积极性、主动性和创造性，从而有利于提高创新绩效。主要有以下方式：

1)情感关怀。就是组织和领导尊重、信任、关心、关爱员工，帮助员工更好地控制情绪和调节心理压力。2)领导的鼓励。研究表明，领导者的鼓励能激发出员工大约40%的工作潜力①。3)树立先进典型和学习榜样。榜样的树立，可以让员工有学习的目标，能更大程度地激发员工的工作热情。4)赏罚分明的奖惩。奖励是对员工的肯定与表扬，是正强化的激励，可以使员工获得较大满足感，从而更加认真努力工作。惩罚是对员工的否定和批评，是负强化的激励，可以唤醒员工的自尊心，使其奋力向好的方面发展。赏罚分明，使用得当，能激发员工的工作积极性和创造性。5)给予荣誉。通过给予表现优秀的员工奖金、表扬等方式，使员工获得心理上的满足，从而更加认真工作。6)培训机会。不进则退，给予员工技能培训的机会，会增强员工工作技能，从而能更好地为工作服务。

总之，激励人的手段和方法多种多样，但其最终目的就是最大限度地开发员工的潜能，以创造最多的价值。因此，它要求企业管理层在真正具有了"以人为本"的理念之后，以创新、灵活、变通的态度，去寻求更适合人性的做法。

当然，在法人治理结构中，只有激励是不可行的。因为，有时会出现激励很好，而人力资本却不好好发挥作用这些问题。因此，要同时同步建立激励机制和约束机制，包括组织内部约束和外部约束。一个科学的约束机制和激励机制相对应、相辅相成的管理体制，更有助于人力资本发挥更大的价值，实现组织目标。

10.1.2.3 优化人力资本配置

(1)恢复人才市场价格信号

价格是最重要的市场信号，在人才市场上也是如此。由于长期的制度性分割，社会保障制度不完善，计划体制根深蒂固，市场性因素对体制内工资报酬的决定基本失灵，由此造成对人力资本配置结构严重扭曲和失衡。现实情况是，较多的人力资本沉淀非生产性公共部门，被称"铁饭碗"的体制内的国有部门更容易吸引到高素质的人力资本，需要大量人才的生产性部门人力资本却严重短缺。

在经济结构转型过程中，可借鉴西方发达国家的行政改革经验，推行市场化的政府雇佣制度，在体制内部门引入竞争机制，同时实行淘汰机制。不断弱化政府部门、垄断部门和竞争部门之间的就业身份壁垒，取消国家福利性保障，改为以行政垄断为主的"身份管理"模

---

① https://baike.baidu.com/item/%E7%B2%BE%E7%A5%9E%E6%BF%80%E5%8A%B1/1498349? fr=aladdin.

式，推行为以产业发展导向的"人才管理"模式。推进人才供给侧结构性改革，激发社会创新活力。鼓励人力资本向经济总量大的部门和行业流动，要在这些行业和企业中加强研究开发部门建设，加强技术创新、组织创新和新产品、新工艺开发，为人力资本提供更好的能力发挥环境。

针对行业间人力资本存在的过剩与缺乏并存的错配现象，总体把握、分类施策。针对人力资本匮乏行业，要创造各种条件，打破陈规，引导人才流入；针对人力资本冗余程度高的行业，则需要消除垄断，突破"围城"，引入竞争，打破"铁饭碗"。改革科研人员激励方式，尊重脑力劳动，宽容创新失败，大力提高科研人员报酬，大胆试行科研人员持股激励，按份额享有技术成果转化收入，等等，以激发人力资本的内生创新积极性。

(2) 人力资本科学定价

知识资本参与企业剩余价值分配是知识商品化的外在表现形式。按知分配，为企业实现知识资本化提供理论依据。作为知识资本的重要组成部分——人力资本，通过价值实现和价值增值，实现资本效用最大化，并以此分享企业收益是必然要面对的严峻课题。按知分配的关键是要做好人力资本的定价，必须依据其可持续贡献能力、业绩等方面进行考核和评价来决定其分享的额度。

从资本角度出发，人力资本价值构成主要包含以下三个部分：一是人力资本成本，即企业为取得、开发和保持人力资本而付出的代价；二是脑体补偿薪酬，即企业支持的人力资本脑力和体力劳动的补偿薪酬；三是个体新增价值，即人力资本的价值创造活动给企业带来的新增价值。

据此，可以构建如下人力资本定价模型

$$P_b = \frac{Y_b + O \times h \times \alpha' \times + C_b \times \beta'}{1 + R_f} - K$$

其中，P_b 为服务期内，企业对人力资本个体的定价；K 为分摊的人力资本成本；Y_b 为人力资本个体的脑体补偿薪酬；O 为企业预期收益；h 为人力资本承载者的个体贡献率；C_b 为人力资本承载者的股票期权价值 α' 为长效激励系数，β' 为短效激励系数，且：$\alpha' + \beta' = 1$；R_f 为人力资本个体的能动风险系数。

人力资本定价是一个极为复杂的问题，鉴于研究目的，在此仅提供一个粗略的框架。

(3) 促进人力资本流动

流动是要素优化配置的基本途径。对人才而言，高流动性可以发挥"杂交优势"和"混合人群"效应。在流动中互相交流、竞争、选择，淘汰劣势，从而形成创新优势和发展优势。美国是最好的例子。

促进人才的合理流动，就是让人们的工作、生活环境经常有所变动，包括调动工作，进行工作兼职，改换生活方式，等等。为此，要打破阻碍人力资本流动的制度性障碍，制定促进人力资本流动的相应政策。

一是要完善现行社会保障制度。我国的社会保障制度并不完善，表现为保障制度没有完全覆盖面窄，地区分割、城乡分割，制度设计差异很大。这种不公平、不完善的保障制度，不利于建设统一、开放的人才资源市场。所以，要加快完善社会保障制度，扩大覆盖面，消除体制分割，升级信息系统，实行便捷服务，改善服务方式，改进服务态度，提高服务效率。

二是进一步完善就业服务体系。劳动者是否成功就业取决于市场是否具有完善的就业服务体系。所以，要非常重视就业服务体系的建立，要把建立一个覆盖面广、规划科学合理的公共就业体系，当作首要任务。

三是要加大人力资本供需信息系统建设。定期发布不同公司、不同行业的人力资本供求信息，同时做好人力资本供求预测，结合国家的发展目标，以人力资本的市场化配置为导向，引导人力资本合理流动。

10.1.2.4 改进人力资本管理

（1）树立以人为本的理念，实施人本管理

人，是生活和工作的主体，是企业决策者、企业方针政策执行者，决定了决策及其执行质量的高低。因此，企业管理必须树立"以人为本"的理念。要以人为本，知人善任；人，用人不疑，疑人不用。企业领导必须有科学的人才观，在识才、选才、容才、用才各环节，都要树立以人为本的理念，实施人本管理。尊重善待每一个人，发现他的亮点与优点，取长补短；要不计个人恩怨得失，不计前嫌，不拘一格使用人才。

（2）柔性管理

"柔性管理"与"刚性管理"之间存在很大区别。刚性管理——强调以"规章制度为中心"，用制度约束管制员工；柔性管理——强调"以人为中心"，对员工进行人性化和人格化管理。"柔性管理"的特征主要表现在：

与外在相比更加注重内在，与物理相比更加注重心理，与言教相比更加注重身教，与否定相比更加注重肯定，与控制相比更加注重激励，与务虚相比更加注重务实。使员工能心甘情愿、自觉自愿地将自己的知识、思想奉献给企业，成为企业在激烈的市场竞争中取得竞争优势的力量源泉，以达到一种化有形为无形的以柔克刚的效果。

可见，"柔性管理"最主要的特征，是它的人性化和人格化。它不是依靠如发号施令这种比较强硬的外力，而是倡导人性解放、权利平等、民主管理这种较为柔软的内力，从根本上激发每个员工的内在潜力、主动性和创造性，使人力资本发自内心地全身心投入工作，自觉、自愿地将自己的知识、思想奉献给企业，成为企业在激烈的市场竞争中取得竞争优势的力量源泉。显然，在柔性化管理理念指导下，管理者更注重人的内在积极性的发挥，更关心人的内在需要，更注意开发人的内在潜能①。在人力资本管理中，"柔性管理"恰恰具有以柔克刚的功效。

（3）团队管理

人力资源管理从个人管理转向团队管理。在团队工作方式的背景下，人力资源管理在整个管理环节和体系上都将发生深刻的变革。

第一，团队成员的职责安排不要固定僵化、要有弹性，灵活机动。因为，团队内部工作关系的和谐需要成员间的"默契"与合作，而不是僵死的职责安排。

第二，更加注重考察团队成员的素质。业绩等硬指标不再是选择新成员的唯一标准，而是更加重视考查成员的合作精神、团队精神、沟通技能等软指标。

第三，调整绩效评价重心。整个人力资源管理体系的枢纽就是绩效评价。未来的绩效评价的重点转移和调整的方向将是：一是着眼于未来和长远，而不是纠结于过去和眼前，更加

---

① 谭慧.每天学点管理学[M].北京：中国华侨出版社,2014:139.

注重员工对团队的长期价值;二是着眼于团队和整体,不再单纯强化团队成员的个人产出最大化,而是追求"团队产出"最大化,注重"春色满园"而不是"一枝独秀";三是明确提倡激励机制中报酬激励的主导性地位。

(4)e 管理

专门针对人力资源管理的电子解决方案——EHR 应运而生。所谓 EHR,即人力资源管理电子信息化,是指企业利用先进计算机硬件和软件、以及强大的信息管理系统来管理人力资源的一种电子信息管理模式。通俗地说,就是人力资源管理信息化或自动化。

随着互联网和高新技术的发展,信息技术正在不断地渗透到包括人力资源管理在内的企业管理的每一个环节。主要有以下表现形式:

一是高速快捷的信息发布。通过网络和实时通信工具,招聘信息可以瞬间到达全球,而且可以适时更新信息内容。

二是薪酬计算和发放管理。通过电子传输数据计算和发放薪酬十分便捷高效,体现了当前从力资源管理与财务、金融业务融合的发展趋势。它特别适合分散型、弹性化工作"家庭工作者"。[①]

三是培训方式革命。现在企业很多培训内容可以通过网络完成,大量优质的在线课程资源、微课、幕课使得培训越来越方便快捷,呈现在线化、实时化、前沿化、积分化、痕迹化,师生还可以个性化一对一交流。

10.2 知识资本要素缺失及优化

我国是知识产出大国,但还不是知识创造强国。

10.2.1 我国知识资本要素缺失分析

10.2.1.1 知识创造能力不足

前已述及,"知识创造"是指在新的产品或者是系统中加入具创造性的新知识,将新知识加以扩散和发展。"知识创造"能力指标如图 10-4 所示。

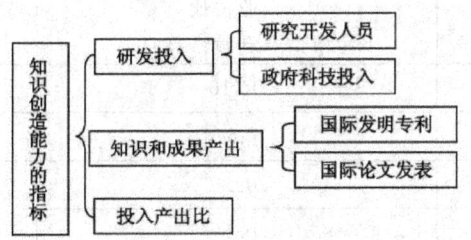

图 10-4 "知识创造"能力指标

(1)万人专利数量少

尽管我国国内发明专利申请量和授权量均居世界首位,但是从发明专利密度来看,我国与韩国、日本相比仍存在相当大的差距。从发明专利申请量来看,韩国每万人口国内发明专利申请量为 31.9 件,日本每万人口国内发明专利申请量为 20.5 件,美国每万人口国内发明

---

① 赵中利,李浩主编.人力资源管理[M].中国海洋大学出版社,2007:365.

专利申请量为9.1件,中国每万人口国内发明专利申请量为8.7件/万人。从发明专利授权量来看,每万人口国内发明专利授权量,韩国为16.1件,日本为12.6件,美国为4.4件,中国为2.1件[①]。美国、日本拥有的高技术领域专利占到世界专利总量的90%左右。

(2)专利质量不高

专利在企业之间的分布极不均衡。"少占多"现象严重,即少数优秀企业占据了绝大多数专利,绝大部分企业的专利数量较少、创新能力较弱。目前高新技术企业的专利分布极不均衡,绝大多数专利集中在极少部分的企业。

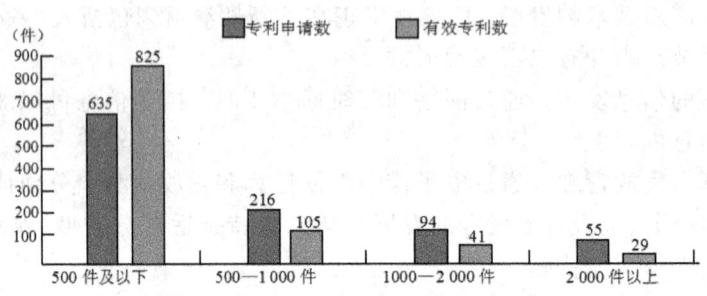

图10—5 "中国企业创新能力1 000强"的申请专利数和有效专利数分布情况

注:图中数据将《中国企业创新能力百千万排行榜(2017)》前1000强按专利申请数及有效专利数分4组(专利数在500件以下、专利数在500—1000件、专利数在1000—2000件、专利申请数在2000件以上),并计算每一组中包含的企业数量。

资料来源:《中国企业创新能力百千万排行榜》(2017)。

就专利申请数而言,在我国前1 000强中仅有55家企业申请专利数超过2 000件,专利申请总数占前1 000强企业的比重高达45.3%。与之形成鲜明对比的是,635家企业专利申请数不足500件,专利申请占总数的比重仅为21.4%。就有效专利数而言,前1 000强企业中有825家专利数不足500件,仅有29家企业的专利数高于2 000件。而专利数不足500件的825家企业拥有的有效专利仅占前1 000强企业全部有效专利数的36.4%[②]。

上述专利分布不均衡的特点在所有80 000多家高新技术企业范围内同样存在,而且更加明显。见表10—5所示。

表10—5 所有80000多家高新技术企业的专利数量分布情况

专利数	企业占比 (按申请专利数计算)(%)	企业占比 (按有效专利数计算)(%)
100件以下	94.10	97.30
500件以上	0.64	0.27
1000件以上	0.24	0.10
1000件以上	0.24	0.10

目前在80 000多家全国高新技术企业中,申请专利数不足100件的企业比例高达94.10%,仅有0.64%的企业申请专利数超过500件,仅有0.24%的企业专利申请数超过1 000件。这其中,有效专利的分布更加严重不均衡,高达97.30%的企业的有效专利数不足100件,仅有

---

① 国家创新指数报告 2018:8。
② 《中国企业百千万排行榜 2017》,http://topics.gmw.cn/2017—05/19/content_24530339.htm.

0.10%的企业的有效专利数超过1 000件①。

从专利质量来看,由于我国发明专利占比明显低于美国日本等发达国家,因此可以看出当前我国高新技术企业的专利质量偏低。

我国知识产权的申请数量逐年增加,但结构不尽合理。2017年,我国三种专利申请总量中发明专利比重占授权总量的22.87%,占三种专利的比重最小。同时,从国内和国外专利授权来看,2017年,我国国内专利授权,占总量的93.70%;国外专利授权11万余件,占总量的6.3%。可见国外的专利授权量很少。总之,我国知识产权的申请数量逐年增加,但结构不尽合理,质量还不高。

从高新技术企业的发明专利占比来看,比例显著低于美国日本等发达国家。据测算,高新技术企业1 000强中,申请的发明专利占所有专利的比重几乎达到六成,占59.2%;其中41.3%发明专利属于有效发明专利,比重仅略高于41%。相比之下,美日欧发达国家的发明专利占比明显偏高。

数据显示,美国2014年授权的专利中,92%属于发明专利;2015年,这一比例为91.5%,2014年日本授权的专利中,发明专利占87.9%,2015年,这一比例为85.6%。可见,美国日本发明专利占比都在80%以上,我国与其差距相当大。

这一问题在所有80 000家高新技术中更为突出。在80 000多家高新技术企业所有专利中,仅有41.2%的专利属于发明专利,不到总数的一半,而其中只有24.5%专利属于有效发明专利,不足专利总数的四分之一。②

从行业分布看,中国高新技术企业还是主要集中于金属制品、机械制造、设备修理等传统制造业,第四次工业革命在中国的迹象并不明显。③

如图10-6所示,显示了高新技术企业前1 000强中前五个最集中行业。

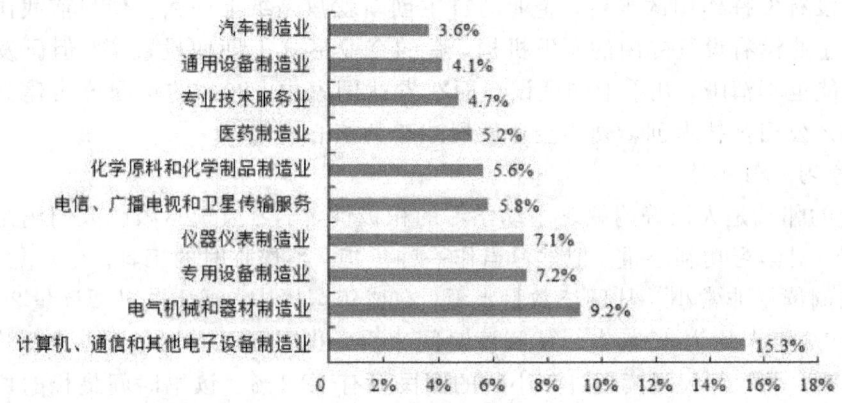

图10-6 中国创新能力1 000强企业最集中的10个行业

---

① 《中国企业创新能力百千万排行榜2017》.http://topics.gmw.cn/2017-05/19/content_24530339.htm.
② 《中国企业创新能力百千万排行榜2017》.http://topics.gmw.cn/2017-05/19/content_24530339.htm.
③ 目前国际范围内初步认为,第四次工业革命将重点分布在人工智能、清洁能源、量子信息以及虚拟现实等行业。然而上述数据表明,中国高新技术企业大多布局在传统制造业,与第四次工业革命的重点行业有较大差异。

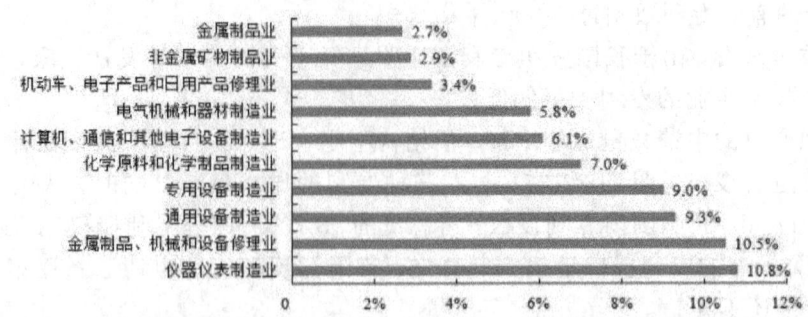

图 10—7 《中国企业创新能力百千万排行榜 2017》80 000 多家最集中的 10 个行业

图 10—7 显示了 80 000 多家高新技术企业中前五个最集中行业①。从行业分布看，主要集中于传统制造业。

从地区分布上看，中国的高新技术企业约 2/3 主要集中于东部经济比较发达的地区的主要省份，如广东、深圳、北京、江苏、浙江、上海等。而经济发展水平相对较为落后的省份则占比非常小，例如，内蒙古占比为 0.2%、甘肃占比 0.2%、新疆占比 0.1%，在前 1 000 强高新企业中占比共只有 5%②。这种地区分布态势，在所有 80 000 多家高新技术企业中表现出高度一致。

从经济区域分布来看，华东、华北和华南三个地区的比重高达 79%③。这其中，华东地区又是高新技术企业的集聚重镇，全国接近一半的高新技术企业集聚在华东地区。

(3) 研发机构设置不健全

企业自主创新能否成功、创新的效果怎么样，从根本上取决于人才，而功能齐全的研发机构正是人才发挥作用的必要条件。没有高质量的、与研发人才相匹配的、功能健全研发机构作支撑，人才没有发挥作用的平台，企业的自主创新就只是纸上谈兵。但目前我国的现实情况是，大多数企业没有设置专门的研发机构，有的企业形式上即使设置了，但研发机构的功能也不全，职能也不清晰，几乎形同虚设。而在发达国家中，80% 的跨国公司建立了专门的研发中心，90% 公司把技术创新列为企业发展战略的核心内容④。

(4) 社会学习风气不浓

应试教育的弊端是人们普遍缺乏主动学习的积极性，学习风气不浓。人们满足于自身原来的知识积累，对学习功利心重，把学习当作一种负担，当作临时的工具。

我国国民阅读量非常小。从阅读数量上看，在成年国民中，纸质图书阅读量 2016 年人均为 4.65 本，2017 年人均为 4.66 本。从阅读时间来看，我国国民人均每天读书只有 20.38 分钟，不足半小时，平均每天阅读超过 1 小时的国民只有 12.1%。读书时间最长的群体年龄集中在 18—29 周岁⑤。

没时间阅读，没精力阅读，学生都说是因为课堂课后作业多，考试科目多、压力大，整日都忙着做作业、复习、备考，根本没有多余的时间和精力进行课外阅读。这种情况普遍存在。

---

① 《中国企业创新能力百千万排行榜 2017》.http://topics.gmw.cn/2017-05/19/content_24530339.htm.
② 《中国企业创新能力百千万排行榜 2017》.http://topics.gmw.cn/2017-05/19/content_24530339.htm.
③ 《中国企业创新能力百千万排行榜 2017》.http://topics.gmw.cn/2017-05/19/content_24530339.htm.
④ https://www.xzbu.com/2/view-442724.htm.
⑤ 参见 2019 年 4 月 18 日，中国新闻出版研究院首次发布我国国民的阅读指数。

没时间阅读,是影响学生阅读图书的主要因素。此外,还有电脑、手机、电视等新技术工具的影响。例如电玩、漫画、游戏、网络上盛行的武侠言情等通俗小说吸引了很多学生的注意力,成了他们紧张学习之余最好的调剂品,同时也让很多学生习惯了这种快餐式的阅读,无暇阅读经典读物。

据《人民日报》2014年报道,日本人均8.4—8.5本/年,法国人均8.4本/年,而韩国人人均阅读量更是达到11本/年。① 犹太人达64本/年,居世界第一。然而,中国作为世界人口大国,扣除教科书,平均每人一年读书却连人家零头都不到,不得不令人汗颜。与此同时,书店的数量仍在急剧萎缩,有人统计,伦敦拥有书店2 904家,纽约拥有书店7 298家,东京拥有书店4 715家,巴黎拥有书店6 662家,而北京只有1 800家②。这种现象应该引起我们反思。

10.2.1.2 知识共享存在诸多障碍

随着知识管理理论的不断深化和普及,当前,知识共享变得越来越重要。人们越来越清楚地认识到,只有通过知识的共享,才能把分散于个体头脑中的零星的、碎片化的知识整合为强大的集体智慧,这样能够最大程度提高创新者的环境应变能力和知识创造能力。比尔·盖茨曾经说过:"公司的高层经理们应坚信知识共享的重要性,否则即使再努力掌握知识也会失败。"③惠普公司认为,一个公司"知识沙皇"不适合惠普公司的企业文化。但当前我国知识共享还存在诸多障碍:

(1)共享主体的障碍

从知识主体来看,知识共享的障碍有:一是共享主体往往存在狭隘的"知识私有"观,不愿把知识拿出来与人共享。他们认为知识是个人的资源和财富,能更好地保障自己的竞争优势和保障自己获取利益。但是有些人会担心如果自己的知识一旦遭到泄漏,使别人拥有了相同的知识,那么就会影响到自己的竞争优势,竞争优势的丧失必然会损失自己的既得利益。因此,从本能上讲,知识主体是不愿意主动分享自己的知识的,尤其是其掌握的隐性知识。二是有些知识传授者会担心自己的见解和观点有可能不被人认同,甚至有可能会受到人们的嘲笑,基于这些心理,传授者往往不会将知识进行共享。三是认为共享知识有一定风险,而自己并不愿意承担这些风险,所以,知识拥有者为了规避风险不会很积极地参与知识共享活动。知识拥有者担心核心技术泄露和关键知识人员的流失,会导致一系列的如竞争优势下降、知名品牌淡化、知识产权被侵犯等方面的严重后果。四是成本收益不对称影响了知识创新人员知识共享的积极性。

(2)共享客体的障碍

共享客体即是在共享过程中进行传递的知识对象。知识共享的对象是共享活动得以进行下去的基础和重要方面,没有了它,知识共享活动就无法顺利、成功进行下去。

从知识客体来看,通过分析隐性知识可知,它的共享障碍主要有:首先,隐性知识容易形成知识个体垄断。因为,隐性知识是无法明确表达出来也无法进行量化的一种知识,所以很难被别人模仿、复制和盗用,从而可能形成垄断。同时,由于拥有别人所没有的隐性知识使

---

① http://baijiahao.baidu.com/s? id=15981580764224 89295&wfr=spider&for=pc.
② http://baijiahao.baidu.com/s? id=15981580764224 89295&wfr=spider&for=pc.
③ 姜文.知识共享的障碍因素及其对策分析[J].科技管理研究,2007(3):200.

其占据特殊的优势地位,从而为拥有者带来超额收益,因此隐性知识拥有者不会主动共享其拥有的隐性知识。

其次,隐性知识的传授与学习比较困难。日本学者野中郁次郎曾经说过:"隐性知识有其自身的特殊含义,是高度个人化的知识,因此很难规范化地传递给他人。"意思就是说,虽然隐性知识拥有者愿意和别人分享,但是由于隐性知识很难通过语言进行准备表达,所以别人是很难通过简单的语言表述接受的,只能揣摩学习。

最后,隐性知识难以收集与储存。知识的收集与储存是知识共享的前提条件,但隐性知识由于存在于个体的大脑中,不同环境和情景呈现出的并不相同,所以很难用现有计量方法进行量化,不能通过编码精确处理,因此也就难以收集与储存。

(3)共享手段的障碍

从知识共享手段来看,知识共享的障碍有:

首先是技术障碍。如数据采掘技术、群件技术、计算机网络技术等方面薄弱。缺少计算机网络和通信系统,就无法正常进行知识交流;没有应有的信息技术对数据进行整理与综合,那么建立的数据库并不能提取出有用的知识,数据也不能被有效利用;如果技术环境中的各系统间的不兼容,那么所建造的技术环境就发挥不了实际作用等。以上情况的发生都会导致知识共享产生障碍。一些高校图书馆信息系统经常出现故障,使用非常不便,影响知识共享。

其次是缺乏交流平台。实现知识共享不仅可以依靠技术手段还可以依靠各种各样的交流平台,如经验交流会、论坛讨论会、学术沙龙、团队学习等,没有这些交流平台,知识共享活动会受到很大影响。但是,在传统的垂直的类似金字塔式的管理组织结构中,纵向的信息和知识的流向是单一的,都是从顶端通过中间每个层级流到底端,处于底层的人员只需要简单接收上级指令,不需要他们提出意见和看法;在每个横向的层级里,个人的工作被限制在一个封闭而狭小的空间,与外界缺乏沟通与交流。他们只需依照管理者的安排工作,彼此之间不会主动,也没有机会进行接触和交流,这样看来,他们不会主动发起如经验交流会、论坛讨论会、学术沙龙、之类的交流平台,这样会严重妨碍知识共享活动的正常进行。

(4)共享环境的障碍

影响知识共享活动的重要因素还包含共享环境。共享环境是知识共享活动能否顺利开展的必要条件。阻碍知识共享的环境因素主要有:

1)激励机制不完善。要建立知识共享绩效机制。加强知识共享活动的宣传、检查、绩效评估和奖励表彰,这样有利于知识贡献者获得认同感,从而激励他们参加知识共享的主动性和积极性。

2)缺乏良好的文化氛围。例如,在观念上,不重视学习,也不尊重知识和人才;在价值取向上,只做对自己有利的事情,无利不起早,严重缺乏奉献精神和合作精神;在人际关系上,由于存在竞争关系,因而大家会互相提防,缺少信任;在知识合作联盟中,某些成员企业只愿意享受便利而不愿意为此付费,存在"搭便车"行为等。

10.2.1.3 知识产权保护有待完善

我国已成为世界知识产权大国之一,无论是强保护论还是弱保护论,知识成果应该给予产权保护这点已经是共同的认知。但当前我国知识产权保护方面仍存在诸多问题。

(1) 知产保护法制尚不健全

目前我国已颁布一系列以知识产权保护为主要内容的相关法律法规,如《商标法》《专利法》《著作权法》《音像制品管理条例》等。但与内涵和外延均极其丰富的知识成果及人类无穷无尽的创新能力相比较而言,现行的知识产权法立法层面较多、内容分散,且缺乏有机整合,更有甚者有条例内容、管理部门与责任限定之间存在相互冲突的情况。

现有的知识产权保护制度不完善,科技创新与研究投入不足,使得法律不能完全覆盖高新技术的方方面面,也跟不上高新技术及其产业发展的步伐。在对高新技术成果的法律保护上不仅缺乏前瞻性,而且相当滞后。最主要的是随着互联网的高速发展,网络盗版性复制、网络侵害商业秘密及传播等新问题的不断涌现,针对这些新情况、新问题目前现行法律制度对其缺乏有效的约束。

不仅如此,在实践中,我国知识产权保护力度不够,执法不到位的现象普遍存在。

(2) 知识产权流失严重

知识产权的流失面广,流失量大,程度严重。因为知识产权是一种无形财产权,所以与有形财产的管理相比较而言更加复杂抽象。另外,由于知识产权具有无形的特征,所以它在流失过程中很难被直接发现,造成我国知识产权流失程度大、流失面广。我国知识产权主要是因为以下原因造成流失:

1) 合作研究、委托研究中忽视知识产权。

2) 知识产权管理不严。

3) 人才流动。

4) 职务或非职务发明界定不清。

5) 企业合资行为。因此,知识产权的流失面广,流失量大,程度严重。

(3) 知产侵权案件持续增长

资料显示,2016 年知识产权侵权案件数量同比增长约一半之多,2015—2016 年合计审结的知产侵权案件总数超过 1.1 万余件。①

2018 年 4 月 19 日,在第 18 个世界知识产权日前夕,最高人民法院召开了知识产权司法保护宣传周新闻发布会,通报了《中国法院知识产权司法保护状况(2017)》(简称《白皮书》)数据,2017 年各级人民法院共新收一审、二审、申请再审等各类知识产权案件达 237 242 件,同比上升 33.50%;审结 225 678 件(含旧存),同比上升 31.43%。在民事案件一审案件中,其中著作权侵权案件 13 万余件,占有比例较大,商标侵权案件 3 万余件和专利侵权案件 1 万余件。一审知识产权民事案件整体上升幅度接近 50%,仅广东省新收知识产权民事一审案件就达 5 万余件,比 2016 年同比增加约 85%②。

(4) 网络版权纠纷数量庞大

资料表明,2015 年至 2016 年两年间全国著作权侵权案件大幅上升,达到约 6 000 件,占知识产权侵权总数的一半以上,其中 3/4 属于侵害作品的网络信息传播权、放映权这类案件。③

---

① 参见 2017 年最高法院《知识产权侵权司法大数据专题报告》。
② 参见 2017 年最高法院《知识产权侵权司法大数据专题报告》。
③ 参见 2017 年最高法院《知识产权侵权司法大数据专题报告》。

随着互联网技术日新月异的不断发展，互联网产品多种多样，信息传播的速度和密度呈几何级数不断增大，而这些发展可能造成著作权纠纷案件跨越式增加。在微信领域，据腾讯公司公布的数据，2015年1月至2016年12月两年间，腾讯共收到针对个人微信账号侵权投诉的案件达10.7万余件。同一时期，腾讯共收到6.1万余件针对公众号文章侵权投诉，其中接近50%属于著作权侵权投诉案件，占整个投诉总量的41%[①]。

10.2.1.4 知识管理水平低下

在新经济时代，企业经营中最主要的资源已由物质资源转移到非物质资源。企业的知识生产效率、知识创新能力已经成为企业在竞争中取得成功的主要因素。如何进行高效的知识资本管理与动作，即如何有效取得、发展、整合创新知识，已成为企业经营成败的关键之一。知识管理的任务是管理好企业员工集体的智慧，通过对集体智慧的管理和运用，更好地提高企业的创新能力和应变能力，最终实现企业集体知识共享，主要是共享企业的显性和隐性知识以及企业的内部和外部知识。

(1) 知识管理理念落后

首先，对知识管理概念缺乏正确认识，甚至不清楚什么是知识管理。在理论认知方面，不少人会混淆知识与信息、知识管理与信息管理概念；在具体实践过程中，有些企业会有知识管理就是信息管理和人力资源管理的错误认知。虽然以上三种管理之间是息息相关、密不可分的，但是知识管理具有自身特有管理的理论和方法，因而不能被信息管理与人力资源管理完全代替。

其次，对知识管理重视不够。例如，有些企业认为知识管理并没有降低企业成本、重组企业结构以及扩张企业规模这些内容那么重要，因此认为知识管理无足轻重，有无皆可。在持这种观点的企业里，往往把知识管理当作一种普通的情报信息管理或就是人力资源管理，存在于这些职能管理部门中，并不专门设置知识管理机构；除此之外，有些高科技企业也没有完全摆脱落后的、不符合现代社会发展大环境的管理思想。又如，重物质利益大于重知识，更注重管理权利的分配而不够尊重科学知识的学习与研究。这种现象即使是在一些大的高科技企业中也普遍存在。对人才用前用后两个态度，功利性极强，需要用人的时候就重视他，不需要用人的时候就轻视他，这种做法严重伤害了科技人员的自尊并且极大地打击了科研积极性。有些企业中，还普遍存在病态的意识，例如，认为金钱与股权能决定一切，只有金钱与股权才能调动生产工作积极性，虽然这种想法有一定道理，但是完全认可并宣传这种思想会大大降低工作人员的创新性和对工作与企业的认可度。

(2) 知识管理基础工作薄弱

在当今世界环境下，知识在加速地更新、变化和增长，之前高科技企业仅靠一项发明就能发展壮大企业，并在行业中占有一席之地的情况已经一去不复返了。因此，企业必须具备更强的环境应变能力、知识追踪能力、知识创新能力，而这一切的基础必然要求企业的知识管理体系中应当具备一套先进、科学、有效的IT系统。这套系统主要包括互联网、物联网等网络系统、DMS文档管理系统、系统仓库/数据挖掘系统(DW/M)等硬件、软件和网络基础环境，这套系统在国外已成为高技术企业知识管理工作中基础要件。它最重要的作用是能够对知识

---

① 参见2017年4月腾讯发布的《腾讯知识产权保护白皮书》。http://media.people.com.cn/n1/2017/0914/c40606-29535940.html。

的进行采集并加工、对知识进行存储与积累、同时能传播与共享这些知识,并且更好地创新和使用这些知识。这种系统的作用对我国高科技企业经营管理而言十分重要,但是我国企业普遍缺乏这种健全的系统,因而要大力发展并完善这些系统。同时要加强知识管理的人才队伍建设。

(3)知识管理体系不完善

知识管理是企业管理理论变革中重要的里程碑。也有人说,知识管理是企业管理理论进程中能和泰勒的科学管理相媲美的一种企业管理理论。因此,要正确认识知识管理的内涵,加强知识管理体系建设。

目前我国企业没有建立起有效的知识管理战略体系。在战略层面,多数企业基本没有从管理战略层面出发来认识知识管理,对知识管理不够重视。知识管理的组织架构不健全,甚至严重缺失;在制度安排、基础工作、信息管理、文化建设等各方面都缺乏全面、系统的思考;企业自身知识管理工作能力有待提高。

国内企业普遍缺乏有利于推行知识管理的组织、制度、文化等软环境。例如,在高科技企业中,组织结构大多以等级森严的、以权力为中心的金字塔式架构为主。在这种组织结构中,知识的使用成为少数人的特权,知识在企业内部得不到最广泛的使用,企业的信息中心远离企业知识的使用者,知识不能以最有效率的方式到达使用者那里,这是知识管理的大忌。

(4)知识资本管理机制不健全

由于人力资本是员工的知识资产,具有人身依附性,顾客关系资本的客户属性,属于客户的知识资产。因此,任何企业不能也无法独占人力资本和顾客关系资本,而必须让员工和客户共享人力资本和顾客关系资本。这样能使员工和客户形成利益共同体,从而能够建立更加良好的顾客关系网络。要实现资本有效共享和使用,就必须要建立起与之相对应的知识资本管理机制,如高效的知识权益激励机制、补偿机制和利用机制等。但是在现实的企业管理活动中,许多企业缺乏科学的知识资本管理机制。不清楚谁拥有员工的知识使用权,不明白企业是该无偿或是有偿拥有和使用员工的知识资本,边界在哪里?该如何管理两种知识资本?该如何确定二者的权利义务边界?

尤其是隐性知识更难以界定和进行有效补偿,不知道隐性知识是不是有与他人共享的义务?也不知道隐性知识的共享机制是什么?同时,更不清楚知识在共享基础上如何创新?因此,在企业管理实践中往往只重视企业整体的知识权益而轻视企业员工个体的知识权益,只是很片面地对于知识贡献的奖惩而没有更加深层次地对知识贡献进行奖惩,只有关于整体知识的评价与激励而没有专门针对不同的员工制定不同的、个性化形式的评价与激励。以上这些做法很难让员工对公司有价值的隐性知识转化为企业的共享资源。

10.2.2 知识资本的积累与提升

10.2.2.1 增强知识创造能力

(1)加大创新人才培养力度

人才是最重要也最主要的组成部分,人才决定了知识创造的结果,人才决定了整个的科研过程的顺利实施与完成。培养人才最基础的是建立起良好的人才培养环境,而人才培养环境的建立需借助于科研人员在工作过程中的相互信任、相互理解和相互帮助。因此,建立和完善人才培养机制,加大教育、培训、营养保健的投资力度,培养、发现、选拔优秀的创新人才。需要建立起良好的创新、创造环境,使科研人才在能更好地开展科研工作的同时,还能更好地发展自我。另外,需要更好地完善科研管理的相关体制、机制,从而提高科研人才科研创新、创造的热情。

(2)倡导学习风气,提升学习能力

知识的不断更新与爆炸,使得人们必须与时俱进,不断地学习,不断地创新。

要倡导树立学习价值观,达成学习的共识,使学习成为每个员工的自觉行为和习惯。

要通过建立学习型组织,为组织发展提供持久动力。经济全球化的加快发展以及知识经济的到来,使得所有企业必须改变原有观念,不断使自己成为一个有较强创新激情和创新能力的学习型组织。

学习型组织要求组织中的每个人都要具备主动学习的能力,对个人发展和组织进步都有不可或缺的地位和作用。学习型组织通过改变组织传统的思维方式和行为方式,来适应环境变化中的种种新情况,它能够做过去想做却未能做到或者过去从未想到的事情,同时能够加强组织创造未来的能力;学习型组织还创造了一种老板与员工、员工与员工共同学习、共同提升、共同进步的环境,有利于个体和整体提升自身的学习能力。

这种学习能力不仅仅包含对知识和文化的学习吸收能力,还包括整合知识与文化、系统和道德等因素的整合能力。简单来说,学习型组织是指通过获取、吸收原有知识,并在此基础上创造新知识,而且根据创造出的新知识和自己的新见解进一步修正自己行为的一种组织。创建学习型组织,能够使企业拥有持续竞争优势。企业员工通过组织的学习,能够实现自我提升、自我超越,能够改善心理问题,提升智力水平,从而增强员工创新创造和知识创造能力。

(3)加强成员之间知识交流

知识创造不能闭门造车。知识创造的过程也是一个知识管理的过程,这一过程最明显的特征是,知识可以组合与交换。而知识的组合与交换最大的基础是人员之间进行知识交流。所以,科研人员之间建立良好的沟通与协作桥梁,进行知识交流,有利于提高知识创造的效率。要通过知识共享,加强产学研联系,在很大程度上实现产学研政的有机结合,才能够实现知识创造。

10.2.2.2 加强知识共享

(1)构建知识型组织

一是在组织中大力弘扬尊重知识、尊重人才的价值观。

二是构建知识型企业的管理机制与制度。该管理机制主要包含以下内容:企业内部知识和信息的交流与传播机制,这种机制可以使组织内外部的显性知识和隐性知识得到最大程度的传播与交流,可以为企业显性知识、内隐知识、内部知识和外部知识之间的共享提供路径;对外开放的组织机制,这种组织机制可以让企业从内外部广泛收集、积累知识,从而提升组织的信息化管理水平;促进和激励创新的奖励机制。该奖励机制在原有的奖金、升职、赞扬的基础上增加了"产权""股权"奖励、共同享有收益等,为组织培养知识型人才提供了保障,同时加大员工的学习积极性。

三是组建项目团队。组建项目团队不仅要在部门内部选拔人才,更要在其他部门选人才,不仅要选一种工作领域里的人才,更要选不同领域里的人才;不仅要选有某项知识与技能的人才,更要选择具有不同知识与技能的人才,把这些人才聚集在一起才能更好更全面地为项目服务，能更快地为项目制定应对方案，使每个人都有自己的项目归属和研究方向。这样的项目团队才能具有组织、独自与相互学习、独自适应与相互帮助的特点，才能让各种各样的人才进行面对面接触和交流，才能有利于头脑风暴的产生和知识创新创造活动的开展，这也是知识生产的主要方式。

(2) 建立扁平化、网络化的新型组织管理结构

原有的管理组织结构是一种垂直的类似于金字塔式的层次结构。改变传统的垂直型管理组织结构，使得现有的管理组织结构向扁平化方向发展。垂直型管理组织结构中每级等级之间的关系分明，由下往上的层次很多，从而导致信息传递成本高、传递所需时间，不利于信息的流通，也不利于不同层级之间知识的共享，这种组织结构已经完全不能适应当今社会发展所要求的信息互通、知识共享等方面的需要，因而迫切需要建立一种新型的与垂直型管理结构相对应的扁平式组织结构。扁平化组织结构，首先，克服了传统垂直式组织结构等级关系分明、森严的缺点，使得等级之间的关系更加平等、民主、自由与灵活，营造了一种良好的交流沟通环境。其次，克服了管理层次较多的问题，使得信息从下往上传播的时间大大缩短，每个层次之间的交流和信息共享更加通畅，极大地提高了工作效率。最后，克服了集权制管理的弊端，每个层次的人员有了更多的权利，能有效参与企业事项的决策管理，使得人们有了更大的满足感和获得感，也使得下级人员有更大的动力向上级发展，提高了员工的工作热情与工作积极性。

随着信息与网络技术的快速发展，"经济与网络关系越发密切，经济的发展依赖于网络变化速率和学习速度的不断增强，由此产生的经济社会实质上是一种网络社会，在这种社会中，个人学习及吸收知识的能力、应用与创新知识的能力、将网络与学习相结合的整合能力，很大程度上决定了个人在企业和社会中经济地位"。随着组织内信息技术与互联网技术的不断发展，组织管理结构已逐步由垂直化变得扁平化、封闭转向开放，管理层级在不断减少，每个层级的权力在不断加大，显示出民主管理、自我管理等网络管理组织结构的基本特征。这种新型的开放组织，有利于整合利用创新资源，实现知识创造。

(3) 搭建有利于知识共享的运作平台

一是加强信息技术系统建设。其中最主要的是要建立一套包含数据仓库、文件管理系统、信息管理系统、网络技术、群件技术、知识地图、CSCW、新型检索技术等方面的比较系统完整的信息技术系统。

二要开发形式多样的知识共享方式。主要通过非正式网络行为来开展。比如，组织经验交流会、交流论坛、吃饭、喝茶、年会、周末沙龙等，安排非正式的会面和交谈等。

这些都有利于知识之间的共享。总而言之，不管什么样的知识共享方式，只要能有效促进知识共享，就能进行利用。

(4) 加强产学研政联系，促进协同创新

受诸多因素的影响，知识创造具有很大的不确定性。产、学、研、政主体各有其优势，在进行知识创造过程中，加强产学研政联系，有利于实现知识共享，取长补短，从而提高创新创造绩效。

加强产、学、研、政有利于实现协同创新。协同创新其实质和内涵就是知识的创造和增值。协同创新是一种协同的价值创造过程，它的主要途径是运用知识之间的协同作用，它的核心是实现知识增值，它的创新主体是企业、高校科研院所、政府、教育部门(见图10—8)。国家创

新体系中最主要也最重要的创新模式是产学研政相结合,结合得到的效果好坏很大程度上取决于知识增值的速度和运行模式。

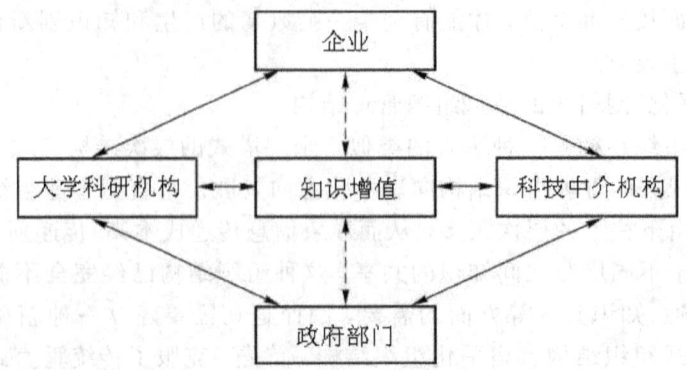

图10-8 知识增值为核心的协同创新系统结构

通过专利转让、交叉许可、专利捐赠等方式可以实现知识在不同组织之间的转移,通过组织间人员流动、人员借调等方式可以实现知识的共享。在协同创新过程中,可以探索和寻找知识,可以检索和提取知识,可以开发、利用知识,可以获取、分享及扩散知识。

通过各种知识活动过程的不断循环和互动,越来越多的知识得以产生和发现,并在增值过程中演化成为资本。在强大的知识规模效应、范围效应和边际收益递增效应的作用下,为企业和社会带来了巨大的经济效益和社会效益。

10.2.2.3 加强知识产权保护

(1)进一步完善与知识产权保护相关的法律体系

我国应根据现有的经济与文化发展水平,制定和完善相关知识产权保护法律体系,这可以更好地保护知识产权。

首先,应在遵守世界水平和不违背知识产权协议框架的基础上,协调法律本土化与国际化之间的关系。

其次,在国际化趋势下,应不断吸收国外先进经验,密切关注国际知识产权保护的动态变化,并针对高新技术产业制定新法,在原有法律的基础上进行修订与解释,逐步完善知识产权保护法律体系,使其能更好地支撑高新技术产业的发展。

最后,应顺应社会发展的潮流和趋势,构建完整的知识产权保护体系。该知识产权保护体系不仅包括传统的商标、专利、版权,更应包括计算机软件、网络技术、商业秘密、集成电路、生物技术等在内。

在网络知识产权立法方面,要设立专项法律保护。适时修订《著作权法》和《互联网管理条例》等法律法规,增强法律的时效后,降低滞后性。更加明确地规定网络知识产权侵权行为的认定和证据收集、执法处理程序和方法等方面。更加详细地规定网络知识产权侵权行为的定义和责任主体、侵权责任划分。完善网络知识产权立法已是时代所急需,刻不容缓。

(2)加强知识产权宣传教育,增强国民意识

政府应经常举办或呼吁社会举办一些像"知识产权保护论坛"这类大型活动,通过举办论坛向国民宣讲知识产权保护的理念和重要性,使得人们从根本上纠正对知识产权的不科学认识。

媒体应充分发挥舆论宣传的作用,向国民大力宣传知识产权保护的重要性,充分利用微

博、微信等自媒体平台,加强知识产权保护的法律宣传、普及,使公民在潜移默化中增加知识产权专业知识,提升知识产权法律保护意识和保护能力。

作为知识成果的创造者和知识产权保护的第一责任人的知识产权权利人,应当树立积极的知识成果保护意识。通过知识产权保护专门的学习培训,熟悉并掌握相关知识产权保护法律法规,树立产权保护意识,运用知识产权保护法律武器维护企业和个人的合法权益。

(3)加大侵权执法力度,增大违法成本

执法部门要严格依照国家相关法律法规,惩处各种侵犯知识产权的行为。对于部分不合格的执法人员,要进行定期或不定期地相关培训,成立知识产权保护监督机构时刻监督其行为,并且对执法人员的执法违法行为依法进行追究责任和进行赔偿。

随着社会的不断进步和互联网技术的不断发展,市场侵权手段和方式越来越多样化,在这种情况下,不能只依靠政府机关或个人,还可以专门成立相关的知识产权保护协会、联盟等机构进行侵权调查、取证或诉讼。要学会得用社会大众力量来应对各种侵权行为,以保护权利人的合法权利。

此外,要加大违法成本,将法律的威慑作用充分发挥。目前,在法定赔偿中,商标法最多的赔偿是300万元,专利法最多是100万元,知识产权的侵权成本还不够,业界在呼吁对相关法律进行修订。另外,可以通过案例指导的方式,提供相应处罚标准。

(4)加大知识产权保护的技术支持

随着现代信息网络的加速发展,网络侵权形式和方法越来越多样化、新型化,各种新型的侵权事件频繁发生,这种侵权事件往往难以进行技术认定和事后保护,因此,要不断研发网络知识产权技术保护,促进技术理论和方法进一步成熟和在实践中加以应用、落实。所以,知识产权技术保护仍有待提高,网络知识产权法律保护工作还应继续加强。

因此,要加强知识产权技术保护,不断升级我国网络知识产权保护技术水平。另外,国家也应当通过政策和资金等手段加强对相关研究的支持,有利于整体技术水准的提升。同时,不断加强校企合作,校地合作,培养更多高技术、高能力的知识产权保护专门人才,以此推动我国知识产权保护产品的技术成果的商业化和市场化。

10.2.2.4 完善知识管理

(1)建立和完善知识资本管理机制

知识资本培育、转化、创新和共享的保障是合理有效的机制,知识资本之所以能转化为竞争优势的前提也是合理有效的机制。因而,首先,必须建立科学的知识资本管理的组织机构。设立专门的知识管理部门或知识主管(CKO)等,依靠现代化信息技术和网络手段建立快速传播和知识扩散的通道,以推动实施知识资本的科学管理。其次,定期评估组织机构的知识管理绩效与水平。主要体现在知识创新效率、知识传播速度以及知识应用率(力)等方面。最后,建立有效知识资本激励机制。要建立起尊重人才、尊重知识的高层次、多样化的激励机制。物质激励和外部激励、内部激励和精神激励并重,如制定能使员工个性得到满足的奖励机制,比如对员工的尊敬等。

(2)建设高质量的知识管理工具

首先,建立高效便捷的知识管理信息系统。包括通畅的信息传播通信网络,强大的数据处理计算机服务器,以及完备的数据库和信息库系统,等等。

其次,中国高科技企业可以借鉴知识地图、文档管理系统、数据挖掘系统等国外目前较为流行的先进的知识管理工具，并在这些方面实现跨越式的发展。

最后，实时监控企业知识管理过程和流程。建立健全良好的知识管理反馈机制，便于及时准确地了解知识管理运行的情况，并且根据现有知识管理战略不断设计新的、理高效的知识管理方案。

(3)加强知识活动过程和流程管理

首先，是加强知识创新管理。包括对知识创新的模式、条件、环境等全要素的管理，促进显性知识、隐性知识相互转换的知识创新研究。

其次，是知识共享的管理。企业通过建立员工参与知识共享的激励机制，通过建立收益递增的知识网络，让员工浸润在知识的海洋中，使得企业员工在公司内部网络中可以不断学习汲取知识，从而培养和提高企业员工的创新创造力。

最后，加强知识应用的管理。知识的应用有利于提高企业生产率和竞争力，知识的作用是在应用中体现出来的。因此，企业要设计一套科学适用的知识管理解决方案，以应对和解决知识管理项目在应用实施过程中产生的各种问题，促进企业成功实现管理变革。

10.3　文化资本要素缺失及优化

10.3.1　文化资本要素缺失分析

10.3.1.1　缺乏崇尚创新的价值观念

(1)传统文化的深刻影响

我国传统文化对人的价值观塑造起了很重要的作用，但其部分精神内核却与创新文化存在冲突。

一是义大于利的"义薄云天"式的伦理观。强调"君子忧道不忧贫""小人循财，君子循名""众人重利，廉士重名"的非功利性价值倾向，儒家思想中这种爱面子、讲义气的伦理价值观，纳卡塔和西华古玛认为恰恰有碍于进行技术创新。这与技术创新文化的求利特征具有本质的冲突。J.D.贝尔纳认为功利是现实主义科学观的本质和核心，是最本质的事物。"真理仿佛是有用的行动手段，而且也只能根据这种有用的行动来加以检验。"[①]

二是"官本位"人生价值观。古人云："劳心者治人，劳力者治于人。"长期以来，"官本位"的思想根深蒂固。"官本位"是一种以官为本、以官为贵、以官为尊为主要内容的价值观。当前，"考公务员热""选调热""进事业单位热"，年轻的本科生乃至研究生、博士生都倾向于进入政府部门，从事行政工作。据近日的报道，杭州余杭区的基层部门在2018年招录了30多位北大、清华的本科、硕士、博士毕业生。在深圳一个街道办，还有哈佛大学的博士后。由于以官为荣，大量的科技人才放弃自己的专业特长，投奔官场，造成企事业单位、生产第一线人才不足，而机关叠床架屋，人浮于事，人才大量闲置浪费，无人改革创新；由于以官为上，官大一级压死人，人人唯上是听，唯官是从，民主气氛淡薄，人人循规蹈矩，遵守官场习俗，唯上、唯书气息浓厚，不敢改革创新；由于以官为本，一切行为围绕官级晋升转，必然导致社会

---

① 姚诗煌,等.支持科学原创,要有民族自信[N].文汇报,2000—11—22.

浮躁，追逐官位名利，无法沉下心干事创业，严重抑制了人们创业创新的积极性。在任上的官员，或重近轻远，注重多出政绩、快出政绩，对长远发展缺乏统筹谋划；或重表轻里，习惯于做表面文章，对实质性的问题不够重视；或重显轻"潜"，热衷于干看得见、摸得着的工作，忽视短时间内无法显现成效的工作；有些重物轻人，一味追求经济增长速度，较少顾及科技人才的培养，顾虑创新的风险和周期，在创新面前止步不前。

三是"人本主义"的思维方式。中国传统文化中核心的理念之一就是关注人本，注重修身养性。诸子百家中大多都以人的道德修养及实践为第一要义。如儒家的智、信、礼、义、仁，古之欲明明德于天下者需修身齐家、治国平天下；墨家的兼爱非攻尚贤，道家的修道积德，佛家的慈悲为怀等。这种侧重于为人之道的人生哲学，往往降低了人们对物质生活的追求，不利于从事打破陈规的技术革新。相对于这种"人本主义"的思维方式，理性思维将更加有利科学发展和技术进步。

四是"墨守成规"的时空观。相对于现在和未来，传统文化中更加关注过去，倾向于"因循守旧"。这与技术创新文化敢冒风险、勇于改革的创新价值观存在根本上的分歧。

五是"整体主义"的思想观。整个古代中国社会，从上到下，无论哪个阶层，都是注重家族观念，强调血缘为纽带形成的家族集体的力量。对国家治理来说，从古至今，皇权制度、中央集权制度历史悠久，根深蒂固。个体被淹没于人文科学的整体和与集权式的综合社会经济管理之中而丧失个性化特征。由于科学技术的相对落后，社会对自然表现出"无为"状态，坚持人类与自然和社会和谐共处的观点，这带有突出的自然、直觉非理性、现实的特点。①

在我国传统文化长期的熏陶和浸染下，在管理层面存在严重的行政化倾向的客观条件下，人们普遍缺乏追求真理、挑战权威的勇气与决心，社会的深层心理品格中缺乏质疑、求证与批判等有利于创新的价值观念。

(2)浮躁而功利的科研态度

"急功近利、急于求成"，社会经济的快速发展使人们产生一种速度偏好，在科研上也是如此。当前，功利化、工具化、快速化的科技观占据了主导地位，要求科技投入立竿见影的"速胜论"倾向较为严重。对付出快速变现的功利思想，往往又使科研活动欲速则不达，可持续性较差。

科学研究不是为了探求科学真理，而是和功名利禄挂钩，科研的目的是利益。因此，科研人员渐渐失去了对创新思想的洞察和对科学规律的把握，丧失从事做原始性科学创新的信心以及攻克世界一流技术创新与集成的勇气。

10.3.1.2 缺少具有开拓创新意识的企业家和企业家精神

(1)看重社会地位，缺乏创业精神

据统计数据分析，美国人口中有67%有自己办企业的梦想，而不是永远给别人当打工仔，这一人数比例在欧盟国家平均只占45%；13%的美国人正准备创业或已经创建了自己的企业，远远高于欧盟水平，欧盟国家这一人数比例平均只占4.5%。并且，在欧盟半途而废的创业者是美国的2倍。② 这种差异也源自文化观念，与文化差异息息相关。其文化差异主要表现在，对自主、自立、自强的价值观的社会认同度不同。当创业者遇到困难或风险时，欧洲

---

① 殷杰,郭贵春.论科学技术中的文化多样性[J].科学技术与辩证法,2002,19(1):75-76.
② 傅彬.欧盟重视中小型企业的创建和发展[J].全球科技经济望,2003(7):20.

人往往趋向于放弃原来的初衷,而美国人则更愿意坚持不断尝试。对我国来说,长期以来社会价值观比较看重在收入稳定、社会地位高的体制内就业,对于创新创业自主择业的价值认同度都很低,因此,上述数据我国比欧盟更低。

19世纪法国著名历史学、政治学家托克维尔在一次美国短暂旅行之后认为美国将会是地球上最繁荣并且最稳定的国家。他会产生这样想法最直接的原因之一,就是发现美国人有追求繁荣的激情,是燃烧着激情欲望、积极进取、勇于冒险的人,最重要的他是一个创新者。在美国,我从来没有看到过一个公民由于过于贫穷的原因,以至于不对富人的快乐报以希望和忌妒的一瞥的程度。① 而反观今天之中国社会,遍地都是崇尚得过且过、安于现状的佛系青年、猥琐的油腻中年和精致的利己主义者。

(2) 利润至上,畏惧风险,缺乏创新的内在动力

创新活动总是伴随着风险。目前我国的各类企业的一个共同特点是企业经营的短期行为突出,缺乏长远规划,尤其是国有企业,重利润、重产值、轻资产优化、轻技术进步等倾向都很突出。大多数企业把产品的创新工作和技术的改造升级工作都看成政府行为,依靠国家投资,企业自身没有投资意愿,也缺乏技术创新的主体意识。我国绝大多数企业都存在机器设备、基础设施陈旧、工艺技术落后、结构冗余、包袱过重、历史欠账过多的问题;加之企业缺乏竞争力,即使有了创新意识,迫于市场竞争压力试图进行技术创新,也是心有余而力不足。

风险大,周期长,占用资源多是进行新产品研发和技术改进的特征。由于不确定因素太多,市场变化快,上述特征势必影响企业决策者在其任期内的生产经营管理活动的产值和利润目标。因此,企业经营者一般对创新缺乏足够的主动性和能动性。除非迫不得已,态度也相对消极。

(3) 企业家精神培育不够

创新型企业家的企业家精神表现在:富有创造力、敢于面对风险的勇气;具有不断追求更高更远目标的精神,具有抵御挫折的心理品质;具有审时度势、把控全局的智慧谋略。

我国企业家精神与创新型企业家还有一定的差距。我国企业家普遍缺乏创业拼搏的激情,认同知足长乐、小富即安、守业本位,甚至盛行"老婆孩子热炕头"的消极思想。尤其是在国有大中型企业中,由于其投资的国有性质,主要管理者与负责人大多是由政府直接任命的,因此,他们更看重对上级负责;又由于任期制的影响,因此他们往往不看重企业的长远发展,只注重任期内的短期政绩,对创新这种投资多、风险大、周期长的活动本能地缺乏动力;而在私营企业中,企业老板多是靠机遇、靠勇气在市场上摸爬打滚闯出来的,他们多数出身社会早,受教育程度较低,创业成功后,在日常管理中难以跳出家族制管理的怪圈。然而,那些以科技开发人员起家的民营科企经营者,由于长期受研发思维定式的影响,对产品研发与市场营销、日常管理的本质区别把控不到位,或把控失衡,从而导致创新的灵感和研发的艰辛都成"竹篮打水"。

10.3.1.3 缺乏促进创新的文化育人氛围

(1) 应试教育不利于培养创新的思维品格

应试教育一直是我国基础教育的通病,长期的教育改革不仅没超出应试教育的怪圈,而

---

① http://m.elecfans.com/article/687043.html.

且应试教育进一步得到强化。应试教育注重教师的知识灌输作用,培养学生的独立思考,注重标准答案,忽视标新立异。注重知识的死记硬背,忽视培养学生的研究探索能力。重个人学习,忽视团队合作。因此,培养出来的学生大多缺乏创新方面的能力,例如,艺术的抽象能力、实践的领悟能力、发现问题解决问题的能力、大胆构造假说的意识和能力、合作协调统筹能力和宽以待人的人生态度,而这些能力和态度都是创新文化所推崇和要求的。

(2) 创新创业方面的教育支撑不足

由于历史和社会的原因,我国的创新创业教育与欧美其他发达国家相比,起步晚。尽管目前获得了一定的成绩,但是也存在诸多问题与不足。首先,诸多高校开展创新创业教育时定位不够清晰,常常流于形式,流于文件,流于表面;创新创业教育模式单一。其次,创新创业能力的培养方案不完善,课程开设存在问题,大部分高校在设置创新创业教育课程时趋于零散状态,并且数量有限,考核标准简单,未得到学生的重视。再次,创业教育师资队伍力量不足,水平不高。我国大部分高校教师往往在某一专业领域的实力较强,理论知识丰富,但创业实践经历不足,无法给学生开展有用的创新创业教育。最后,创新创业教育是在政府及大学协同下开展相关工作,才能够充分地理论联系实际;但当下高校与政府双方都未充分支持创新创业教育,使得政府政策得不到落实,相关教育以及科研部门也无法正确的引导、教育学生,这使严重限制了我国创新创业教育的长远稳定发展。

(3) "奶头"战略的负面影响

"奶头"战略由美国高级智囊兹比格涅夫·卡济米尔兹·布热津斯基提出,西方国家在20世纪90年代中期开始采用实行。其战略实行的最初背景是社会贫富差距过大,实行的主要目的是消除80%的普通人群对20%的富豪群体的不满,采用给这80%的普通人群采取麻痹的办法,就像在他们嘴里塞上一个"奶头"去安抚他们。其具体措施:为他们量身打造娱乐八卦,让他们沉溺于娱乐和明星崇拜中,不知不觉地丧失生活热情、思辨能力,以此平息他们的抗争欲望和阶级仇恨,无心挑战精英阶层与统治阶级。

在西方"奶头"战略的侵蚀下,国民热衷于发泄性娱乐。比如开放色情行业、鼓励开发网络游戏、支持口水战等。发展影视行业吸引民众,满足娱乐游戏需求,比如拍摄多种多样的偶像剧和肥皂剧,大量报道明星生活丑闻、娱乐八卦等,铺天盖地的真人秀和综艺节目,数不尽的网络粗俗视频,占据了我们的大部分时间与注意力。因此,通过发展消遣娱乐及充满感官刺激的产品,吸引人们的眼球,把这些产品堆满人们的生活,最终达到麻痹的目的:让大多数人沉溺于享乐与安于现状,对时政民生,教育科技漠不关心,不知不觉丧失思考能力,再也无心从事具有挑战性的技术创新活动。

在西方"奶头"战略的侵蚀下,独立思考的机会,那种突破自我、不断创新的精神也渐渐消失。现在很多青年人,身上背负着房贷、车贷、消费贷,在适应社会过程中选择妥协,所有的激情与创造力被磨灭殆尽,最后只希望有一份稳定的工作,能够安逸地生活下去即可。目前,随着网络小视频和直播行业的兴起,现在每一个人,都有机会经营自媒体,可能通过网络平台,进行直播或者通过小视频,成为自己心心念念的被人关注的明星。人心涣散、安于现状、醉生梦死、不务正业……这种状况,对于一个国家,一个民族,危害深远!

10.3.2 文化资本的积累与提升

10.3.2.1 树立创新价值观,弘扬创新精神

(1)大力发扬中华文化的优良传统

前面谈到传统文化对创新的不利的一面,但是中华传统文化其实也蕴含了大量激励创新的内容。例如,人们常说的"天行健,君子以自强不息",推陈出新、吐故纳新与革故鼎新等格言成语。发展创新文化,首先,要遵循文化发展变化的客观规律,发扬中华文化的优良传统,提高全民族的自尊自强精神,激发全社会的创造活力。弘扬以改革创新为核心的时代精神以和爱国主义为核心的民族精神,提高民族文化自信心和自豪感,不断努力、勇于追求世界科技前沿的信心与恒心。其次,要深刻认识传统文化对创新的有利与不利两方面影响,遵循文化发展的客观规律,"取其精华,去其糟粕",坚持文化"扬弃"规律。要把创新文化建设视为长期的科学实践过程,而不是当成一时兴起的一场临时性运动,不可能短暂时间内完成,也不能局限于理论研究分析。无论曾经还是现在,甚至未来,炎黄子孙的智慧都有目共睹,我们要不断地开拓研究中华民族传统文化的深度与宽度,不断地挖掘传统文化蕴含的创新基因,发扬符合时代发展要求的优良传统。

(2)树立正确的科研观

发展创新文化就要树立正确的科研观。具体要做到以下三点。第一,要传播科学思想与科学精神,学习科学知识与科学方法,使广大人民群众更充分地接受科学技术知识武装头脑,在社会上形成信科学、讲科学、学科学、用科学的社会新风尚。第二,要营造良好的科研工作氛围和社会科研环境,主张"百花齐放,百家争鸣",使不同学派的观点平等讨论,研究者相互碰撞,相互取其精华;对创新失败要给予理解和宽容,坚持各方面工作都要服务和服从于科技创新工作这个中心,做到理论研究与开发建设实践密切结合;发展过程要知行统一,循序渐进,锲而不舍。第三,要弘扬为科学主义事业献身的崇高精神,激励"细推物理须行乐,何用浮名绊此身"的观念。要守得清贫,坐得冷凳。通俗来说,要有耐得住寂寞的气度、超世绝伦的冷静思维以及对科学事业挚爱的情感,不懈探索,穷其一生,不断学习创新实践,攀登科学高峰。

(3)弘扬开拓创新的理念

弘扬开放包容的文化和观念,要鼓励冒险,尤其是要营造宽容失败的文化氛围才能够提高人们大胆尝试的勇气,激发人们不断探索的热情。我们要大力弘扬"鼓励创新,宽容失败"的创新精神,善待创业成功者,也要拥抱创业失败者。要建设包容尊重的创新创业环境,通过多种方式与途径宣传"大众创业、万众创新"等相关政策,各方协同推广政策的实施,形成自主创业、崇尚创新的价值导向。挖掘和树立创新创业榜样,给予企业家、天使投资人、领域专家、学者们大力的支持,并鼓励他们担任创业导师,帮助在创业道路上遇到困难的群体寻找解决办法。鼓励并支持创业联盟、众创空间以及创新俱乐部等多种创新创业组织的发展;鼓励同时支持开办创新创业大赛、商业模拟竞赛等;将创业群体的社会福利充分纳入整个社会保障体系;理解、宽容失败者,珍视失败经验教训。

10.3.2.2 培育开拓创新意识的企业家和企业家精神

企业家是经营者或组织者、管理者、决策者,是企业的灵魂。企业家精神的核心内涵是创

新、冒险、合作、敬业、学习、执著和诚信。真正的企业家必须具有企业家精神。

(1) 破除陈旧思想意识

在我国当前的社会政治经济和生活环境下，首先是要抛弃陈旧思想意识，反对"唯官独尊""士农工商为末等""唯权为重"的糟粕文化价值观，在全社会弘扬企业家创新创业精神；其次是把握好舆论的宣传导向，宣传好榜样人物的事迹，树立以企业家精神为核心的积极、进取、顽强、奋斗、开拓、卓越的创新价值观；最后要在全社会形成尊重和鼓励创业人士的创新风尚，使真正优秀的企业家创新精神成为社会风尚。积极鼓励敢于冒险、勇于尝试的精神，要有勇气做第一个吃螃蟹的人。树立与时俱进、积极竞争、敢于打破常规、勇于试错、宽容失败的创新态度，营造激励创新的社会氛围、给创新者尽可能提供最大的发展空间。

(2) 完善创新激励机制

由于我国产权制度改革尚处于进一步深化的改革进程当中，相关的法律制度建设有待进一步完善，长期以来对企业家创新精神缺乏有效的激励机制，特别是对国有和国有控股企业，这严重地抑制了企业家的创新行为，挫伤了企业家的创新动力和积极性。进一步深化产权制度改革，建立健全包括产权激励在内的创新激励机制，制定科学合理的物质和精神激励制度，在产权、法律制度建设上维护企业家的合理利益，能够形成一个有利于培育和提高企业家创新精神的环境。

(3) 增强企业家的社会责任感和使命感

责任感和使命感是企业家一切品质的基石，是最为关键的企业家精神。一个企业家如果没有对国家、对社会的责任感和使命感，那么他充其量不过是一部赚钱的机器，永远不会以国家振兴为己任的。对于创新他也只能成为一个功利的机会主义者。而一个对社会负有责任感和使命感的企业家，他的所作所为是与国家和民族的命运连在一起的，而不会仅仅成为一部赚钱的机器。他会将创新作为国家振兴的使命，成为具有创新精神的真正的企业家。

10.3.2.3 培育促进创新的文化育人氛围

(1) 大力推进素质教育

鼓励青少年根据兴趣利用特长参加多种多样的社会实践和自然人文科普活动。要注重从青少年开始树立创新意识和训练实践动手能力，把创新意识渗入基础学科的教学。要加深教育体制的改革以及恰当地采用多样的教学方法，达到创新教育的作用，培养出综合素养高的人才。

(2) 大力推进创新创业教育

一是要树立先进的创业教育理念。创业教育不开公司做生意赚钱，不仅仅是为了解决就业问题，创业教育的本质上是一种素质教育。它注重知识传授要向重视学习能力、实践能力和创新能力转变，旨在培养学生学会知识与技能、学会动手、动脑、学会生存与生活、学会做人与做事，培养学生的创新精神和创造能力，使学生树立创立事业、成就事业、服务于社会主义现代化建设的人生观和价值观。

二是营造浓厚的创业氛围。创业氛围直接影响大学生创业意识、创业个性品质、创业能力的培养和形成。学校应该做引领创业文化的先行者，要改变单纯以传授创业知识和创业技能为主的创业教育，从创业实践、创业咨询、创业竞赛以及成立创业社团方面起到引领作用。

三是传授创业知识，指导创业实践。创业是一个复杂的过程，创业过程涉及许多方面的知识，如心理学、法学、伦理学、经济学、会计学、广告学、企业管理、市场营销等；此外，创业还是一种实践性很强的活动，任何高深的理论、知识都需要放到实践中去检验，任何纸上谈兵、闭门造车的行为在创业中都是行不通的。因此，教育既要传授创业知识，又要指导创业实践。

（3）消解"奶头战略"的负面影响

弘扬马克思主义思想理论和中华传统美德在社会主义主流价值观中的引领作用，捍卫社会主义核心价值观在社会意识形态领域的主导地位。弘扬传递正能量，鼓励年轻人崇尚奋斗，提倡"奋斗的青春最美丽"；远离手机，少打游戏，多读书、读好书。

10.4 社会资本要素缺失及优化

10.4.1 社会资本要素缺失分析

10.4.1.1 社会信任度不高

（1）人与人之间社会信任度不高

社会经济在不断地发展，人际间的社会信任度却不增反降。世界价值观调查组的调查结果显示，世界各国国民对自己所处社会结构中大部分人的信任程度从1981年的34.8%下降到2014年的25.4%，30多年间下降了近十个百分点。[①]

值得说明的是，对一国社会信任度的界定往往是个有争议的话题，统计数据和切身感受常常存在差异。据统计调查，针对社会上大多数人的信任度，19世纪末20世纪初调查的具体数据如下：1990年认为社会上大多数人可信的人占总调查人口数量的60.3%，五年后下降到53.0%左右，到2012年，认为社会上多数人可信比例上升到64.4%。

针对对社会上陌生人的信任度，根据中国综合社会调查2003年和2013年的调查结果，2003年对陌生人表示不信任的比例为73.4%，到2013年下降到52.2%。[②] 相对于泛化的大多数人，对陌生人的信任程度是一个更有效的测量社会信任的指标。

尽管调查数据不足以证明中国陷入信任危机，甚至我国有些相关数据还远优于世界平均水平，但是，层出不穷、花样翻新的各类骗局、失信、违约、"问题食品""问题疫苗""萝卜招聘"现象，社会的剽窃、走后门、认人为亲、假冒伪劣、诚信缺失等陋习等，却普遍存在。这一切，导致人们在日常生活的体验和真实认知中社会信任度不高，是个不争的事实。

（2）顾客对国产商品信任缺失

由于多种原因，很多国民具有"月亮还是国外的圆"的思想，养成了"国外的再贵也要买，国产的再好也不买"的消费观念，国内自主研发的产品却常常面临"叫好不叫座"的局面。许多国产的自主创新产品和研发技术在市场上发展困难、产品缺乏国家政策支持，这是实施创新型国家战略的阻碍。

日本经济产业省称，2016年中国消费者购买日本商品的金额同比增长30.3%，达到10 366亿日元，超过了中国人赴日旅行时的购物消费金额7 832亿日元，呈现出"第二波爆

---

① 世界价值观调查组在1981年到2014年间对100多个国家进行了六轮调查。http://www.wenming.cn/ll_pd/ddjs/201603/t20160328_3241219.shtml。

② http://www.wenming.cn/ll_pd/ddjs/201603/t20160328_3241219.shtml。

买"的态势。日本的网购用户中,只有5%的人有跨境网络购物的经历,但中国这一数字已经达到26%,每4人中就有1人进行过跨境网购。

第一波爆买日货是在2015年8月,尽管当时中国股市暴跌,人名币贬值11%。但前往日本的中国游客数量还是增加了一倍!中国游客消费了日本商品800亿元[①]。

(3) 科研失信现象普遍

科研诚信是科技创新的基石。近年来,我国科研诚信建设在工作机制、制度规范、教育引导、监督惩戒等方面取得了一定的成效,但整体上还存在诸多不足与薄弱环节,违背科研诚信要求的行为仍然存在。

科研中常见的不诚信现象有:剽窃、侵占、捏造科研成果的;编造、篡改与不当使用科研数据;泄漏科研秘密;科研项目设立、成果评定等过程中造假;违禁研究等。无论是哪种失信行为,都具有极大危害。不仅败坏社会风气,而且破坏科研生态,阻碍科研合作。更严重的是,如果科学家缺乏社会责任感、人类使命感,肆无忌惮地进行违禁研究,将给人类带来灾难性的后果。科学发展史已经用血淋淋的历史加以证明。

10.4.1.2 创新制度保障缺失

(1)"官本位"、人治大于法治

根深蒂固的"官本位"意识,使行政构架替代了知识生产的内在本质结构,权、名、利三位一体,使得从事科技研究的工作者过于注重追求行政利益。在科学研究行业中,由于对"家族"和"行会"观念的注重,使严谨的学术标准往往被人际关系中的亲疏原则忽略,形成了师生、团队、学派等变为垄断科技资源分配的利益集团的现象,导致了同行评议制度的作用难以发挥,无法实现相互督促改进的作用。同时,由于存在论资排辈的路径依赖,那些得到该领域内学者专家们广泛认可的科学权威与行政权威、社会权威等不同性质的权威被混同起来,导致优秀专业人才难以崭露头角。这些本位主义的思想倾向,使学术活动和技术创新中近亲繁殖现象严重,团队与机构之间闭门造车,人才与知识流动停滞,学科之间的交叉研究难以开展。

(2) 人情关系降低制度权威

"仁、义、礼、智、信",中国人重情义是多年来的传统,把人情加入到管理中也就成了中国企业尤其是家族企业的重要特征。将个人情感因此恰当地融入人力资本管理中,特别是设计一套人性化的管理制度,会起到正面的、积极的、强大的激励作用。但是如果夸大情感的管理职能,替代法律法规,甚至人情凌驾于规章制度之上,就会出现不利于管理的局面,比如,越权管理、滥用职权的现象,破坏了制度的执行,会给企业的发展带来负面影响,往往成为制约发展的阻碍因素。

特别是当前我国市场环境、法律制度尚不健全、正式制度匮乏的情况下,"拉关系讲人情"等暗箱操作往往成为争取资源和降低风险的工具;在强政府的垄断力量下,政府官员的腐败与权力寻租普遍存在,"非生产性努力"现象成为资源配置过程中的常态,并陷入恶性循环,加重两极分化的情况,降低了人们努力创新的积极性。

---

① https://www.sohu.com/a/167100820_501493.

(3) "裙带"关系弱化组织机能

我国"裙带"关系现象严重，尤其是国有企业，受多年来计划经济管理体制的影响，老少几代在同一公司的现象很常见。通过亲戚朋友介绍或接班等形式招聘员工形成错综复杂的人际关系网络，严重不利于企业正常运行以及工作管理。员工之间的"裙带"关系包括亲人、族人、同乡、同学、老同事等，这种关系现象在民营企业更为严重，企业对有关人员的管理就成为一个大问题。由于这种关系的长期存在，使得企业管理组织规章制度执行力不强，出现任人唯亲、机构臃肿的现象，对企业的正常发展带来了严重的不利影响，也极大地影响了创新活动的开展。

(4) 创新政策不统一增大了不确定性

政策在中国具有特殊的意义。为了有序举行创新活动，政府、企业、高校组织和各种中介组织等都不断在改革创新。各级政府在高新技术板块创新孵化器建立与运行、创新税收优惠等方面出台了一系列政策；企业也做出一系列规定，促进产学研各方合作、建立开放式创新网络、合作研发新技术等；高校和科研机构在与企业的合作过程中有相关的合作研发政策与技术转移政策；中介组织按相关政策服务科技成果定价、测度及转化。但是，由于政出多门，各个主体制定的创新政策之间却互不连通，存在相互矛盾甚至冲突的地方。同时众多的创新绩效评价指标体系缺乏统一标准，纷繁多样，口径不一，统计困难，缺乏横向的可比性。

多样化甚至相互矛盾、冲突的政策降低了创新主体的确定性预期，增加了不确定性和风险。

10.4.1.3 创新系统存在"系统失效"

(1) 科技、教育与经济脱节

中国科技创新系统显然典型的"系统失效"特征，教育、科技与经济的脱节就是这种失效总体表现。具体情况如下：企业、科研机构以及大学之间的合作联系不足。首先，企业与大学、企业与科研机构和企业与企业之间合作、联系和专业交流较少。其次，虽然国家资助力度比较大，但是随着社会经济快速的发展，在基础研究方向与开发研究和产业界的应用之间国家支持不匹配。高校人才不能培养出创新型人才、应用型人才，不能满足企业迫切需要。最后，大部分金融机构为回避创新创业风险，科技金融体系不完善；在加强专业交流方面，技术转移等中介机构没发挥出应有的作用；在吸收创新信息方面，企业能力较差；等等。

(2) 宏观和微观层面存在"两张皮"

由于历史与现实、体制以及机制等多方面因素的影响，长期以来，我国自主创新存在宏观自主创新和微观自主创新"两张皮"现象。产政研三方主体的目标函数不一致，难以协同发展，自主创新的合力效应难以实现。

对企业而言，其创新发展的内在动力应是追求最大的经济效益，尽可能为社会创造最多的财富；发展的外部压力是在市场规则下自由的激烈的市场竞争环境，在竞争环境里寻求最大的经济效益。

对政府而言，政府官员更多的目标追求是谋求"政绩"，获得职位晋升。因此，一些地方政府官员不愿意承受自主创新过程可能带来的风险与挑战。而且任职短期效应也会导致政府官员更多地关注短、平、快项目，比如建新城、开发房地产，而不是关注周期长、不确定性大的技术创新，因此不愿进行更多的创新投入，特别是基础研究更是容易受到冷落。对于高校和研究机构来说，一些追求一流的科研成果科研单位因体制和机制的局限，缺乏市场环境的发展压力和创新动力,封闭在象牙塔内部,常常只追求与利益相关的理论成果,导致科研与生产脱节,理论与现实不符。所以"两张皮"是我国企业自主创新能力不强的主要原因。

(3) 创新生态中驱动因素的协同性差

创新生态中存在四种驱动因素的协同:知识、组织、空间和制度。其中,知识协同是核心,是为了提高创新系统内部各构成要素的运行效率;组织和空间协同是基础,是为了优化空间结构与系统,为各创新主体搭建创新平台;制度协同是保障,是为了维护在系统运行过程中规则匹配。因此,创新生态中四种驱动因素四维一体才能创造最大化效益。

当前四维因素的协同障碍具体表现为以下四个方面:

第一,知识在供求双方之间的转化不充分。从供求双方整体来看,供给方和需求方之间的知识信息转化率低、流动率低,双方在协同与匹配方面的程度有待提升。科研和产业之间依然存在脱节或者说各自为阵的问题,科技成果转化成功率低。研究表明,转化成功率甚至低于10%。

第二,创新主体不匹配。从目前现状来看,组织的多方合作存在许多问题:一是尚未完全确立企业在技术创新体系中的主体地位;二是有限的科技资源受到体制分割的限制,优化配置步履艰难;三是合作格局仍然存在分散、低效、封闭的问题;四是产学研政各方的螺旋式上升网络结构仍然未见雏形;五是各方以及大环境的核心知识保护意识不足等。①

第三,创新政策不统一。政出多门,评价指标体系标准不统一,纷繁多样,甚至互相矛盾。这降低了创新主体的确定性预期,增加了不确定性和风险。

第四,空间距离难以跨越。现行创新资源分布不均,尽管在网络和信息技术下,企业可以在全球范围内获取创新资源,但这种网络上的零距离依然难以替代地理空间上的近距离合作带来的效益。

图10-9显示了创新驱动发展中的"主体—知识—空间—政策"之间的协同机制。

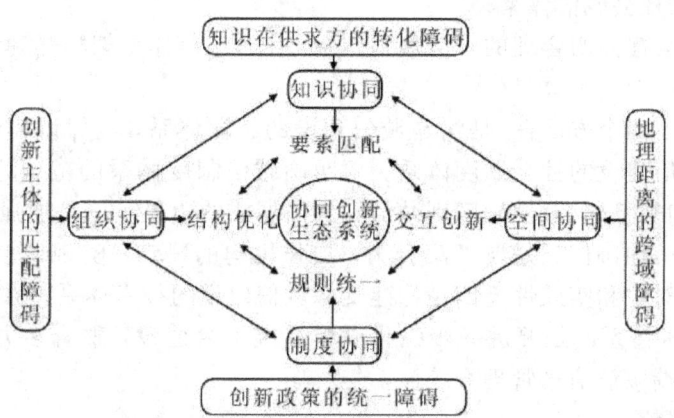

图10-9 创新驱动发展中的"主体—知识—空间—政策"协同模型

10.4.1.4 创新创业方面服务能力较低

目前我国创新创业服务方面发展比较落后,机构不完善,存在较多的问题。在服务机构

---

① BOGERS M.The open innovation paradox: knowledge sharing and protection in R&D collaborations[J]. European Journal of Innovation Management,2011,14(1):93-117.

方面，存在诸如专业化程度低、市场主体发育尚未成熟、服务机构缺乏规模效应，尚未建立高端服务业生态等问题。

虽然创新创业服务机构数量较多，但服务能力强、规模大的品牌服务机构寥寥无几，能够提供集成化服务的龙头机构更是少见；并且专业优秀的管理人才不足，严重缺乏高端增值服务能力。

在中介服务方面，大部分中介服务机构对自身业务定位不明确，缺乏服务特色与核心竞争力，不能快速有效解决自身发展的实际问题，至今未形成专业化分工以及网络化协作的服务体系。在技术中介机构方面，各级科技行政管理部门所属的官办机构数量多，而民办的科技中介服务机构数量少，缺乏科技服务的职业经纪人等问题。同时，技术成果转移的市场化程度不高，运作机制还不够完善。此外，我国科技金融尚不成熟。

10.4.2 社会资本的积累与提升

10.4.2.1 构建诚信社会

人无信则不立，商无信则不兴，政无信则不威。

(1)提高社会诚信意识

一是加强诚信教育。在各个层次的教育中都要纳入诚信守信的思想教育。

二是拓展诚信教育的方式。通过公益广告、道德讲堂、以案说法、读史明智、法治课堂等不同形式，借助传统媒体、新媒体及面对面、网对网等方式，联系我国社会主义核心价值观展开宣传，形成全方位、立体交叉式的诚信宣传体系。

三是增强诚信的褒奖力度。广泛倡导诚信的社会意识，加强对诚信的正面评价，形成积极的激励导向，释放注重诚信的正能量信号。

四是国家机关及党员干部要起到模范榜样作用，带头讲诚信，鼓励讲诚信。

(2)进一步健全社会诚信体系

建立有利于社会遵循的合理的诚信规则体系，完善诚信体系架构是建设诚信社会关键的一步。

其中主要有以下四个方面：一是构建诚信建设的法律体系，确保诚信建设的法治化有法可依。二是构建诚信建设的社会制度体系。要明确诚信制度体系的范围；完善诚信体系的总体框架、评价体系和衡量标准；明确区别诚信和失信惩戒的边界。三是加强诚信机构之间的分工协作。加强诚信机构协作就是要汇集合力，加强机构的联动，实现诚信信息的资源共享，提高诚信建设的针对性和实效性。四是构建支撑诚信建设的技术体系。在移动互联网的信息时代，构建诚信技术体系就是要进一步强化诚信系统平台建设，整合多方平台；开发一体化的高水平的移动终端诚信信息管理系统。

(3)打造科研诚信

科研诚信是科技创新的基石。科研诚信就是个人或科研机构在从事科学研究过程中遵守正式承诺、履行法定和约定义务、遵守学术界公认行为准则的能力和价值观。因此，要加大科研诚信建设，培育和践行社会主义核心价值观，弘扬科学精神，打造诚信科研。一是科研人员要加强自律，包括道德的自我约束，内部科研管理制度的约束。二是要加强他律，包括法律调整、学会、协会监督和社会舆论监督等。三是建立健全科技监督体系，加强监督统筹，完善科技监督年度计划制度，规范监督检查行为。健全科研诚信建设工作机制，加快建设覆盖全国的科研诚信信息系统,加大对违规和科研不端行为的查处力度。尽快编写并出台推进科学研究作风建设的文件,营造严谨务实、科学奉献的科研氛围。

在合作共赢协同创新的社会大背景条件下,更是要加强信任机制的构建。因为"社会资本要素中的普遍信任,其信任指数的高低决定着一个社会或一个社区的社会资本的存量,影响人们参与集体行为的决心"。[①] 研究发现沟通、个人魅力、信任倾向、信息共享、愿景、组织特征差异、声誉等都会影响信任的建立和维持,影响合作的运行机制(见图10—10)。

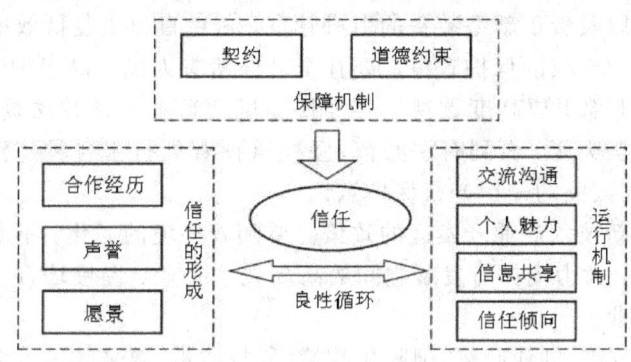

图10—10　协同创新的信任机制

资料来源:陈劲.协同创新[M].杭州:浙江大学出版社,2012:9.

首先,要构建创新平台,有意识创造合适的机会,以加强创新主体的交流机会,增加创新主体的交流频度。以项目交流合作、团队交流等形式结成对子,在不断接触中相互了解和理解,逐步走出彼此"预定人设的影响",互相学习进步。"路遥知马力,日久见人心",时间久了,自然会消除猜疑和提防心理,建立彼此的信任关系,使创新平台成为创新者联系的桥梁。

其次,在此基础上鼓励甚至奖励创新者尤其是年轻人迈出学术交流的第一步,逐渐消除畏惧"露怯""献丑"心理,延长信任半径。在碰撞与磨合中,逐步建立起普遍的信任关系。

10.4.2.2　完善创新制度建设

(1)进一步深入推进科技体制改革

科研评价方面,要以科技创新质量、贡献、产出、绩效为导向,建立分类评价体系。加快建立科技人才分类评价机制,打破"唯论文、唯职称、唯学历、唯奖项"倾向,坚持评用结合,强化用人单位人才评价主体地位。科技计划方面,要优化完善科研项目资金协调、评估、监管机制,加强科技计划管理工作统筹协调。尊重科技工作者的劳动,优化科研项目和经费管理,赋予科研人员更大的科研自主权,精简科研项目经费预算编制,简化项目申报和过程管理,合并财务验收和技术验收。实行科研项目绩效分类评价,严格执行任务书的评价考核约定,加强绩效评价结果的应用。

(2)制定科学有效的科技创新策略

一是制定技术创新优惠导向的财政、金融和税收政策。通过制定税收福利政策,鼓励企业增加研发投入资金。如果是高新技术企业,可以对其生产销售给予财税优惠政策;如果是传统产业企业,可以对其投资或设备更新给予税收减免优惠政策等。施行激励自主创新的政

[①] [美]罗伯特·D.普特南.使民主运转起来[M].王列、赖海榕,译.南昌:江西人民出版社,2001:96.

府采购政策；健全关于科技创新的金融政策，制定具有导向的金融政策，引领社会各类金融机构积极参与自主创新与产业化。可借鉴国外经验，直接提供科技投资支持或津贴；允许将研发支出在税前勾销。

二是制定激励创新与实践的产业政策。要制定和完善激励关于科技成果转化与高新技术产业化方面的政策；要不断健全鼓励引进新技术并且消化吸收再创新的政策，加强新技术引进学习与消化吸收方法的无缝衔接，提高企业或机构技术配套和自主研发方面的能力；严格对重大科学技术学习以及贵重新型装备的引进管理，避免盲目重复低效率地引进。

三是制定尊重知识产权的保护政策。要让全社会所有人民提高保护知识产权的意识和观念，特别是各级领导干部更要高度重视。要加快速度完善相关法律法规，做到有法可依；增强保护知识产权的执法力度，做到有法必依；坚决重视查处打击各种违法侵权行为，做到执法必严；这样才能提高人民的知识产权保护意识。

四是制定关于高新技术产业开发区的政策。要随着环境的变化，不断健全有利于高新区发展的相关政策法规，大力支持有发展空间的高新技术企业，慢慢培育一批我国的拥有国际竞争力的高新技术企业。

此外，还有人才政策、创业政策、国际化政策、科技政策、政采政策等多项事关创新创业的一揽子政策体系和框架。

10.4.2.3　构建良好的创新网络

(1)推进创新生态体系建构

要推进创新生态体系建构的工作，就要重点推进以下具体工作。第一，要建立以市场为导向，以企业为主体的产学研相结合的技术创新体系。使企业拥有更多的自身发展空间，确实是产品研发资金投入的主体，技术创新锐意进取的主体和成果应用产品推广的主体，利用市场竞争的推理去增强企业的自主创新能力。第二，设置普通高等教育与科研有机结合的创新知识结构。其以开放、公平、协作、竞争的运行机制为核心，充分利用高等院校和科研机构的科学技术资源，集大成的力量来建设较多的先进学科领域、专业研究基地以及优秀人才队伍。第三，要设立寓军于民、军民协作的国防科技创新体系。增强军用与民用的科技资源集聚，达成从基础理论研究、应用研究开发、产品设计三阶段到技术制造和产品采购的合理协作，打开一个军民高新技术相互转移、资源共享最佳结合格局。第四，要建构具有特色鲜明与优势明显的区域创新体系。增强中央与地方在科技力量方面的结合力度，要充分发挥科研机构、高等院校以及国家高新技术产业开发区的重要作用，不断增强科技创新理论或成果对区域经济社会发展的支持功能。第五，要建设具有时代特色的、网络化的、便捷高效的科技创新服务中介体系。大力支持和发展各类科技中介服务机构，不断提高科技中介服务机构的专业化、规范化和规模化水平，充分发挥科技服务中介有科技创新中的作用。

(2)加强协同创新

协同是通过把局部或分散的力量合理有机地排列组合，来完成某项工作和项目，达到比局部效果之和更好的效果，就如协同管理。协同管理的目的在于解决"信息孤岛""应用孤岛"和"资源孤岛"三大问题。通过实现信息协同、业务协同和资源协同，充分发挥企业的潜力，提高企业的效率与经济效益。

知识型企业区别与传统企业，其创新活动需要依靠内部与外部的创新网络的协同作用，内外部创新网络对企业的创新绩效都有影响。在良好的环境中，内外部创新网络即相互竞争,相互促进;反之则反,即互相限制,相互阻碍。例如,"协作竞争、结盟取胜、双赢模式"的世纪企业发展的新战略是由美国家喻户晓的麦肯锡咨询公司提出。简而言之即优势企业要结盟在一起才能更容易的战胜竞争对手企业。作为全球的日用消费品公司巨头之一的Procter和Gamble在很早的经营中就开始推行开放式创新模式,而且公司每年仍投入巨额的研发经费、投入大量有相当实力的专业技术研发人员,组织专门的研发部门。开放式创新模式下,每年创新投入在减少,创新产出却在增加,使得公司获得巨大的效益。这正是因为Procter和Gamble公司充分利用了外部创新网络及资源,明显提高了内部创新网络的效率。[①] 如图10—11所示。

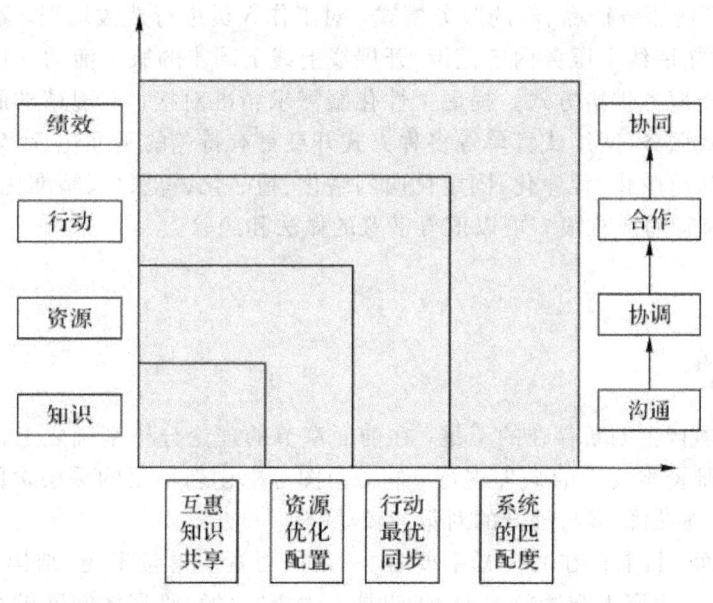

图10—11 协同创新理论框架

资料来源:陈劲,阳银娟.协同创新的理论基础与内涵[J].科学学研究,2012,30(2):161.

10.4.2.4 提升创新创业服务水平

(1)完善支撑创新创业的服务体系

一是完善创新创业方面的金融服务。在现有的基础上创新金融体系,推动创业投资及多层次多元化资本市场发展,深化创新创业与金融结合试点,构建包括基础研究、试验检验以及应用生产的多元化、差异性、全链式的融资模式。

二是大力推进完善科技企业孵化器、科技园区等创业创新平台建设。创新平台完善后才能提供给创新创业者高效性、精准性以及公益性的服务。高度重视科研机构成果的孵化、转化以及产业化过程,提高创新创业科研成果的应用性,建造创新创业的"高产田"。

三是完善科技成果转化市场化评价体系。提供科技成果转化全流程、全方向以及全系统服务。以创新型孵化园、大学科技园等为载体,构建立体式的有机联系的创业服务平台。科学的评价体系会给行业指明方向。

---

① 王昊.宝洁公司的外部创新战略[J].Enterprise Management,2006(11):52—54.

(2) 搭建创新创业网络服务平台

平台以"全心全意为创新创业服务"为宗旨，全力做好服务需求调研、开发服务产品、服务需求信息传递、组织服务机构开展精准服务等一系列创新创业服务工作。推动资源和信息开放共享，加强平台网络服务资源之间的深度合作。如建立并不断完善服务资源、信息等共享机制，鼓励平台之间加强资源共享与合作以促共赢；支持各级中小企业主管部门建设平台网络以作为该企业的工作平台，推动与通信运营商、电商、互联网企业的交流与合作。

(3) 创新服务方式，提升服务水平

创新服务方式，结合社会科技发展水平，推广 O2O 的服务模式。平台网络运用新一代信息技术，开发新的服务产品、新的服务模式，对工作人员进行选拔培训，不断推动线下服务线上化；激励通过拓展线下服务内容范围、开展线上线下同步的服务活动、引入新模式等手段，推动平台网络扩充服务供给方式。提倡个性化服需求精准对接，实现精准服务。同时，服务机构可通过订单式服务、网络式订单等多种方式开展具有特色的精准化、高效化服务，推动中小企业公共服务从行政化、程序化、固定化向网络化、精品化、智慧化、精准化、品质化的方向发展。这方面，上海青浦区有很多可以值得借鉴的做法和经验。

本章小结

本章基于我国自主创新存在的不足，在前面章节的理论分析基础之上，通过对创新资本驱动体系中的四维资本要素的缺失进行分析，力图寻求创新不足的深层次原因。然后，针对要素缺失的现状，提出积累与提升的对策建议。

人力资本方面，目前存在的问题主要有：一是人力资本总量不足、结构失衡；二是人力资本投资乏力；三是人力资本配置效率低下；四是人力资本（源）管理体制不健全。对此，要采取相应的对策：一是要加大人力资本投资；二是要增强人力资本激励；三是要优化人力资本配置；四是要改进人力资本管理。

知识资本方面，目前存在的问题主要有：一是知识创造能力不足；二是知识共享存在诸多障碍；三是知识产权保护有待完善；四是知识管理的水平还比较低。对此，要采取相应的对策：一是要增强知识创造能力；二是要加强知识共享；三是要加强知识产权保护；四是要完善知识资本的管理。

文化资本方面，目前存在的问题主要有：一是缺乏崇尚创新的价值观念；二是缺少具有开拓创新意识的企业家和企业家精神；三是缺乏促进创新的文化育人氛围。对此，要采取相应的对策是：一是要树立创新价值观，弘扬创新精神；二是要培育开拓创新意识的企业家和企业家精神；三是培育促进创新的文化育人氛围。

社会资本方面，目前存在的问题主要有：一是社会信任度不高；二是创新制度保障缺失；三是创新系统存在"系统性失效"；四是服务创新创业的能力不高。对此，要采取相应的对策：一是要构建诚信社会；二是要完善创新制度建设；三是要构建良好的创新生态网络；四是要提升创新创业服务水平。

结论与展望

一、研究结论

(一)基本观点

● 自主创新是建设创新型国家的核心,是我国国家发展战略的根本和保证。

● 人力资本是创新的主体和源泉,其载体的积极性直接影响创新活动的展开和绩效。

● 知识资本是前人创新成果的载体,又是进一步创新的基础和要素。后发国家只有不断积累创新型知识资本,才能实现赶超,进入创新型国家行列。

● 文化资本是自主创新的灵魂,它能孕育创新思想、激励创新意志、引导创新行为、规定创新应用的基础。

● 社会资本,无论是结构型社会资本还是认知型社会资本,都对创新主体发挥着不可忽视的作用,极大地影响着创新资源的组织与创新绩效。

● 人力资本、知识资本、文化资本、社会资本多位一体,共同构成促进中国特色自主创新的非物质资本驱动体系。

(二)主要结论

本研究基于创新理论、人力资本理论、知识资本理论、文化资本理论及社会资本理论,提出人力资本、知识资本、文化资本及社会资本共同构成自主创新的非物质资本驱动体系。通过理论阐述,并进行实证分析和经验检验,共得到以下几点结论:

1. 人力资本、知识资本、文化资本及社会资本共同构成自主创新的非物质资本驱动体系,它们共同作用于创新发展。

2. 通过对人力资本与技术创新的关系检验,揭示两者呈现正相关的关系。作为创新活动的承担者,人力资本与科技进步存在天然的联系。人力资本是技术扩散和应用的首要条件,人力资本存量、质量、配置结构对创新能力都有重大的影响。

3. 从知识资本与创新发展水平的空间分布来看,总体上,知识资本基础好的省份或区域,创新发展也比较好,两者空间分布具有趋同性,可以在一定程度上支撑知识资本对创新的促进作用。

4.从文化资本与创新发展来看,文化资本占优区域的省份或区域,创新发展也比较好,两者具有一致性。

5.从社会资本与创新发展来看,社会资本与创新发展的空间分布大致与经济发展空间差异相符合。一般来说,社会资本丰富的省份或区域,创新水平也相对较高。

6.在共同作用于自主创新的过程中,人力资本、知识资本、文化资本和社会资本具有相互作用的内在机制。揭示多维资本的互动关系和互动机制,有利于构建和完善我国的自主创新体系,促进我国创新型国家战略的实施和尽早实现。

7.我国自主创新已取得了伟大的成就,在世界占有一席之地,但是发展还不均衡,与先进国家尚有差距,还没有进入创新型行列。从四维资本驱动视角来看,这源自四维资本还存在缺失。因此,积累和优化我国四维资本要素,是促进创新的重要方向。

二、研究展望

鉴于课题涉及的面非常广泛,研究深度较高,目前的研究尚不能穷尽,还存在较多局限。特别是随着科技进步和经济社会的发展,实践中的新情况、新问题层出不穷,有待理论研究进一步深化。

1.四维资本作为一个驱动体系,如果没有形成合力,则可能出现内部消减的情况,这也是为何单一资本优势并不一定带来创新优势的原因。

2.四维资本构成大系统中,其自身内部又有很多子系统,影响因素非常复杂,影响程度也不一,因此对子系统影响权重的研究有待进一步深入。

3.四位一体的理论模型提供了一个创新驱动非物质资本体系的分析框架,但尚未构建包含四维资本在内的实证模型,这将有待于下一步深入研究。

4.尽管四维要素具有资本属性,但鉴于非物质资本与物质资本的客观差异,在指标选取、计量分析上仍无法做到绝对精准,其结论需要理性对待。

参考文献

著作类

1. 卡尔·马克思.资本论(第1、3卷)[M].北京:人民出版社,1975.
2. 马克思,恩格斯.马克思恩格斯全集(第1、3卷)[M].北京:人民出版社,1972.
3. 亚当·斯密.国民财富的性质和原因[M].北京:商务印书馆,1976.
4. 熊彼特.经济发展理论[M].北京:商务印书馆,1990.
5. 阿瑟·刘易斯.经济增长理论[M].北京:商务印书馆,1996.
6. 戴尔·尼夫,等.知识对经济的影响力[M].北京:新华出版社,1999.
7. 科斯等.财产权利与制度变迁[C].上海:上海三联书店、人民出版社,1994.
8. 柯武刚、史漫飞.制度经济学——社会秩序和公共政策[M].北京:商务印书馆,2002.
9. 查理德·A.波斯纳.法律的经济分析[M].中国大百科全书出版社,1997.
10. 埃瑞克·G.菲吕博顿.新制度经济学[M].上海:上海财经大学出版社,1998.
11. 诺斯.制度、制度变迁与经济绩效[M].刘守英,译.上海:上海三联书店,1994.
12. Peter F.Drucker,创新与企业家精神[M].彭志华译.海口:海南出版社.
13. 朱迪.埃斯特琳.美国创新在衰退?[M].北京:机械工业出版社,2010.
14. 罗伯特·帕特南.独自打保龄球[M].北京:北京大学出版社,2010.
15. 李钟文,威廉·米勒,玛格丽特·韩柯克,等.硅谷优势:创新与创业精神的栖息地[M].北京:人民出版社,2002.
16. 皮萨诺,史.制造繁荣:美国为什么需要制造业复兴[M].北京:机械工业出版社,2014.
17. 施锡铨.博弈论[M].上海:上海财经大学出版社,2001.
18. 孟华兴,季小江,企业家的精神发展与企业的创新及其方法[M].北京:中国经济出版社,2012.
19. 陈蕾.中国区域自主创新能力评价及提升对策研究[M].北京:新华出版社,2016.
20. 张鹏,等.技术创新政策理论工具与广东实践[M].广州:广东科技出版社,2006.
21. 赵敬明,刘彦辰.现代企业技术创新[M].广州:中山大学出版社,2007.
22. 王淑芬.知识经济与企业创新教程[M].北京:中国劳动社会保障出版社,2006.
23. 刘昌明,赵传栋.创新学教程[M].上海:复旦大学出版社,2006.
24. 贾根良.演化经济学[M].太原:山西人民出版社,2004.
25. 范在峰.企业技术创新与知识产权法律[M].北京:人民法院出版社,2004.
26. 雷家骕.知识经济学导论[M].北京:清华大学出版社,2001.
27. 赵玉林.创新经济学[M].北京:中国经济出版社,2006.

28. 袁庆明.技术创新和制度结构分析[M].北京:经济管理出版社,2002.
29. 颜晓峰.知识创新:实践的诠释[M].北京:国防大学出版社,2004.
30. 李正风,等.中国创新系统研究——技术、制度与知识[M].济南:山东教育出版社,1999.
31. 胡海波.产业自主创新能力及其评价研究[M].北京:经济管理出版社,2011.
32. 涂成林.自主创新的制度安排[M].北京:中央编译出版社,2010.
33. 崔晓露.高新区创新网络与区域创新[M].上海:上海人民出版社,2017.
34. 杨世伟.国际产业转移与中国新型工业化道路[M].北京:经济管理出版社,2009
35. 张宗庆.长三角区域研发联盟研究[M].南京:南京大学出版社,2013
36. 王滨.自主创新纵横谈[M].上海:上海科学普及出版社,2007.
37. 廖少纲.自主创新软环境系统研究[M].南昌:江西科学技术出版社,2011.
38. 韩迎春,孔祥宁.中国特色自主创新道路研究[M].南昌:江西人民出版社,2008.
39. 李湛,吴寿仁,等.走向自主创新:中国现代创新的路径[M].上海:上海人民出版社,2008.
40. 李丽,宁凌.企业发展的核心要素:文化资本[M].北京:中国经济出版社,2006.
41. 编委会.自主创新,提升竞争力的关键[M].北京:中国方正出版社,2006.
42. 傅家骥,雷家啸,程萌.技术经济学前沿问题[M].北京:经济科学出版社,2003.
43. 许文瑞.研究、发展与技术创新管理[M].北京:高等教育出版社,2016.
44. 许文瑞.技术创新管理[M].杭州:浙江大学出版社,2013.
45. 傅家骥.技术创新论[M].北京:清华大学出版社,2016.
46. 宋耘,曾进泽.企业自主创新的影响因素及演化路径研究[M].广州:中山大学出版社,2010.
47. 颜永才.产业集群创新生态系统的构建及其治理研究,[M].北京:新华出版社,2015.
48. 张正华,雷晓凌编著.创新思维、方法和管理[M].北京:冶金工业出版社,2013.
49. 孙鹤.制度创新理论与实践[M].昆明:云南科技出版社,2004:5.
50. 刘忠,董海龙,田小飞编著.自主创新300问[M].北京:知识产权出版社,2006:6.
51. 孙洪敏著.创新概论[M].太原:山西出版集团,2008:10.
52. 庄卫民,龚仰军.产业技术创新[M].上海:东方出版中心,2005:5.
53. 刘永谋.自主创新与建设创新型国家导论[M].北京:红旗出版社,2006.
54. 曹红艳.走自主创新道路建设创新型国家[M].郑州:河南人民出版社,2006.
55. 宋河发.自主创新能力建设与知识产权发展:以高技术产业为视角[M].北京:知识产权出版社,2013:3.
56. 陈劲.协同创新[M].杭州:浙江大学出版社,2012
57. 沈志渔.中国特色自主创新道路研究[M].北京:经济管理出版社,2011.
58. 陈勇鸣,陈辉等著.创新的瓶颈与突破[M].上海:上海人民出版社,2010.
59. 张正华,雷晓凌编著.创新思维、方法和管理[M].北京:冶金工业出版社,2013.
60. 庄卫民,龚仰军主编.产业技术创新[M].上海:东方出版中心,2005.
61. 王滨著.自主创新纵横谈[M].上海:上海科学普及出版社,2007.
62. 颜莉,吴海燕著.中国城市创新能力及其评价[M].武汉:武汉大学出版社,2012.

63. 李士,徐治立,李成智等著.创新理论导论[M].北京:中国科学技术大学出版社,2009.
64. 李保红.ICT创新经济学[M].北京:北京邮电大学出版社,2010.
65. 李春艳.产业创新系统生成机制研究[M].长春:东北师范大学出版社,2010.
66. 颜晓峰著.创新论[M].北京:国防大学出版社,2002.
67. 柳新华,宋广文等主编.创新致胜[M].济南:山东人民出版社,2000.
68. 潘坤.资本属性理论中国化进程的历史考察[M].成都:四川大学出版社,2014.
69. 段兴民,张志宏著.中国人力资本定价研究[M].西安:西安交通大学出版社,2005.
70. 郭龙,付泳.人力资本理论问题研究[M].成都:电子科技大学出版社,2014.
71. 张日新.人力资本与中国高等教育体制改革研究[M].北京:中国经济出版社,2007.
72. 韩经纶.增值知识资本[M].贵阳:贵州人民出版社,2003.
73. 石婷婷.人力资本产权制度分析[M].北京:中国经济出版社,2005.
74. 陈则孚.知识资本理论、运行与知识产业化[M].北京:经济管理出版社,2003.
75. 柴旭东.蜕变中再生——知识经济与企业创新[M].北京:民主与建设出版社,1999.
76. 刘荣,廖思湄,等.跨文化交际[M].重庆:重庆大学出版社,2015.
77. 李思屈,李涛.文化产业概论[M].杭州:浙江大学出版社,2014.
78. 陈艳宇.文化冲突与多元文化导论[M].北京:中国民主法制出版社 2016.
79. 刘新荣.文化资本、产业战略和企业管理[M].长沙:国防科技大学出版社,2007.
80. 李仁武.现代企业创新文化[M].广州:中山大学出版社,2007.
81. 成良斌.文化对我国技术创新政策的影响研究[M].北京:中国地质大学出版社,2011.
82. 辜秋琴.企业技术创新体系研究[M].成都:四川大学出版社,2008.
83. 毛成刚,乔南.晋商文化与家族商业研究[M].经济管理出版社,2008.
84. [法]布尔迪厄:《文化资本与社会炼金术——布尔迪厄访谈录》[M].上海:上海人民出版社,1997.
85. 刘亚军.企业技术创新绩效提升与战略基于智力资本、吸收能力及创新文化的影响[M].北京:中央编译出版社,2012.
86. 朱国华,陈静.社会资本在知识服务产业发展中的作用——以上海律师业为例[M].上海:同济大学出版社,2013.
87. 王钦等著.中国企业自主创新战略研究[M].北京:经济管理出版社,2011.
88. 编委会.企业科技创新管理[M].上海:上海科学技术出版社,2009.
89. 蓝寿荣.社会诚信的伦理与法律分析[M].武汉:华中科技大学出版社,2010.
90. 覃成林,葛华,高建华,等.建设创新型国家[M].郑州:河南人民出版社,2007.
91. 魏杰.中国企业制度创新[M].北京:中国发展出版社,2006.
92. 丁栋虹.创业学[M].上海:复旦大学出版社,2014.
93. 李健,侯书生,刘家珉.积聚人力资本——企业的人力资源开发[M].成都:四川大学出版社,2016.01.
94. 赵中利,李浩.人力资源管理[M].广州:中国海洋大学出版社,2007.
95. 董临萍,龙丽群.人力资源管理[M].上海:华东理工大学出版社,2014.
96. 赫尔曼·哈肯著.凌复华译.协同学[M].上海:上海世纪出版社,2005.
97. 樊治平,等.知识管理研究[M].沈阳:东北大学出版社,2003.

98.周洪宇,鲍成中.大时代:震撼世界的第三次工业革命[M].北京:人民出版社,2014.

论文类

99.宋河发,穆荣平.自主创新能力及其测度方法与实证研究——以我国高技术产业为例[J].科学学与科学技术管理,2009(3).

100.高传贵.企业自主创新内生性驱动因素的影响机制与系统构建研究[D].济南:山东大学,2018.

101.安同良,等.中国自主创新研究文献综述[J].学海,2012(2).

102.王正龙.企业自主创新能力研究综述[J].特区经济,2019(3).

103.朱孔来.自主创新能力的构成要素及测度指标体系[J].胜利油田党校学报,2007(2).

104.杨建君.国内自主创新最新研究动态与评述——一个新框架的提出[J].科技管理研究,2014,34(6).

105.高锡荣.国内外自主创新研究文献综述[J].现代商贸工业,2014(6).

106.杜振勇.人力资本对区域创新的影响研究[D].天津:天津财经大学,2017.

107.郭吉涛.企业人力资本对知识创新影响的实证研究——组织激励和技术创新的中介作用[J].科技与经济,2012(3).

108.丁莹莹.基于知识管理的人力资本对企业创新绩效的影响[D].天津:天津科技大学,2017.

109.张治栋,吴迪.人力资本结构高级化与产业创新效率提升——基于长江经济带的实证分析[J].当代经济管理,2019(41).

110.王艳涛.教育人力资本对区域技术创新影响的实证研究[J].科技管理研究,2019(5).

111.李雪.创业企业知识资本与技术创新绩效关系研究[D].鞍山:辽宁科技大学,2016.

112.杨菲,安立仁,史贝贝.知识积累与创新关系研究脉络及未来展望[J].科技管理研究,2017(11).

113.杜江.知识资本、OFDI逆向技术溢出与企业技术创新——基于全球价值链视角[J].科技管理研究,2015(21).

114.张家瑞.企业社会资本、知识管理能力与技术创新绩效的关系研究[D].兰州:兰州理工大学,2018.

115.曹勇.企业知识治理、知识共享与员工创新——社会资本的中介作用与吸收能力的调节效应[J].科学学研究,2014(1).

116.刘亚军.企业智力资本、吸收能力及创新文化对技术创新绩效的影响——基于制造业的研究[D].天津:天津科技大学,2010.

117.吴晓鸥.企业文化与企业创新关系研究综述[J].西安石油大学学报(社会科学版),2014(21).

118.梁洁.企业文化、技术创新能力和企业绩效的相关性研究[D].上海:华东师范大学,2018.

119.黄全花.企业文化的构成要素与企业绩效关系的实证研究——基于我国企业文化建设的视角[D].成都:西南财经大学,2012.

120.王靖阁.企业文化对企业绩效的作用分析[D].济南:山东师范大学,2018.

121.顾美玲.企业创新文化对IT业务融合的影响机制研究[D].长春:吉林大学,2018.

122.刘鑫.企业文化创新对提升企业核心竞争力的作用分析[J].企业改革与管理,2019(3).

123.周梦玲.论企业的核心价值观与技术创新[J].江苏科技信息,2009(1).

124.刘萍.企业文化创新对企业管理创新的影响力[J].现代工营销,2019(3).

125.赵云辉.社会资本、知识特性与企业知识创新——以科技型企业为对象[J].2014(1).

126.成良斌.文化传统、社会资本与技术创新[J].中国软科学,2006(11).

127.杨德祥.社会资本对企业员工创新行为的影响——知识共享和信任的中介效应[J].科技进步与对策,2007(10).

128.李浩.社会资本对集群创新中知识整合有效性的影响研究[J].管理案例研究与评论,2017(8).

129.熊捷,孙道银.企业社会资本、技术知识获取与产品创新绩效关系研究[J].管理评论,2017(5).

130.孙冰.企业技术创新动力研究[D].哈尔滨:哈尔滨工程大学,2015.

131.王正龙.企业自主创新能力研究综述[J].特区经济,2019(3).

132.林向义,张庆普,韩晓琳.基于知识管理的大庆油田自主创新能力提升研究[J].中国科技论坛,2007(6).

133.陈力田,许庆瑞.知识搜寻跨边界协同对自主创新能力结构类型影响的实证研究[J].科学学与科学技术管理,2014(10).

134.梁超.垂直专业化、人力资本与我国的技术创新能力[J].产业经济研究,2013(2).

135.教育人力资本对区域技术创新影响的实证研究[J].科技管理研究 2019(5).

136.人力资本结构高级化与产业创新效率提升[J].当代经济管理,2019(3).

137.王孝斌.企业人力资本与技术创新的相互作用研究[J].生产力研究,2006(6):214-215.

138.邹艳,张雪花.企业智力资本与技术创新关系的实证研究——以吸收能力为调节变量[J].软科学,2009,23(3).

139.郭吉涛,章仁俊,秦善勇,等.企业人力资本对知识创新影响的实证研究——组织激励和技术创新的中介作用[J].科技与经济,2012,25(3).

140.刘宁,贾俊生.研发团队多元性、知识分享与创新绩效关系的实证研究[J].南开管理评论,2012,15(6).

141.汤超颖,丁雪辰.创新型企业研发团队知识基础与知识创造的关系研究[J].科学学与科学技术管理,2015(9).

142.郭国庆,吴剑峰.企业知识库、技术探索与创新绩效关系研究:基于美国电子医疗设备行业的实证分析[J].南开管理评论,2007,10(3).

143.刘岩,蔡虹.企业知识基础与技术创新绩效关系研究:基于中国电子信息行业的实证分析[J].科学学与科学技术管理,2011,32(10).

144.吴航,陈劲.企业外部知识搜索与创新绩效:一个新的理论框架[J].科学学与科学技术管理,2015,36(4).

145. 刘文波,孙彪.母公司知识互补、子公司吸收能力与联盟创新绩效的关系研究[J].科技管理研究,2014,34(17).

146. 金昕,陈松.知识源战略、动态能力对探索式创新绩效的影响:基于知识密集型服务企业的实证[J].科研管理,2015,36(2).

147. 杨皎平,金彦龙,戴万亮.网络嵌入、学习空间与集群创新绩效:基于知识管理的视角[J].科学学与科学技术管理,2012,33(6).

148. 徐维祥,江为赛,刘程军.协同创新网络、知识管理能力与企业创新绩效——来自创新集群的分析[J].浙江工业大学学报(社会科学版),2016,15(1).

149. 张炜,赵娟,童欣欣.动态知识管理能力与创新绩效关系研究:创新开放度调节效应[J].科技进步与对策,2015,32(5).

150. 路琳,梁学玲.知识共享在人际互动与创新之间的中介作用研究[J].南开管理评论,2009,12(1).

151. 王艳子,罗瑾琏.目标取向对员工创新行为的影响研究——基于知识共享的中介效应[J].科学学与科学技术管理,2011,32(5).

152. 崔建.中国互联网企业的企业文化建设问题研究[D].北京:北京邮电大学,2012.

153. 廉晨瑶.互联网经济下企业文化对心理契约影响的实证研究[D].南昌:华东交通大学,2014.

154. 陈斌.基于创新流程视角的企业文化对企业创新能力的影响分析[J].商业经济,2010(8).

155. 李垣,范诵,赵永彬.不同企业文化模式对技术创新的影响分析[J].预测,2005,24(4).

156. 张方华.企业的社会资本与技术创新——技术创新理论研究的新视野.自然辩证法通讯,2003,25(6).

157. 杜小武,马美艳.技术引进对企业自主创新能力的影响研究[J].西安石油大学学报(社会科学版),2019(2).

158. 汤垚.新时代自主创新的困境及发展对策研究[J].吉林广播电视大学学报,2019(1).

159. 王建国.中关村国家自主创新示范区发展现状分析与国际比较[J].价值工程,2019(1).

160. 王霄,胡军,社会资本结构与中小企业创新——一项基于结构方程模型的实证研究[J].管理世界,2005,(7).

161. 窦红宾,王正斌.社会资本对企业创新绩效的影响:知识资源获取的中介作用[J].预测,2011,30(3).

162. 王雷.外部社会资本与集群企业创新绩效的关系:知识溢出与学习效应的影响[J].管理学报,2013,10(3).

163. 蒋天颖,王峥燕,张一青.网络强度、知识转移对集群企业创新绩效的影响[J].科研管理,2013,34(8).

164. 解学梅,左蕾蕾.企业协同创新网络特征与创新绩效:基于知识吸收能力的中介效应研究[J].南开管理评论,2013,16(3).

165. 范钧,郭立强,聂津君.网络能力、组织隐性知识获取与突破性创新绩效[J].科研管理,2014,35(1).

166. 韩莹,陈国宏.多重网络嵌入与产业集群知识共享关系研究[J].科学学研究,2016,16(10).

167. 谢洪明,王成,罗惠玲,等.学习、知识整合与创新的关系研究[J].南开管理评论,2007,10(2).

168. 谢洪明,张霞蓉,程聪,等.网络关系强度、企业学习能力对技术创新的影响研究[J].科研管理,2012(2).

169. 李贞,杨洪涛.吸收能力、关系学习及知识整合对企业创新绩效的影响研究——来自科技型中小企业的实证研究[J].科研管理,2012(1).

170. 潘宏亮,余光胜.社会资本、知识共享与企业技术创新能力的关系[J].情报杂志,2012(1).

171. 韦影.企业社会资本与技术创新:基于吸收能力的实证研究[J].中国工业经济,2007(9).

172. 侍文庚,蒋天颖.社会资本、知识管理能力和核心能力关系研究[J].科研管理,2012(4).

173. 朱建民,王红燕.企业社会资本对创新绩效的影响研究——基于知识吸收能力的中介效应[J].科技管理研究,2017,37(16).

174. 张宗益.自主创新与自主创新体系概念框架体系及能力提升对策研究[J].软科学研究,2010(7).

175. 姜德慧.影响中国企业自主创新能力的内外部因素分析[J].商场现代化,2019(3).

176. 郭九成.论自主创新能力的概念、内涵及构成要素[J].生产力研究,2019(11).

177. 高传贵.企业自主创新内生性驱动因素的影响机制与系统构建研究[D].济南:山东大学,2018(6).

178. 范柏乃,等.我国区域自主创新能力的影响因素及支撑体系研究[J].科技与经济,2013(12).

179. 朱勇,张宗益.技术创新对经济增长影响的地区差异研究[J].中国软科学,2005(11).

180. 徐竹青.专利、技术创新与经济增长:理论与实证[J].科技管理研究,2004(5).

181. 朱春奎.上海研发投入与经济增长关系的协整分析[J].中国科技论坛,2004(6).

182. 刘婷婷.研发投入、创新机制与经济增长——新技术指标体系下的理论分析与实证检验[J].南开经济研究,2017(6).

183. 陈劲,阳银娟.协同创新的理论基础与内涵[J].科学学研究,2012,30(2).

184. 王湘东.自主创新是提升核心竞争力的源泉[J].上海经济研究,2007(12).

185. 高大伟.中国科技创新与低碳经济的协调发展研究[J].技术经济与管理研究,2015(7).

186. 张小兰.对技术创新与循环经济关系的分析[J].科学管理研究,2005(4).

187. 黄文青.金融支持、科技创新与循环经济发展的理论与实证研究[J].科技管理研究,2010(11).

188. 魏江,夏雪玲.区域创新系统的结构与系统演变[J].科技管理研究,2005(13).

189. 王彬.校长成长新视角:人力资本、社会资本、文化资本[J].教书育人,2010(11).

190. 王海花,等.创新生态系统视角下我国实施创新驱动发展战略的四维协同框架[J].科技进步与对策,2014(5).

191. 蒋珠燕.关于自主创新生态系统的构建[J].科技信息(学术研究),2006(12).

192. 王文东.论创新的结构要素及其关系[J].天水师范学院学报,2005(12).

193. 李刚.创新型产业集群中知识扩散研究[D].西安:西北工业大学,2006(3).

194. 李经路.人力资本、创新与企业文化——HW公司案例探析[J].管理现代化,2012(12).

195.王晓云.谈对人力资本价值实现的分析[J].中小企业管理与科技(上旬刊),2010(3).
196.程民选,姚程.创新驱动的人力资本产权实现形式[J].财经科学,2017(9).
197.王朝明.人力资本在企业技术创新中的作用机制研究[J].河北大学,2006(5).
198.陈凌,姚先国.论人力资本中的资源配置能力[J].经济科学,1997(8).
199.姚正海.知识资本、人力资本与智力资本辨析[J].财会月刊,2006(5).
200.李建民,王金营.人才资源在经济增长中的作用研究——来自京津沪三城市的实证结果[J].人口与经济,1999(5).
201.刘海运.知识资本对企业突破性创新能力的影响研究[D].长沙:中南大学,2014.
202.刘海运,刘智,孙鹏.知识资本对企业突破性创新能力影响的实证研究[J].湖南商学院学报,2016(4).
203.聂鲲.中关村人力资本、产业集群、产业共享互动研究[J].中国发展观察,2018(1).
204.纪雯雯.人力资本结构与创新[J].北京师范大学学报(社会科学版),2016(5).
205.彭中文.西方关于人力资本流动与技术溢出研究综述[J].经济纵横,2006(2).
206.硅谷创新成长模式对广东建设海上丝绸之路科技合作圈的启示[J].广东海洋大学学报,2017(10).
207.商希涛,等.硅谷人才经验对鲁企引才引智的启示[J].山东国资,2018(1).
208.程贤文,宋斌.美国崛起的国家人才战略[J].国际人才交流,2007(3).
209.杨晓娜,彭灿,李瑞雪.开放式创新对企业突破性创新能力的影响——隐性知识获取的中介作用[J].科技进步与对策,2018(9).
210.喻登科,祁馨逸.基于知识密集型服务业的知识资本、性格特质与组织绩效关系实证[J].软科学,2018,32(07).
211.刘文.资本构成的演变:从知识资本到隐性人力资本[J].现代管理科学,2008(7).
212.肖美丹.知识资产、智力资本与企业绩效关系研究[D].天津:天津大学,2007(12).
213.王平聚.深圳创新文化系统的形成与演变研究[D].北京:清华大学,2014(11).
214.张宏.科技进步与文化创新的互动关系及其启示[J].华北水利水电大学学报(社会科学版),2016(6).
215.范钧.基于企业信任网络构建的浙商社会资本创新研究浙商创新[J].浙商创新,2008(10).
216.徐望.文化资本理论探源与国内外研究综述[J].重庆文理学院学报(社会科学版),2019(1).
217.宋建龙.文化资本漫谈含义与特征[J].大舞台,2008(1).
218.胡苏敏.企业文化对技术创新的影响[J].北京邮电大学学报(社会科学版),2018(12).
219.董垒.美国硅谷发展的经验与启示[J].杭州(我们),2017(5).
220.许静静.社会资本视角下知识联盟协同知识创新的影响机制研究[D].合肥:安徽大学,2018(5).
221.韦仁忠.社会资本与移民适应——三江源生态移民的文化失调与修补[J].北方民族大学学报(哲学社会科学版),2015(7).
222.顾新,等.社会资本及其在知识链中的作用团[J].科研管理,2003(2).
223.付泳.社会资本与企业文化[J].商场现代化,2013(3).
224.季文,陈万明.农村劳动力城市转移:一个宏观社会资本理论框架的检验——以南京为例[J].湖北经济学院学报,2011(2).

225. 张方华.知识型企业的社会资本与知识创造[J].中国科技论坛 2003(12).

226. 杨战斌.传统社会资本对科技创新的作用分析—兼论中国传统文化创新[J].自然辩证法通讯,2017(9).

227. 耿丽君.社会网络对个体知识创新的影响机制研究[J].科技管理研究,2013(6).

228. 杨德祥.社会资本对企业员工创新行为的影响——知识共享和信任的中介效应[J].科技进步与对策,2017(10).

229. 豆宏健.从信任人格—信任关系到信任文化—信任—发展与和谐的社会资本[J].陇东学院学报,2015(5).

230. 刘探宙.比较优势合作与创新收益共享模式研究——基于江苏创新型企业发展的考量[J].经济体制改革,2018(9).

231. 李杨,谢振忠,陈笑天.日本制造业创新体系的启示[J].中国工业评论,2017(10).

232. 肖小勇.企业网络创新机制研究——以日本企业为例[J].求索,2009(3).

233. 李哲.深圳营造创新生态的经验及启示[J].科技中国,2018(5).

234. 吴春萌.硅谷创新成长模式对广东建设海上丝绸之路科技合作圈的启示[J].广东海洋大学学报,2017(10).

235. 张广科.人力资本的知识扩张与企业自主创新能力建设[J].中国人力资源开发,2009(7).

236. 徐颖.企业知识资本中人力资本定价模型[J].情报科学,2006(6).

237. 教军章.社会资本影响制度发展的作用机制探究[J].理论探讨,2018(11).

238. 边燕杰.论关系文化与关系社会资本[J].人文杂志,2013(1).

239. 出燕鹏.浅析社会转型中科技进步和文化创新的融合[J].福建商业高等专科学校学报,2014(6).

240. 赵岚峰.中国语境下的社会资本与文化资本[J].兰州学刊,2005(4).

241. 张红芳,吴威.心理资本——人力资本与社会资本的协同作用[J].经济管理,2009(7).

242. 冯天学.企业知识资本系统的结构与功能[J].科学学与科学技术管理,2006(7).

243. 安素霞.社会资本对人力资本的整合效应[J].中国人口科学,2005(12).

244. 蒋宁.基于知识转换的人力资本与组织资本的良性互动[J].管理现代化,2003(6).

245. 姜滨滨.人际信任促进人力资本积累的实证研究[D].大连:大连理工大学,2008(12).

246. 陈树文.企业内知识转移促进人力资本积累的博弈分析[J].科技进步与对策,2011(9).

247. 项保华,刘丽珍.社会资本与人力资本的内在关系研究[J].商业研究,2007(11).

248. 胡少华.儒家文化与社会资本的形成[J].经济界,2016(9).

249. 曾克强.社会资本对区域经济发展的影响研究[D].长沙:湖南大学,2007(10).

250. 罗自琛.人力资本:经济发展和社会进步的根本动力[J].中国高新区,2017(9).

251. 陆文聪.知识密集型产业集群发展动力机制模型构建——基于人力资本集聚的视角[J].科技进步与对策,2013(2).

252. 王永.企业社会资本对人力资本的整合[J].山东大学学报(哲学社会科学版).2007(3).

253. 张宏.科技进步与文化创新的互动关系及其启示[J].华北水利水电大学学报(社会科学版),2016(4).

254. 林磊.人力资本与社会资本的转化机制研究[J].边疆经济与文化,2006(7).

255. 刘丽珍,董立红.社会资本对人力资本的整合效应[J].商业时代,2007(31).
256. 项保华.社会资本与人力资本的互动机制研究[J].科学管理研究,2007(6).
257. 调查组.我国自主创新的现状问题及其成因[J].财经界,2007(3).
258. 田晔.知识引进、人力资本提升与经济赶超[J].经济研究参考,2018(10).
259. 周瑜.推进社会诚信体系建设的路径[N].人民法院报,2019.—04—04.
260. 张政.对我国人力资源市场配置现状与制度对策的思考[J].劳动保障世界,2019(3).
261. 乔雨欣.我国人力资源管理现状及如何运用理论[J].现代营销(创富信息版)2018(10).
262. 王贺.我国人力资本现状与投资策略探析[J].人民论坛,2013(9).
263. 张少平.国企改革背景下人力资本管理存在的问题及对策思路[J].企业改革与管理,2018(11).
264. 李东杰.国家创新力中知识创造能力缺失与改进方向研究[J].科学管理研究,2017(2).
265. 吴婷婷.我国知识产权保护存在的问题及对策研究[D].合肥:合肥工业大学,2012.
266. 吕默.企业知识资本管理的问题与有效途径[J].现代企业,2016(3).
267. 张崇.我国网络知识产权法律保护面临的问题及对策[J].法制与社会,2016(05).
268. 王睿,孟艳杰.论我国技术创新文化缺失的表现及成因[J].创新沈阳文集(C),2009(8).
269. 万贤贤.美国硅谷区域创新创业生态系统分析及其对中国的启示[J].中国商论,2018(9).
270. 吕飞云.我国创新文化的缺失及发展途径[J].中国会议,2006(12).
271. 余东华.警惕西方"奶头乐"战略对中国主流价值观的侵蚀[J].世界社会主义研究,2018(7).
272. 刘克峰.创新高地、创业沃土:中关村软件园产业生态系统[J].中国科技产业,2015(5).
273. 何地.企业创新生态系统战略对竞争优势的影响研究[D].沈阳:辽宁大学,2018.
274. 崔忠平.区域经济发展的创新驱动作用实证研究[D].沈阳:辽宁大学,2018(12).
275. 张建飞.我国企业自主创新能力支撑体系研究[D].武汉:湖北工业大学,2018.
276. 王建刚,吴洁.网络结构与企业竞争优势——基于知识转移能力的调节效应[J].科学学与科学技术管理,2016,37(5).
277. 付泳.基于企业文化创新的企业社会资本构建[J].当代经济,2009(5).
278. 刘亚军.企业智力资本、吸收能力及创新文化对技术创新绩效的影响[D].天津:天津大学,2010(6).
279. 邱爽.产权、创新与经济增长[D].成都:西南财经大学,2008(9).
280. 谭志敏.中国创新驱动发展战略思想体系研究[D].广州:华南理工大学.
281. 李兴文.企业自主创新能力的形成机制及评价指标体系研究[D].武汉:武汉理工大学,2007.
282. 刘国新;李兴文.国内外关于自主创新的研究综述[J].科技进步与对策,2007(02).
283. 龙多.基于技术创新及制度创新的吉林省农业竞争力提升研究[D].长春:吉林大学,2018.
284. 王昕迎,赵文.对自主创新能力相关理论问题的理解和认识[J].东岳论丛,2008(9).
285. 张宗益.自主创新与自主创新体系概念框架及理论基础——重庆市自主创新体系构建及能力提升对策研究[J].科学咨询(决策管理),2010(3).
286. 陈蕾.基于创新系统的中国区域自主创新能力评价及提升对策研究[D].大连:东北财经大学,2011(6).

287.张军涛,陈蕾.基于因子分析和聚类分析的中国区域自主创新能力评价——创新系统视角[J].工业技术经济,2011(4).

288.刘烈龙,张乖利.企业人力资本绩效及产权激励[J].山东财政学院学报,2003(5).

289.韩庆华.企业人力资本的产权激励[J].中外科技信息,2003(12).

290.孔宪香.论人力资本在技术创新中的作用[J].中国人力资源开发,2009(04).

291.黄国妍,唐瑶琦.美国硅谷的科技金融生态圈[J].中国社会科学报,2019(3)

292.纪雯雯,赖德胜.人力资本配置与中国创新绩效[J].经济学动态,2018(11).

293.中国企业创新能力"全面体检"——《中国企业创新能力百千万排行榜(2017)》[J].科技与金融,2017(10).

英文文献

294.Burns T,Stalker G M.The management of innovation[J].University of Illinois at Urbana Champaign's A—cademy for Entrepreneurial Leadership Historical,1982:1185—1209.

295.Fransman M.Technological Capability in the Third World: an Overview and Intro-duction to Some of the Is—sues Raised in this Book[J].Technological Capabilityin the Third World,1984:3—30.

296.Solow robert. Technical change and the aggregate production func—tion[J].Review of Economic and Statistics,1957(39):312—320.

297. Arrow Kenneth J. The economic implication of learning by doing[J]. Review of E-conomic Studies,1962(29):155—173.

298. Romer P M. Increasing returns and long run growth[J]. JournalPolitical Economy,1986(94):1002—1037.

299.LICHTENBERG F R,POTTERIE B P. Does foreign direct invest—ment transfer technology across borders? [J]. The Review of Eco—nomics and Statistics,2001,83(3):490—497.

300.OECD. Knowledge—based capital and upgrading in global valuechains, in OECD Supporting Investment in Knowledge Capital,Growth and Innovation[M].Paris:OECD Publishing,2013.

301.March J G. Explorationand Exploitation in Organizational Learning[J].Organization Science,1991,2(1):71—87.

302.COHEN W MLEVINTHAL D A. Absorptive capacity: a new perspective on learning and innovation [J]. Administrative Science Quarterly, 1990,35(1):128—152129—140.

303.NESTA LSAVIOTTI P P. Coherence of the knowledge base and the firm's innovative performance: evidence from the U.S. pharmaceutical industry[J]. Journal of Industrial Economics, 2005,53(1):123—142.

304.BAO YSHENG SZHOU K Z. Network—based market knowledge and product innovativeness [J].Marketing Letters, 2012,23(1):309—324.

305.Sui—Hua Yu. Social capital, absorptive capability, and frm innovation[J]. Technological Forecasting& Social Change Journal,2013, 21:1 – 10.

306. Carmeli A. "The relationship between organizationalculture and withdrawal intentions and behavior" [J]. International Journal of Manpower,2005(2).

307.Alessandra Vecchi,Louis Brennan.A cultural perspective on innovation next term in international manufacturing[J].Research in International Business and Finance.2009,23(2): 181—192.

308.Kalanit Efrat. The direct and indirect impact of cultureon innovation[J]. Technovation,2014(34).

309.Miha kerlavaj,Ji Hoon Song,Youngmin Lee. Organiza—tional learning culture,Innovative Culture and Innova—tions in South Korean firms[J].Expert Systems withApplications,2010(37).

310. Von Hippel,E.The Sources of Innovation,Oxford University Press,1988.

311.W.G. Biemans, Managing Innovation within Networks, Rout ledge, London, 1992.

312.M. Schulz.The uncertain relevance of newness: organizational learning and knowledge flow[J]. Acad. Manage. J. 2001,44 (4): 661—681.

313. Volberda, Henk W. .Toward the Flexible Form: How to Remain Vital in Hypercompetitive Environments[J]. Organization Science,1996, 7: 359—374.

314.C.W.L. Hill, G.R. Jones, Strategic Management: an Integrated Approach, Houghton Mifflin, Boston, 2001.

315.Ya—Hui Hsu,Wenchang Fang.Intellectual capital next term and new product development performance: The mediating role of organizational learning capability[J].Technological Forecasting and Social Change.2009,76(5):664—677.

316.Kira R. Fabrizio.Absorptive capacity and the search for innovation[J].Research Policy,2009,38(2):255—267.

317. Ana Pérez — Luno, Carmen Cabello Medina, Antonio Carmona Lavado, Gloria CuevasRodríguez. How social capital and knowledgeaffect innovation [J].Journal of BusinessResearch,2011,64:1369—1376.

318.MA Mcfadyen ,AA Cannella. Social Capital and Knowledge Creation: Diminishing Returns of the Number and Strength of Exchange[J]. Academy of Management Journal, 2004,47(5):735—746.

319.Nahapiet J,Ghoshal S. Socia; Capital, Intellectual Captial and the Organizational Advantage [J]. Academy of Management Review,1998,23(2):242 —266

320.M. Ann Mcfadyen,Albert A. Cannelia, Jr.Social Capital and knowledge Creation: Diminishing Returns of The Number andStrength of Exchange Relationships[J]. Academyof Management Journal,2004, 47(5): 735—746.

321.Metcalfe, S. The Economic foundations of Technology policy:Equilibrium and Evolutionary Perspective of the Economics of Innovations of ́Technology in Handbook Change [M].edited by Paul Stoneman, Oxford,U.K., 1995, pp409—512;Lundvall, Bengt—Ilke,

National System of Innovation: Towards a Theory of Innovationand Interactive Learning [M]. New York. Printer Publishers: St.. Martin's Press. 1992.

322. D.C. North. Institutions, institutional change and economic performance. Cambridge, Cambridge UniversityPress, 1990.

323. Edwin Mansfield, John Rapoport, Anthony Romeo Social and Private Rates of Return from Industrial Innovations [J]. The Quarterly Journal of Economics, 1977, 91(2): 221—240.

324. F.M. Scherer. Inter—industry Technology Flows an Productivity Growth[J]. The Review of Economicand Statistics, 1982, 64(4): 627—634.

325. Freeman C. Technology and Policy and Economic Performance: Lessons form JaDan LMJ. Pinter, London, 1987.

326. N。Lson R R National Innovation System: A Comparative Analysis[M]. Oxford: OXfordUniversity Press, 1993.

327. Edquist. System of Innovation: Technologies, Institutions. Edited by Charles, Londonand Washington Printer, 1997.

328. Patel Pavitt. National Innovation Systems: why they are important, and how they might be measured and compared, Economics of and New Technology, 1994.

329. Cooke P Morgan K. The Associational Economy: Firms, Regional and Innovation [M]. Oxford: Oxford University Press, 1998.

330. Cooke P. Regional Innovation System: General Findings and Some New Evidence from Biotechnology Clusters[M].

331. Tim Padmore, Hervey Gibson. Modeling system of innovation: a framework for Industrial cluster analysis in regions[J]. Research Policy, 1998, 26: 625—641.

332. Hall H, Graham D. Creation and recreation: motivating collaboration to generate knowledge capital in online communities[J]. International Journal of Information Management, 2004, 24(3): 0—246.

333. Carr D L, Markusen J R, Maskus K E. Estimating The Knowledge—Capital Model of the Multinational Enterprise[J]. American Economic Review, 2001, 91(3): 693—708.

334. HeshmatiA. Knowledge capital and performance heterogeneity: A firm—level innovation study[J]. International Journal of Production Economics, 2002, 76(1): 61—85.

335. BANKER R D, BARDHAN I, ASDEMIR O. Understanding the im—pact of collaboration software on product design and development[J]. Information Systems Research, 2006, 17(4): 352—373.

336. Viedma, J. M.. ICBS Intellectual Capital Benchmarking System[J]. InternationalJournal of Technology Management, Interscience Enterprises and UNESCO, England, 2000, 20(5): 8.

后 记

  这是一个令人生畏的选题。宏大的架构，却需要细腻的分析；海量的文献查阅、令人绞尽脑汁的数据筛选，却可能只是未知的探求结果……逆风而行，知难却不能退；思路时断时续，甚至一愁莫展；被问题所折磨，常常夜不能寐，却又时时梦中惊醒……只有山重水复却不见柳暗花明！文件夹永远放在电脑桌面，一开机瞬间便跃入眼帘；天天内心都在催促，却还是一拖再拖，不能成稿！不是不想做，而是担心做不好，幻想通过不断的积累能够厚积薄发，轻松驾驭。那种剪不断理还乱的惆怅与无奈、欲速不达、欲急却怠的焦虑与烦躁无法与人诉说，更有那担忧辜负众望、有辱使命的恐惧与不甘不敢与人诉说！

  然而，这又是一个令人着迷的选题。虽然架构宏大，但主题鲜明，中心突出，逻辑严密，论点聚焦。创新问题的时代内涵和对中国的特殊意义，让它成为我多年探求的课题。我深知它是个迷人的领域！深知它的价值，也深知自己内心的责任和追求！探究过程中专家老师的用心指导，合作团队的协作努力，亲人们的关心和期待，不能辜负！不敢辜负！不愿辜负！祖国的强大令人振奋，前辈们的研究成果令人折服。对我而言，青春已逝，芳华不再，不能等待，唯有前行，才能不负时代、不负韶华。

  这不是一个感性的论题，它融入了太多理性、抽象甚至哲学家般的思考。每一个细节，无论进行多么深入细致的描述、抽丝剥茧的分析，都不为过。写作过程中，即使一直在努力，但现在掩卷而思，却发现拙作依然粗糙，内心的细腻却未能准确地刻画，以致留下诸多遗憾和不舍。

  这是一次令人惊心动魄的经济学探索之旅。萨缪尔森把学习经济学当作从事激动人心的探险，并且说这种惊心动魄的经历一生中只有一次。要把非物质要素纳入经济学的研究范畴，打通两者连接的通道，融入在一个理论框架中，这不是一件容易的事。不仅如此，还要借助经济学的分析工具，把文章的主题和论点——清晰地阐述，让研究的目的和意义精准地呈现。

  这又是一次多学科的交融之旅。在四维资本与创新关系的探索中，融入了经济学、管理学、社会学、哲学、伦理学、心理学、政治学甚至生态学等多门学科。它不仅需要研究者厚积薄发，而且它还需要研究者有情怀、有担当。作为一名经济学学人，对"励才弘商、经世致用"的信条，我将永远铭记于心，孜孜以求，无问东西。

  这是一次深刻的学术旅程，其工作量甚至比作博士学位论文有过之而无不及，让我体味了太多的苦乐酸甜。记得当年写博士学位论文，天天伏案工作，探求路上的刻骨铭心至今仍萦绕脑海，但与近30万字博士学位论文文稿一起成长的居然是体重！而这次论著的完成伴随的却是体重的下降、面色憔悴、形容枯槁……

  即使已经合卷上交，但仍觉意犹未尽，内容残缺，没有一丝的轻松。我知道，求索之路没有终点，我将继续前行。

  由于本人才疏学浅，能力有限，文章定会存在诸多不足之处，敬请专家学者批评指正！